I0888429

DIE BAYERISCHE STAATSBANK 1780-1930

Radierung von J. Neumann, München

DIE BAYERISCHE STAATSBANK 1780-1930

GESCHICHTE UND GESCHÄFTE EINER ÖFFENTLICHEN BANK

ZUR 150. WIEDERKEHR DES GRÜNDUNGSTAGES
HERAUSGEGEBEN VOM
STAATSBANKDIREKTORIUM

MÜNCHEN UND BERLIN 1930
VERLAG VON R. OLDENBOURG

VERFASSER:
DR. FRANZ STEFFAN
REGIERUNGSRAT, MITGLIED DES STAATSBANKDIREKTORIUMS

KÜNSTLERISCHE AUSSTATTUNG:
CARL THIEMANN, DACHAU

DRUCK:
R. OLDENBOURG, MÜNCHEN

INHALT.

Staatsbankgebäude in München.

HUNDERTFÜNFZIG JAHRE STAATSBANK.

GELEITWORT

Zwölf Jahre Hofbank von Ansbach-Bayreuth, vierzehn Jahre preußische Staatsbank für die Besitzungen in Franken, seit 1806 bayerische Staatsbank, seit den fünfziger Jahren die bedeutendste Einlagen-, Wechsel- und Leihbank Bayerns, die den Anstieg der bayerischen Wirtschaft im Rahmen der deutschen Entwicklung miterlebt und mitbefördert hat und seit Beendigung des Krieges und des Markverfalls ihre widrigen Geschicke teilt und zu erleichtern sucht: das ist der Werdegang der heutigen Bayerischen Staatsbank in den hundertfünfzig Jahren, die seit dem 10. Juli 1780 verflossen sind, dem Tag, an dem sie als „Hochfürstlich brandenburgische ansbach-bayreuthische Hofbanco" ihre Geschäftstätigkeit aufgenommen hat.

Zehn Jahre gedeihliche Ruhe, ein Vierteljahrhundert Bedrängnis der Franzosenkriege, fast zwei Menschenalter erst zögernder, seit der Jahrhundertmitte jedoch gewaltig anwachsender Fortschritt, durch Kriege und Rückschläge nur vorübergehend unterbrochen und durch die Reichsgründung gekrönt; darauf vierundvierzig Jahre Frieden: Wechsel von Aufschwung und Rückschlag, im Ergebnis aber eine großartige Steigerung des Aufschwungs nach der Jahrhundertmitte; dann fünf Jahre Weltkrieg, fünf Jahre Markverfall, sechs Jahre hartnäckiges Ringen um Gesundung unter der Last des verlorenen Krieges: das sind die Schicksale der deutschen Wirtschaft in den hundertfünfzig Jahren, seit die Bank besteht.

Wenn eine Bank eine so lange Zeit wie hundertfünfzig Jahre für Staat und Wirtschaft tätig gewesen ist und hundertfünfzig Jahre deutscher Wirtschaftsgeschichte erlebt hat, dann ist es angebracht, daß sie der Öffentlichkeit, ihren Geschäftsfreunden und ihren eigenen Beamten etwas über ihr Erleben und Tun in diesen langen Jahren mitteilt. Ein Rückblick in die Vergangenheit ist eine schönere und nützlichere Gedenkfeier als jedes Fest; denn er kann und soll Ansporn und Mahnung für die Zukunft sein. Nachdem andere alte Banken und Bankhäuser von Bedeutung, wie die Seehandlung, Gebrüder Schickler und Eichborn & Co., ähnliche Gedenktage mit der Darstellung ihrer Geschichte gefeiert haben, würde es eine Unterlassung bedeuten, wenn eine Anstalt wie die Bayerische Staatsbank, über deren Errichtung noch der Schatten Friedrichs des Großen fiel, den 150. Gedenktag ihrer Gründung ohne Herausgabe einer Bankgeschichte vorübergehen lassen wollte.

Deshalb hat sich das Staatsbankdirektorium entschlossen, die Geschichte und Geschäftsentwicklung der Bank darstellen zu lassen und als Buch herauszugeben; der Entschluß wurde Ende März 1929 gefaßt.

Das Buch wurde von dem Mitglied des Staatsbankdirektoriums, Regierungsrat Dr. Franz Steffan, verfaßt; die Zahlentafeln und die Vorzeichnungen zu den Schaubildern wurden nach Angaben des Verfassers im Revisions- und Kontrollbüro des Staatsbankdirektoriums von Staatsbankinspektor Söllner und Staatsbankbuchhalter Sanner hergestellt; das Sachverzeichnis wurde von Staatsbankkassier Pickel gefertigt. Die Kopfleisten und der Buchschmuck stammen von Carl Thiemann in Dachau; Herr Thiemann hat auch zusammen mit dem Verfasser die Drucklegung des Buches überwacht.

Vor Beginn der Arbeit wurde der allgemeine Plan des Buches mit Herrn Geheimrat Dr. Strieder, o. ö. Professor der Wirtschaftsgeschichte an der Universität München, kurz besprochen; Herr Geheimrat Strieder hat auch die ersten Anhaltspunkte für die Quellenforschung gegeben. Der Vorstand des Kreisarchivs München, Herr Staatsoberarchivrat Dr. Fürst, der Schriftführer des Historischen Vereins für Mittelfranken, Freiherr von Kreß, haben den Verfasser durch viele Hinweise gefördert; die Bayerische Hypotheken- und Wechsel-Bank und die Bayerische Vereinsbank haben ihre Abschlüsse seit Gründung zur Verfügung gestellt, Herr Prokurist Schmid (Bayerische Hypotheken- und Wechsel-Bank) und Herr Direktor Kronawitter (Bayerische Vereinsbank) haben Staatsbankinspektor Söllner bei der nicht immer leichten Aufgabe, aus den alten Bankabschlüssen Vergleichbares herauszuziehen und Unvergleichbares auszuscheiden, bereitwillig unterstützt. Das Bankhaus Eichborn & Co. hat in seinen Schriftwechsel mit der Bank Einsicht gewährt; Herr Dr. Ernst Wellisch, München, hat dem Verfasser gestattet, seine noch unveröffentlichte Arbeit „Das Bayerische Bankwesen unter besonderer Berücksichtigung Münchens“ zu benützen; Sammlungen, Behörden und Familien, insbesondere die Familie von Seckendorff, haben bereitwillig Bilder für den Schmuck des Buches ausgemittelt und zur Verfügung gestellt. Die Ansbacher, Nürnberger und Fürther Stadtverwaltungen, die Kirchenverwaltungen von St. Lorenz und St. Sebald in Nürnberg, St. Gumbertus und St. Johannis in Ansbach, ferner Ansbacher geschichtlich und ortsgeschichtlich tätige Kreise (Oberst a. D. Beck, Dr. Stettner, Dr. Vogtherr) haben an der Arbeit lebhaften Anteil genommen. Ihnen allen sei für ihre freundliche Mühewaltung aufrichtig gedankt!

Der Verfasser wollte die Geschichte und die Geschäftsentwicklung der Bank im Rahmen der allgemeinen Wirtschaftsgeschichte darstellen. Er hat daher für jeden Abschnitt der Bankgeschichte den wirtschaftlichen Zustand des örtlichen Wirkungskreises der Bank entweder gesondert umrissen oder in die Schilderung der Bankgeschichte hineinverflochten, selbst auf die Gefahr hin, Bekanntes zu wiederholen. Kein Ding steht allein in der Welt, jedes muß in seiner Umgebung geschaut und aus ihr begriffen werden.

Gerade die Geschichte einer Bank, einer Unternehmung, die aufs engste mit der Volkswirtschaft ihres Wirkungskreises verflochten ist, wäre etwas Halbes, wenn nicht immer wieder auf den gleichzeitigen Zustand der Volkswirtschaft hingewiesen würde, und zwar auch dann, wenn keine unmittelbaren Wechselwirkungen sichtbar sind. Aus ähnlichen Erwägungen wurde der Entwicklung der Bank stets in Wort und Bild die gleichzeitige Entwicklung des kaufmännischen Geschäfts der beiden großen gemischten Banken Bayerns, der Bayerischen Hypotheken- und Wechselbank und der Bayerischen Vereinsbank gegenübergestellt.

Die vier vorhandenen Arbeiten über die Bayerische Staatsbank und die Bayerische Bankgeschichte von Poschinger hat der Verfasser benützt; er ist jedoch, soweit die Bankgeschichte selbst in Frage stand, auf die Akten zurückgegangen. Für die Darstellung der Umgebung hat er sich mit gedruckten Werken begnügt; er hat aber, soweit es möglich war, anerkannte zeitgenössische Quellen herangezogen.

Für die markgräfliche Zeit waren die Akten dürftig, von den Abschlüssen bis 1791 wurden nur einzelne ausgemittelt; von 1791 an sind die Akten teils bei der Bayerischen Staatsbank, teils im Preußischen Geheimen Staatsarchiv, teils im Bayerischen Finanzministerium fast vollständig vorhanden.

Von fortlaufenden Quellenangaben wurde der leichteren Lesbarkeit halber abgesehen. Dagegen wurde, um weitere Forschungen zu erleichtern, ein Stück des Buches mit Papierdurchschuß gebunden und handschriftlich mit fortlaufenden Quellennachweisen versehen, es wird beim Staatsbankdirektorium aufbewahrt und wird bei etwaigem Bedarf für wissenschaftliche Forschungen gerne zur Einsicht vorgelegt werden.

Die Schaubilder, die Zahlentafeln und der Text ergänzen sich gegenseitig. „Eiligen Lesern“ können schon die Schaubilder allein einen Überblick über die Geschäftsentwicklung der Bank und die gleichzeitige Entwicklung des kaufmännischen Geschäfts der beiden bayerischen gemischten Banken seit 1850 vermitteln.

Bei der Auswahl der Bilder wurde absichtlich vermieden, eine Sammlung von belanglosen Bankgebäuden zu bringen. Es werden nur solche Bankgebäude gezeigt, die entweder geschichtlich oder kunstgeschichtlich wichtig oder für die Unterbringung der Bank, für das Aussehen ihrer Betriebsstätten in alter und neuer Zeit kennzeichnend sind. An Stelle weiterer Bankgebäude wurden einige Städtebilder aufgenommen; sie stellen die Orte der größeren Niederlassungen jeweils ungefähr um die Zeit dar, in der die Niederlassungen begründet wurden.

Die Bayerische Staatsbank und ihr Wirken ist in Bayern nicht so allgemein bekannt, wie es ihrer Bedeutung für den bayerischen Staat und die bayerische Wirtschaft entspräche; das kommt daher, weil sie als öffentliche Bank in ihrer Werbetätigkeit Zurückhaltung geübt hat. Wenn es dem Buch gelingt, der Öffentlichkeit und den Geschäftsfreunden etwas Neues über die Bank mitzuteilen, wie sie entstanden ist, wie sie sich in hundertfünfzig Jahren zu ihrer heutigen Bedeutung entwickelt hat und was sie heute leistet, wenn in den Beamten der Bank das Bewußtsein geweckt wird, es ist eine Ehre und begründet eine ernste Verpflichtung, einer Bank von hundertfünfzigjähriger, großer Vergangenheit anzugehören und an der Gegenwart und Zukunft dieser Anstalt, sei es auch an noch so bescheidener Stelle, mitzubauen, wenn endlich die zusammengetragenen Bilder aus alter Zeit den Lesern und Beschauern ein wenig Freude machen, dann hat das Buch seinen Zweck erfüllt und die Arbeit ist nicht umsonst gewesen.

München, im Juli 1930.

BAYERISCHE STAATSBANK
DIREKTORIUM
DR. v. WOLF.

Ölgemälde; Schloß Ansbach.

Das vordere Bancohaus in Ansbach.

DIE ANSBACHER HOFBANK.

1780—1792

Friedrich der Große war nach dem siebenjährigen Kriege mit der gleichen Tatkraft, die seine Heere durch Sieg und Niederlage zum glücklichen Ende geführt hatte, an die Werke des Friedens gegangen. Nach dem unter schweren Opfern errungenen Aufstieg Preußens zur Großmacht galt es, die Wunden dreier Kriege zu heilen und die wirtschaftliche Kraft des Landes seiner äußeren Macht anzupassen.

Die Mittel und Wege, deren Friedrich sich dabei bediente, stammten aus der Gedankenwelt der merkantilischen Wirtschaftslehre. Als ein überzeugter Anhänger der merkantilischen Lehre erblickte er die Aufgabe der Staatsgewalt darin, das wirtschaftliche Leben nach allen Richtungen zu beeinflussen, immer mit dem einen, freilich einseitigen Ziele, die Einfuhr zu vermindern, die Gütererzeugung und die Ausfuhr zu vermehren und dadurch viel Gold und Silber als Grundlage des allgemeinen Wohlstands und des Wachstums der Bevölkerung ins Land zu bekommen. Diesem Bestreben dienten Hochschutzzölle und Einfuhrverbote für Fertigwaren, Ausfuhrverbote für Rohstoffe, zu diesem Ende wurde die verzopfte Zunftverfassung beseitigt und das Recht zum Betreiben eines Gewerbes staatlich verliehen, mit diesem Ziele wurden werktüchtige Ausländer angesiedelt und gewerbliche Unternehmer durch Geldgeschenke, zinslose Darlehen, Ankauf von Maschinen und Verleihung von Zwangsrechten unterstützt, zu diesem Zwecke endlich errichtete der Staat selbst gewerbliche Betriebe: sie sollten die freie Unternehmertätigkeit ermuntern und befördern. Die beiden größten und wichtigsten dieser Staatsbetriebe blühen heute noch: es sind die 1756 gegründete Königlich Preußische Bank, die heutige Deutsche Reichsbank, und die 1772 gegründete Seehandlung, die heutige Preußische Staatsbank.

Die Königlich Preußische Bank war bei ihrer Gründung eine Staatsanstalt; sie sollte die Geschäfte einer Giro- und Leihbank betreiben. Wie die meisten alten Girobanken führte sie ihre Bücher in einer eigens für ihre Zwecke eingeführten Bankwährung; 1766 erhielt sie das Recht zur Ausgabe von Banknoten, die ebenfalls auf Bankwährung (Banco-Pfund) lauteten. Um der Bank und ihrer Währung Eingang zu verschaffen, mußten die Rechnungen der königlichen Kassen und die Bücher aller Handelshäuser in Bankwährung geführt werden, alle Berliner Wechsel über 100 Reichstaler auf Banco-Pfund lauten, alle auswärtigen in Berlin zahlbar gestellt werden, und alle auf Bankwährung lautenden Wechsel und Rechnungen mußten durch Vermittlung der Bank bezahlt werden.

Die Seehandlung war eine Sozietät auf Aktien zwischen dem König und bürgerlichen Geldbesitzern; die Leitung hatte allein der Staat. Die Seehandlung war ursprünglich ein Handelshaus; sie hatte die Aufgabe, den auswärtigen Handel der preußischen Staaten zu fördern und besorgte den Güterverkehr von und nach ausländischen Häfen auf eigenen Schiffen. Dabei wurde sie ähnlich wie die Königliche Bank durch weitgehende Zwangsrechte, hier durch Monopole und Stapelrechte begünstigt. Seit 1779 nahm sie Geld auf Verzinsung an und betrieb den Wechselhandel. Der

Wechsel war damals das wichtigste Mittel, Geld von einem Ort an den andern zu überweisen. Der Wechselhandel wurde durchweg nicht von Banken im heutigen Sinne betrieben, sondern von Handelshäusern neben dem Warenhandel und Frachtgeschäft; aber bei vielen Handelshäusern wurde der Geld- und Wechselhandel allmählich zur Hauptsache, sie wandelten sich in reine Geldhandelsunternehmen um: so entwickelte sich auch die Seehandlung mit der Zeit zu ihrer heutigen Stellung als preußische Staatsbank.

Wie die Reichsbank und die Seehandlung, so ist auch die Bayerische Staatsbank ein Kind der merkantilischen Bewegung:

Durch das Beispiel Friedrichs des Großen erreichte die merkantilische Bewegung in der zweiten Hälfte des 18. Jahrhunderts ihren Höhepunkt in Deutschland. Nicht nur der deutsche Kaiser, Joseph II. von Österreich, der Bewunderer des großen Preußenkönigs und die Beherrscher deutscher Mittelstaaten wie die Kurfürsten von Bayern und Sachsen und der Herzog von Württemberg, sondern auch die kleinen und kleinsten Fürsten des Reichs suchten in ihren Ländern und Ländchen anzuwenden, was sie bei dem großen norddeutschen Staate sahen. Wie jeder Fürst sein Versailles und Trianon haben wollte, so wollte jeder seine Manufacturen, Monopolien und Octrois haben; was Preußen und Österreich recht war, war Hessen-Darmstadt und Öttingen-Wallerstein billig; auch Hessen-Darmstadt und Öttingen-Wallerstein wollten ein starkes, vom Auslande unabhängiges Gewerbe und einen Ausfuhrüberschuß bekommen. Die Ausbildung der unabhängigen und unumschränkten Fürstengewalt gegenüber dem Reiche und den Landständen im 17. Jahrhundert hatte den Fürsten mit der staatlichen auch die wirtschaftliche Führung der einzelnen Reichsgebiete in die Hand gegeben; dadurch war es möglich, daß jeder in seinem Lande die merkantilischen Gedanken selbstherrlich und rücksichtslos durchsetzen konnte, oft zum Nutzen, oft zum Schaden des größeren Vaterlandes.

Der letzte Markgraf von Ansbach-Bayreuth, Karl Alexander, seit 1757 Markgraf von Ansbach, seit 1769 auch Markgraf von Bayreuth huldigte ebenfalls der merkantilischen Lehre. Er war ein naher Verwandter und ein aufrichtiger Verehrer Friedrichs des Großen: die Schwester Friedrichs Friderike Louise war die

Mutter Karl Alexanders. Im Gegensatze zu seinem Vater, dem „wilden Markgrafen“ Karl, dessen Truppen während des siebenjährigen Krieges im Verbande der Reichsarmee gegen Friedrich gefochten hatten, lehnte sich Alexander an Preußen an, und seine wiederholten Freundschaftsbesuche in Berlin, zuletzt im Gründungsjahre der Seehandlung, haben zweifellos die Verpflanzung friedrichischer Aufklärungs- und Wirtschaftsgedanken in die fränkischen Hohenzollernlande befördert.

Zwar war Karl Alexander nicht in dem Maße von der Sorge für das Wohl seines Volkes beherrscht und verzehrte sich nicht derart im Dienste seines Staates wie sein großer Verwandter. Sein hochgebildeter lebhafter Geist meinte, in dem kleinen Lande, das seiner Herrschaft anvertraut war, kein befriedigendes Tätigkeitsfeld finden zu können; auch gelang es ihm nicht, mit seinen Ratgebern die richtige Fühlung zu gewinnen. Unstäte Wesensart und schwache Gesundheit machten ihm zudem nachhaltiges, pflichtbewußtes Arbeiten unmöglich. Im Reiten und Jagen, in häufigen und langdauernden Reisen durch die Schweiz, Frankreich und Italien suchte er die Anregung und die Beschäftigung, die er in der Hingabe an seinen natürlichen Pflichtenkreis nicht finden konnte und wollte. So konnte er das bittere und ungerechte Wort sprechen: „Je ne veux pas laisser mes cendres à cette maudite terre“ und dieses Wort wahr machen: nach vierunddreißigjähriger Herrschaft gab er dem Drängen seiner englischen Freundin Lady Eliza Craven nach, trat seine Fürstentümer an Preußen ab, heiratete die Lady und zog sich mit ihr auf ein Landgut nach England zurück; jeden Ratgeber, der sich dem Verzichtsgedanken widersetzen wollte, hatte die Lady gewandt und rücksichtslos zu beseitigen gewußt.

Und doch hielt die Geringschätzung seiner Herrscheraufgaben den Markgrafen nicht davon ab, ein wohlwollendes Herz zu zeigen und viel Gutes für sein Land zu tun. Vor allem bemühte er sich, die hohen von seinen Vorgängern übernommenen Schulden, 2,3 Millionen Taler für Ansbach und 2,4 Millionen Taler für Bayreuth, durch sparsame Hofhaltung und durch das Erschließen neuer Einnahmequellen zu tilgen. Aus Ersparnissen wurden Straßen gebaut, die Schulen verbessert, Fabriken gegründet, gewerbliche Unternehmen gefördert, wurde Zuchtvieh für die Landwirtschaft angeschafft und eine Brandversicherungsanstalt errichtet: sie besteht in der bayerischen Brandversicherungsanstalt noch heute fort. Schon den Erbprinzen hatte bei seinen Studien in Holland und Italien die Besichtigung gewerblicher Betriebe mehr angezogen als der Besuch der Hörsäle. Diese Anziehungskraft wirkte auf den Herrscher fort; sie hatte ihn bei seinen Reisen sicherlich mit den Banken in Holland, Italien und Preußen bekannt gemacht, und sein lebhafter Geist hatte erkannt, daß eine uneigennützig betriebene und umsichtig geleitete öffentliche Bank in einem Lande ohne genügenden Geldausgleich die Krönung aller Wirtschaftsförderung bedeutete: So mochte der zeitgemäße Gedanke in ihm gereift sein, im eigenen Lande eine Bankanstalt zu gründen.

Den Anlaß dafür, den Gedanken der Bankgründung in die Tat umzusetzen, gaben zwei Umstände:

Die Handelshäuser verlangten für Geldüberweisungen sehr hohe Gebühren; sie konnten es, weil die Verfrachtung von Münzen noch teurer und außerdem unsicher war. Die markgräflichen Kassen hatten aus zwei Gründen einen erheblichen Geldüberweisungs- und Umwechslungsverkehr mit dem Ausland; der eine war die Nachsendung von Geld bei den vielen Reisen des Markgrafen, der andere war der Bezug von Subsidiengeldern aus England: so lag es nahe, selbst Wechselgeschäfte zu betreiben und dadurch nicht nur die hohen Überweisungsgebühren, die sonst an Frankfurter, Nürnberger und Augsburger Handelshäuser bezahlt werden mußten, zu sparen, sondern auch selbst solche Gebühren zu verdienen.

Die englischen Hilfsgelder des Markgrafen flossen aus Verträgen, die gemeinhin als Soldatenhandel bezeichnet werden.

Der Krieg zwischen England und Frankreich in Nordamerika und dann der nordamerikanische Freiheitskampf hatten England veranlaßt, mit verschiedenen deutschen Höfen zu verhandeln, sie möchten ihm gegen Subsidiengelder Truppen bereitstellen. Viele deutsche Fürsten sahen in den Subsidiengeldern einen willkommenen Verdienst; die englischen Gesandten wurden mit Anerbietungen zur Gestellung von Truppen förmlich überlaufen. Die Angebote von Hessen-Cassel, Waldeck, Braunschweig, Anhalt-Zerbst, Württemberg und Ansbach-Bayreuth wurden angenommen; andere wurden wegen der schlechten Beschaffenheit der Truppen abgelehnt.

Am 21. Februar 1777 verpflichtete sich der Markgraf, zwei Regimenter Infanterie und eine kleine Abteilung Jäger und Artillerie für den nordamerikanischen Krieg zu stellen und fortlaufend zu ergänzen; dafür hatte England an die Soldaten Werbegelder und Sold, an die markgräfliche Kasse eine jährliche Geldentschädigung von rund 11250 Pfund zu bezahlen. Auf diese Weise kamen insgesamt über 3000 Mann markgräfliche Truppen nach Nordamerika; nach Friedensschluß kehrten nicht ganz 2000 zurück. Im Jahre 1788 wurde ein zweiter Vertrag auf Gestellung von 1500 Mann mit den Generalstaaten der Niederlande abgeschlossen, er lief bis in die preußische Zeit hinein und brachte 208000 fl. Verpflegungsgelder und 100000 fl. Susbidiengelder ein.

Ein Teil der Fürsten verwendete die Hilfsgelder für übertriebenen Aufwand und zur Erraffung riesiger Vermögen; Markgraf Alexander dagegen bestritt damit die Ausgaben für die Tilgung der Landesschuld und die Förderung des Ackerbaus und der Gewerbe. Man darf ihn daher nicht mit den übrigen Fürsten, die Subsidienverträge abgeschlossen haben, in eine Linie stellen; er war von den besten, uneigennützigsten Absichten beseelt, er war nur bei aller Aufklärung noch zu sehr unumschränkter Herrscher des 18. Jahrhunderts, um zu erkennen, daß er sich in der Wahl der Mittel vergriff. Wie uneigennützig Alexander war, zeigt sein Verhältnis zur Bank: er hat in den elf Jahren, in denen die Bank ansbachisch war, von ihren ansehnlichen Gewinnen nicht einen Kreuzer bezogen, sondern allen Gewinnst zur Stammeinlage schlagen lassen, damit die Bank seine Absicht dem Lande zu nützen, von Jahr zu Jahr besser erfüllen könne.

Die Vorarbeiten für die Bankgründung reichen nachweisbar nur bis in das Jahr 1779 hinein. Der Präsident der vereinigten Hof- und Landschaftskammer, Reichsfreiherr Christoph Albrecht von Seckendorff-Aberdar, legte dem Markgrafen im Oktober 1779 einen Plan zur Ausgabe von Banknoten vor. Am 6. Januar 1780 genehmigte Alexander den Entwurf Seckendorffs in den Grundzügen und befahl dem Landesministerium, einen allgemeinen Plan für die Gründung einer Hofbank auszuarbeiten. Am 2. März 1780 hielt der erste Minister, Wilhelm Friedrich von Benkendorff, dem Markgrafen „über die Errichtung eines mercantilischen Instituts allhier“ Vortrag; daraufhin wurde das Landesministerium durch ein hochfürstliches Rescript vom 29. März[1]) beauftragt, mit dem als Hofbankier in Aussicht genommenen Nürnberger Handelsmann Feuerlein „dieserwegen in aller Stille zu tractiren und, sobald man mit demselben Salva Ratificatione übereingekommen, die erforderlichen Instructiones zu entwerfen“. Mitte April waren die Verhandlungen mit Feuerlein beendet, vom 18. April ist die markgräfliche Ernennungsurkunde, in der „Seine Hochfürstliche Durchlaucht Unser Allergnädigster Fürst und Herr . . . die Speciale Direction der allhier zu errichten beschloßenen Herrschaftlichen Hofbanco, dem Hochfürstlichen Ministre von Benkendorff, und dem Hochfürstlichen Geheimen Regierungsrath Freiherrn von Seckendorff allergnädigst übertragen“.

Im Laufe des Juni siedelte Feuerlein nach Ansbach über; vorher hatte er sich durch ein Rundschreiben in italienischer Sprache von den Kunden seines Hauses verabschiedet und sie gebeten, sie möchten ihn auch als Hofbankier in Ansbach mit dem bisherigen Vertrauen beehren; anfangs Juli 1780 waren die letzten Vorbereitungen beendet. Ein Ministerialerlaß vom 4. Juli wies die Bayreuther Landeshauptmannschaft an, durch ihre Unterbehörden die Errichtung der Bank zu jedermanns Wissenschaft zu bringen. Die Bank selbst gab am 10. Juli in Empfehlungsschreiben, die in deutscher, französischer und italienischer Sprache abgefaßt an Staats- und Gemeindebehörden wie an die bedeutendsten Handelshäuser des In- und Auslandes versandt wurden, die Aufnahme ihrer Geschäfte bekannt. Am gleichen Tage schlug der Hofbankier Feuerlein das gewichtige, in weißes Schweinsleder gebundene Kassabuch auf und hieß den Bankbuchhalter Joachim Finck in schöner Lateinschrift auf das Titelblatt schreiben: „Cassabuch, angefangen den 10. Julius 1780 zur Hochfürstl. Hofbanco in Ansbach“.

---

[1]) Urkunden und Geschichtstafeln 1.

Wer etwas über die Ansbacher Hofbank, ihre Einrichtung und ihre Geschäfte erfahren will, muß sich vorher die Mühe machen, auf ihrem Arbeitsfeld und in ihrem Aufgabenkreis Umschau zu halten: nur so wird er ein richtiges Bild von dem jungen merkantilischen Unternehmen erhalten können, aus dem die heutige Bayerische Staatsbank hervorgegangen ist.

Das Arbeitsfeld der Hofbank, die aus dem Burggraftum Nürnberg entstandenen Fürstentümer Ansbach und Bayreuth, umfaßten den Kern des heutigen Mittelfranken und den östlichen Teil des heutigen Oberfranken, zusammen etwa 6500 qkm. Zwischen beide war das umfangreiche Gebiet der freien Reichsstadt Nürnberg eingekeilt. Aber auch die beiden Teilstücke selbst waren keineswegs geschlossene Länder. Mitten im brandenburgischen Gebiete waren bambergische, würzburgische, nürnbergische und bayerische Dörfer eingestreut, außerdem zahlreiche Güter von reichsunmittelbaren Adeligen, sogenannten Reichsrittern, die den Markgrafen nicht als Landesherrn anerkannten; es gab Ortschaften, in denen die Rechte und Gerechtigkeiten, auf die sich der Begriff der Landeshoheit gemeinhin stützte, wie Grundherrschaft, hohe und niedere Gerichtsbarkeit, letztere mit Steuer- und Ausheberecht, verschiedenen Herren zustanden. So waren von den 410000 Einwohnern, die Ansbach und Bayreuth am Ende der markgräflichen Herrschaft zählten, nur 270000 unmittelbare, d. h. der vollen Landeshoheit des Markgrafen unterworfene Untertanen. Infolge der schwächer entwickelten landesherrlichen Gewalt hatten das Reich und sein örtlicher Selbstverwaltungskörper, der fränkische Kreis, in Franken einen größeren Einfluß als anderswo.

So sehr die von zahllosen Streitigkeiten begleiteten staatsrechtlichen Vermengungen und Vermischungen einer geordneten Staatsverwaltung und damit auch einer planmäßigen staatlichen Wirtschaftsförderung hinderlich waren, so glücklich waren die natürlichen Wirtschaftsverhältnisse des Landes. Die Fürstentümer, insbesondere das Fürstentum Ansbach, gehörten zu den dichtestbevölkerten und wohlhabendsten Gegenden in Deutschland. Die Staatsverwaltung arbeitete in der letzten markgräflichen Zeit und später unter der preußischen Herrschaft mit erheblichen Überschüssen.

Den Hauptteil der Bevölkerung bildete der Bauernstand; seine rechtliche und wirtschaftliche Lage war gut, das grundherrliche Obereigentum belastete und beschränkte ihn nur wenig.

Der Gewerbefleiß trat hinter der Landwirtschaft stark zurück. Manche Städte lebten nur von der Landwirtschaft, Ansbach lebte fast allein vom Hofe. Die Hauptstadt Ansbach zählte 1783 nicht ganz 12700 Einwohner und hatte außer der Baumwoll- und Wollmanufaktur des Hofkammer- und Landschaftsrats Lehner und einer kleinen herrschaftlichen Fayencefabrik nur handwerksmäßige für den örtlichen Bedarf arbeitende Betriebe. Nur in Fürth, Erlangen, Schwabach und Roth waren größere für die Ausfuhr arbeitende Gewerbe vorhanden: In Schwabach die handwerksmäßig betriebene Nadlerei, die von französischen Auswanderern eingeführte Strumpfwirkerei, dazu die 1766 durch den Markgrafen begründete Stirnersche Kattunfabrik mit ausgedehnter Heimarbeit, ferner zwei Gold- und Metalldrahtfabriken; in Erlangen die ebenfalls von Emigranten begründete Strumpfwirkerei und die Handschuhmacherei; in Roth Tressenmanufakturen und leonische Drahtfabriken. Die bedeutendste Gewerbe- und Handelsstadt war Fürth; es hatte 18000 Einwohner, darunter 5000 Juden. Dort wurden Gold- und Silberdrähte, leonische Metalldrähte, Blattgold, Spiegel- und Kristallglas, Strumpfwaren, Spielzeug, mathematische Instrumente in großen Mengen fabrikmäßig hergestellt.

Der Ausdehnung des Handels stand hindernd im Wege, daß Nürnberg, der geschichtliche und natürliche Mittelpunkt der beiden Fürstentümer, fremdes Gebiet war. Zwar wetteiferte der Fürther Handel, namentlich sein Wechsel- und Juwelenhandel mit dem Nürnberger und tat ihm manchen Abbruch, aber Großkaufleute vom Stile der Nürnberger Handelsherren fanden sich nirgends im Lande.

Der lebhafte Verkehr auf den großen durch das Land führenden Handelsstraßen ließ viel Geld im Lande sitzen, doch geschah außer den markgräflichen Straßenbauten wenig für seine Förderung. Wie überall in Deutschland bestanden, da sich ein Grenzzoll wegen der staatsrechtlichen Vermengungen nicht durchführen ließ, zahlreiche Zollstätten im Lande; außerdem wurde der Verkehr durch Geleits- und Straßenabgaben belastet. Die Post befand sich in den Händen von Thurn und Taxis.

Die Münzverhältnisse waren leidlich geordnet. Allgemein wurde nach Gulden rheinischer Währung gerechnet; nach Gulden rheinischer Währung rechnete auch die Hofbank und später die K. Preußische Banco in Franken und die K. Bayerische Bank; der Gulden blieb die Bankwährung bis 1875. Im Handel waren die französischen Laubtaler sehr gesucht. Sie waren so beliebt, daß sie mit 2 fl. 45 kr. zwei Kreuzer über den inneren Wert und 5 Kreuzer über den amtlich festgesetzten Kurs gewechselt wurden.

Ansbach-Bayreuth war, wie ganz Deutschland am Ende des 18. Jahrhunderts, ein betriebsames Ackerbauland, in dem sich die ersten Ansätze zu einer stärkeren Entfaltung der Gewerbe regten. Auf diese wirtschaftlichen Verhältnisse waren die Aufgaben der Hofbank zugeschnitten; sie haben ihre Geschäfte hemmend und befördernd beeinflußt.

Nach dem wirtschaftlichen Aufbau des Landes und dem näheren Anlaß zur Gründung der Bank mußten der Bank drei Hauptaufgaben zufallen: Annahme verzinslicher Einlagen aus dem wohlhabenden Bauernstande und Anlage der angesammelten Gelder in Vorschüssen an den Handel und das Gewerbe, Geldwechsel und Ausführung von Geldüberweisungen von und nach auswärts. Nur diese drei Geschäftszweige als Aufgabenkreis der Hofbank zu bezeichnen wäre aber dem Geist der merkantilischen Zeit zuwidergelaufen. Der Aufbauplan des Ministers von Benkendorff lautete ganz anders[1]). Danach war die Hofbank ein Handels- und Wechselhaus, das

„a) Diejenigen Gelder, die füglich zu Schuld Zahlungen nicht angewandt werden könnten, in Umlauf bringen sollte, der theils einen größeren Gewinn als das Intereße, Erspahrung von bezahlten Capitalien eintrüge, theils fremdes Geld ins Land brächte.

b) Die sämtliche Herrschaftlichen Mercantil-Geschäfte, Ueberwechslung der Gelder und Bestellung allerhand Waaren an

[1]) Der Plan selbst wurde nicht gefunden; die folgende Darstellung ist ein im Prüfungsbericht des preußischen Bankbuchhalters Gerhardt von 1792 enthaltener Auszug.

fremden Handels- und Seeplätzen etc. besorgen, mithin dasjenige selbst zu gewinnen habe, was bishero Wechsler, Kaufleute, Unterhändler und Krämer verdienet hätten.

c) Eine ausgebreitete Correspondenz mit allen beträchtlichen, für die hiesigen Lande schicklichen Handelsplätzen zu entamiren, wodurch

d) das Institut nach und nach in den Stand gesetzet werden würde, Briefe in andere Welttheile zu bestellen, folglich ein Adreß Comptoir das in Deutschland äußerst rar wäre zu werden.

e) einstweilen einige Tausend Gulden nach den Regeln einer Banc umzuwenden.

f) sichere Briefe mit einigem Rabatt einzuhandeln.

g) gegen genugsame Sicherheit Geldbedürftigen, rechtschaffenen Personen zu ihrer Stellung mit Geld auszuhelfen.

h) fleißig nachzurechnen und zu speculiren, was an Specerey Waaren wenn man sie in ansehnlicher Quantitaet aus der ersten Hand nimmt, im Lande gewonnen werden könnte, mithin

i) nach und nach die Einleitung zu einem erträglichen Commercio- und Speditions Comptoir zu machen."

Der Seckendorffische Banknotenplan war vorläufig zurückgestellt worden, der Markgraf wollte abwarten, wie sich die Bank einführen werde; er verwirklichte den Plan erst durch eine Verordnung vom 26. März 1781[1]). Die Verordnung ist eine wesentliche Ergänzung für die Grundbestimmungen Benkendorffs. Sie lehnte sich teilweise an den Wortlaut des Reglements der Königlichen Bank zu Berlin von 1766 an, ihrem Inhalte nach aber brachte sie etwas ganz anderes als jenes Reglement; denn was sie als „Banknoten" bezeichnete, waren in Wirklichkeit verzinsliche, täglich fällige, auf den Namen lautende und in feste Beträge gestückelte Bankschuldscheine; nur sollten sie dem Einleger nicht allein als Quittung dienen, sondern sie sollten wie echte Banknoten von Hand zu Hand gehen — dabei war allerdings Übertragung durch Vermerk auf der Rückseite notwendig — und den Umlauf von Bargeld ersetzen.

---

[1]) Urkunden und Geschichtstafeln 3.

Der irreführende Name „Banknote“ wurde erst in den siebziger Jahren des 19. Jahrhunderts durch „Schuldschein“ ersetzt.

Die Stückelung ging von 200 fl. bis auf 5 fl. herunter, 1784 wurden auch 1000 fl.-Noten eingeführt. Die 1000 fl.-Noten waren erst nach vierwöchiger Aufkündigung fällig; die Bank hat indessen bis zum Jahre 1848 von dieser Schutzvorschrift nicht ein einziges Mal Gebrauch gemacht. Die Noten hatten keinen Zwangskurs, sie wurden bei der Hofbank und den fürstlichen Hauptkassen gegen Bargeld eingelöst, alle Gefälle durften in Banknoten entrichtet werden. Der Zins betrug 2½ vH, seit 1786 2 vH. Gefälschte Noten, die keinen offenbaren Fehler hatten, wurden zum vollen Wert eingelöst; für verlorene Noten wurde kein Ersatz gewährt.

Durch die Banknotenverordnung vom 26. März 1781 ist die Ansbacher Hofbank zur Sparbank geworden; sie ist es als preußische und bayerische Staatsbank geblieben: mehr als hundert Jahre, bis in die letzten Jahrzehnte hinein, waren die Schuldschein-Einlagen ihre wichtigsten Betriebsmittel. Die Banknotenverordnung hat trotz ihrer Schwerfälligkeit in vorbildlicher und über ihre Zeit hinausgreifender Weise die Aufgabe gelöst, große und kleine Ersparnisse aus Geldtruhen und Sparstrümpfen herauszulocken und nutzbringender Anlage zuzuführen.

Ihrem Aufgabenkreis nach war die Bank seit 1781 zugleich Handelshaus, Sparbank, Wechsel- und Leihbank. Sie vereinigte mit Ausnahme des Giroverkehrs die Aufgaben der Königlichen Bank zu Berlin und der Seehandlung in sich; aber sie unterschied sich, von zahlreichen Einzelheiten abgesehen, in einem wesentlichen Punkte von den Gründungen Friedrichs des Großen: es ist das Fehlen jeglichen Monopols und jeglicher Zwangsrechte im Verkehr mit der Kundschaft: „Also habt Jhr,“ sagt die Verordnung vom 4. Juli 1780, „diese Unsere gnädigste Intention . . . zu Jedermanns Wissenschaft bringen zu lassen . . . daß einem Jeden frey gelassen werde, sich wegen seiner Zalungen oder anderen Handlungs Geschäfften außer Landes, an besagtes Hof Banco- und Mercantil Jnstitut zu Anspach zu wenden, wenn er dies seinem Jnteresse oder Convenience gemäß finden werde“. Nur den herrschaftlichen Behörden wurde in einer Verfügung vom 11. Juli 1781 aufgegeben, sich bei vorkommenden Geldübermachungen und -beziehungen nach und von auswärts ausschließlich an die Hofbank zu wenden. Ebenso wurden die Vormünder durch eine Verordnung vom 19. April 1790 angehalten, entbehrliche Mündelgelder „womöglich bei der Hochfürstlichen Renthey zu 4 pcto oder inzwischen wenigstens bey der Hof Banco“ anzulegen[1]).

Und noch in einem Punkt bewies das Hochfürstliche Mercantil-Institut sofort ein weitgehendes Verständnis und einen sicheren Blick für die Erfordernisse einer lebensfähigen Bank: indem es sich nämlich um seine ganze weitläufige mercantilische Satzung nicht kümmerte und sich von vornherein auf die oben umrissenen natürlichen Aufgaben einer Spar- Leih- und Wechselbank beschränkte[2]).

Bei dem bewußten Verzicht auf allen Zwang und der Beschränkung der Geschäfte auf die Aufgaben einer Bank im heutigen Sinn waren offenbar die schlechten Erfahrungen verwertet worden, die rein merkantilische auf Zwangs- und Bannrechte aufgebaute Bankunternehmungen gezeitigt hatten: zuletzt war die Königliche Bank zu Berlin durch die falsche Anschauung, daß kaufmännisches Vertrauen sich in Bannrechte zwängen lasse, zu Riesenverlusten und in die Gefahr des Zusammenbruchs gekommen; der Markgraf hatte richtig daraus geschlossen, daß „jeder Zwang dem herrschaftlichen Credit nur nachtheilig sey“.

Die Hauptursache aber dürfte gewesen sein, daß die Zeit der

---

[1]) 1788 schlug die Hof- und Landschaftskammer vor, die Heiligen-(Kirchen-) und Stiftungsgelder sollten bei der Hofbank angelegt werden; die Bank ging jedoch nicht darauf ein, weil ihr die geforderten Zinsen zu hoch waren.

[2]) Für eine Geschäftstätigkeit anderer Art finden sich nur Ansätze: So ein Ausschreiben vom 5. Mai 1781, in dem die markgräflichen Ämter ersucht werden, die Hofbank mit Nachrichten über den Stand der Gewerbe, die Ausfuhrtätigkeit und die Preise der einschlägigen Waren zu versehen, da es Aufgabe der Hofbank sei, sich um die Erhöhung des Verkaufs inländischer Güter zu bekümmern. Ein von Schwabacher Unternehmern gestellter Antrag, die Hofbank möge nach braunschweigischem und hessischem Beispiel bei den Truppenverschickungen Schwabacher Waren zollfrei nach Amerika bringen und sie dort durch die Truppen-Intendanten verkaufen lassen, wurde abgelehnt.

Auch in der preußischen und frühbayerischen Zeit kamen Warengeschäfte nur ausnahmsweise, als gelegentliche Gefälligkeiten für befreundete Handelshäuser vor; im Abschluß von 1799 befindet sich ein Posten »Canonen Messing« mit 13 735 fl., es sollte nach Nürnberg verkauft werden.

merkantilischen Wirtschaftslehre erfüllt war; der Tag einer freiheitlicheren Anschauung, der Lehre des Adam Smith dämmerte herauf: die Schöpfer und Leiter der Ansbacher Hofbank, namentlich der jüngste von ihnen, Christoph Albrecht von Seckendorff, der Vater der Banknotenverordnung, stehen an der Schwelle eines neuen Zeitalters.

Die „Hochfürstlich brandenburgische Ansbach-Bayreuthische Hofbanco" war eine Staatsanstalt ohne Beteiligung anderer Unternehmer. Von der Staatsverwaltung war sie streng geschieden; im Verkehr mit den markgräflichen Behörden mußte sie ebenso Zinsen und Gebühren berechnen und vergüten wie im Verkehr mit der Kundschaft. Die sogenannten jura fisci, Vorrechte im Konkurs, Post- und Gerichtskostenfreiheit genoß sie nicht[1]).

Die Oberleitung der Bank oblag der Banco-Direktion, die Direktion war eine unmittelbar dem Geheimen Landesministerium unterstellte Kollegialbehörde[2]). Ihm legte sie die Jahresabschlüsse vor; der Markgraf erteilte, ebenso wie es Friedrich der Große gegenüber der Königlichen Bank und der Seehandlung tat, den Direktionsmitgliedern Entlastung. Auch in vielen Angelegenheiten der Geschäftsleitung, wie bei Bewilligung von zweifelhaften Darlehen oder von besonderen Zulagen an die Angestellten, wurde die Genehmigung des Ministeriums eingeholt, ohne daß eine ausdrückliche Zuständigkeitsverteilung vorlag.

Die Direktion hatte die Geschäftsführung des Hofbankiers zu leiten und zu überwachen. In allen wichtigen und vielen unwichtigen Dingen mußte der Hofbankier ihre Weisungen einholen, seine Dienstanweisung gab ihm auf „nicht das Geringste für sich allein zu tun". Insbesondere wurde die Geldbewegung nach Vorschlag des Hofbankiers von der Direktion geregelt, und kein Vorschuß durfte ohne ihre Zustimmung gegeben werden.

Die Bankdirektion wurde von hohen Staatsbeamten im Neben-

---

[1]) Ob die Hofbank auch abgabenpflichtig war oder nicht, darüber fand sich kein Beleg; in der preußischen Zeit mußte sie Haussteuer bezahlen.

[2]) Das Geheime Landesministerium war wenn der Markgraf im Lande war, sein Beirat; war er außer Landes, so führte es die Landesverwesung.

amt verwaltet. Der Hofbankier und der 1786 angestellte erste Buchhalter und Kassier galten ebenfalls als Staatsdiener, ihre Namen erschienen im Hofkalender und Frau Feuerlein erhielt nach dem Tode ihres Mannes wie andere Beamtenwitwen einen Nachsitz[1]) bewilligt.

Ob die Direktionsmitglieder schon von Anfang an neben ihren Beamtengehältern eigene Zulagen für die Verwaltung der Bank erhielten, ist unbekannt. Der Hofbankier bezog jährlich 800 fl., seit 1783 1000 fl. bar neben freier Dienstwohnung im Anschlage von 100 fl. und außerdem 100 fl. für die Verköstigung des Handlungsbedienten. Zur gleichen Zeit bezog ein Hofkammer- oder Regierungsrat 1050 fl., ein Minister bis zu 6200 fl. Der erste Buchhalter und Kassier begann 1786 mit 500 fl. bei jährlicher Steigerung um 50 fl. bis zum Höchstgehalt von 650 fl.; die Commis und Handlungsbediensteten erhielten zwischen 170 und 400 fl. bei freier Wohnung und Verpflegung. Die Banklehrlinge bekamen nach allgemeinem Handelsbrauch bei ihrem Ausscheiden eine Geldunterstützung zur „Equipierung“ und zur Bestreitung der Reisekosten an ihre neuen Stellen.

Vom Jahre 1784 an bewilligte der Markgraf den Direktionsmitgliedern und dem Hofbankier „zur Bezeugung Jhro über die unermüdete, geschickte und pflichteifrige Verwendung der Hochfürstlichen Bancodirection und des beigeordneten Hofbanquier hegenden ausnehmenden Zufriedenheit“ und „zur ferneren Ermunterung“ eine Tantième von zusammen 20 vH des Reingewinns; davon wurden vier Fünftel auf die Direktionsmitglieder, ein Fünftel auf den Hofbankier verteilt. Auf diese Weise erhöhten sich die Jahresbezüge des Hofbankiers durchschnittlich um etwas über 700 fl., der Direktionsmitglieder um etwas über 950 fl.

Die Beamtenschaft beschränkte sich auf wenige Köpfe: In der Bank arbeiteten unter dem Hofbankier anfangs nur ein Buchhalter und ein Bankdiener, später kamen ein Commis, ein Banklehrling und eine Schreibhilfe dazu. Die Direktion bestand ursprünglich aus zwei, seit 1784 aus drei Mitgliedern.

Das rangälteste Mitglied der Bankdirektion, Wilhelm Friedrich

---

[1]) Einen Jahresgehalt; den Betrag mußte sich der Nachfolger im Amte des Verstorbenen abziehen lassen.

von Benkendorff stand bei Gründung der Bank im Alter von 60 Jahren. Seit 1770 war er erster Minister des Markgrafen, 1790 wurde er auf Betreiben der Lady Craven mit den übrigen leitenden Beamten, von denen ein Widerstand gegen die Abdankungspläne des Markgrafen zu befürchten war, vom Dienste enthoben, blieb aber noch zwei Jahre Mitglied der Bankdirektion. Er war ein prächtiger alter Junggeselle, peinlich genau, gewissenhaft, mit klarem Blick und herzerfrischenden Auslassungen. „Ich muß gestehen," schrieb er einmal zu dem Darlehensgesuch eines Weinhändlers, „daß ich einem Mann, der so rasch baut und in Wallerstein Livrée bedienten etc. hält, nicht viel leyen mögte, folglich es auch der Banco nicht rathen kann". Ein andermal ermahnte er die Beamten der Bank, sie möchten etwas auf sich halten; zwischen einem Privathandlungshause und einer Fürstlichen Hofbanco sei ein Unterschied; „Deshalb heißt auch unser Diener Commis und der Jung Amanuensis; hingegen soll letzterer auch nicht stolz oder unfolgsam werden und sich keiner einem Lehrling zustehenden Arbeit schämen oder einen Herrn spielen".

Benkendorffs Andenken lebt heute noch in einer hochherzigen Stiftung fort, die seinem wirtschaftlichen, lebensklugen Denken das beste Zeugnis ausstellt. In der 1793, drei Jahre vor seinem Tode errichteten Stiftungsurkunde bestimmte er sein namhaftes Vermögen dazu, alljährlich einer Anzahl von bedrängten kleinen Anwesensbesitzern Haus und Hof vor drohender Zwangsversteigerung zu retten.

Christoph Albrecht Reichsfreiherr von Seckendorff-Aberdar war bei Gründung der Bank erst 32 Jahre alt. Er war 1777 Präsident der Hof- und Landschaftskammer geworden und rückte 1786 zum Wirklichen Geheimen Rat und Minister auf. Er schied 1787 aus den markgräflichen Diensten, da er sich, ähnlich wie Benkendorff, den auf die Abdankung des Markgrafen hinzielenden Wünschen der Lady Craven nicht fügen wollte. Er wurde dann württembergischer Reichstagsgesandter in Regensburg und später markgräflich Baden-Durlachischer Finanzminister. Auf die erledigte Stelle Seckendorffs kam der Hofkammer- und Landschaftsrat Christian Wilhelm Kern.

Als drittes Direktionsmitglied wurde 1784 der markgräfliche Kabinettssekretär Ludwig Friedrich Christoph Schmid bestellt. Auch Schmid fiel 1790 wegen seines Widerstands gegen Eliza Craven in Ungnade; er wurde in der Bankdirektion durch den Hofkammer- und Landschaftsrat Johann Michael Lehner ersetzt. Nach dem Übergang der Fürstentümer an Preußen wurde Schmid Kreisgesandter in Nürnberg, 1796 kehrte er in die Bankdirektion zurück.

Der Hofbankier Feuerlein war 1724 geboren. Sein Vater war Arzt in Feuchtwangen, später Hochfürstlicher Rat und Hofmedikus in Ansbach. Feuerlein hatte sich 1752 als Kaufmann in Nürnberg ansässig gemacht, konnte aber dort keine Glücksgüter sammeln. Jedenfalls betrachteten die ihm sehr wohlgesinnten Herren von Benkendorff und Seckendorff ebenso wie er selbst die Hofbankierstelle als „ein ruhig Stücklein Brot nach mancherley Drangsalen“. Er war, wie Benkendorff von ihm sagt, „der beste, dienstfertigste und in der Kaufmannschaft wohl erfahrene Mann, aber ein schlechter Ökonom, der seine Ausgaben immer so einrichten wird, daß ganz gewiß nichts übrig bleibt.“ Im Herbst 1786 wurde infolge zunehmender Kränklichkeit Feuerleins der damals 23jährige Kaufmann und Kaufmannssohn Johann Christoph Gullmann aus Lindau, ein naher Verwandter der Augsburger Handelsherren und Geschäftsfreunde der Bank, Johannes und Georg Walther v. Halder als Kassier und Buchhalter angestellt und zur Nachfolge Feuerleins in Aussicht genommen. Feuerlein starb schon im Dezember des folgenden Jahres; Gullmann hatte von da an bis 1804 und von 1806 bis 1811 die kaufmännische Leitung der Bank inne und war von 1802 bis 1811 Mitglied der Bankdirektion.

Schon 1783 war Gullmanns zukünftiger Nachfolger, Johann Georg Dürnhoefer, ein Seilermeisterssohn aus Leutershausen bei Ansbach als Commis in die Bank eingetreten. Dürnhoefer leitete, das sei hier vorausgenommen, von 1804 bis 1841 als Bankier die kaufmännischen Geschäfte der Bank. Noch unter Dürnhoefer trat der spätere Oberfinanzrat August von Manz in die Dienste der Bank. Manz starb 1886 nach 28jähriger Tätigkeit als kaufmännischer Leiter der Bank, ein Jahr nach seinem Tode kam der 1927 in den Ruhestand versetzte Staatsbankpräsident Hugo Arnold als junger Akzessist zur Bankdirektion: So schwingt sich die Brücke der Überlieferung auf nur wenige Pfeiler gestützt aus der Gegenwart bis in die älteste markgräfliche Zeit hinein.

Die Direktionsmitglieder entstammten sämtlich der Beamtenschule der altdeutschen Kollegialverfassung; ihre umständliche Arbeitsweise war auch die der Bankdirektion. Die Beratungen waren überwiegend schriftlich. Das jüngste Direktionsmitglied setzte in einem langatmigen Konzepte seine Meinung auseinander und resolvierte „pro suo tenui voto“ wie die Sache anzupacken sei; der nächste schrieb, auch wenn er dem ersten beistimmte, womöglich noch einmal so viel mit Für und Wider, überließ wohl am Schlusse „alles und jedes der Hohen Entscheidung Excellentissimi“ und Excellentissimus, der Minister von Benkendorff traf dann die Entscheidung mit ein paar kräftigen Schlußworten.

Im Geschäftsgang des Bankbetriebs herrschte die doppelte Buchführung. Nach der anläßlich des Todes Feuerleins neu geregelten Geschäftsverteilung hatte Gullmann die Kasse und das Kassabuch, die Primanota, das Hauptbuch und das Saldokontobuch zu führen, die Berichte an die Bankdirektion, die französischen und die wichtigeren deutschen Briefe abzufassen. Der Commis hatte die Banknotenkataster, die Kassa und Primanotakontrolle zu führen, die weniger wichtigen deutschen Briefe abzufassen und sich unter der Leitung Gullmanns in der Abfassung französischer Briefe zu üben. Der Amanuensis hatte überall behilflich zu sein, Briefe und Wechselbriefe zu kopieren und Botengänge zu besorgen. Die Kasse stand unter Doppelverschluß. Alle die Bank verpflichtenden Urkunden mußten von dem Hofbankier und einem Mitglied der Bancodirection unterschrieben sein. Die Briefe unterzeichnete der Hofbankier allein.

Bei alldem brauchte sich im Bankkontor niemand zu überhasten. Wenn Feuerlein manchmal noch bis spät nachts über seinen Büchern saß, so kam das nach Ansicht Benkendorffs nur davon, daß er „tags über die beste Zeit mit seinen Kunden verschwätzte“.

Wie schon aus der geringen Zahl der Beamten und Angestellten zu erkennen ist, sah sich die markgräflich brandenburgische Ansbach-Bayreuthische Hofbanco trotz ihres stolzen, langen Namens recht klein, bescheiden und altväterlich an: Ein Saal als Geschäftsraum, vier Zimmer mit Kammer, Küche, Holzlege und Keller als

Dienstwohnung für den Hofbankier in einem stattlichen Hause der Neustadt, dem sogenannten vorderen Bancohause (jetzt Neustadt 20), alles zusammen um 130 fl. jährlich der markgräflichen Lottoverwaltung abgemietet und später gekauft, bildeten die erste Unterkunft der Bank[1]).

Die Fenster wurden vorsichtshalber vergittert, „da die Industrie einiger Diebe in Wien nach den öffentlichen Nachrichten ein Mittel zu dem bisher niemals gelungenen Aufbrechen eiserner Geldkisten erfunden habe". Gut die Hälfte der Einrichtung brachte der Hofbankier Feuerlein aus seinem Nürnberger Handelsgeschäft mit. Es waren eine schöne Kassatruhe „ein Meisterstück mit 9 Riegeln, doppelt versperrbarem Vorlegeschloß und hölzernen Füßen, mit einer Schublade, im Werte von 50 fl.", ein Zähltisch, mehrere Silber- und Goldwaagen mit Gewichten, kupferne Geldschüsseln, eine hölzerne Briefpresse, Handwerkszeug und Rollhölzer zum Öffnen, Schließen und Verladen der Geldfässer; dazu ein ewiger Kalender, einige Wechselgesetze und geographische Bücher.

Die Geschäfte, die im Bancohause betrieben wurden, waren in der ersten Zeit nach Zahl und Umfang recht bescheiden. Ein Blick auf die ersten Seiten des Kassabuchs sagt mehr als alle Worte; der erste Hauptabschluß war mit 28600 fl. Abschlußsumme und 254 fl. Reingewinn abgeglichen[2]). Von den weiteren Abschlüssen bis 1791 wurden nur einzelne vorgefunden; sie zeigen, daß es mit der Banco vorwärts ging, aber am Ende der markgräflichen Zeit war der Geschäftsumfang eines mittleren Handelshauses nach den damaligen Begriffen noch nicht überschritten.

Der Markgraf gab der Hofbank als Stammeinlage 15000 fl., zwei Drittel davon wurden aus der Lottokasse, ein Drittel aus der Landschafts-Obereinnehmerei angewiesen. Die Bank mußte die Stammeinlage mit 3 vH jährlich verzinsen, aber alle Reingewinne wurden

---

[1]) Ein mit dem vorderen Bancohause durch einen Hof verbundenes zweites Gebäude, das sogen. hintere Bancohaus (jetzt König Ludwig Promenade 11) wurde zu Dienstwohnungen für Direktionsmitglieder benützt. 1796 wurden beide Häuser verkauft; ab 1802 ist das Ansbacher Bankkontor in dem heutigen Bankgebäude der Bayerischen Staatsbank Ansbach nachweisbar.

[2]) Urkunden und Geschichtstafeln 2.

ihr belassen und zur Stammeinlage geschlagen: dadurch war die Stammeinlage 1791 auf über 115000 fl. angewachsen.

An fremden Mitteln standen zunächst Vorschüsse aus den herrschaftlichen Kassen und der markgräflichen Schatulle zur Verfügung, dafür mußten ebenfalls 3 vH Zinsen bezahlt werden. Beide waren nur Behelfe für den Anfang und später bei vorübergehendem Geldbedarf. Die aus England und Holland bezogenen Subsidiengelder blieben immer einige Zeit bei der Bank stehen; sie und ab 1781 die Banknoteneinlagen waren die wichtigsten Betriebsmittel.

Wichtiger als die kleine Stammeinlage und wertvollste Mitgift der Bank war die Staatshaftung. Dank der planmäßigen Schuldentilgung war das Vertrauen in die markgräfliche Geldwirtschaft im ganzen Lande groß, deshalb führten sich die Bank und ihre Banknoten gut ein. Der wohlhabende und sparsame Bauernstand der Ansbacher Gegend war von jeher der Hauptstamm der Einleger; neben den Sparern stellten sich die markgräflichen Kassen und die Verwalter fremden Vermögens ein und legten entbehrliche Beträge auf Banknoten an. In den ersten sechs Monaten gingen mehr als 30000 fl. ein, Ende 1791 waren über 500000 fl. gegen Banknoten eingelegt. Schon damals zeigte der Hauptabschluß das für weitere 14 Jahrzehnte kennzeichnende Bild: weitaus der größte Teil der Betriebsmittel entfiel auf die fremden Mittel.[1])

Mit diesen Mitteln betrieb die Hofbanco in der Hauptsache drei Geschäfte: das Wechselgeschäft, das Leihgeschäft und die Geldüberwechslung für fremde Rechnung.

Die Bank bemühte sich nach Kräften ihre Einlagen flüssig und wirtschaftsfördernd anzulegen. Sie stand dabei fast nur der freien Wirtschaft gegenüber; Vorschüsse an markgräfliche Kassen oder staatliche Unternehmungen kamen selten vor, auch für Darlehen zur Förderung bestimmter Unternehmer im staatlichen Auftrag beanspruchte der Markgraf die Bank nur in wenigen Fällen.

Die beste Anlage wäre der Ankauf von guten Handelswechseln gewesen, aber das Angebot dafür war in Ansbach gering, dafür war das gewerbliche Leben zu wenig rege; das Wechselgeschäft im

---

[1]) Zahlentafel 1a.

heutigen Sinn — Ankauf von Wechseln einheimischer Unternehmer auf ihre einheimischen Kunden, um die Unternehmer mit kurzfristigen Darlehen zu unterstützen — war noch ganz unbekannt. Das damalige Wechselgeschäft war in der Hauptsache Wechsel- und Devisenhandel; bei der Bank baute es sich fast ganz auf den Subsidienzahlungen auf. Für die Hilfsgelder wurden englische und holländische Schatzwechsel gegeben oder die Gelder wurden auf Londoner und Amsterdamer Handelshäuser angewiesen. Die Bank kaufte den markgräflichen Kassen die Schatzwechsel ab oder verwandte die bei den Londoner und Amsterdamer Häusern angewiesenen Guthaben zum Ankauf von Handelswechseln auf wichtige ausländische und deutsche Handelsplätze zu günstigen Kursen und gab die Wechsel mit Gewinn an einheimische Kaufleute, die Zahlungen ins Ausland zu leisten hatten, oder an Augsburger und Frankfurter Wechselhäuser weiter.

Ebensowenig wie Vorschüsse gegen Wechsel wurden Vorschüsse gegen Verpfändung von Handelswaren begehrt. Schon im Oktober 1781, wenige Monate nach Einführung der Banknoten, hatte sich die Bank ermächtigen lassen, verfügbare Gelder, die in Handelswechseln nicht unterzubringen waren, auf trockene Wechsel oder Schuldurkunden gegen Grundstückspfand kurzfristig ausleihen zu dürfen. 1785 wurde die Ermächtigung dahin bestätigt, daß die Hofbanco „jeder Person, die in öffentlichen guten Credit stehet und von deren Umständen, Haushaltung und Absichten nichts widriges bekanndt ist, sie sey in oder außer hiesigen Diensten, Christ oder Jud, fremd oder einheimisch, Gelder auf nicht allzulange Zeit gegen Wechselbriefe oder sichere Obligationen“ vorschießen durfte.

Aber selbst solchen Ausleihungen stellten sich Hindernisse entgegen. Die Verpfändung von Grundstücken war nach den Landesgesetzen mit großen Umständlichkeiten verknüpft; die Gewerbetreibenden waren an einen bankmäßigen Verkehr nicht gewöhnt und nahmen die Aufforderung, Sicherheit zu geben, als Beleidigung auf, ja sie lehnten Darlehnsangebote ab, weil sie glaubten, ihr Ansehen würde dadurch leiden. Bei dem günstigen Stand der Landwirtschaft und dem Darniederliegen der Gewerbe war Geld gegen Grundstückspfand schon zu 4 vH mit Leichtigkeit erhältlich, die

Bank aber mußte mit Rücksicht auf die Verzinsung ihrer Einlagen und ihren noch geringen Umsatz 5 bis 6 vH verlangen: 5 vH für „gute einheimische Wechsel auf bekanndte, sichere und christliche Handelshäuser“ und 6 vH bei „allen jüdischen und solchen Wechselbriefen, deren Trassanten oder Trassaten in der Handelswelt nicht sattsam bekanndt sind“, ferner bei allen sonstigen Ausleihungen.

So war die Bank genötigt, in vielen Fällen auf dingliche Sicherheit zu verzichten, ja sich mit Kunden zweiten Ranges zu begnügen, um nur überhaupt ihr Geld in Umlauf zu bringen und Zinslasten, Verwaltungskosten und Gewinne herauszuwirtschaften. Es kam so weit, daß sie selbst ihre Kunden mit mißtrauischen Augen anschaute, nur deswegen, weil sie überhaupt zu ihr kamen: „Ich gestehe, daß es mir wunder vorkommt“, bemerkte Benkendorff zu einem Darlehensgesuche, „daß dieser 3400 fl. bei der Banco auf 6 pcto sucht, da er, wenn er den hiesigen Kapitalisten auf der guten Seite bekannt ist, leicht Geld wohlfeiler haben kann.“

Die Bank mußte daher ihre Gelder in der Hauptsache auswärts anlegen: den größten Teil erhielten die jüdischen Kaufleute und gewerblichen Verleger in Fürth, daneben einige Unternehmer in Schwabach und Nürnberg; außerdem wurden bei den großen Handelshäusern in Deutschland und im Auslande, mit denen die Bank durch den Wechselhandel in Berührung kam, ständig große Guthaben in laufender Rechnung unterhalten.

Die Verbindung mit auswärtigen Handelshäusern war für den dritten Geschäftszweig der Bank, die Geldüberwechslung für fremde Rechnung unerläßlich; von Anfang an war die Bank bestrebt, sich an den wichtigsten Handelsplätzen Geschäftsfreunde zu schaffen. Schon in den ersten Hauptabschlüssen sind die Namen berühmter Handelshäuser zu lesen, wie C. Voght in Hamburg, J. und W. v. Halder in Augsburg, W. J. Heylmann und Frieß & Comp. in Wien, Gebr. Kornmann in Paris und Straßburg, Herries & Co. und Chield & Co. in London, Hogguer Grand & Co. und Carli & Co. in Amsterdam.

An Aufträgen für die Vermittlung von Zahlungen war kein Mangel: Da gab es für den Markgrafen Subsidiengelder aus England und Holland zu beziehen und Schuldzinsen nach Berlin zu überweisen; an markgräfliche Beamte im Ausland und an den Markgrafen selbst, wenn er auf Reisen war, mußten Zahlungen geleistet werden; Reichsritter wollten ihren im kaiserlichen Heere stehenden Söhnen Geld senden, Beamte ihre Beiträge an die Berliner Witwen- und Waisenkasse bezahlen; die Kaufleute ließen sich, bevor sie zu den Messen reisten, Kreditbriefe auf die Messeplätze ausstellen, versahen sich mit der Münze der Messeplätze und mit Wechseln auf sie: mit dem Geschäfte für fremde Rechnung hing der Wechsel- und Sortenhandel für eigene Rechnung enge zusammen. An solchen Geschäften wurde verhältnismäßig viel verdient: $\frac{1}{4}$ bis $\frac{1}{2}$ vH der zu übermachenden Summe war die übliche Gebühr, dazu konnte ein geschickter Bankier bei der meist in Frage stehenden Überwechslung in fremder Währung noch Kursschnitte machen. Der Maßstab für die Gebühren waren die Kosten für die Bargeldverfrachtung und die waren nicht nur wegen der schlechten Verkehrsverhältnisse, sondern auch wegen der Unsicherheit sehr hoch; die Bank pflegte größere Geldfrachten regelmäßig durch einen Husaren oder einige Feldjäger „gegen die übliche Zulage" begleiten zu lassen.

Kursgewinne, Darlehnszinsen und Überweisungsgebühren brachten der Bank recht ansehnliche Erträgnisse: die Reingewinne bewegten sich 1781 bis 1784 zwischen 1500 fl. und 6300 fl., seit 1785 waren sie in jedem Jahre höher als 10000 fl.[1])

Dafür wurden die geringe Auswahl unter den Darlehnskunden im Inland und die hohen Guthaben im Ausland zu einer Quelle mancherlei Verluste: bei Zahlungseinstellungen in Prag, Bayreuth und Fürth mußte die Bank beträchtliche Summen einbüßen. Daß sie sich um Vertrauensleute in den wichtigsten Handelsplätzen bemühte — in den Quellen werden Amsterdam, Hamburg und Fürth erwähnt — die sie über die Lage der Handelshäuser und ihrer Kunden fortlaufend unterrichten sollten, konnte daran nichts ändern. In den wenigsten Fällen wurden die uneinbringlichen Forderungen sofort abgebucht. Bei der gründlichen Prüfung der Bank, die nach der Übernahme durch Preußen vorgenommen

[1]) Zahlentafel 12.

wurde, stellte sich heraus, daß der durch fortlaufende Zuschreibung der Gewinne damals auf 115000 fl. angewachsenen Stammeinlage rund 85000 fl. uneinbringliche und zweifelhafte Forderungen gegenüberstanden, so daß als sicherer Betriebsstock nur etwa 30000 fl. betrachtet werden konnten.

Dadurch verlieren die Reingewinnziffern an Gewicht. Doch hat, selbst wenn alle bei der strengen Bankprüfung von 1792 als unsicher gekennzeichneten Posten völlig uneinbringlich gewesen wären, was aber nicht der Fall war, die 1780 an die Bank gegebene Stammeinlage von 15000 fl. in den 11½ Jahren der Tätigkeit unter markgräflicher Herrschaft außer den alljährlich abgelieferten, laufenden Zinsen zu 3 vH nochmals 6 vH Zins und Zinseszins getragen. Das ist immerhin etwas, wenn man dagegenhält, daß die Königliche Bank in Berlin in den ersten 11 Jahren ihres Bestehens überhaupt keinen Gewinn, sondern einen Verlust von insgesamt 159618 Reichstalern aufzuweisen hatte.

Die Abdankungspläne des Markgrafen und der markgräflichen Freundin hatten der Bank zwischen 1786 und 1790 zwei ihrer besten Direktionsmitglieder geraubt. Nachdem es gelungen war Seckendorff und Schmid, diesen zugleich mit dem Minister und Statthalter von Bayreuth, Friedrich Karl von Seckendorff, zu stürzen und Benkendorff von den Staatsgeschäften zu entfernen, lag die Bahn für die Ausführung der Abdankungspläne frei. Der Markgraf war kinderlos; nach dem Hohenzollernschen Hausgesetze wären die Fürstentümer bei seinem Tode ohnehin an den König von Preußen gefallen; nun wurde über ihre sofortige Abtretung verhandelt.

Zunächst wurden auf den Vorschlag der Lady Craven preußische Beamte nach Ansbach berufen, um die Staatsverwaltung zu erneuern und zu verbessern. Im Winter 1790/91 begab sich der Markgraf in Begleitung der Lady nach Berlin, am 16. Januar 1791 unterzeichnete er den Abtretungsvertrag. Der Vertrag setzte dem Markgrafen eine lebenslängliche Rente von 300000 fl., der Lady eine Witwenrente von 30000 fl. aus. Da von Österreich Schwierigkeiten zu befürchten waren, mußten Verkündung und Vollzug sehr zum Leidwesen des ungeduldigen Markgrafen fast um ein volles Jahr hinausgeschoben werden. Am 2. Dezember 1791 endlich konnte Alexander von Bordeaux aus, in Ansbach hatte es ihn nicht mehr gelitten, den Thronverzicht zugunsten Friedrich Wilhelms II. von Preußen kundmachen. Am 25. Januar 1792 gab der König von Preußen die Besitzergreifung der Fürstentümer den fremden Höfen bekannt. Am Tage darauf traf der Minister für die neuen Besitzungen in Bayreuth ein und begab sich, überall mit großem Jubel begrüßt, von dort an seinen Amtssitz Ansbach. Es war Carl August Freiherr von Hardenberg, der spätere Staatskanzler, dessen Name als der des großen Staatsmanns der Befreiungskriege und der preußischen Staatserneuerung zusammen mit dem des Freiherrn vom Stein in der Geschichte fortlebt.

Das ehemalige Bankgebäude an der Nürnberger Landstraße in Fürth.

DIE K. PREUSSISCHE BANCO IN FRANKEN.

1792—1806

Hardenberg war den Ansbachern und der Hofbank kein Unbekannter. Er war im Oktober 1790 nach Ansbach berufen und am 5. März 1791 zum markgräflichen Staats- und Finanzminister ernannt worden; er war einer von den Beamten, die auf Wunsch der Lady Craven die Ansbacher Verwaltung verbessern und die Abtretung des Landes an Preußen vorbereiten sollten.

Im Dezember 1790 hatte ihn der Markgraf mit der Hofbank und ihrer Einrichtung bekannt gemacht. „Wohlgeborene und Hochgelehrte, Liebe, Getreue," hieß es in seiner Verfügung an die Bancodirektion, „wir wünschen, daß unser Ministre von Hardenberg eine genaue Kenntnis von den Geschäften Unserer Hofbanque erhalte und gesinnen dahero an Euch gnädigst ... die nöthigen Erläuterungen zur Beurtheilung derselben und der Kenntnis des Bancogeschäfts umständlich schriftlich zu verfassen und alles vorgedachtem Ministre baldmöglichst einreichen, auch demselben auf Verlangen die Bücher selbst vorlegen, auch alle Auskunft geben zu lassen, die er verlangen wird." Eine weitere Verfügung lautete dahin, daß alle bisher an den Markgrafen oder an das Geheime Ministerium zu erstattenden Anzeigen vom 1. Januar 1791 an dem Freiherrn von Hardenberg zu überbringen seien.

Von diesem Zeitpunkt bis zur Abtretung Ansbachs an Bayern im Jahre 1806 hatte Hardenberg die Oberleitung der Bank. Wie die fränkischen Fürstentümer als Ganzes seiner tatkräftigen und lebensklugen Verwaltung eine erhebliche Mehrung ihres Wohlstandes verdanken, in einer Zeit, in der die napoleonischen Kriege ringsherum nur Wohlstand vernichteten, so verdankt ihm die Bank einen großen Zuwachs an Einfluß, Ansehen und Vertrauen innerhalb und außerhalb Frankens: unter seiner Führung hat sie den ersten Schritt aus den kleinen Verhältnissen der markgräflichen Hofbank zu einer Bank und Staatsbank im heutigen Sinne getan.

Die Tätigkeit Hardenbergs für Ansbach-Bayreuth gliedert sich in zwei Abschnitte: Im ersten, von 1792 bis 1798, wohnte und gebot er in Ansbach als selbständiger Provinzialminister für die fränkischen Besitzungen wie ein Vizekönig, im zweiten, von 1798 bis 1806, leitete er nach Auflösung des fränkischen Provinzialministeriums als Staatsminister und Chef des fränkischen Ministerialdepartements von Berlin aus die innere Verwaltung und die Finanzverwaltung der Fürstentümer; die Rechtspflege unterstand dem preußischen Justizminister (Großkanzler). Auch in der ersten Zeit war er häufig von Ansbach abwesend, namentlich im Jahre 1795; in diesem Jahre vertrat er den König von Preußen bei den Friedensverhandlungen in Basel. Aber selbst wenn er außer Landes weilte, führte er in den wichtigeren Angelegenheiten die Geschäfte weiter, so gut dies aus der Ferne möglich war.

Das staatsmännische Ziel der Hardenbergischen Verwaltung war, die Fürstentümer zu einem mächtigen Stützpunkt der preußischen Macht in Süddeutschland zu machen. Ein geschlossenes Staatsgebiet und eine kräftige, blühende Volkswirtschaft schienen ihm die wichtigsten Voraussetzungen dafür. Deshalb drängte er mit aller Tatkraft darauf hin, den Einfluß des Reiches und des Kreises zu schwächen, den Grenzwirrwarr zu beseitigen und Nürnberg in das preußische Franken einzuverleiben: von diesen Zielen hat er nur das letzte nicht erreicht.

Unter Hardenberg wurden die freiheitlichen Anschauungen, deren erste Ansätze sich bei der Gründung der Bank gezeigt hatten, auf das Gebiet der ganzen Wirtschaft ausgedehnt. Hardenberg verzichtete zwar nicht darauf, auch die wirtschaftlichen Verhältnisse zu regeln und zu leiten; er wollte sie aber nicht mehr allein beherrschen, sondern den natürlichen Bedingungen des Wirtschaftslebens Rechnung tragen. Er betrachtete die Volkswirtschaft als Ganzes und erkannte nach ihrem in Franken gegebenen Aufbau in der Landwirtschaft die Hauptquelle des Wohlstandes seiner Provinzen; ein höherer Stand des Ackerbaus, meinte er, könne auch den Fabriken eine festere Grundlage geben als Monopole und Zwang.

Die besten Mittel zur Förderung der Gewerbe schienen ihm die Erleichterung der Ansiedelung, die Einführung technischer Verbesserungen und die Unterstützung der Unternehmer mit Vorschüssen; für die Unterstützung mit Vorschüssen diente ihm die Bank als willkommenes und gerne benütztes Werkzeug.

Die Wirtschaft Frankens stand in den vierzehn Jahren preußischer Herrschaft im Zeichen der großen Kriege: Preußen blieb elf Jahre, von 1795 bis 1806 den Kriegshändeln fern; deshalb hatte der wichtigste Wirtschaftszweig, die Landwirtschaft, von den Kriegsläuften nur Vorteil. Getreide und Vieh waren durch den Bedarf der Heere begehrt und stiegen im Preise, teilweise auf über das Doppelte.

Dagegen waren Gewerbe und Handel durch Handelsstockungen und Absperrzölle gedrückt. Die Grenzen Österreichs, Rußlands und Preußens waren mit merkantilischen Absperrzöllen vermauert, und Franken war für das übrige Preußen Zollausland. Dazu kamen französische Schutzzölle; sie erstreckten sich auch auf die neugewonnenen Gebiete, wie Italien, und versperrten den Erlanger und Schwabacher Gewerben ihre letzten großen Auslandsmärkte. Zwar hob sich der Durchfuhrhandel seit dem Verfall des Rheinhandels und eine Reihe jüdischer Handelsleute verdiente durch

Heereslieferungen große Summen, aber das konnte die allgemeinen Störungen nicht ausgleichen. Endlich machten sich die wirtschaftlichen Zusammenbrüche in den unmittelbar von der Kriegsgeißel getroffenen Ländern durch Geschäftsverluste aus den Verbindungen mit auswärtigen Häusern auch in dem sonst verschonten Franken fühlbar.

Die Münzverhältnisse wurden durch das Einströmen des preußischen Geldes verwirrt. Die Behörden rechneten nach Talern preußischen Courants. Der behördlich festgesetzte Umwechslungskurs für die preußischen Courantmünzen war höher als ihr Marktwert auf den großen Handelsplätzen; jeder, der preußische Taler zum behördlich festgesetzten Kurse hatte annehmen müssen, kam bei Zahlungen nach dem Auslande zu Verlust. Die Bank behielt die Guldenrechnung bei; für Auslandsüberweisungen nahm sie mit Billigung Hardenbergs den preußischen Courant nur zum Handelswert an. Bei Einzahlungen auf Banknoten ließ sie zwar den behördlichen Kurs gelten, leistete aber dann die Rückzahlung ebenfalls nur in Courant.

So sah das Arbeitsfeld der Bank unter der preußischen Herrschaft aus.

Wenige Tage nach der Übernahme des Landes für Preußen, am 6. Februar 1792, gab Hardenberg der Bank bekannt, daß die Geschäfte unter der Firma „Königlich Preußische Banco in Franken" für Rechnung und unter Gewähr der Krone Preußens weiterzuführen seien. Am gleichen Tage wurden die Bankbeamten von ihm selbst für den König von Preußen vereidigt, und die Bank teilte ihren Geschäftsfreunden durch gedruckte Ausschreiben in deutscher und französischer Sprache die Übernahme und die neue Firma mit.

Zuerst hatte es den Anschein, als ob der Übergang der Bank an Preußen nicht den Anfang eines neuen Abschnitts der Bankgeschichte sondern das Ende der Bank bedeuten würde:

Das Berliner Kabinettsministerium wollte zunächst die fränkische Bank in die Königliche Bank in Berlin aufgehen lassen; als sich das wegen der Verschiedenheit der Geschäfte der beiden Anstalten und der Münzverhältnisse in Altpreußen und Franken nicht durchführen ließ[1]), wollte es die fränkische Bank auflösen. Die Berliner Minister waren auf Hardenberg und seine eigenherrliche Stellung in Franken ein wenig eifersüchtig und sahen vieles, was er förderte, mit mißgünstigen Augen an, unter anderem auch die fränkische Bank: Unter preußischer Herrschaft würden die Soldatenverträge und die Subsidienzahlungen aufhören; die Bank würde damit ihre wichtigste Einnahmequelle verlieren und sich nicht länger halten können — meinte das Kabinettsministerium.

Hardenberg erreichte jedoch, daß vor dem Auflösungsbeschluß eine gründliche Untersuchung des Vermögens, der Geschäfte, der Sicherheit und des Nutzens der Bank angeordnet wurde; bis zum endgültigen Entscheid sollte sie ihre bisherige Verfassung beibehalten; die Staatskassen hatten sich für die Abwicklung ihrer Geldgeschäfte wie in der markgräflichen Zeit ausschließlich der Bank zu bedienen, Geschäfte auf dem Berliner Platze sollte die fränkische Bank durch die Berliner Bank machen und umgekehrt.

Die Untersuchung fand im Mai 1792 durch den Buchhalter Gerhard von der Königlichen Bank in Berlin statt. Sie zeigte, soweit sie sich auf die Prüfung des Vermögens und der Ausleihungen erstreckte, das bereits früher erwähnte wenig erfreuliche Ergebnis, daß fast drei Viertel des Vermögens uneinbringliche und zweifelhafte Forderungen waren. Die Erkundigungen, die Gerhard über den Nutzen der Bank bei den Handel- und Gewerbetreibenden des Landes einzog, zeigten geteilte Ansichten. Ein Teil der befragten Unternehmer erklärte, sie bedürften überhaupt keiner Vorschüsse; andere gaben an, sie erhielten die notwendigen Darlehen durch die jüdischen Verleger und Handelshäuser, eine Anzahl kenntnisreicher Leute dagegen bestätigten die Nützlichkeit und Ausdehnungsfähigkeit der Bank: die Juden würden 10 bis 12 vH Zinsen verlangen; es würden sich daher viele Unternehmer gerne das billigere Angebot der Bank zu Nutzen machen, nur müsse die Bank nach Fürth verlegt werden, Ansbach sei kein geeigneter Platz für sie. Diesen Äußerungen schloß sich Gerhard an.

---

[1]) Bei der Auflösung des fränkischen Landesministeriums 1798 tauchte der Plan nochmals auf und wurde wiederum aus den gleichen Erwägungen verworfen.

Die Wirkung des Prüfungsberichtes blieb nicht aus: Ein Königliches Rescript vom 3. Juni 1792 ordnete an, daß die Bank aufgelöst werden müsse, wenn es nicht möglich sei, ihre Geschäfte auf einer sichreren Grundlage zu betreiben als bisher. Aber die Hauptgefahr war abgewehrt: Wegen der bei einer Abwicklung zu befürchtenden neuen Verluste und der bisher geleisteten schätzbaren Dienste sah das Ministerium von der Auflösung ab und behielt sich vor, die Bank nach Fürth zu verlegen.

Die Verlegung nach Fürth verschob sich wegen des Mangels an einem geeigneten Gebäude längere Zeit. Als aber im Herbst 1795 der Fortschritt der Baseler Verhandlungen einen baldigen Frieden und damit eine Belebung der Wirtschaft erhoffen ließ, kannte Hardenberg kein Zögern mehr: Mitten aus den Friedensverhandlungen heraus berichtete er am 15. Oktober an den König, daß der jetzige günstige Zeitpunkt genützt werden müsse. Sein Antrag wurde sofort genehmigt; am 1. November 1795 gab die Bank in der gewohnten Weise bekannt, daß sich ihr Hauptsitz in Fürth befinde. Der bisherige Sitz in Ansbach blieb als Zweigkasse erhalten[1]).

Um die Frage des Bankgebäudes in Fürth zu lösen, war im März 1795 ein gemeinsamer Neubau für die Bank und das Geleitsamt[2]) genehmigt worden. Die Bank bezog aber dieses Gebäude nicht; sie befand sich zunächst in dem jetzigen Haus Nr. 13 an der Alexandergasse, 1803 vertauschte sie es gegen das größere Gebäude Nr. 538b an der Nürnberger Hauptstraße; das Gebäude an der Nürnberger Hauptstraße gehörte zum Nachlasse ihres 1802 verstorbenen Direktionsmitgliedes Hofrat von Denzel[3]).

---

1) Die gleichzeitig angeregte Einrichtung einer weiteren Zweigkasse in Bayreuth wurde von Hardenberg abgelehnt: Die Summe der auf Banknoten angelegten Gelder habe sich noch ohnehin jährlich vermehrt; es bestehe daher für die mit der Errichtung verbundenen neuen ständigen Ausgaben kein Anlaß. Das gleiche Schicksal erfuhr ein 1798 gestellter Antrag, in Hof eine Zweigkasse zu errichten.

2) In den früheren unsicheren Zeiten gab der Landesherr reisenden Kaufleuten und Warenzügen gegen Gebühr „sicheres Geleite"; daraus bildete sich später ein reines Abgabenrecht, eine Art der zahlreichen Binnenzölle.

3) Das Gebäude wurde bei der Übersiedlung der Bank nach Nürnberg wieder verkauft. Es war von 1809 bis 1898 Sitz des Hauptzollamtes; 1898 wurde es abgebrochen und an seiner Stelle das heutige Amtsgerichts- und Finanzamtsgebäude am Hallplatz errichtet.

Durch die Verlegung nach Fürth war die Bank dahin gekommen, wohin sie der größte Teil ihrer inländischen Geschäfte schon seit Jahren gewiesen hatte. Den Gewerbeorten Schwabach, Erlangen und Roth war sie nähergerückt, und die Abwicklung ihrer auswärtigen Geschäfte wurde durch die Nähe des Verkehrsknotenpunktes Nürnberg begünstigt: in Fürth liefen die Posten aus allen Teilen des Reiches um einen halben bis einen ganzen Tag früher ein als in Ansbach. Aber die Absichten Hardenbergs gingen noch weiter. Wie Fürth von jeher als markgräflicher Vorort und Nebenbuhler der Reichsstadt Nürnberg gegolten hatte und von Hardenberg bewußt als solcher und zu einem gewissen Ersatz für das heißbegehrte Nürnberg ausgebaut wurde, so war auch die Verlegung der Bank nach Fürth letzten Endes nur ein Ersatz für die unmögliche Verlegung nach Nürnberg. Aus der Nähe Nürnbergs sollte die Bank ihre Hauptvorteile ziehen. In Nürnberg waren die Gewerbe hoch entwickelt und brauchten Geld; der Wechselhandel wurde von den Nürnberger Häusern wenig gepflegt, fast die ganzen Nürnberger Geldgeschäfte liefen über Augsburg: hier eröffnete sich für die Bank ein weites Feld gewinnbringender Tätigkeit. Tatsächlich war vorübergehend der Gedanke erwogen worden, die Bank nach Nürnberg zu verlegen, wegen der staatsrechtlichen Verhältnisse war er indessen sofort wieder verworfen worden, „denn wie der Rath den Nürnbergern verbiethe Zirndorfer Bier zu trinken, so könne er den Seinigen auch verbiethen, ihre Geschäfte mit der Banco zu treiben".

Die Erwartungen, die alle Beteiligten an die Übersiedlung nach Fürth geknüpft hatten, erfüllten sich:

„Ich bin nicht im Stande das Vergnügen auszudrücken," schrieb der Geheime Kriegsrat Kracker, der im fränkischen Landesministerium die Bankangelegenheiten behandelte und seit 1. Januar 1796 Mitglied der Bankdirektion war, am 22. Januar 1796 an den damals in Berlin weilenden Hardenberg, „welches ich über den guten Gang der Geschäfte der Banco gehabt habe; jeder, der mit der Banco Geschäfte macht, ist mit der Behandlung sehr zufrieden. In den ersten zwei Monaten sind über 600000 fl. umgesetzt worden und der Bankier Gullmann scheint in seinem eigentlichen Element zu sein, daß er nämlich bloß Wechselgeschäfte zu treiben hat. Daher er es auch gar nicht hart findet, den Tag über und bis nachts um ein Uhr gewöhnlich am Pult sitzen zu bleiben ..." und Hardenberg bekundete postwendend seine ausnehmende Freude „über diese guten Aspecten".

Die Übersiedlung nach Fürth wurde dazu benützt, die Verfassung der Bank nach den Wünschen Hardenbergs umzugestalten. Hardenberg war ein Gegner der reinen, von festbesoldeten Beamten geleiteten Staatsbetriebe: auch bei staatseigenen Unternehmen sollten die Beamten durch Anteil am Gewinn und am Verlust ähnlich enge mit dem von ihnen geleiteten Betriebe verknüpft werden, wie ein bürgerlicher Unternehmer mit dem seinigen. Um dieses Ziel zu erreichen wurde die fränkische Bank aus einer Staatsanstalt in eine Sozietät auf Aktien zwischen dem König von Preußen und den Beamten umgewandelt.

Die ehemals markgräfliche Stammeinlage wurde durch Abschreibung aller verlorenen und unsicheren Posten auf 73000 fl. zurückgeführt. Dieser Betrag bildete vom 1. Januar 1796 an die königliche Aktie. Zu ihr kamen die Aktien der Beamten: 16000 fl. für den Bankier, je 10000 fl. für die drei Direktionsmitglieder, 2000 fl. für den Geschäftsführer in Ansbach und je 1000 fl. für den Buchhalter und den ersten Kommis. Das Generalaktienkapital, wie die Stammeinlage jetzt genannt wurde, belief sich somit auf 123000 fl.

Die Aktien der Beamten waren bar einzuschießen; wo es nicht möglich war, sie aus eigenen Mitteln aufzubringen, kam die Bank mit Darlehen zu Hilfe.

Der Reingewinn wurde nach dem Verhältnis der Aktien verteilt; außerdem wurden die Aktien im voraus mit 6 vH, ab 1798 mit 4 vH verzinst.

Außer dem Anspruch auf Gewinnbeteiligung und auf Rückzahlung der eingeschossenen Summe beim Ausscheiden aus dem Dienste standen den Beamten keinerlei Gesellschafterrechte zu, sie waren weder am Vermögen noch an der Verwaltung der Bank beteiligt: es war ein ähnliches Verhältnis wie zwischen dem König und den Anteilseignern der Seehandlung; die fränkische Bank war aus der

Rechtsform der Königlichen Bank in die der Seehandlung übergeleitet worden.

Wie die Rechtsform, so wurde auch die Verwaltung der Bank Hardenbergischen Gedankengängen angepaßt.

Im März 1792 war Benkendorff altershalber aus der Direktion ausgeschieden, an seiner Stelle war Hardenberg mit der „speciellen Direction" der Bank betraut worden; seitdem führte er die Bezeichnung „Chef der K. Preußischen Banco in Franken". 1796 berief er Kern und Lehner aus der Direktion ab und setzte den inzwischen zum Geheimen Oberfinanzrat und Kreisgesandten beförderten Ludwig Schmid wieder in sein Amt bei der Bankdirektion ein; als weitere Mitglieder bestellte er den Geheimen Kriegs- und Domänenrat Johann Georg Kracker und den Fürther Polizeidirektor, Geheimen Hofrat Albert Ludwig von Denzel.

Die Bankdirektion blieb dem Namen nach erhalten, aber sie verlor ihre Stellung als eigene Kollegialbehörde. Hardenberg richtete zwar noch Entschließungen an die Direktion, aber zwei Direktionsmitglieder waren zugleich vortragende Räte im Landesministerium und einer von ihnen, Kracker, entwarf selbst die Entschließungen Hardenbergs; von Denzel hatte nur die Aufgabe, den Bankbetrieb in Fürth zu beaufsichtigen und die anfallenden juristischen Arbeiten zu erledigen.

Nach der Auflösung des Landesministeriums und der Übersiedlung Hardenbergs nach Berlin 1798 erhielt die Bank eine neue Dienstanweisung. Die Dienstanweisung stellte die Bankdirektion wieder mehr auf sich selbst: Hardenberg blieb Chef der Bank; unter ihm war Kracker, der inzwischen Kammerdirektor bei der Kriegs- und Domänenkammer in Ansbach geworden war, erster Bankdirektor, von Denzel zweiter Bankdirektor. Denzels Aufgabe war wie bisher die Aufsicht über die Hauptbank in Fürth; Kracker hatte die Gesamtleitung mit entscheidender Stimme bei allen Meinungsverschiedenheiten und die besondere Aufsicht über die Ansbacher Zweigkasse. Er hatte monatlich mindestens einmal in Fürth anwesend zu sein und Hardenberg unter Mitzeichnung von Denzels über den Stand der Bank zu berichten; ferner hatte er den Jahresabschluß und die Verwaltungskostenrechnung vorzulegen, Hardenberg leitete sie an den Generalstaatskontrolleur zum Zwecke der

Überprüfung weiter. Schmid war am 4. März 1798 gestorben; seine Stelle wurde nicht wieder besetzt.

Johann Georg Kracker, ein Metzgermeisterssohn aus Neustadt an der Aisch, war einer der tüchtigsten Verwaltungsbeamten Frankens und einer der einflußreichsten Mitarbeiter Hardenbergs: klar denkend, gewandt, tatkräftig, unbeugsam, kurz angebunden. Der Ritter von Lang schildert ihn in seinen Memoiren als einen verknöcherten Amtsmenschen, „der zu seinen Entschließungen sich den Normaltypus gewonnen hatte: „Findet nicht statt“. Krackers Tätigkeit für die Bank beweist aber das Gegenteil; er hatte die Zügel fest in der Hand und vermochte sich stets durchzusetzen. Zweimal hat ihm die Bank ihren Fortbestand zu verdanken: 1798 erreichte er, daß das Kabinettsministerium seinen Plan die Fürther Bank in die Berliner aufgehen zu lassen wieder aufgab; 1806 verhinderte er die Auflösung der Bank durch Hardenberg und vermittelte ihre Übernahme durch Bayern.

Die Befugnisse des Bankiers Gullmann wurden 1796 stark erweitert: Er unterstand zwar nach wie vor der Direktion und durfte ohne ihre Zustimmung keine Vorschüsse und Darlehen gewähren, er war aber, solange die Direktion nicht eingriff, selbständiger Leiter der kaufmännischen Geschäfte. Die Erweiterung der Befugnisse war 1792 von Gerhard vorgeschlagen worden; sie kam auch in der Aktien- und Gewinnbeteiligung des Bankiers zum Ausdruck, sie war größer als die Beteiligung der Direktionsmitglieder. Der Grundsatz der Doppelunterschrift wurde fast ganz verlassen: Nur die Banknoten und Schuldscheine zeigten nach wie vor außer der Unterschrift des Bankiers die Unterschrift von zwei Direktionsmitgliedern; Wechsel, Quittungen und Briefe wurden dagegen vom Bankier allein unterzeichnet. Diese Regelung hat sich mehr als achtzig Jahre hindurch erhalten; erst die Bankverordnung von 1878 führte die Doppelunterschrift bei allen die Bank verpflichtenden Urkunden wieder ein.

Gullmann war ein ausgezeichneter Bankier. Neben Hardenbergs Fürsorge und Krackers besonnener Tatkraft verdankt die Bank ihre Fortschritte unter der preußischen Herrschaft seinem kaufmännischen Geschick und der unermüdlichen aufopfernden Hingabe an seinen Beruf. Aber er war ein eigenwilliger, empfindlicher

Herr, der sich von der Direktion in seine Geschäfte nicht gerne hineinreden ließ, und seine kaufmännische Großzügigkeit artete oft in leichtsinniges Ausleihen aus. Dadurch erlitt die Bank mannigfachen Schaden. Deshalb erhielt schon Ende Dezember 1796 der Buchhalter Dürnhoefer den Auftrag, von allen Wechselgeschäften Kenntnis zu nehmen und in Zweifelsfällen an die Direktion zu berichten. Die Dienstanweisung von 1798 bestätigte das: Gullmann blieb zwar allein zeichnungsberechtigt, aber Dürnhoefer wurde gleichberechtigter Geschäftsführer; bei Meinungsverschiedenheiten entschied die Bankdirektion. Dazu wurde festgelegt, daß Gullmann bei Verlusten aus von der Bankdirektion genehmigten Vorschüssen für die Sorgfalt eines ordentlichen Kaufmanns, für Verluste aus eigenmächtig gewährten Vorschüssen aber unbeschränkt zu haften habe. Zunächst schien alles gut zu gehen. Gullmann, der schon vorher den Titel „Banco Rath" führte, wurde 1800 in Anerkennung seiner Verdienste um die günstige Entwicklung der Bank zum Bankdirektor und 1802, nach dem Tode des Geheimrats von Denzel zum Mitglied der Bankdirektion ernannt. Aber 1804 stellte sich heraus, daß die Beschränkungen der Dienstanweisung von 1798 wirkungslos geblieben waren. Gullmann hatte seine leichtsinnige Geschäftsführung nicht geändert und Dürnhoefer hatte sich gegenüber seinem Ansehen nicht durchsetzen können. Ein Nachtrag zur Dienstanweisung schärfte daher ein, daß Dürnhoefer gemeinschaftlicher und mitverantwortlicher Geschäftsführer sei; alle Schriftstücke mußten von nun an von ihm rechts unten mitgezeichnet werden, außerdem hatte er neben den beiden Direktionsmitgliedern Kracker und Gullmann die dritte Unterschrift auf den Banknoten und Schuldscheinen abzugeben. Wenige Tage später entdeckte Kracker zwei neue Fälle, bei denen die Bank durch Verschulden Gullmanns Gefahr lief 40000 fl. zu verlieren. Dies veranlaßte, daß Gullmann mit Wirkung vom 1. November 1804 von der Geschäftsführung ganz ausgeschaltet wurde und Dürnhoefer die alleinige Unterschriftsberechtigung erhielt.

An der Hauptbank in Fürth waren 1796 neben dem Bankier und dem Buchhalter ein Kommis und zwei Lehrlinge angestellt, 1798 waren drei Kommis vorhanden; das Ansbacher Banco-Comptoir war anfänglich mit einem, seit 1802 mit zwei Beamten besetzt.

Die Beamten waren 1792 unter Wahrung aller Rechte von Preußen übernommen worden. Bankier und Buchhalter waren Staatsdiener; die Kommis und Lehrlinge wurden bis 1796 von der Bankdirektion, später vom Bankier angestellt. Die Besoldungen waren wie bei allen Beamten um ein Viertel bis ein Drittel höher als in der markgräflichen Zeit; dafür waren aber auch die Lebenshaltungskosten gestiegen.

Zu den Gehältern kamen bei den Jahresabschlüssen kleine Douceurs, „da dies auch sonsten bei Handlungshäusern gewöhnlich ist und das angestellte Personal ganz auf diesem Fuße behandelt wird" und endlich die Gewinnanteile. Die Gewinne mehrten die Einkünfte der Bankbeamten, vor allem die des Bankiers erheblich. Durchschnittlich bezog der Bankier etwa siebenmal soviel Gewinn als Gehalt, die Direktionsmitglieder und die übrigen Beamten Beträge, die etwa eineinhalbmal so groß waren wie ihre Jahresgehälter[1]).

Die große Hebung des Einkommens und damit auch des Ansehens der Bankbeamten war nur die Begleiterscheinung einer ebenso großen Mehrung des Geschäftsumfanges und des Geschäftserfolges der Bank.

Als die Bank nach Fürth verlegt wurde, hatte der Gedanke mitgespielt, ihren Geschäftskreis auf bisher nicht betriebene Zweige auszudehnen, so einen Giroverkehr nach Art der Berliner Bank und des Nürnberger Banco publico einzurichten und, wie schon 1780 beabsichtigt, die Geschäfte eines „Speditions- und Commerz-Kontors" zu betreiben. Ferner sollte ein Warenlombard durch Beleihung von Öl, Baumwolle, Kaffee, Zucker und anderer nicht leicht verderblicher Aus- und Einfuhrwaren eingerichtet werden. In der Dienstanweisung von 1798 ist jedoch von diesen Dingen nicht mehr die Rede. Die Bank wird darin als eine Depositen- und Leihbank bezeichnet, die merkantilische und Wechselgeschäfte aus-

---

[1]) Gullmann: Gehalt 1200 fl., durchschnittlicher Gewinnanteil 1796—1805 8000 fl.; Kracker: Gehalt als Kammerdirektor 4000 fl., Gewinnanteil 7000 fl.; Dürnhoefer: Gehalt 800 fl., durchschnittlicher Gewinnanteil 1100 fl.; Kommis: Gehalt 450 fl., durchschnittlicher Gewinnanteil 565 fl. Das Gehalt eines Kollegialrats betrug in der gleichen Zeit 1500—2100 fl.

zuführen, ihre Fonds zum Teil auch nach auswärtigen Handelsplätzen zu legen, gegen kaufmännische Sicherheit auf eigene oder gezogene Wechsel Vorschüsse auf kurze Zeit zu geben, auch auf hypothekarische Obligationen und andere Realsicherheit sowie auf gute Inhaberpapiere Geld auszuleihen hat. Als besondere Aufgabe war ihr gestellt, das inländische Commerzium zu fördern, es von der Reichsstadt Nürnberg weniger abhängig zu machen, Fabriken, Manufakturen und Professionisten durch kurzfristige Anlehen zu unterstützen, ihnen zur Anschaffung von Rohstoffen und bei der Versendung von Waren durch Vorschüsse zu Hilfe zu kommen.

Von 1791 an sind die Jahresabschlüsse der Bank erhalten[1]). Ein Blick auf sie zeigt, daß die Geschäftstätigkeit der Bank unter der preußischen Herrschaft in drei Abschnitte zerfällt: bis 1795 wird so ungefähr im Rahmen der markgräflichen Hofbank weitergewirtschaftet, in Fürth beginnt ein rascher, mächtiger Aufschwung, von 1800 an geht es wieder abwärts.

Wie in der markgräflichen Zeit war die Tätigkeit der Bank in der Hauptsache auf fremden Betriebsmitteln aufgebaut; das rasche Wachsen der Geschäfte verschob das Verhältnis nur noch mehr zu Gunsten der fremden Mittel, obgleich die Stammeinlage nach der Bereinigung von 1795 wieder erhöht und aus einem Teil der Überschüsse eine Rücklage angesammelt wurde.

Die Erhöhung der Stammeinlage, des Generalaktienkapitals, betraf nur den königlichen Anteil. Alle nachträglichen Eingänge auf die abgeschriebenen Forderungen und die Gewinnanteile für 1796 bis 1798 wurden der königlichen Aktie zugeschrieben. Dies geschah, um dem König einen möglichst hohen Gewinnsatz zu sichern und die Gewinne der Beamtenaktionäre zu beschneiden.

Aus dem gleichen Grund wurde 1798 bestimmt, daß aus dem jährlichen Reingewinn höchstens 73500 fl. an die Beamtenaktionäre nach dem Verhältnis ihrer Anteile fallen durften; aus dem Überschuß war eine Rücklage zur Deckung von Verlusten zu bilden. Die Rücklage wuchs durch hohe Gewinne so rasch an, daß der König auf Bitten der Beamten den Erlaß von 1798 nach drei Jahren wieder aufhob. Die Rücklage wurde nun auf 100000 fl.

---

[1]) Zahlentafeln 1a und b.

herabgesetzt; aus dem bereits angesammelten Mehrbetrag erhielten König und Beamten-Aktionäre eine Sonderausschüttung. Der Stand von 100000 fl. mußte aufrecht erhalten werden; soweit nicht etwa abgeschriebene Verluste aufzufüllen waren, konnten die Reingewinne unbeschränkt verteilt werden. Von 1804 an ließen es dann drohende Verluste geraten erscheinen, die Rücklage wieder über 100000 fl. hinaus zu verstärken.

Die Hauptquelle der fremden Mittel waren die Einlagen auf Banknoten; Ansbach und sein Hinterland blieben auch nach 1795 das wichtigste Einzugsgebiet.

Die Banknotenverordnung wurde durch ein „Avertissement" in der Ansbacher Intelligenzzeitung den königlichen Ämtern und jedermann in Erinnerung gebracht und ausführlich erläutert. Hardenberg sah darauf, daß kein Geld in den Kassen ungenützt liegen blieb; die Ämter mußten ihre Bestände fortlaufend melden und alles, was voraussichtlich länger entbehrlich war, auf Banknoten anlegen[1]). Das Zutrauen zur Bank befestigte sich, der Wohlstand der Bauern wuchs, das Vorrücken der französischen Truppen in den umliegenden Ländern trieb vieles Geld von außen her zur sicheren Anlage in das am Krieg unbeteiligte Preußen.

Unter diesen günstigen Umständen hoben sich die Einlagen auf Banknoten außerordentlich; einige große Sprünge in den Jahresabschlüssen lassen auf große Einlagen der Staatskassen schließen. Gegen Ende der preußischen Herrschaft nahmen die Banknotenanlagen ab: Preußen legte eine Reihe neuer Anlehen auf, der höhere Zinsfuß der Anlehen entzog der Bank viele Kundeneinlagen; die Behörden wurden angehalten, Überschüsse in Teilschuldverschreibungen der Staatsanlehen oder in Seehandlungsobligationen anzulegen. In den ersten acht Monaten des Jahres 1806 vollends, als die Verstrickung Preußens in kriegerische Ereignisse und die Abtretung Ansbachs an Bayern die Schicksale der Bank in Dunkel hüllten und schwere Einquartierungslasten auf die Bevölkerung drückten, sanken die Einlagen sturzweise um fast eine halbe Million.

---

[1]) Die Bestimmung der Banknotenverordnung, daß Banknoten nicht zu verzinsen waren, solange sie sich im Besitz öffentlicher Kassen befanden, wurde aufgehoben.

1795 wurde die Allgemeine preußische Depositalordnung in Ansbach eingeführt; sie brachte eine neue Art von Einlagen.

Friedrich der Große hatte, um die Betriebsmittel der Königlichen Bank in Berlin zu verstärken, schon 1768 angeordnet, daß die bei den Gerichten hinterlegten Gelder (Streitsicherheiten, Mündelgelder) bei der Königlichen Bank angelegt werden mußten; 1769 befahl er das gleiche für die überschüssigen Bestände der milden Stiftungen, Hospitäler, Waisenhäuser, Kirchen, Schulen und anderer öffentlicher Anstalten aus dem ganzen Staatsgebiete. Durch die Depositalordnung von 1783 wurde der Anlegungszwang bestätigt und neu geregelt.

Bei der Einführung der Depositalordnung in Franken gab es zwei Wege: entweder Anlage bei der Königlichen Bank zu Berlin, wie es für alle andern Landesteile angeordnet war, oder Anlage bei der Königlichen Bank zu Fürth. Die Frage wurde unter Hardenbergs Einfluß zunächst zu Gunsten der fränkischen Bank entschieden. Die Bank mußte, wie in Altpreußen, die gerichtlichen Einlagen und Mündelgelder mit 2½ vH, die Einlagen der milden Stiftungen und die Heiligengelder mit 3 vH verzinsen; über die Einlagen stellte sie besondere Schuldscheine aus.

Aber schon 1798, kaum war das fränkische Landesministerium aufgelöst und die Justizverwaltung dem Großkanzler unterstellt, wurden die gerichtlichen Einlagen der fränkischen Bank entzogen. Der Großkanzler beanstandete, daß für sie nicht, wie bei der Königlichen Bank in Berlin, neben der allgemeinen Staatshaftung noch eine „specielle Garantie“ gegeben sei, und führte gleichzeitig aus, daß die Verschiedenheit der Einrichtung, der Bestimmung und der Geschäfte der Fürther Bank die nachträgliche Übernahme einer derartigen Sonderhaftung nicht gestatte. Er verlangte Sicherheit durch Hinterlegung von Wertpapieren für einen den Durchschnitt der eingelegten Gelder übersteigenden Betrag. Dazu wollte und konnte die Bank sich aber nicht verstehen. Daraufhin ordnete der König an, daß die gerichtlichen Einlagen und Mündelgelder aus Franken bei der Königlichen Bank zu Berlin anzulegen seien, und befahl der fränkischen Bank, die bei ihr stehenden Gelder nach Berlin zu überweisen. Das Ansbacher Bankkontor diente dann vom 1. Januar 1799 an auch als Zweigkasse der Berliner Bank für die Ein- und Auszahlung der in Franken anfallenden gerichtlichen Einlagen und Mündelgelder. Da die fränkische Bank an ihren Banknoten genug billigere Betriebsmittel hatte, nahm sie den königlichen Erlaß ohne Widerstand hin; sie verlangte nur, daß die Überweisung langsam und schonend vor sich gehen müsse und erreichte das auch.

Die Einlagen der milden Stiftungen waren im April 1799 ebenfalls nach Berlin abgerufen worden; aber im September des gleichen Jahres gestattete eine Königliche Kabinetts-Order, sie weiterhin bei der fränkischen Bank anzulegen, „da durch Änderung in der bisherigen Verfassung die Etats der piorum corporum alterirt werden würden". Die fränkische Bank hatte sich um die Wiederzuteilung nicht bemüht; die Stiftungs- und Heiligengelder waren ihr wegen des vorgeschriebenen hohen Zinssatzes eher lästig als angenehm.

Ein erheblicher Teil der in den Jahresabschlüssen ausgewiesenen Betriebsmittel, zwischen 1800 und 1806 eine und mehr Millionen Gulden, ist in den Zahlentafeln als „Guthaben auswärtiger Banken und sonstige Einlagen" bezeichnet. Es sind zum weitaus größeren Teil Guthaben großer Handelshäuser, zum kleineren Teil Guthaben von Staatskassen, alle in laufender Rechnung; Kundeneinlagen waren außer den Einlagen auf Banknoten nicht vorhanden. Solche Guthaben konnten aus verschiedenen Ursachen entstehen:

Es konnten Vorschüsse für vorübergehenden Geldbedarf sein, sei es, daß viele Banknoten und Schuldscheine an die Bank zurückkamen, ohne daß entsprechend viel Anlagen flüssig gemacht werden konnten, sei es, daß sie günstige Kurse zum Ankauf von Wechseln ausnützen wollte. Für solche Vorschüsse standen zunächst die Ansbacher und Bayreuther Staatskassen, die Rentei- und Obereinnehmerei, ab 1795 die K. Kriegs- und Domänenkasse zur Verfügung. Die Vorschüsse wurden in preußischem Courant geleistet; die Bank mußte sie an Stelle einer Verzinsung zu zwei Dritteln, oder, wenn sie länger als drei Monate bei ihr blieben, ganz in Laubtalern oder Konventionsmünze zurückzahlen und außerdem vom dritten Monat ab mit 2 vH verzinsen[1]).

[1]) Die Vorschüsse kosteten der Bank im ersten Fall 1,3 vH, im zweiten 3,94 vH, für das Jahr gerechnet; die Kassen sparten außerdem die Umwechslungsgebühren.

Soweit die Vorschüsse aus Staatskassen nicht hinreichten, wurde das nötige Geld durch Verkauf von Wechseln, gegen Hinterlegung von Wertpapieren oder ohne Sicherheit gegen 5 bis 6 vH Zins von Augsburger und Frankfurter Häusern bezogen. Das war hauptsächlich 1806 der Fall, als die Banknoteneinlagen zurückgingen und die Staatskassen vom Februar 1806 an von der französischen Besatzung beschlagnahmt waren.

Weiterhin konnten es Guthaben sein, die mit dem Wechselhandel oder mit der Geldüberweisung und dem Geldbezug für fremde Rechnung zusammenhingen. Viele Guthaben über kleine Beträge sind Abrechnungsreste aus solchen Geschäften, bei einer wechselnden Reihe auswärtiger Häuser dürften Posten in der Höhe von 10000 bis 40000 Gulden Gutschriften für noch nicht abgewickelte Wechsel- und Überweisungsgeschäfte sein; die Abwicklung nahm bei dem langsamen Postverkehr jedesmal sehr lange Zeit in Anspruch[1]). Posten gleicher Art und Größe kehren bald bei dem, bald bei jenem Haus auf der linken Seite wieder. Sie machen in ihrer Gesamtheit auf beiden Seiten des Abschlusses erhebliche Summen aus. Einige wenige Posten scheinen von Handelshäusern geleistete Sicherheiten für Staatslieferungen gewesen zu sein.

Das Anwachsen der Einlagen gestattete der Bank ihre Geschäfte weiter auszudehnen; in Fürth kam sie in engere Verbindung mit den dortigen und den Nürnberger Handwerkern und kaufmännischen Gewerbeunternehmern, Verlegern und „Stümpern"[2]); dadurch fielen die Hemmnisse zum größten Teil weg, die sich in Ansbach ihrer Geschäftstätigkeit entgegengestellt hatten.

Die laufenden Anlagegeschäfte der Bank waren wie in der mark-

---

[1]) Briefe zwischen Fürth und Breslau brauchten z. B. 10 Tage; wenn die Bank etwa am 1. Mai ihre Breslauer Geschäftsverbindung, das Haus Eichborn & Co., beauftragte, aus ihrem Guthaben eine Zahlung zu leisten, so hatte die Bank frühestens am 22. Mai die Belastungsaufgabe von Eichborn & Co., und Eichborn & Co. frühestens am 1. Juni die Mitteilung, daß sie für den Betrag erkannt wurden.

[2]) So nannten die Nürnberger Handwerksmeister die nicht zunftmäßig ausgebildeten Unternehmer, die in Fürth oder vor den Toren Nürnbergs große, außerhalb der Zunftordnung stehende Betriebe errichteten; z. B. die Bleistiftfabrik Faber in Stein.

gräflichen Zeit Wechselhandel und kurzfristige Darlehen. Unter Gullmanns geschickter Hand nahm der Wechselhandel einen großen Aufschwung. In Fürth waren mehr Warenwechsel als Gegenwert für Lieferungen ins Ausland erhältlich als in Ansbach. Außerdem konnte die Bank auch nach dem Ablauf der markgräflichen Subsidienverträge mit England einen starken, gewinnbringenden Handel mit englischen Schatzwechseln treiben; es waren Wechsel, die während der Koalitionskriege als Subsidien an die englischen Verbündeten auf dem Festlande und von diesen an ihre Kriegslieferanten gegeben worden waren; die Kriegslieferanten hatten sie an die Bank verhandelt und der Bank kamen bei ihrer Verwertung die früher aufgenommenen Beziehungen zu Londoner Häusern sehr zu statten. Im Jahre 1800 wurden für über 2000000 fl. englische Schatzwechsel zu äußerst vorteilhaften Kursen in Bargeld verwandelt. Die Wiener Bankhäuser Ochs, Geymüller & Co., Frieß & Co., N. A. Arnsteiner und Eskeles betrauten die Bank mit großen Geldsendungen an die in Süddeutschland stehenden österreichischen Truppen; daraus entwickelte sich ein lebhafter Handel mit österreichischen Reservekassascheinen.

Die Schatzwechsel und Reservekassascheine wurden nicht über das Wechselkonto verbucht, sie sind daher bei den Abschlüssen nicht im Wechselbestand sondern in „Guthaben bei auswärtigen Banken, Ausleihungen und Wertpapiere“ enthalten. Andrerseits weist die Wechselanlage nicht nur den Bestand an Handelswechseln aus, das heißt an gezogenen Wechseln auf deutsche und ausländische Handelsplätze, sondern auch den Bestand an trockenen Wechseln; etwa die Hälfte des Wechselbestandes waren trockene Wechsel.

Die trockenen Wechsel waren nichts anderes als Schuldurkunden für empfangene Darlehen in Wechselform von Kunden, die nach preußischem Landrecht wechselfähig waren[1]). Die übrigen Ausleihungen geschahen gegen Schuldurkunden, sie sind in dem Posten „Guthaben bei auswärtigen Banken, Ausleihungen und Wertpapiere“ mit enthalten.

Die Höhe der an die einzelnen Kunden zu gewährenden Vor-

---

[1]) Kaufleute, Fabrikbesitzer, adelige Gutsbesitzer.

schüsse bemaß sich wie bei der Königlichen Bank zu Berlin nach Kreditlisten; die Listen wurden von der Bankdirektion und vom Bankier gemeinsam aufgestellt. Als Sicherheit hinterlegten die Kunden Wertpapiere und Juwelen; Grundstückspfänder und Warenpfänder scheinen seltener gewesen zu sein; von wechselfähigen Kunden verlangte die Bank in der Regel keine Sicherheit. Die Vorschüsse liefen meist auf drei Monate. Der Zins war höher als in der markgräflichen Zeit: 6 vH, dazu eine Geschäftsgebühr von ½ vH bei dreimonatigen, 1 vH bei sechsmonatigen Darlehen; einige Kunden, wie das Handelshaus Zwanziger in Nürnberg, erhielten Vorzugssätze von 5 und 4½ vH.

Ein Teil der Bankmittel war in Vorschüssen angelegt, die auf Anordnung Hardenbergs als staatliche Unterstützung gewerblicher Unternehmer — Schwabacher, Fürther und Erlanger Fabrikanten — gegeben wurden; diese Vorschüsse waren nur mit 3 vH zu verzinsen, für Ausfälle bürgte der Staat.

Erhebliche Summen nahm eine neue Gruppe von Ausleihungen in Anspruch: Darlehen an Fürsten und öffentliche Körperschaften. Darlehen im engeren Sinn fließen dabei mit der Übernahme und Begebung von Anlehen und dem Erwerb von Schuldverschreibungen für den Wertpapierbestand ineinander.

Schon seit der markgräflichen Zeit hatte die Bank einen Posten von 33 000 holländischen Gulden Nürnbergischer Schuldverschreibungen aus einer 1786 bei dem Handelshaus Abraham und Simon Boas im Haag aufgenommenen Anleihe von 200 000 fl. in ihrem Bestand. Das Vorrücken der Franzosen, namentlich ihre Brandschatzungen, veranlaßte eine ganze Reihe von Darlehnsgesuchen an die Bank: So erhielten 1795 der Markgraf von Baden-Durlach 80 000 fl. auf ein Jahr, die Stadt Schwäbisch-Hall und das Stift Ellwangen je 60 000 fl., der Fürst Öttingen-Wallerstein 23 000 fl. und 1798 der Herzog Max Josef von Zweibrücken, der spätere erste bayerische König, der von den Franzosen vertrieben, in Ansbach einen Zufluchtsort gefunden hatte, 21 000 fl. 1798 nahm der Fürstbischof von Würzburg 300 000 fl. gegen Hinterlegung österreichischer Staatspapiere auf; das Darlehen wurde bei einer Auszahlung von 93,3 vH mit 5 vH verzinst und war nach 3 Jahren fällig. 1800 erhielten der Fürstbischof von Eichstaett 100000 fl. gegen Verpfändung der Einkünfte aus seinen im Gebiet von Ansbach liegenden Gütern und das Haus Oettingen weitere 50000 fl.

Wegen eines Darlehens an Kurbayern von 500000 fl. gegen Verpfändung der auf 900000 fl. geschätzten bayerischen Kronjuwelen war die Fürther Juweliersfirma Wolff und Jakob Gebrüder Henle, eine der eifrigsten und ältesten Kundinnen der Bank, schon 1798 an die Direktion herangetreten. Aus diesem Geschäfte wurde nichts, aber 1804 nahm der Kurfürst eine Anleihe von 1000000 fl. gegen 5 vH Zinsen auf, um damit die beim Erwerb der Fürstentümer Würzburg und Bamberg übernommenen schwebenden Schulden zu tilgen; sie brachte der Bank einen Übernahmegewinn von 68000 fl. Der Kurfürst verpfändete als Sicherheit die Gefälle der aufgehobenen Klöster Ebrach und Langheim. Auf Grund seiner Hauptschuldverschreibung wurden 1000 Einzelschuldverschreibungen zu je 1000 fl. ausgefertigt; die Bank konnte sie in kurzer Zeit zu günstigen Preisen absetzen.

Wiederholt war die Bank an der Begebung preußischer Anleihen beteiligt: 1794 übernahm sie aus einer bei dem Frankfurter Bankhaus J.L. Willemer & Co. begebenen Anleihe 200000 fl. und verkaufte sie in Ansbach in kleinen Beträgen. 1795 wurde eine preußische Staatsanleihe von 200000 fl. gegen Verpfändung der Einkünfte der fränkischen Provinzen unmittelbar bei der fränkischen Bank begeben. Die Anleihe war vom 9. Jahre an in vier gleichen Jahresraten zu tilgen; die Bank verpflichtete sich aber, das Kapital auf Wunsch schon vom Beginn des vierten Jahres ab gegen 2 vH Abzug zurückzuzahlen, außerdem die Schuldverschreibungen jederzeit zu beleihen. Sie verfehlte nicht in ihrem „Avertissement" darauf hinzuweisen, „daß eine baldige und kräftige Einlage zu dieser sehr vorteilhaften Anleihe als ein Beweiß des rühmlichen Patriotismus der Darleiher angesehen und der Allerhöchsten Behörde zum besonderen Wohlgefallen gereichen wird". Ende 1805 veranlaßten die Ausgaben für Kriegsrüstungen die preußische Regierung, ein zweites Anlehen bei der fränkischen Bank aufzulegen, diesesmal über den Betrag von 2000000 fl.; im Gegensatz zum kurbayerischen Anlehen und dem preußischen Anlehen von 1794 war die Bank hier nur Vermittlungsstelle. Als ein warnendes Zeichen für die Verschlechterung der Lage und den drohenden Krieg mit Frankreich gingen jedoch auf diese Anleihe nicht mehr als 138500 fl. ein.

Von anderen preußischen Staatsanlehen, so von einer 1796 in Frankfurt begebenen Prämienanleihe und der 1797 bei der Wittgensteinschen Kreditkasse aufgenommenen Anleihe übernahm die Bank eine Anzahl Schuldverschreibungen zum Vertrieb für Rechnung des Staates; als Entschädigung erhielt sie jeweils einige Schuldverschreibungen für den eigenen Bestand. Fortlaufend und in großer Zahl vertrieb sie die sogenannten Seehandlungsobligationen, zu 4 vH verzinsliche Schuldverschreibungen der Seehandlung mit vierjähriger Laufzeit, deren Erlös die Seehandlung zu Darlehen an den preußischen Staat verwandte; sie wurden von Kunden und Behörden gerne gekauft. 1806 war die Bank Ausgabe- und Einlösestelle der Tresorscheine, des ersten preußischen Staatspapiergelds.

Im eigenen Bestand hatte die Bank preußische und österreichische Staatspapiere; sie dienten zum Verkauf an die Kundschaft und für die Sicherheitsleistung bei auswärtigen Bankhäusern.

Durch den lebhaften Geldverkehr der preußischen Staatskassen in Franken mit denen in Berlin und durch die engere Fühlung mit den Fürther und Nürnberger Kaufleuten nahmen der Geldbezug und die Geldüberweisung für fremde Rechnung erheblich zu; die Verbindungen mit auswärtigen Bankhäusern wurden dadurch noch weitläufiger als in der markgräflichen Zeit. Für die fränkischen Staatskassen übernahm die Bank die Überweisung von Steuergeldern nach Berlin, die Auszahlung der Rente des Markgrafen in England, die Bezahlung bayerischer Salzlieferungen in München, die Versendung von preußischem Courant nach Frankfurt und Berlin gegen den Ankauf von Seehandlungsobligationen und Wechseln. Infolge der überhöhten Kursfestsetzung hatten sich Riesenmengen preußischen Courants bei den fränkischen Kassen angesammelt, die Kassen sollten durch die Versendung davon befreit und wieder mit Konventionsmünze und Laubtalern versehen werden.

Durch die Geldversendungen war die Königliche Bank zu Berlin oft mit erheblichen Beträgen Schuldner der Fürther Bank. An deutschen Handelshäusern, von denen die Bank größere oder kleinere Beträge zu fordern hatte, sind als neue Verbindungen zu nennen: die Firmen Gebrüder Reichenbach in Leipzig, Eichborn & Co. in Breslau[1]), Schroeder & Co. in Bremen, Abraham Schaaffhausen in Köln, A. E. Seeligmann in München und, zum ersten Male 1797, die junge Firma M. A. Rothschild in Frankfurt. Zu den Handelsfreunden in Deutschland kamen wie in der markgräflichen Zeit zahlreiche Firmen in England, Holland, Frankreich und Italien; die größten Beträge standen bei Londoner Häusern.

Nach der Geschäftsprüfung von 1792 und wiederum in der Dienstanweisung von 1798 war der Bank eingeschärft worden, bei Wechsel- und Leihgeschäften, wie bei der Unterhaltung von Guthaben bei auswärtigen Handelshäusern, mit größter Vorsicht zu verfahren. Bei der jährlichen Nachprüfung durch den Generalstaatskontrolleur werde weniger auf den Gewinn als auf die Sicherheit der Anlagen gesehen, bei Verlusten werde nach Befinden eine Untersuchung gegen die Schuldigen angeordnet werden.

Die Weltlage und ihre Rückwirkungen auf die Wirtschaft rechtfertigten die Mahnungen vollauf. Die französische Revolution und die Revolutionskriege gefährdeten die Guthaben der Bank in Frankreich und in den Niederlanden, der Rückgang des überseeischen Handels infolge des von 1792 bis 1802 andauernden und schon 1805 wieder aufflackernden Seekrieges zwischen England und Frankreich brachte eine Reihe großer in- und ausländischer Handelshäuser zu Fall. In Frankreich lagen 1792 etwa 12000 fl.; von ihnen konnten nur 7000 fl. gerettet werden. In Holland verlor die Bank 1795 bei dem Zusammenbruch des Amsterdamer Hauses Carli & Co. rund 15000 fl. In den folgenden Jahren wurde es zwar

[1]) Die Verbindung der heute noch als Privatbankhaus blühenden Firma Eichborn & Co. mit der fränkischen Bank war älter als die mit der Königlichen Bank zu Berlin und der Seehandlung — ein Beweis für die Ausdehnung der Geschäfte und das Ansehen der Bank auch an den entfernteren Plätzen Deutschlands.

ruhiger, aber 1804 und 1805 nahmen die Zahlungseinstellungen wieder zu. 1804 allein verlor die Bank, zum größten Teil allerdings durch Verschulden Gullmanns, über 190000 fl.; wenige Jahre nach der Bereinigung von 1796 befanden sich unter ihren Anlagen wieder unsichere Posten in großen Summen.

Indessen wurden diese zum Teil unvermeidlichen Verluste durch die Erträgnisse aus den sicheren Anlagen und den Gewinnen im Wechselhandel und Geldüberweisungsgeschäft reichlich aufgewogen: Die Jahre nach der Übersiedlung nach Fürth und dann wieder die Jahre des lebhaftesten Wechselhandels und des größten Geschäftsumfangs, 1800 bis 1804, heben sich in den Gewinnziffern deutlich von den vorhergehenden ab und ebenso deutlich kommt das unter der beginnenden Verwicklung Preußens in die europäischen Kriegshändel einschrumpfende Geschäft in den sinkenden Gewinnen zum Ausdruck.

Aus den Gewinnen bezog der König von Preußen als Ertrag seiner Aktie von 1796 bis 1805 zusammen 547239 fl. 47 kr., ungerechnet die Zinsen aus der Aktie: wenn die fränkischen Fürstentümer als ganzes auch vom staatswirtschaftlichen Standpunkt aus einen angenehmen und gewinnbringenden Zuwachs für Preußen darstellten, so tat es die ehemalige Markgräfliche Hofbank in ganz besonderem Maße.

Auch wenn man die Gewinnergebnisse der Bank vom erwerbswirtschaftlichen Standpunkt betrachtet, war nicht schlecht gearbeitet worden. Zwar waren die Verwaltungskosten durchaus nicht unerheblich; sie betrugen trotz des geringen Beamtenstandes auch in den Jahren der größten Gewinne annähernd 17 vH des Rohgewinns. Einen erheblichen Teil der Unkosten beanspruchten die Ausgaben für Auskünfte und Nachrichten von auswärtigen Handelsplätzen; auch die Ausgaben für Postgebühren und Botenlöhne waren nicht gering. Aber trotzdem wurde aus den eigenen Betriebsmitteln eine Jahresrente von durchschnittlich 35 vH erzielt.

Es fehlte der Bank deshalb nicht an Anerkennungen, nicht nur von Hardenberg, der schon vor der großen Geschäftsausdehnung um die Jahrhundertwende in seinem „Generalbericht über die fränkischen Provinzen"[1]) ihre Tätigkeit und ihren Nutzen lobend

[1]) Urkunden und Geschichtstafeln 4.

hervorhob, sondern auch vom König; in mehreren an Hardenberg gerichteten Kabinettsordern sprach er sein Wohlgefallen und seine „höchste Zufriedenheit über die erfolgreichen Operationen der Fürther Bank" aus. Selbst der gestrenge Generalkontrolleur der Finanzen, Graf von der Schulenburg, sah sich genötigt zu loben; freilich konnte er es nicht unterlassen, auch das Lob mit einem mißtrauischen Seitenblick zu erteilen, „indem es bei so ausgebreitetem und zum Theil bisher schon gewagten Geschäften gewiß den persönlichen Fähigkeiten und dem vorzüglichen Eifer der jetzigen Bancodirection und selbst manchen Glücksfällen allein zuzuschreiben sei, daß nicht bedeutendere als die bis hierher sich ergebenden und mit dem Gewinne würklich ganz verträglichen Verluste gemacht worden sind".

Aber diese Einschränkung änderte nichts an der Tatsache, daß sich die schlechte Voraussage, die der Bank bei ihrer Übernahme durch Preußen vom Kabinettsministerium gestellt worden war, als unzutreffend erwiesen hatte. Die ehemalige markgräfliche Hofbank war unter der preußischen Herrschaft mit ihren Zielen gewachsen und hatte sich der Firma einer Königlich Preußischen Bank und ihres Firmenschildes, des aufsteigenden Preußenadlers, als würdig erwiesen.

Das alte Bankgebäude in Bayreuth.

DIE BANK WIRD BAYERISCH.

1806

Die von den Geschäftsziffern der fränkischen Bank so deutlich widergespiegelten Verwicklungen der preußischen Staatskunst begannen mit den Vorbereitungen zum dritten Koalitionskrieg: Napoleon wollte Preußen als Bundesgenossen gewinnen und bot dem König dafür den Erwerb von Hannover an; Hannover gehörte dem König von England und war von Frankreich besetzt. Die Verhandlungen zerschlugen sich an den preußischen Forderungen, der Krieg zwischen Frankreich und Österreich-Rußland brach aus und der Marschall Bernadotte marschierte, um die kürzeste Strecke nach dem Kriegsschauplatze zu gewinnen ohne Rücksicht auf die Nichtbeteiligung Preußens mitten durch das Ansbachische Gebiet. Preußen schwenkte auf die Seite der Gegner Napoleons und machte sein Heer kriegsbereit, um Napoleon einzuschüchtern. Aber der preußische Unterhändler Haugwitz ließ sich im großen Hauptquartier von Talleyrand so lange hinhalten, bis die Schlacht von Austerlitz geschlagen und der Krieg entschieden war. Napoleon hatte damit die Oberhand gewonnen: in zwei Abkommen, dem Vertrag von Schönbrunn vom 15. Dezember 1805 und der Pariser Übereinkunft vom 15. Februar 1806 legte er Preußen viel schwerere Bedingungen auf, als die im Herbst abgelehnten und Preußen wagte nicht, dem Sieger von Austerlitz zu widersprechen. Die Hauptbedingungen der beiden Verträge waren: Preußen ging ein Bündnis mit Frankreich ein, erhielt dafür Hannover, mußte aber die Fürstentümer Ansbach, Neuenburg und den rechtsrheinischen Rest von Cleve an Napoleon abtreten. Mit Neuenburg wurde Marschall Berthier belohnt; Ansbach kam als Entschädigung für andere Gebietsabtretungen an Bayern.

Der Verlust Ansbachs war für Preußen sehr schmerzlich; vollends konnte sich Hardenberg nicht an den Gedanken gewöhnen, das Land, dem er vierzehn Jahre erfolgreicher Arbeit gewidmet hatte, an Bayern abzutreten. Er gönnte dem König Max Josef nicht die fleißigen Bauern und nicht die Schwabacher Fabriken, nicht die Kunstschätze im Ansbacher Schloß und nicht die reichen Klostergüter und vor allem auch nicht die Fürther Bank. Kaum war die Pariser Übereinkunft ausgefertigt, so eilte eine Staffette nach Ansbach mit dem Befehl, sofort alle Kassen, den Inhalt der Archive und die wichtigsten Kostbarkeiten in das Bayreuther Gebiet zu schaffen und die Fürther Bank nach Erlangen zu verlegen.

Aber es war schon zu spät: Die Franzosen rückten ein, am 24. Februar unter Marschall Bernadotte in Ansbach, am 25. unter General Drouot in Fürth, um das Land von Preußen an Bayern zu überweisen. Bernadotte gab der überraschten Bevölkerung, zu der bisher nur Gerüchte über die Schönbrunner und Pariser Verhandlungen gedrungen waren, durch Anschlag bekannt, daß er das Land im Namen Napoleons für den König von Bayern in Besitz nehme und daß die Einkünfte des Landes wie alle öffentlichen Kassen zur Sicherheit des Unterhaltes der französischen Truppen beschlagnahmt seien.

Der Banco-Direktor Kracker hatte das vorausgesehen. Kaum daß sich die erste Kunde von dem Anrücken der Franzosen verbreitet hatte, war er nach Fürth gereist und hatte den Kassenbestand größtenteils nach Bamberg, Nürnberg und anderen Orten wegüberweisen und alle Zahlungen von auswärts zurückhalten lassen. Kracker hegte im Gegensatz zu Hardenberg von vornherein keinen Zweifel, daß die Übergabe des Landes auch die Übergabe der Bank an Bayern zur Folge haben müsse. Noch am Tage der Besetzung Ansbachs wandte er sich deshalb an den bayerischen Generallandeskommissär in Bamberg, den Grafen Thürheim, mit dem dringenden Ersuchen, sich in München für die Sicherheit der Bank zu verwenden. Schon am Tage darauf berichtete Thürheim an Montgelas:

„Bei Gelegenheit, wo mir die Besitznahme von Ansbach durch Bernadotte am Gestrigen bekannt geworden ist, wurde ich als zunächst wohnender Königlicher Diener von der Fürther Banco-Direction dringend angegangen, Euer Majestät über die Verhältnisse dieses Institutes einige Bemerkungen vorzutragen.

Die Fürther Hauptbank befürchtet einen gänzlichen Ruin, wenn die Beschlagnahme ihrer Geldvorräte oder doch wenigstens unverhältnismäßige Zahlungsanweisungen darauf von Bernadotte sollten unternommen werden. Ich kann zwar nicht im voraus ermessen, ob die Furcht begründet ist, da aber wahrscheinlich ist, daß Bernadotte die bereits angekündigte Beschlagnahme aller Kassen auch auf die Bank ausdehnen wird, halte ich mich bei dem heute schon erfolgenden Anmarsch der Franzosen in Fürth verpflichtet zu berichten und anheimzugeben, ob bei dem besonderen Interesse, welches der Fortbestand der Fürther Bank für die bayerischen Staaten hat, nicht eine Schonung der Bank durch diplomatische Vorstellungen erreicht werden sollte."

Montgelas zeigte nach außen hin die kalte Schulter: „Da wir," so lautete sein Bescheid an Thürheim, „an der Besitznahme von Ansbach durch die französischen Truppen, die kraft einer Vereinbarung zwischen Preußen und Frankreich stattfindet, nicht den geringsten Anteil haben, können die diplomatischen Einleitungen nicht stattfinden. Dies ist der Bank zu eröffnen." Aber trotzdem hat sich Montgelas für die Bank eingesetzt: Er wandte sich offenbar unmittelbar an den Vorgesetzten Bernadottes, den Marschall Berthier und dieser wies Bernadotte an, die Bank zu schonen. Kracker suchte in Begleitung des Kammerpräsidenten von Schuckmann Bernadotte persönlich auf, trug ihm sein Anliegen vor und bestätigte die Besprechung sofort durch einen Brief. Noch am gleichen Tage, den 3. März, erhielt er die Antwort: „... Le Sequestre mis sur les revenus publics du pays d'Anspach, ne peut s'étendre à un établissement qui n'est, réellement, que la propriété des particuliers et qui n'a d'autre rapport avec le Gouvernement que cette protection justement accordée à tout ce qui interesse la prospérité du commerce. Mr. le Président de Schuckmann a pu Vous dire que dans nous Conférences, il a été bien entendu que l'Autorité militaire ne s'immisceroit en rien dans les affaires de la banque de Furth et qu'elle pourroit continuer ses operations comme par le passé. Je Vous en renouvelle avec plaisir l'assurance, a Vous même, Monsieur; Vous pouvez en faire part à tous Vos Actionnaires et correspondants."

Am 6. März teilte Marschall Berthier dem König von Bayern mit: „que ses intentions relativement à la banque de Furth ont été exécutées".

Kracker beeilte sich die wertvolle schriftliche Zusicherung umgehend in der Ansbacher Intelligenzzeitung einrücken zu lassen und vergaß nicht, Thürheim für seine nun doch erfolgreiche Verwendung zu Gunsten der Bank zu danken.

Die Bank war für den Augenblick gerettet, aber ihr endgültiges Schicksal lag noch durchaus im Dunkel. Sie wußte sich vor Geldabhebungen nicht mehr zu retten, nur kleinere Beträge konnten sofort eingelöst werden; größere Summen erst nach Ablauf von einigen Tagen.

Zu der von Hardenberg befohlenen Verlegung der Bank nach Erlangen traf Kracker keinerlei Anstalten. Da sich die Bank zur Zeit äußerst hart tue, den zahlreichen Abhebungen nachzukommen, berichtete er am 5. März an Hardenberg, würde es ihr einen schweren Schlag versetzen, wenn plötzlich die Kasse geschlossen und die ganze Anstalt nach Erlangen verlegt würde; auch bei Bernadotte würde es, nachdem die Gefahr der Beschlagnahme beseitigt sei, unliebsames Aufsehen erregen. Endlich dürfe man Bayern nicht mit einer plötzlichen Wegverlegung verstimmen, sonst könne man in der Frage der Zurücküberweisung der in Berlin liegenden gerichtlichen Einlagen und Mündelgelder von ihm kein Entgegenkommen erwarten und außerdem bei der Einziehung der im Fürstentum Ansbach ausgeliehenen Beträge auf Schwierigkeiten stoßen. Auf jeden Fall müsse vor einer so folgenschweren Maßnahme die Ankunft des preußischen Übergabskommissärs abgewartet werden.

Hardenberg erkannte diese Gründe an, aber nur als aufschiebende. Den Gedanken einer Übergabe der Bank an Bayern wies er nach wie vor weit von sich. Am gleichen Tage, an dem sich die erste fürsorgende Tat Bayerns für seine künftige Staatsbank auswirkte, war dem preußischen Übergabsbevollmächtigten, dem Geheimen Legationsrat Nagler, einem geborenen Ansbacher, der unter Hardenberg im fränkischen Ministerialdepartement arbeitete, seine Anweisung nachgesandt worden. Hier war von Übergabe keine Rede: Die Bank sei keine Staatsanstalt und sei als Sozietät zwischen dem König von Preußen und den Beamten nicht Staatseigentum sondern Eigentum der Aktionäre, sie könne daher nicht auf Bayern übergehen und sei ins Bayreuthische zu verlegen. Hardenberg konnte sich nicht genug tun, dies immer wieder einzuschärfen; Staffette auf Staffette, an einem Tage drei Entschließungen, alle an den entscheidenden Stellen von Hardenbergs eigener Hand überarbeitet, gingen an Nagler ab:

„. . . Die Fürther Bank wird auf keinen Fall auf Bayern übergehen, sondern zurückgezogen werden . . .“

„. . . Man spricht davon, die Banco an Bayern zu überlassen. Dieß darf auf keinen Fall geschehen. Unser fränkisches Institut muß baldmöglichst nach Bayreuth oder Erlang verlegt werden. Ist dieß nicht möglich, ohne den Umsturz desselben, so ist es besser, daß Wir dasselbe auflösen und die Fonds herausziehen . . .“

„. . . So kommt alles darauf an, ob das Bancoinstitut für Uns erhalten und wenn gleich nicht sofort, doch demnächst in das Bayreuthische — vielleicht in die Vorstadt Wöhrd[1]) — zurückgezogen

---

[1]) bayreuthische Vorstadt Nürnbergs.

werden kann. Solchenfalls würden die zweckmäßigsten Mittel angewandt werden müssen, um solches zu unterstützen und demselben mit Fonds und auf andere Weise möglichst zu Hilfe zu kommen. Nach diesem Gesichtspunkt werdet Jhr mit der Bancodirection diese wichtige Sache in reifliche Überlegung nehmen und theils vorläufige Verfügung treffen, theils an Uns berichten."

Zum Überfluß erhielt Nagler noch eine Königliche Kabinettsorder nachgesandt; sie beklagte sich in beweglichen Tönen darüber, daß Bayern seine Hand nach königlichem Eigentum ausstrecke, und ermahnte ihn, alles daran zu setzen, um es für den König zu retten.

Inzwischen war die Not der Bank aufs höchste gestiegen. Der Sturm auf die Kassen hörte nicht auf; das von auswärts bestellte Bargeld traf nicht ein. Die Abschlußarbeiten für das Geschäftsjahr 1805 zeigten den Stand der Bank in einem sehr trüben Lichte. Selbst der beherzte Kracker verlor vorübergehend den Mut:

„Euer Exzellenz will ich keine Schilderung über meine Lage seit der leidigen Entscheidung des Schicksals der hiesigen Provinz und über den unglücklichen Zwischenzustand, in dem wir uns bis zur Übergabe an Bayern befinden, machen," schrieb er an Hardenberg, „weil ich ohnehin weiß, daß Hochdieselbe mit leiden und gewis alles anwenden um uns von der unbeschreiblich lästigen Occupation zu befreien . . ." und: „. . . Alles kommt zugleich darauf an, daß izt gleich der Zustand der Banco untersucht wird. Das Resultat wird, leider! so seyn, daß die Bank in der bisherigen Art nicht ferner bestehen kann, und daß es daher räthlich ist, wegen der Bayreuther Depositengelder bloß ein Hauptbankbüro zu errichten und zwar in Bayreuth, da in Erlang auf Wenig Geschäfte zu rechnen ist. Unter diesen Umständen dürfte ich bald ein lästiger Pensionär für die königlichen Kassen werden, und es kommt alles darauf an, ob man mich nicht lieber an Bayern überweisen will."

Nagler hatte sich nach seiner Ankunft in Ansbach der Meinung Krackers angeschlossen, daß eine Verlegung der Bank in das Bayreuthische untunlich sei: Die Bank würde mit Ansbach und seinem Hinterland ihr ergiebigstes Einzugsgebiet verlieren, sieben Achtel ihrer Banknoteneinlagen Ende März 1806 stammten aus dem Ansbachischen; man spreche schon von der Gründung einer bayerischfränkischen Bank in Nürnberg, eine solche Anstalt würde, auf das geldkräftige Ansbacher Hinterland gestützt, die Geschäfte der ins Bayreuthische verlegten preußisch-fränkischen Bank unangenehm schmälern. Auf einem seinem Berichte beigefügten Handzettel vermerkte er noch: „Es ist unerläßlich Kracker zu halten, wenn man die Bank nicht umstürzen will, die sich ohnedies kaum halten kann . . ." Schon vor dem Eintreffen des Berichtes hatte Hardenberg auf Grund von Krackers Mitteilungen Nagler angewiesen: „Wenn die Bank nicht nach Erlangen verlegt werden kann, so bleibt nichts übrig, als ihre Geschäfte zu sistieren, das Institut aufzuheben und für das Fürstentum Bayreuth ein Hauptbankbüro zu errichten".

Von einer Aufhebung der Bank aber wollte Kracker nichts wissen. Für ihn kam, nachdem sich die Bank als preußische Anstalt nicht aufrecht erhalten ließ, nur die Übergabe an Bayern in Frage. Daß hiebei auch die Sorge für sich selbst mitspielte, kann man ihm nicht verdenken.

Hardenberg war, als er von den Absichten Krackers erfuhr, recht gedrückt, aber er wollte immer noch die Bank lieber vernichtet als bayerisch wissen: „Wenn es begründet ist," schrieb er am 24. April an Nagler, „daß man bayerischerseits — zu Nürnberg — eine Banco errichtet und daß der bisherige Fürther Bancodirector sich bei jener Nürnberger Bank interessieren will, so ist wohl die Auflösung des Fürther Institutes unvermeidlich".

Das Schreiben kreuzte sich mit einem neuen Bericht Naglers: Nagler hatte nach Krackers Weigerung, an der Auflösung der Bank mitzuarbeiten, vergeblich versucht, einen anderen geeigneten Mann dafür zu gewinnen. Der einzige, der nach seiner Ansicht dazu befähigt war, der Regierungsdirektor Bandel, hatte ihm eine Absage erteilt. Auch Gullmann hatte, obwohl er damals nicht in bayerische Dienste zu treten gedachte, sich gegen die Auflösung und für die Übergabe an Bayern ausgesprochen. Nagler sah ein, daß jede andere Maßnahme als die Übergabe an Bayern nur Verwirrung und Schaden stiften würde, und rang sich, wenn auch mit innerlichem Widerstreben und unter den schmerzlichsten Empfindungen durch, Hardenberg die Überlassung der Bank an Bayern zu empfehlen.

Hardenberg konnte sich trotz aller Vernunftsgründe nicht ohne weiteres entschließen, dem Rate Naglers zu folgen; wenigstens wollte er noch die Ansicht des Freiherrn vom Stein hören. Die Antwort Steins erfolgte am 9. Mai, sie war bejahend. Stein gab die Losung aus, mit Bayern wegen der Abtretung zu verhandeln, um möglichst günstige Bedingungen zu erreichen. Damit war das Schicksal der Bank entschieden; Krackers entschlossenes Festhalten an dem einmal für richtig erkannten Ziel und das unbefangene Urteil des Freiherrn vom Stein hatten sie vor dem Verichtungswillen ihres einstigen Beschützers gerettet; was nachher folgte, war nichts als ein langwieriges Rückzugsgefecht.

Ungefähr zur gleichen Zeit waren die Verhandlungen wegen der Übergabe der Verwaltung Ansbachs an Bayern soweit gediehen, daß eine förmliche Übergabe stattfinden konnte; Nagler hatte, ganz im Sinne Hardenbergs, der immer noch auf eine Änderung hoffte, der Übergabe immer wieder Schwierigkeiten bereitet und war hierin von Bernadotte unterstützt worden; Bernadotte war aus irgendwelchen Gründen auf König Max und Montgelas nicht gut zu sprechen. Am 16. April waren an den Amtsstellen der Außenbehörden die Adlertafeln durch das Rautenwappen ersetzt worden; am 24. Mai endlich, drei Monate nach dem Einrücken Bernadottes fand die Übergabe in der Wohnung Bernadottes im Ansbacher Schlosse statt.

Der als bayerischer Bevollmächtigter aufgestellte Graf Thürheim ließ den Besitzwechsel durch Anschlag kundgeben. Gleichzeitig ließ aber auch Nagler überall ein Publicandum anschlagen. Er erklärte darin die Übergabe des Landes an Bayern und entband die Untertanen und Beamten von ihrem Treueide gegen den König von Preußen, aber eine Reihe von Besitztümern nahm er als königliches Sondereigentum ausdrücklich von der Übergabe aus, vor allem die geistlichen Güter und die Fürther Bank. Zur Verwaltung der vorbehaltenen Güter setzte Nagler einen Sonderausschuß ein, dem Ausschuß gehörte auch Kracker an. Die in den Ausschuß entsandten Beamten und alle bei der Verwaltung der vorbehaltenen Güter beschäftigten Staatsdiener wurden von ihrem Treueide nicht entbunden; sie bildeten eine preußische Behörde im bayerischen Staatsgebiet, erst einige

Monate nach der Übergabe löste Thürheim den Ausschuß auf. Sogleich nach der Übergabe verließ Nagler Ansbach, nicht ohne die Fürther Bank ganz besonders dem Schutze und der freundschaftlichen Sorgfalt des Ausschusses anempfohlen zu haben.

Selbstverständlich konnte sich Bayern die Vorbehalte Naglers nicht gefallen lassen. Die bayerischen Gesandten in Berlin und Paris wurden angewiesen, wegen dieser eigenartigen Landesübergabe vorstellig zu werden. Thürheim selbst, der zum Generallandeskommissär in Ansbach ernannt worden war, unternahm zwei Vorstöße gegen die Fürther Bank. Er forderte die Bankdirektion auf, binnen kürzester Frist zu erklären, wie sie ihre gerichtlichen Einlagen und Mündelgelder zu decken gemeint sei, widrigenfalls er selbst entsprechende Vorkehrungen treffen werde. Von der (nunmehr bayerischen) Kriegs- und Domänenkammer in Ansbach verlangte er einen ausführlichen Bericht über die Verhältnisse der Bank, namentlich über die angeblichen Eigentumsrechte des Königs von Preußen.

Der erste Angriff war ein Schlag ins Wasser, denn die gerichtlichen Einlagen und Mündelgelder lagen nicht bei der Fürther Bank, sondern bei der Königlichen Bank in Berlin. Der Bericht der Kriegs- und Domänenkammer war ausweichend und nichtssagend: Die Ausgabe der Banknoten und die Annahme von Stiftungs- und Heiligengeldern — ebenso wie früher die Annahme von gerichtlichen Einlagen und Mündelgeldern — seien Geschäfte einer öffentlichen, staatlichen Anstalt. Wenn die Bank als Sondereigentum des Königs von Preußen unter bayerischer Hoheit weiterbestehen wolle, müsse sie diese Geschäfte aufgeben und sich auf die Geschäfte eines Wechselhauses beschränken.

Hardenberg war über die „beleidigenden Eingriffe in das Königliche Privateigentum" sehr erbost und wies Kracker an, alle „bayerischen Zudringlichkeiten", insbesondere auch eine Untersuchung über den Stand der Bank mit Entschiedenheit abzulehnen. Aber er mußte doch einsehen, daß weiterer Widerstand zwecklos war. Am 14. Juli 1806 wurde er durch eine auf seinen Antrag erlassene königliche Kabinettsorder ermächtigt, Verhandlungen wegen der Übergabe der Bank einzuleiten und gab dies von Tempelberg aus, wo er mit dem russischen Gesandten über den Abschluß eines

Bündnisvertrages verhandelt hatte, an Kracker bekannt. Aus einem Brief an Kracker vom 24. August ergibt sich seine veränderte Einstellung zu dem Schicksal der Bank: „Euer Hochwohlgeboren sehen ohne Zweifel aus diesem umständlichen Schreiben, daß ich mich der Geschäfte die Fürther Bank betreffend ein für alle Mal zu entledigen wünsche und daß ich mich sehr bestrebe, dies zur allgemeinen Zufriedenheit zu tun".

Kracker hatte indessen schon vorher auf Grund einer von Nagler erteilten mündlichen Ermächtigung den Grafen Thürheim wissen lassen, daß Preußen bereit sei, die Bank gegen Übernahme aller Schulden und Entlassung Preußens aus jeder Haftung für die Einbringlichkeit der Forderungen, gegen Befriedigung der Aktionäre, insbesondere gegen Auszahlung von 175000 fl. an die Krone Preußens, gegen Übernahme aller Beamten mit den bisherigen Gehältern und Ansprüchen und endlich gegen Zusicherung nachsichtiger Behandlung der Schuldner in Bayreuth an Bayern abzutreten und daß es bereit sei, die bei der Königlichen Bank in Berlin liegenden Gerichts- und Mündelgelder zurückzubezahlen.

Thürheim hatte daraufhin zunächst verlangt, die Verhältnisse der Bank müßten durch einen Vertrauensmann untersucht werden. Davon wollte Hardenberg nichts wissen; erst nachdem Kracker wiederholt berichtet hatte, man könne diesen berechtigten Wunsch nicht abschlagen und in einem Begleitbrief an Hardenberg gebeten hatte, man möge die Forderungen an Bayern nicht überspannen, wurde eine Untersuchung durch den Regierungsdirektor Bandel zugelassen „in der Erwartung, daß dieser den Auftrag mit gewohnter Unbefangenheit vollziehen werde".

Bandel begutachtete nach überschläglicher Prüfung, die Bedingungen Krackers könnten angenommen werden, mit Ausnahme der vollen Auszahlung der königlichen Aktie. Seine Untersuchung hatte ergeben, daß von den 2,8 Millionen Gulden Forderungen der Bank nur 2 Millionen Gulden „sicher und kurrent", 504000 fl. sicher, aber inkurrent, 175000 fl. zweifelhaft und 99000 fl. uneinbringlich waren.

Am 25. August legte Thürheim das Bandelsche Gutachten in

München vor und befürwortete seinerseits die Übernahme der Bank:

„. . . Über die Fortsetzung oder Auflösung der Bank würden dann Euere Kgl. Majestät in der Vorlage allergnädigste Entschließung fassen, die einstweilige Übernahme wird aber, wenn sie nach der Bilance unnachtheilig erscheint, in jedem Fall räthlich sein, weil außerdem die über eine Million betragenden inländischen Debitoren durch die nothwendig erfolgende Aufkündigung ihrer Kapitalien in Verlegenheit und die Fabrikanten in das tiefste Elend geraten müßten."

Während der drei Sommermonate, die seit der Übergabe des Ansbacher Landes an Bayern verflossen waren, hatten sich neue düstere Wolken zusammengezogen. Preußen fühlte sich bei dem ihm aufgedrängten Bündnis mit Frankreich nicht wohl, es hatte schon im Frühsommer mit Rußland ein geheimes Abkommen gegen Frankreich geschlossen. Am 1. August hatte Napoleon den Rheinbund errichtet; er war eine neue Bedrohung der noch von Frankreich unabhängigen Staaten Deutschlands. Gleichzeitig war durch eine Unvorsichtigkeit des englischen Gesandten in Paris bekannt geworden, daß Napoleon versuchte, sich auf Kosten Preußens mit England zu einigen, und daß er England das erst vor sechs Monaten an Preußen gegebene Hannover wieder angeboten hatte. Auf die Meldung davon befahl Friedrich Wilhelm III. das Heer kriegsbereit zu machen; der Krieg zwischen den beiden Verbündeten wurde als unvermeidlich betrachtet.

Der drohende Krieg rief in Kracker die lebhaftesten Besorgnisse für die Sicherheit der Bank wach: Bernadotte stand noch immer in Ansbach, er hatte bereits verlautbaren lassen, im Kriegsfall werde er die bei der friedlichen Besetzung bewiesene Rücksicht auf das Eigentum des Königs von Preußen nicht mehr üben können; Thürheim hatte die schleunige Zurückziehung nicht nur der in Berlin, sondern auch der bei der Fürther Bank liegenden Gerichts-, Mündel- und Stiftungsgelder angeordnet. Kracker wandte sich zum zweiten Male an Thürheim. Thürheim riet ihm, sich nach München zu begeben und den bayerischen Ersten Minister Montgelas durch mündliche Vorstellungen zur raschen Übernahme der Bank zu bewegen.

Es käme unter anderem auch darauf an, dem Sachbearbeiter, Staatsrat von Schenck, eine günstige Meinung von der Übernahme beizubringen. Die früheren Pläne der Errichtung einer Bank in Würzburg und Bamberg seien nur deswegen gescheitert, weil von Schenck sich die Gefahr in Absicht auf die Gerichts- und Mündelgelder zu groß vorgestellt habe. Um Kracker eine gute Aufnahme in München zu sichern, versah ihn Thürheim mit Empfehlungsschreiben an Montgelas und Schenck:

„Die Gerüchte über einen neuen Krieg mit Preußen erfüllen Kracker mit großer Unruhe wegen seiner Bank. Er hat sich entschlossen, heute nach München zu fahren, um seine Pläne über diesen Gegenstand Eurer Exzellenz vorzutragen. Er wird die Ehre haben, Eurer Exzellenz die Hauptpunkte und den Stand dieses Institutes auseinanderzusetzen, dessen Fortführung zumindesten im Augenblick unter der Garantie unseres erhabenen Souverains mir für das Wohl der Gläubiger und der Schuldner, die sich in den Staaten Sr. Majestät befinden, sehr wesentlich erscheint.

Übrigens war Herr Kracker, der mit der Bank in königliche Dienste übertreten wird, die Seele der preußischen Verwaltung in der Ansbacher Provinz und ich habe die Ehre Eurer Exzellenz zu versichern, daß man von seinen Talenten, seinen Kenntnissen und seinem Eifer den größten Vorteil für den Königlichen Dienst wird ziehen können."

Kracker wurde noch am Tage seiner Ankunft in München vom König Max empfangen; der König zeigte sich über die Angelegenheit genau unterrichtet und machte ihm gute Hoffnungen. Auch Montgelas und Schenck waren für die Übernahme; sie hielten sie allerdings nicht für eilig, denn man glaubte in München an keinen Krieg; außerdem sollte die Frage noch vom wirrtschaftlichen Standpunkt aus geprüft werden, die Akten waren deshalb an den Staatsrat von Krenner gegangen.

Krenner zeigte sich zwar den Vorstellungen Krackers zugänglich, gab aber trotzdem, wie Kracker am andern Tage zu seiner peinlichen Überraschung durch Schenck erfuhr, sein Gutachten im gegenteiligen Sinne ab: es erscheine gefährlich, sich vor genauer Untersuchung des Schulden- und Vermögensstandes auf die Übernahme der Bank einzulassen. Kracker brauchte nach der

Ursache dieser Sinneswandlung nicht lange zu forschen: der Hofbankier Aron Elias Seeligmann, der spätere Freiherr von Eichthal, war nach ihm bei Krenner gewesen und hatte die Lage der fränkischen Bank in den schwärzesten Farben gemalt; er fürchtete, eine bayerische Staatsbank werde seinen Geschäften Abbruch tun und wollte sich den unerwünschten Nebenbuhler vom Halse halten.

Glücklicherweise ließ sich Montgelas nicht mehr beirren: Schenck wurde beauftragt, den Entwurf Krenners dahin abzuändern, daß zwar vor allem eine genaue Untersuchung der Bank vorzunehmen sei, daß aber — hier hatten Krackers eindringliche Vorstellungen trotz der hoffnungsfreudigen Anschauung der Weltlage im Münchner Ministerium ihren Erfolg gezeigt — für den Fall der Gefahr, die Übernahme auch schon früher bekanntgegeben werden könne.

Demgemäß eröffnete ein königlicher Erlaß vom 5. September 1806 dem fränkischen Generallandeskommissär, die bisher vorgelegte Übersicht über den Stand der Bank genüge für eine endgültige Entscheidung wegen der Übernahme noch nicht und müsse ergänzt werden: „Da aber," fuhr der Erlaß fort, „eine Menge diesseitiger Gläubiger bei dieser Anstalt interessiert sind, deren Interesse wir nicht außer acht lassen dürfen, so ermächtigen wir unser Generallandeskommissariat auf den Fall, daß Ereignisse eintreten würden, welche die Existenz der Fürther Bank unter fortdauerndem preußischen Schutze in Gefahr setzen können, alsdann dieselbe als ein diesseitiges Landesinstitut unter Unseren Schutz zu nehmen und dieses auf eine geeignete Weise bekanntzumachen."

Eine Woche später war der Ausbruch der Feindseligkeiten so drohend nahegerückt, daß Kracker auf sofortiges Handeln drängte. Auf seine und Bandels Vorstellungen machte Thürheim von der Ermächtigung Gebrauch. Am Abend des 13. September 1806 wurden die Adlertafeln von den beiden Bankgebäuden in Fürth und Ansbach entfernt und durch die bayerischen Hoheitszeichen ersetzt. Vom gleichen Tage ist ein Rundschreiben an die Geschäftsfreunde, es gab in derselben Form, wie einst die Gründung, die Übernahme durch Preußen und die Verlegung nach Fürth angezeigt worden waren, die Übernahme durch Bayern und die neue Firma „Königlich Baierische Banco“ bekannt. Am 29. September verließ das Korps Bernadotte Ansbach und marschierte in Eilmärschen nach Thüringen, auf das Schlachtfeld von Jena.

Als erstes ließ die neue Regierung die früher erwähnte gründlichere Untersuchung der Bank durch Bandel durchführen. Am 10. Oktober lieferte Bandel seinen Bericht ab; er behandelte die Höhe des reinen Bankvermögens, die Abfindung des Königs von Preußen und die Frage der Beibehaltung Gullmanns als Bankdirektor. Das reine Bankvermögen betrug nach Abrechnung aller uneinbringlichen und zweifelhaften Posten nicht mehr als 167523 fl. 51 kr.; davon trafen nach dem Verhältnis der Aktienanteile auf den König von Preußen 128951 fl. 7 kr., bei einem Nennbetrag seiner Aktie von 175000 fl.

Zur Abfindung des Königs von Preußen und der übrigen Aktionäre schlug Bandel vor, jedem Aktionär der „alten Sozietät“ die auf ihn treffenden Anteile am Bankvermögen auf besondere Rechnungen gutzuschreiben; den Guthaben sollten jährlich 4 vH Zinsen und der entsprechende Gewinnanteil, ferner ein verhältnismäßiger Teil an den auf die zweifelhaften Posten etwa noch eingehenden Zahlungen zuwachsen. Umgekehrt sollten Verluste an den als sicher angenommenen Forderungen verhältnismäßig an den Guthaben gekürzt werden; je nachdem die am 1. September vorhandenen Forderungen eingingen und sich die Haftungsgefahr der Krone Bayerns verminderte, könnten die Mitglieder der alten Sozietät über ihre Guthaben verfügen; für alle nach dem 1. September 1806 eingegangenen Geschäfte müsse die alte Sozietät nicht mehr haften.

Bandel stellte neuerdings fest, daß Gullmann der Bank durch leichtsinniges Ausleihen in den letzten Jahren großen Schaden zugefügt habe. Er hatte für über 60000 fl. persönlich zu haften; sein Aktienanteil wurde dadurch ganz aufgezehrt. Trotzdem schienen ihm überwiegende Gründe für die Beibehaltung Gullmanns unter entsprechender Einschränkung seiner Befugnisse zu sprechen: Es habe, da Kracker seinen Amtssitz in Ansbach hatte, an der notwendigen Oberaufsicht gefehlt; ohne große und wagliche Geschäfte wäre die Bank überhaupt nicht vorangekommen, Gullmann sei ein Mann von anerkannten kaufmännischen Gaben, es würde schwer halten für ihn einen Ersatz zu finden, und: „sollte er pensioniert werden, so würde dies glänzend geschehen müssen; denn der Mann, welcher der Sozietät in den sechs letzten Jahren an bloßer reiner Dividende über eine halbe Million Gulden erwarb, muß diesen seinen Fleiß nie bereuen." Thürheim gab den Bandelschen Bericht unter warmer Befürwortung der Übernahme nach München weiter:

„Ich habe schon in meinem ersten allerunterthänigsten Bericht die Meinung geäußert, daß ich es räthlich finde, die Banco zu Fürth in dem bisherigen Kreis ihrer Tätigkeit fortwirken zu lassen. Ein Institut, welches wie die Banco in einem Jahre ein Roullement von 30 Millionen aufweisen kann, muß mit dem Interesse der Handelsleute und Fabrikanten in der Provinz, der Natur der Sache nach, nahe verwandt sein und würde ohne empfindliche Folgen auf den Wohlstand nicht unvorbereitet aufgelöst werden können."

Die endgültige Übernahme erfolgte durch einen königlichen Erlaß vom 21. November 1806; sein Inhalt wurde in einem von Thürheim und Bandel gemeinsam unterzeichneten Ausschreiben öffentlich bekanntgegeben.

Der Erlaß traf schon einige grundsätzliche Bestimmungen über die Verfassung und Verwaltung der Bank; weiter ordnete er an, die Bank alsbald nach Nürnberg zu verlegen; Nürnberg war durch den Rheinbundvertrag an Bayern gefallen.

Noch am letzten Tage des Jahres 1806 erhielt die Bank eine ausführliche Dienstanweisung[1]); am 1. Juli 1807 war die Verlegung nach Nürnberg durchgeführt. Die Bank wurde im sogenannten Heilsbronner Hof hinter der Lorenzerkirche untergebracht; am gleichen Platze befindet sich die Nürnberger Niederlassung, wenn auch nach mehreren Um- und Erweiterungsbauten noch heute. Damit war die Unruhe des Jahres 1806 beendet; die Bank hatte einen neuen, festen Standort, an dem sie sich einwurzeln konnte: er sollte der Schauplatz des größten Teils ihrer künftigen Entwicklung werden.

---

[1]) Auszug siehe Urkunden und Geschichtstafeln 5.

Für die Abfindung Preußens wurde an Stelle der langsamen Abwicklung ein Vergleich durch sofortige Zahlung von 80000 bis 100000 fl. und Übernahme der Forderungen und Schulden „ohne Vorbehalt, aber auch ohne Nachrechnung von Seite Preußens" angestrebt. Der Vergleich kam jedoch nicht zustande, die Abrechnung zog sich endlos in die Länge. Das Nebeneinanderbestehen der alten und der neuen Sozietät, der Konten für Rechnung der alten und der Konten für Rechnung der neuen Sozietät gab immer wieder zu neuen Verwirrungen Anlaß. Nach 12 Jahren fruchtlosen Bemühens versuchte man ihnen dadurch ein Ende zu machen, daß Preußen seine Forderung an den bayerischen General von Pappenheim abtrat. Aber erst 1822 einigte man sich: Die Abfindung betrug 102652 fl. 59 kr. und wurde teils in bar, teils in preußischen Staatsschuldverschreibungen bezahlt.

So erhielt Preußen für eine Anstalt, die ihm 1792 ohne besondere Gegenleistung zugefallen war, außer den im Laufe der Jahre bezogenen Erträgen nochmals eine ansehnliche Entschädigung, Bayern aber, dessen eigene Bankgründung, der Churbayerische Landbanco von 1763 schon nach wenigen Jahren wieder eingegangen war, und das sich seitdem an zahlreichen Bankplänen ermüdete, erhielt, wie Poschinger in seiner Bankgeschichte des Königreichs Bayern schrieb, „mit einer großen Ländererwerbung auch eine kleine Bank, die sich bisher schon einen vortrefflichen Credit zu verschaffen gewußt hatte"; es hätte nur frischen Zugreifens, einer großzügigen Erneuerung und Erweiterung bedurft, um aus der kleinen Anstalt eine große Bank zu schaffen, wie sie Bayern brauchte.

Bankgebäude in Regensburg.

UNTER BAYERISCHER HERRSCHAFT.

1806—1850

Das Land, dem die Bank seit dem 13. September 1806 zugehörte, war eben im Begriff, sich aus einem altväterlichen Fürstenbesitz mit ständischer Verfassung in einen neuzeitlichen Staat zu verwandeln.

Die Stürme der napoleonischen Zeit hatten den wittelsbachischen Besitz vielfach umgestaltet und erweitert: 1801 umfaßte er nur Altbayern, die Oberpfalz, die Kurpfalz und die Herzogtümer Jülich und Berg am Niederrhein, 1806 reichte Bayern von Bamberg bis nach Trient, 1816 hat es seine heutige Gestalt erhalten; es hat während dieser Jahre zu 2,8 Millionen Einwohnern 3,3 Millionen neue gewonnen und davon 2,4 Millionen wieder verloren. Das neue bayerische Staatsgebiet setzte sich aus 83 verschiedenen Länderstücken zusammen, aus Abtretungen fremder Staaten, aufgehobenen Klöstern, einverleibten Fürstentümern und Reichsstädten, ungerechnet die Güter der zahlreichen unter die Landeshoheit gebrachten Reichsritter. Dieses Gemengsel der verschiedenartigsten Gemeinwesen, Stammesarten und Verfassungen wurde unter dem Ministerium Montgelas durch straffes Zusammenfassen der Staatsleitung an einem Punkt und rücksichtsloses Unterdrücken aller Selbstverwaltung in wenigen Jahren zu einem festgefügten Staatsganzen verschmolzen. Montgelas war ein Mann der Aufklärung, aber freiheitliche Gedanken und selbständige Gewalten duldete er nicht neben sich; erst nach seinem Sturz war der Weg für eine Verfassung, für einen Landtag und für ein Selbstverwaltungsrecht der Gemeinden frei.

Bayern war auch in seiner erweiterten Gestalt ein Ackerbaustaat; ganz Deutschland, einschließlich der heutigen Industriegebiete, ernährte sich am Anfang des 19. Jahrhunderts noch überwiegend vom Ertrage der Landwirtschaft, führte Getreide aus und bezog Fertigwaren vom Auslande. Die Landwirtschaft war nicht in allen Landesteilen Bayerns so gut gestellt wie in den 1806 von Preußen erworbenen Gebieten; der Boden wurde vielfach schlecht bewirtschaftet, den Bauern und den Gutsbesitzern fehlte es an Betriebsmitteln; aber sie war wie in ganz Süddeutschland gesünder als im Norden: zu einer Umgestaltung des Bodenrechts von den Ausmaßen der Stein- und Hardenbergschen Gesetze war kein Anlaß.

Gewerbe, die über den örtlichen Bedarf hinaus arbeiteten, waren wie überall in Deutschland selten. Das bisherige Arbeitsgebiet der Bank, das Fürstentum Ansbach und das Unterland des 1810 ebenfalls bayerisch gewordenen Fürstentums Bayreuth, war neben der Rheinpfalz das am dichtesten bevölkerte und noch vor der Rheinpfalz das am stärksten gewerblich besiedelte und das wohlhabendste Gebiet Bayerns. Mittelpunkte städtischen Gewerbefleißes waren Nürnberg und Augsburg; beide Städte führten nicht nur in Bayern, sondern in ganz Deutschland, doch war auch in Nürnberg und Augsburg, von vereinzelten größeren Betrieben abgesehen, die Arbeitsweise handwerklich.

Die bayerische Wirtschaft zeigte somit in den ersten Jahren des 19. Jahrhunderts mit geringen Unterschieden das gleiche Bild, wie die von ganz Deutschland. Aber während sich in Nord- und Westdeutschland bald nach den napoleonischen Kriegen die ersten Ansätze zu jener riesenhaften Entwicklung bildeten, die im Verlaufe des 19. Jahrhunderts aus Deutschland ein dichtbevölkertes, wohlhabendes Land mit einem gewaltigen, den größten Industrieländern ebenbürtigen Großgewerbe machte, blieb es in Bayern still. Für eine der norddeutschen Vergewerblichung ebenbürtige Entfaltung hatte Bayern zu wenig Eisen und Kohle in großen zusammenhängenden Lagern und seine Lage zu den Hauptabsatzgebieten Deutschlands und zum Meer war zu ungünstig. Verfehlte Gewerbegesetze fügten den natürlichen Hemmnissen noch künstliche hinzu: Der gewerbliche Fortschritt Norddeutschlands beruhte auf Arbeitsteilung und Maschinenverwendung, auf Massenerzeugung in großen Betrieben; solches Arbeiten war im Rahmen der alten Zunftverfassung unmöglich. In Preußen war seit 1811 die Gewerbefreiheit Gesetz. In Bayern hatte Montgelas wohl die Alleinherrschaft der Zünfte gebrochen und neben das Recht zum Gewerbebetrieb auf Grund zünftischer Zulassung das Betriebsrecht durch staatliche Verleihung gesetzt; aber seinen Hauptplan, ebenfalls die Gewerbefreiheit einzuführen, hatte er nicht mehr durchsetzen können, und die späteren Regierungen drehten das Rad des Fortschritts wieder zurück: erst 1868, 57 Jahre später als in Preußen, kam im rechtsrheinischen Bayern die Gewerbefreiheit zum Durchbruch.

Deshalb nahm Bayern an den Früchten der 1833 im Zollverein geschaffenen wirtschaftlichen Einigung Deutschlands nur beschränkt teil, und der Norden und der Westen erhielten einen aus ihrer Lage und ihren Bodenschätzen allein nicht erklärbaren wirtschaftlichen Vorsprung vor dem Südosten Deutschlands. In den Jahren 1830 bis 1861, die für das übrige Deutschland bis 1848 ein ununterbrochenes volkswirtschaftliches Vorwärtskommen, den ersten großen Abschnitt der Vergewerblichung, bedeuteten und die nach Überwindung des Rückschlags von 1848 eine beispiellose, stürmische Aufwärtsbewegung brachten, nahm die Zahl der Gewerbe- und Handeltreibenden im rechtsrheinischen Bayern kaum zu, ja zeitweise, nämlich von 1840 bis 1852 sogar ab; im linksrheinischen Bayern dagegen, das aus der Zeit seiner Zugehörigkeit zu Frankreich mit dem französischen Recht die Gewerbefreiheit gerettet hatte, wuchs die gewerbetreibende Bevölkerung von 1847 bis 1861 um 65 vH.

Obwohl Bayern schon 1808 als erster deutscher Staat die lästigen Binnenzölle durch Grenzzölle ersetzt und einheitliche Maße, Münzen und Gewichte eingeführt hatte, fehlte bei solchen Verhältnissen auch dem Handel ein frischer Zug nach vorwärts. Die europäische Stellung der beiden wichtigsten Handelsstädte, Nürnberg und Augsburg, war seit dem Zeitalter der Schutzzölle, Einfuhrverbote und Zwangsrechte erschüttert; der Mangel eines einheitlichen Handels- und Wechselrechts erschwerte ihre Tätigkeit auch innerhalb der Landesgrenzen und des Zollvereins.

Für den Verkehr hatte Montgelas manches geleistet, das auch unter seinen Nachfolgern erhalten blieb; vor allem hatte er die Thurn- und Taxissche Post verstaatlicht und zu einem gemeinnützigen Musterbetrieb ausgebaut. In Bayern lief die erste Dampfeisenbahn auf der 1835 vollendeten Strecke Nürnberg—Fürth; ihr folgten 1838 die pfälzische Ludwigsbahn, 1840 die Strecke Augsburg—München, 1844 Nürnberg—Bamberg, 1849 München—Nürnberg: aber die wichtigste Voraussetzung für einen geregelten und reibungslosen Verkehr nach den damaligen Verhältnissen, ein zusammenhängendes Netz tragfähiger Straßen konnte wegen der hohen Kosten nur ganz allmählich ausgebaut werden. Die Flußschiffahrt war durch zahlreiche Stauwehre für Wassertriebwerke behindert. Donau und Main wurden 1835 bis 1846 durch den Ludwigskanal verbunden, aber die neue Wasserstraße erfüllte die auf sie gesetzten Hoffnungen nicht; die schlechten Schiffahrtswege auf den Flüssen selbst und der Wettbewerb der Eisenbahn ließen den Verkehr auf dem Kanal nicht hochkommen.

In diesem nur an einigen Stellen von regem wirtschaftlichem Leben durchpulsten Lande war der Geldumlauf sehr träge. Den großen Geldbesitzern fehlte es an Unternehmungslust, sie legten ihre Vermögen am liebsten in Rittergütern an; für die Rentner bot der durch Rothschild hochgezüchtete Handel in Staatspapieren, namentlich in österreichischen Lotterieanleihen, Metalliques[1]) und

---

[1]) Österreichische Staatsanleihen; die Zinsen wurden in Metallgeld bezahlt, daher der Name.

holländischen Integralen eine viel bequemere und lockendere Geldanlage als Darlehen an Gewerbetreibende und Landwirte; eine Vermittlungsstelle für die Sammlung und Verteilung verfügbarer Gelder, eine große Spar- und Leihbank, fehlte.

Die einzige große Geldeinlagen-Anstalt war die Staatsschuldentilgungskasse; dort lagen die Gerichts- und Mündelgelder, die Gelder der Gemeinden und Stiftungen, die Barrücklagen der Sparkassen; die Amtsbürgschaften und die Militäreinstandsgelder[1]); außerdem nahm sie Einlagen von jedermann. Sie lieh ihre Gelder aber nicht der freien Wirtschaft, sondern verwendete sie für kurzfristige Darlehen an den Staat oder fertigte damit höher verzinsliche Staatsanleihen weg. Die Bankhäuser beschränkten sich auf den Geldwechsel und den Handel mit Staatspapieren; die Sparkassen waren erst in den Anfängen, die erste wurde 1821 in München gegründet.

Geldbedürftige Landwirte und Gewerbetreibende waren in der Hauptsache auf kurzfristige Darlehen von Viehhändlern und Verlegern angewiesen, und diese mißbrauchten ihre Macht oft zu wucherischer Ausbeutung. Es bestand daher ohne Ausgleich Geldüberfluß und Geldnot nebeneinander; die Geldnot zeigte sich bei dem Überwiegen des Ackerbaues hauptsächlich bei der Landwirtschaft.

Die bayerische Staatswirtschaft war während der napoleonischen Kriege und nachher in einer trostlosen Lage: Riesige Ausgaben für Rüstungen und Kriegsführung, für die Unterhaltung französischer Heere, für den Aufbau und für wiederholte Umgliederungen der Staatsverwaltung, dazu die Landesschulden aus den neuerworbenen Gebieten, der Rückgang der Staatseinnahmen infolge der wirtschaftlichen Bedrückung der Kriegsjahre, alle diese Ursachen hatten die bayerische Staatsschuld in den Jahren 1800—1811 von 28 Millionen fl. auf über 118 Millionen fl. anwachsen lassen. Trotz hoher Besteuerungen und Einnahmen aus den Gütern der aufgehobenen Klöster überstiegen die Ausgaben ständig die Einnahmen; 1809 und 1813 mußten Zwangsanleihen aufgenommen

[1]) Wer zum Heeresdienst ausgehoben war, konnte einen Ersatzmann (Einsteher) stellen; die für den Einsteher bestimmte Entschädigung mußte bis zum Ablauf seiner Dienstzeit hinterlegt werden.

werden; 1811 blieben die Beamtengehälter monatelang im Rückstand.

Der zerrüttete Staatshaushalt machte einige Bankiers, vor allem die Hofbankiers Aron Elias Seeligmann, seit 1814 Freiherr v. Eichthal, und Jakob v. Hirsch zu mächtigen Männern im Staate. Sie hatten an Kriegslieferungen viel verdient und waren durch Stundung und bare Darlehen zu Staatsgläubigern geworden.

Als erster Schritt zur Besserung wurde 1811 die Staatsschuldentilgungskasse gegründet; sie erschloß durch ihre Einlagen eine bequeme Dauerquelle für die schwebende Schuld. Die Verfassung von 1818 unterstellte die Schuldentilgung der Aufsicht des Landtags, den Haushalt und die Schuldaufnahme seiner Genehmigung; von da an kam überraschend schnell Ordnung in die Staatswirtschaft: 1819 glichen sich zum ersten Male seit langen Jahren Einnahmen und Ausgaben aus. Die vorhandenen Schulden wurden in eine einheitliche Staatsschuld zu 4 vH umgewandelt, die Schuldverschreibungen wurden von dem allgemeinen Steigen der Staatspapierkurse sofort miterfaßt; in den Jahren nach 1835 gelang es der Staatsschuldentilgungsanstalt, den Zins von $3^1/_2$ vH herabzusetzen. Bis 1847 brauchte der Staat kein Anlehen aufzunehmen; während alle Welt bei Rothschild pumpte, streckte ihm Bayern zwei Millionen vor.

Bald nach der Ordnung der Staatswirtschaft versuchten Regierung und Landtag der Geldnot der freien Wirtschaft zu steuern. An Entwürfen für die Schöpfung einer Geldanstalt, teils in der Form einer großen Nationalbank mit Notenrecht, teils in der Form von landwirtschaftlichen und gewerblichen Kreditvereinen war seit Jahren kein Mangel, aber die Tat ließ lange auf sich warten. Durch die Zusammenbrüche von Zettelbanken aus der merkantilischen Zeit geschreckt, ging die Regierung nur zögernd an die Errichtung einer Notenbank heran.

Erst 1834 kam ein Bankgesetz zustande, 1835 wurde auf Grund des Gesetzes die bayerische Nationalbank unter dem Namen Bayerische Hypotheken- und Wechselbank ins Leben gerufen. Sie wurde als eine erwerbswirtschaftliche Aktiengesellschaft unter staatlicher Aufsicht, aber ohne staatliche Gewinnbeteiligung gegründet; sie erhielt ein ausschließliches, aber begrenztes Notenrecht und das Recht zur Annahme von Einlagen; drei Fünftel ihrer Mittel mußte sie für Bodenbeleihung, zwei Fünftel für Bank- und Wechselgeschäfte unter vorzüglicher Unterstützung der Gewerbetreibenden verwenden. Der Hauptbeteiligte und der Vorsitzende des Bankdirektoriums war der Hofbankier Simon Freiherr v. Eichthal, der Sohn des Freiherrn Aron Elias v. Eichthal; er hatte die Regierung schon beim Entwurf des Bankgesetzes maßgebend beraten.

So wie die freie Wirtschaft Bayerns in der ersten Hälfte des 19. Jahrhunderts aussah, bedurfte sie einer Bank, die mit langfristigen Betriebsmitteln langfristige Darlehen für die Landwirtschaft und in geringerem Maße Betriebsvorschüsse für Handel und Gewerbe geben konnte. Eine Bank mit der Hauptaufgabe, Handel und Gewerbe mit kurzfristigen Vorschüssen zu unterstützen, mußte im Wirkungskreis und Geschäftsumfang beengt bleiben, denn für die Entfaltung des Gewerbes fehlte die Grundvoraussetzung: ein freiheitliches Gewerbegesetz. Deshalb war es für die neue bayerische Staatsbank in Nürnberg, soweit sie der freien Wirtschaft gegenüberstand, zunächst kein Vorteil, daß ihr bisheriger fränkischer Wirkungskreis nicht mehr ein versprengtes Landstück war, sondern mitten in einem ansehnlich großen, zusammenhängenden Staate lag; ob sich ihr Wirkungskreis und ihr Geschäftsumfang erweiterte, hing davon ab, ob ihr neue Aufgaben gegenüber der freien Wirtschaft und welche Aufgaben ihr gegenüber der staatlichen Wirtschaft übertragen wurden.

Die neue Firma „K. Baierische Banco“ sagte aus: die Bank ist Staatsbank für das ganze Königreich; in Wirklichkeit aber waren die Geschäftsaufgaben und der Geschäftskreis viel enger; die Bank war, um es voraus zu nehmen, eine vom Staat betriebene Bankanstalt für das bayerische Franken.

Nach der Dienstanweisung vom 31. Dezember 1806 war es Aufgabe der Bank

„a) als Wechselbank durch die mit einer solchen verbundenen Geschäfte dem Kommerz im ganzen zu nützen,

b) als Leihbank einzelnen Privatis Barschaften vorzuleihen und besonders in dieser Rücksicht die inländische Fabrikation bei Fabrikanten und einzelnen Professionisten zu befördern".

Das waren keine neuen, auf ein ackerbautreibendes Land abgestellten Aufgaben gegenüber der freien Wirtschaft, und von staatswirtschaftlichen Aufgaben verlautete in der Dienstanweisung gar nichts. In der Tat: während der ersten vierundvierzig Jahre unter bayerischer Herrschaft wurden der Bank kaum staatswirtschaftliche Aufgaben gestellt. Montgelas wurde der Bank kein zweiter Hardenberg, er schien sie in dem Augenblick vergessen zu haben, in dem sie bayerisch wurde; in der ersten Jahrhunderthälfte fand sich kein bayerischer Staatsmann, dem die Förderung der Bank ein Stück Lebensarbeit bedeutet hätte: von einem Ausbau der neugewonnenen staatlichen Bank zur Bank des Staates war keine Rede.

Bis in die zwanziger Jahre hinein war sie in München so gut wie unbekannt. Die Hofbankiers v. Eichthal und v. Hirsch und später die Bayerische Hypotheken- und Wechselbank spielten in den Ministerien eine ungleich wichtigere Rolle als die Staatsbank; Landtagsabgeordnete sahen in ihr eine Beeinträchtigung des ständischen Bewilligungsrechts für den Staatshaushalt und, wegen der Staatshaftung, eine Gefahr für die Staatswirtschaft. So wenig war die Staatsbank mit dem Staate verwachsen, daß sie der Finanzminister Graf v. Armansperg 1827 wegen eines Verlustes von 15000 fl. an die Stadt Nürnberg überlassen wollte, um den Staat von der Haftung für sie zu entlasten; nur dem Eingreifen König Ludwigs I. verdankte sie ihre Erhaltung als Staatsanstalt[1]).

---

[1]) Er schrieb in seiner krausen Schrift und seiner ebenso krausen Schreibart an den Rand des Antrages: »Meiner Ansicht gemäß ist keine Wahrscheinlichkeit, daß, da sogar in den stürmischen Zeiten im ganzen auch nach Abzug des Verlustes im Jahre 1812, die Bank den Staatskassen Gewinn brachte, diese durch dieselbe benachteiligt werden dürften; nur 10 Jahre noch gebe sie jährlich 13000 fl. Gewinn, was 130000 in 10 Jahren betrüge, und es ist kein Grund vorhanden, dieses nicht anzunehmen, so deckt schon dieser Gewinn die Haftung größtenteils, und die Hoffnung ist überwiegend, daß fortwährend Überschuß sich ergeben wird, ich sehe demnach nicht ein, warum der Schuldentilgung eine Einnahme nehmen wegen der Möglichkeit einigen Verlust vielleicht

Nach wie vor ließ der Staat seine laufenden Geldgeschäfte durch die Münchener Hofbankiers und Rothschild besorgen[1]); die wiederholten Eingaben der Staatsbank, diese Geschäfte besorgen zu dürfen, wurden regelmäßig abgewiesen: es hieß da, die Hofbankiers rechnen es sich zur Ehre an, die Geschäfte ausführen zu dürfen, sie berechnen dafür fast nur ihre eigenen Auslagen, die Geschäfte können nur dann an die Königliche Bank übertragen werden, wenn sie (die eigene Staatsbank!) noch billiger arbeitet als die Hofbankiers; bei gleichen Angeboten muß nach wie vor den Hofbankiers der Vorzug gegeben werden.

Eine Pflege des Staatsanleihemarkts erübrigte sich, sobald die Staatswirtschaft nur überhaupt geordnet war; der Zinsfuß sank, die Kurse der Staatsanleihen stiegen fortwährend; aber auch ab 1845, als sie zu sinken begannen, wurden nur Privatbankiers mit Stützungskäufen beauftragt. Bei der Ausgabe von Staatsanleihen mitzuwirken war ohnedies keine Gelegenheit; bis 1847 wurde kein Anlehen aufgenommen, und das Eisenbahnanlehen von 1847 und die Allgemeinen Anlehen von 1848 wurden ähnlich wie die zwei Zinsherabsetzungen von 1819 und 1835 fast ganz ohne Bankhilfe nur durch die Staatschuldentilgungsanstalt und die Rentämter durchgeführt.

Zweimal wurde der Gedanke aufgegriffen, die Königliche Bank zu Nürnberg mit den Aufgaben der Nationalbank zu betrauen, aber er wurde nicht verwirklicht: 1822 wies der Bamberger Bürgermeister Franz Ludwig v. Hornthal bei den Beratungen über die Errichtung einer Nationalbank im Landtage darauf hin, daß in

einstmal erleiden zu können; da sehe ich keinen hinlänglichen Grund; sollte das Ministerium anderer Ansicht sein, führe es mir seine an, die bisherigen genügen mir nicht.«

[1]) A. E. v. Eichthal und nach ihm v. Hirsch besorgten die Gehaltszahlungen in das Ausland und durch sie wurde die österreichische Kontiguitätsentschädigung bezogen (jährlich 100000 fl. dafür, daß im Wiener Kongreß der von Österreich gewährleistete Zusammenhang der Pfalz mit dem rechtsrheinischen Bayern nicht erreicht wurde; die Entschädigung wurde bis 1919 bezahlt, erst ab 1874 vermittelte die Staatsbank den Bezug); v. Eichthal übermittelte die Subsidiengelder, die England 1815 an Bayern bezahlte, Louis v. Eichthal in Paris, Sohn von Aron Elias, übermittelte die französische Kriegsentschädigung von 1815, M. A. v. Rothschild in Frankfurt die Anteile Bayerns aus den Erträgnissen des Zollvereins.

Nürnberg bereits eine staatliche Geldanstalt bestehe, im gleichen Jahre arbeitete der Bankkonsulent Dr. Kreitmair einen Entwurf für die Umgestaltung der Königlichen Bank in eine Nationalbank aus[1]). Bei der Beratung des Bankgesetzes von 1834 im Landtage beantragte der Nürnberger Marktvorsteher Georg Zacharias Platner ebenfalls, die Königliche Bank in die Nationalbank für Bayern umzugestalten. Aber die Regierung (und Freiherr v. Eichthal) hatten bereits andere feste Pläne; der Landtag wollte die Nationalbank unbedingt in München wissen, und das Finanzministerium wollte auf die Gewinnablieferungen der Königlichen Bank nicht verzichten.

Bei mehreren Versuchen, ihren örtlichen Wirkungskreis über das ganze Staatsgebiet auszudehnen, stieß die Bank auf ähnliche Hemmungen. 1806 wurden ihr als Wirkungskreis die ehemaligen Fürstentümer Ansbach und Bamberg und die Gebiete der ehemaligen Reichsstädte Nürnberg und Rothenburg ob der Tauber zugewiesen, 1810 kam die 1806 preußisch gebliebene Hälfte ihres alten Geschäftskreises, das Fürstentum Bayreuth, und 1825 kamen die übrigen Teile der drei fränkischen Kreise dazu; aber darüber hinaus konnte sie ihr Arbeitsgebiet trotz ernster Bemühung nicht erweitern.

Schon 1823 suchte sie darum nach, sich an den wichtigsten Handelsplätzen Bayerns niederlassen zu dürfen; genannt waren München, Würzburg, Bamberg, Regensburg, Passau und Lindau. Damals war das Finanzministerium nicht dafür zu gewinnen[2]). Später

---

[1]) Die Hauptpunkte waren:

1. Umwandlung in eine Aktienbank; neben den bisherigen Beamtenaktionären kann jedermann Aktien erwerben, Aktienkapital 5000000 fl.
2. Recht zur Ausgabe unverzinslicher Banknoten ohne jeden Annahmezwang.
3. Wahl des Bankvorstandes und der Vorsteher für jedes Bankkontor durch die Aktionäre. Jedes Bankkontor erhält neben dem Vorsteher einen Bankier. Diese wie die übrigen Angestellten der Bank sind Staatsdiener, werden von dem Vorsteher ernannt und vom König bestätigt.
4. Beaufsichtigung der Bank durch einen K. Bankkommissär, Untersuchung der Geschäftsführung der Bank durch Landtagskommissäre.
5. Keine besondere staatliche Gewinnbeteiligung.

[2]) Das Finanzministerium stellte der Bank zunächst anheim, an den gewünschten Orten befreundete Häuser mit der Annahme und Auszahlung von

sah das Ministerium des Innern streng darauf, daß die Königliche Bank die Geschäfte der Bayerischen Hypotheken- und Wechselbank nicht schmälere. 1837 sprach der Minister im Landtage offen aus, daß jede Vergrößerung der Königlichen Bank unmittelbar und wesentlich die Bayerische Hypotheken- und Wechselbank berühren müsse; der der Bayerischen Hypotheken- und Wechselbank nahestehende Abgeordnete v. Maffei bezeichnete die Geschäftserweiterung der Königlichen Bank als ein Wagnis, vor dem er warnen müsse, und die Anträge auf Errichtung neuer Niederlassungen der Bank wurden auf Jahre vertagt. Erst auf wiederholtes dringendes Ersuchen der Kreisregierungen, der Stadtgemeinden und des Handelsstandes wurde 1844 eine Zweiganstalt in Bamberg und 1846 eine Zweiganstalt in Würzburg zugestanden.

Im Geschäftsaufbau blieb der Rahmen aus der preußischen Zeit mit wenig Änderungen erhalten. Bis 1850 war die Dienstanweisung des Generallandeskommissariats in Ansbach vom 31. Dezember 1806 das Grundgesetz der Bank. Sie bestätigte die Haftung des Königs, das heißt des Staates, für die Schulden der Bank; zur Beruhigung der Bankgläubiger hob sie ausdrücklich hervor: die Bank hat mit den Staatskassen keine Verbindung; wenn der Staat die Bank in Anspruch nimmt, wird er zugleich „wie jeder privatus die nötigen Rimessen anweisen . . .".

Die bisherige Rechtsform einer Gesellschaft zwischen dem König

Einlagen für Rechnung der Bank zu beauftragen. Davon aber wolle die Bank nichts wissen:

„Das Publikum", heißt es in ihrem Bericht, „wird die Sicherheit der Depositen immer mit der Sicherheit des Hauses in Verbindung bringen, das ihre Anlage vermittelt, auch wenn bekanntgegeben wird, daß die Bank dafür haftet. Da sich kein Handlungshaus an Vertrauen mit der Bank messen kann, wird also der Anreiz für die Depositenanlagen verringert. Der Privatmann will seinen Mitbürgern in der Regel seinen Besitz an Kapitalvermögen verheimlichen. Die Beamten der Bank haben durch erprobte Verschwiegenheit jedes Bedenken dieser Art längst beseitigt und können im Falle der Verletzung von ihren Posten entfernt werden."

Außerdem könnten eigene Zweiganstalten für die Pflege des Wechsels- und Leihgeschäftes nicht entbehrt werden.

Die Bank bat daher nochmals, ihr wenigstens die Niederlassung in Bamberg und Würzburg zu gestatten; der Antrag wurde aber endgültig abgelehnt.

und den Beamten-Aktionären blieb; der Anteil der Beamten-Aktionäre am Bankvermögen verringerte sich jedoch im Laufe der Jahre erheblich: die königliche Aktie wurde bei passenden Gelegenheiten vergrößert, die Aktien der Beamten wurden verkleinert; außerdem wurde eine große Rücklage gebildet und den Beamten-Aktionären (wie in der preußischen Zeit, aber entgegen dem Wortlaut der Dienstanweisung von 1806) jede Beteiligung am Bankvermögen abgesprochen.

Wie in der preußischen Zeit, hatte die Bank keinerlei staatliche Vorrechte; ihrer Kundschaft trat sie wie ein anderes Bank- und Wechselhaus gegenüber[1]).

Nach der Dienstanweisung unterstand die Bank dem Generallandeskommissariat in Ansbach; schon nach wenigen Jahren aber, spätestens 1811, wurde sie unmittelbar dem Finanzministerium unterstellt. Die Hauptabschlüsse und Bankrechnungen mußten dem Obersten Rechnungshofe zur Nachprüfung vorgelegt werden.

Die Leitung der Bank lag gemeinsam in den Händen Bandels und Krackers. Bandel war Appellationsgerichtsdirektor in Ansbach, Kracker war 1806 bis 1809 Kammerdirektor beim Generallandeskommissariat in Ansbach, 1809 wurde er Lokalkommissär (Polizeidirektor) in Nürnberg. 1808 wurden beide zu Rittern des neugegründeten Verdienstordens der Bayerischen Krone ernannt und damit in den nichterblichen Adelsstand erhoben.

Beide führten die Geschäfte der Bank im Nebenamt, Bandel als Bankkommissär, Kracker als Bankdirektor. Der Bankkommissär galt als Vertreter der königlichen Aktie, der Bankdirektor

---

[1]) Das Endurteil des Oberappellationsgerichts vom 6. September 1834 in einer vom Bankdirektor Faber wegen der Frage der Beteiligung an der Rücklage angestrengten Klage legte die Rechtsform der Bank wie folgt fest:

„Das Verhältnis der mit Aktien beteiligten Beamten zum Ärar beruht auf einem wahren Sozietätsvertrage; aber die Rechte von Ärar und Privataktionären sind verschieden; insbesondere haben die Privataktionäre keinen Anspruch auf das Vermögen, insbesondere den Reservefonds der Bank.“

Die Trennung der Bank von den Staatskassen ging trotz der Staatshaftung so weit, daß die Bank für Vorschüsse der Staatsschuldentilgungskasse Sicherheit leistete und daß der Bankdirektor Faber deshalb als besonders geeignet bezeichnet wurde, weil er „persönlichen Kredit durch seine Wohlhabendheit und sein geregeltes Hauswesen“ hatte. „Da der Bankdirektor die Banknoten mit unterzeichnet, so ist dieser Umstand für den Kredit der Bank relevant.“

als Vertreter der Beamten-Aktionäre. Der Bankkommissär hatte deshalb keine Aktie und erhielt keinen Gewinnanteil, sondern eine feste Vergütung aus dem Erträgnis der königlichen Aktie; er kam monatlich mindestens einmal zu Buch- und Bestandsprüfungen und gemeinsamen Beratungen nach Nürnberg. Die laufenden Geschäfte führte der Bankdirektor; war er verhindert, so vertrat ihn der Bankkommissär; die Berichte an das Generallandeskommissariat, später an das Finanzministerium wurden von beiden gemeinsam unterzeichnet. Die entscheidende Stimme in Zweifelsfragen hatte der Bankkommissär; gegen seine Entscheidung konnten der Direktor und jeder Aktionär die vorgesetzte Behörde anrufen.

Der Bankkommissär Carl Friedrich Ritter von Bandel war einer der einprägsamsten Köpfe des ausgehenden 18. und beginnenden 19. Jahrhunderts. Er hatte noch unter Friedrich dem Großen gedient; als Rat des Küstriner Landesjustizkollegiums hatte er sich geweigert ein dem König mißfälliges Urteil wieder aufzuheben und war deshalb seines Amtes enthoben und auf die Festung geschickt worden. Friedrich Wilhelm II. hatte ihn wieder in Amt und Würden eingesetzt; 1795 kam er als Regierungsdirektor[1]) nach Ansbach. In einem zeitgenössischen Erinnerungsbuch[2]) heißt es von ihm: „Der Ruf seines selbst vor Friedrichs Zorn sich nicht beugenden Sinnes für Wahrheit und Recht bestätigten sich in seinem neuen Wirkungskreis vollkommen; er war von ungemein klarem Verstand, von gründlichem theoretischen Wissen, seltener Lebenserfahrung und praktischer Gewandtheit, aller Pedanterie abhold; sein gefälliges Äußere war das eines Mannes von Welt."

In den letzten Lebensjahren war er erblindet, dennoch widmete er sich unermüdlich der Bank; je weniger er seine Aufsichtstätigkeit ausüben konnte, um so mehr wandte er sich den juristischen Aufgaben zu. Er ließ sich, wie Kracker berichtete, die Aktenstücke vorlesen und diktierte die Schriftsätze; seine Geschäftsgewandtheit, sein klarer Verstand und ein sehr glückliches Gedächtnis ersetzten ihm den Mangel des Gesichtes.

---

[1]) Die Regierung war keine Verwaltungsbehörde, sondern eine Gerichtsbehörde (Appellationsgericht, Oberlandesgericht).

[2]) Puchta, Erinnerungen aus dem Leben und Wirken eines alten Beamten, Erlangen 1843.

Das kaufmännische Geschäft hatten der Bankdirektor Gullmann als erster Bankier und Johann Georg Dürnhoefer als zweiter Bankier zu leiten, beide unter Aufsicht des Kommissärs und Direktors. Sie waren gemeinschaftlich Geschäftsführer; Gullmann hatte alle Briefe mitzuzeichnen, die Unterschrift nach außen führte allein Dürnhoefer, Gullmann nur in seiner Vertretung. Über die Bewilligung von Darlehen und Vorschüssen hatten die Geschäftsführer nicht zu befinden, es oblag ihnen lediglich, vom Bankkommissär und Bankdirektor festzustellende Kreditlisten zu entwerfen und alle Darlehnsgesuche dem Bankkommissär und Bankdirektor zur Entscheidung vorzulegen.

Als neue Stelle wurde, ebenfalls im Nebenamt, die des Bankkonsulenten geschaffen. Zum ersten Konsulenten der Bank wurde der Schwiegersohn des früheren Bankdirektors v. Denzel, der Stadtgerichtsassessor und Syndikus Christian Friedrich Wilhelm Korte, ernannt; er war schon unter Denzel gelegentlich als juristischer Hilfsarbeiter tätig gewesen. Seine Aufgabe war, unter der Leitung des Bankkommissärs die Rechtsstreite der Bank zu führen und die Sicherheitsurkunden zu prüfen[1]).

Obwohl die Dienstanweisung vom 31. Dezember 1806 bis 1850 in Kraft blieb, wurde sie nur wenige Jahre in allen Einzelheiten befolgt. Sie war ihrem ganzen Aufbau nach nur ein vorläufiges, auf die gerade im Dienste der Bank befindlichen Beamten zugeschnittenes Werk; sobald sich bei diesen Veränderungen ergaben, mußten manche Vorschriften der Dienstanweisung durch eine Art Gewohnheitsrecht ergänzt oder abgelöst werden. So hatte sich bald die Übung herausgebildet, daß Kommissär und Direktor vor wichtigeren Beschlüssen, namentlich bei zweifelhaften Darlehns-

[1]) Bei Klagen im befreundeten Ausland wurde in den ersten Jahren der bayerischen Herrschaft die Vermittlung der bayerischen oder französischen Gesandten um rasche Durchführung der Klagen nachgesucht. Das Großherzoglich Würzburgische Ministerium antwortete im Jahre 1811 auf eine solche Bitte:

„Seine Kaiserliche Kgl. Hoheit der Erzherzog Großherzog werden den berührten Prozeß bis zu seiner gänzlichen Erledigung in ununterbrochener Aufmerksamkeit halten, um dem freundschaftlichen Vertrauen Sr. Kgl. Majestät von Bayern zu entsprechen, daß dem benannten öffentlichen Institut der Kgl. Bank die promptesté Gerechtigkeitspflege bei den hiesigen Gerichtshöfen zuteil werde.“

gesuchen, gutachtliche Äußerungen der mit Aktien beteiligten Beamten einholten, oder es fanden gemeinsame Beratungen der Aktionäre statt.

1827 wurde diese Übung zum Teil Gesetz: Das Finanzministerium machte jede Darlehnsgewährung von einem einstimmigen Beschluß des Bankdirektors, Bankiers und Bankkonsulenten abhängig; 1832 wurde diese überstrenge Bestimmung wieder gelockert, für die Darlehnsgewährung genügte Mehrheitsbeschluß; das Stimmrecht des Bankiers und Bankkonsulenten aber blieb: damit war der Kern der späteren Bankdirektion und des heutigen Staatsbankdirektoriums gebildet. Ebenfalls seit 1827 wurde für die Prüfung der Abschlüsse und Bankrechnungen alljährlich ein besonderer Kommissär des Obersten Rechnungshofes nach Nürnberg abgeordnet.

Von den vier Beamten, in deren Händen die Leitung der Bank seit 1806 lag, schied als erster der Bankdirektor Gullmann aus. Nachdem trotz aller Vorsichtsmaßregeln wiederum Eigenmächtigkeiten vorgekommen waren, verließ er 1811 auf Drängen Bandels die Bank und trat in die Dienste der Staatsschuldentilgungsanstalt[1]).

An Gullmanns Stelle rückte Johann Georg Dürnhoefer zum I. Bankier auf; er blieb es noch fast dreißig Jahre. Erst 1841, nach vollendetem 73. Lebensjahr und 58. Dienstjahr, trat er in den Ruhestand; darauf wurde sein Sohn Friedrich Dürnhoefer zum I. Bankier befördert.

1818 starb Bandel im Alter von 71 Jahren. Ein Jahr nach ihm wurde Kracker auf einer Dienstreise in Bamberg vom Tode ereilt.

Der Nachfolger Bandels im Amte des Appellationsgerichtsdirektors, Karl Ludwig Freiherr von Leonrod, wurde auch sein Nachfolger als Bankkommissär. So wie das Amt des Bankkommissärs als ein Nebenamt des Direktors, später Präsidenten des mittelfränkischen Appellationsgerichts betrachtet wurde, galt das Amt des Bankdirektors als ein dem Nürnberger Stadtkommissär zu-

---

[1]) Dort war Gullmann zunächst Geschäftsführer der Bayerischen Diskontokasse — einer bei der Staatsschuldentilgungskasse vorübergehend errichteten Aktiengesellschaft zum kaufmännischen Vertrieb von Schatzwechseln —, später Oberrevisor.

kommendes Nebenamt. Nach dem Tode Krackers wurde der Stadtkommissär Faber, nach dessen Abberufung 1839 der Stadtkommissär Sieß und nach dessen Tode 1845 der Stadtkommissär Lentz zum Bankdirektor ernannt. Faber und Sieß sind als Bankdirektoren nicht sonderlich hervorgetreten; während ihrer Amtszeit war der Bankkonsulent Dr. Kreitmair der tonangebende Mann in der Bank.

Dr. Benedikt Kreitmair war als Kreis- und Stadtgerichtsrat in Nürnberg 1820 nach dem Tode Kortes Bankkonsulent geworden und hatte dieses Amt auch beibehalten, als er 1829 den Staatsdienst verlassen hatte und Advokat geworden war. Er war die Verkörperung des vielbeschäftigten Rechtsanwalts: er war Vorstand der Gemeindebevollmächtigten, Mitglied des Ausschusses der Ludwigskanal A.-G., Konsulent der K. Kanalbauinspektion und der K. Eisenbahnbaukommission. 1847 berichtete Bankdirektor Lentz über ihn:

„Bei dem Mangel einer umfassenden Instruktion, der Entfernung des Bankkommissärs vom Sitze der Bank bildete sich ein Geschäftsusus, welcher die Stelle einer Instruktion vertrat. Mit dem Eintritt des Direktors Faber riß der in den Advokatenstand übergetretene Konsulent Kreitmair die Zügel an sich. Der Bankier wurde in den Hintergrund gedrängt und eingeschüchtert und fühlte sich auch wohl dem Kreitmair, einem tüchtigen Rechtsgelehrten und gewandten Manne, nicht gewachsen. Alle Geschäfte der Leihbank, die Entscheidung über Darlehensgesuche war in den Händen des Konsulenten . . .

Die Aufstellung des Bankiers Dürnhoefer zur Unterstützung seines Vaters 1834, die Bestellung des gegenwärtigen Bankiers 1841 wurde auch durch den Konsulenten Dr. Kreitmair geleitet und mußte dazu helfen, seinen Einfluß zu sichern."

Dieser Bericht kennzeichnet neben der Gestalt Kreitmairs auch die Verhältnisse in der Bankdirektion nach dem Tode Krackers und Bandels.

Träger des Geschäftsbetriebs war bis 1844 fast allein die Hauptbank in Nürnberg; das Bankbüro in Ansbach hatte nur als Sammelbecken für Einlagen Bedeutung. 1844 wurde ein Bankbüro in Bamberg, 1847 eines in Würzburg eröffnet: der erste Ansatz zu einer örtlichen Aufteilung des Betriebs und der Geschäfte.

Die Geschäftsaufgaben der Bankbüros waren: Annahme und Rückzahlung von Einlagen, Besorgung und Vermittlung von Zahlungen und andern Aufträgen für und an die Hauptbank, und außerdem die von der Hauptbank betriebenen Anlagegeschäfte, wie An- und Verkauf von Wechseln, Gewährung von Vorschüssen und Darlehen, nur waren sie dabei an die Weisungen der Hauptbank und an die Genehmigung der Direktion gebunden; ihre Geschäfte wurden vom Direktor überwacht.

Die Beamten der Bank wurden 1806 mit allen Rechten und Pflichten übernommen, 1816 wurden sie ausdrücklich als wirkliche Staatsdiener nach der Dienstpragmatik von 1805 anerkannt. 1845 wurde den hauptamtlichen Beamten (also ohne Kommissär, Direktor und Konsulent) eine besondere, der Amtskleidung der Finanzverwaltungsbeamten angeglichene Amtstracht verliehen; seit 1846 erschienen ihre Namen im Hof- und Staatshandbuch.

Die Beamten der auswärtigen Bankbüros waren nicht am Aktienkapital beteiligt; sie erhielten aber seit 1849 eine nach dem Reingewinn ihrer Niederlassung abgestufte Gewinnbeteiligung.

Die Gehälter waren, obwohl die Preise stiegen, nicht höher als in der preußischen Zeit; die Gewinnanteile aus den Aktien erreichten bei erhöhter Rücklagenbildung und geringeren Anteilen am Stammvermögen die früheren Bezüge bei weitem nicht. Immerhin stellten die Gewinnanteile seit den zwanziger Jahren, in denen die Gewinne größer wurden, recht ansehnliche Beträge dar; ansehnlich nicht nur wegen des gegen heute immer noch hohen Geldwertes, sondern auch deswegen, weil sie mit viel weniger Aufwand an Arbeitskraft verdient werden konnten, als die niedrigeren, den allgemeinen Beamtenbezügen angepaßten Einkommen späterer Jahrzehnte.

Die Zahl der Beamten war noch klein. Anfang 1850 hatte die Hauptbank außer dem Bankier nur vier kaufmännische Beamte: einen Buchhalter, einen Kassier und zwei Kommis, dazu einen Geldzähler und einen Bankdiener; die Zweigniederlassungen waren mit je zwei Beamten besetzt.

Und selbst diese wenigen Beamten hatten in den ruhigen Zeiten des Vormärz ein recht beschauliches Dasein; nur um die Zeit der landesüblichen Zins- und Zieltage Lichtmeß, Walpurgis, Laurenzi und Allerheiligen, zu denen viele Einlagen abgehoben wurden und im Herbst, um die Zeit des Hopfenmarkts, gab es lebhafte Geschäftstage. Das alte Nürnberger Bankgebäude, wie es bis Ende der vierziger Jahre stand, und wie es der Bankier Friedrich Dürnhoefer für sich malen ließ, mit dem Schilderhaus für den Wachtposten und der von einer grüngestrichenen Ruhebank umgebenen Linde im Garten, mag damals das Muster eines Biedermeier-Stilllebens gewesen sein. Die Überlieferung der Bank will wissen, daß Bankier, Kassier, Buchhalter und Kommis ihre langen Sommertage unter der Linde im Bankgarten mit eifrigem Kartenspiel verbrachten und viele Runden ausspielen konnten, bis wieder einmal der Bankdiener vom Hause her schrie: ein Kunde ist mit einem Bankschein da. Und nachts, wenn Bankier, Kassier, Buchhalter und Kommis von ihrer schweren Arbeit ruhten, bewachte ein wakkerer Linieninfanterist mit geladenem Gewehr die Schätze der Bank, und die lagen in ihren eisenbeschlagenen Kisten hinter den vergitterten Fenstern so sicher, wie heute in den von schweren Panzerplatten und elektrischen Läutwerken geschützten, felsgemauerten Stahlkammern.[1])

Die gleiche Behäbigkeit herrschte, wie ein Blick in den Schriftwechsel der Bank zeigt, im Verkehr mit befreundeten Häusern. Man hatte damals noch Zeit, sich mit anderen Dingen zu beschäftigen als mit Kontoauszügen und Scheckabrechnungen; der folgende Brief an das Bankhaus Eichborn & Co. in Breslau aus dem Jahre 1817 gilt als Beispiel für alle:

„Wir nehmen uns die Freiheit, dem Herrn Georg Fürst, der als Sänger für die dortige Bühne engagirt ist, das gegenwärtige Empfehlungsschreiben an Sie zu erteilen.

Sein Abgang vom hiesigen Nationaltheater wird von dem Vorstand desselben und von unparteilichen Kunstfreunden aufrichtig bedauert, nicht allein wegen seiner vorzüglichen Verdienste als

---

[1]) Noch in den fünfziger Jahren empfand der Hauptkassier einen durchschnittlichen Kassenumsatz von 163000 fl. bei Abfertigung von 26 bis 30 Leuten im Tag als eine unerträgliche Belastung, bei der er „wegen der immerwährenden Aufregung abends oft ganz ermattet und abgestumpft" sei: Heute hat der Kassier an der Haupt-Auszahlungskasse an ruhigen Tagen 150, an lebhaften über 250 Leute, der Kassier an einer Nebenkasse etwa 90 Leute im Tagesdurchschnitt abzufertigen.

Künstler, sondern auch in Hinsicht seines vortrefflichen moralischen Charakters.

Der Herr Fürst ist bis jetzt noch ganz unbekannt in Breslau. Um ihm eine günstige Aufnahme vorzubereiten, empfehlen wir denselben angelegentlich an Sie, mit der Bitte ihn hiermit geneigt zu unterstützen, damit er desto leichter Gelegenheit erlangen könne, seine Talente zu entwickeln und sich den gewünschten Beifall zu erwerben. Wir schmeicheln uns, daß Sie um seiner Aufmunterung willen gerne hierzu beitragen werden.

Jede Gefälligkeit, welche Sie demselben zu erweisen belieben, werden wir mit dem lebhaften Dank erkennen und bei jeder Gelegenheit mit Vergnügen erwiedern."

Nach der vorhin gegebenen Übersicht über den sachlichen und örtlichen Wirkungskreis und den Geschäftsaufbau der Bank überrascht es nicht, daß die Jahresabschlüsse keinen wesentlichen Fortschritt, ja bis in die zwanziger Jahre hinein einen Rückschritt gegenüber den besten Geschäftsjahren in der preußischen Zeit ausweisen.[1])

Von den Ereignissen des Jahres 1806 erschöpft, ging die Bank in die schlimmen Jahre der Kontinentalsperre 1807 bis 1814 hinein. Nürnberg, wo gegen zweihundert Häuser mit Kolonialwaren handelten, hatte unter der Sperre besonders schwer zu leiden. 1809 brach das Handelshaus von Zwanziger zusammen; es gehörte zu den angesehensten Nürnberger Firmen und zu den ältesten und besten Kunden der Bank. Die Folge war ein Sturm auf die Bankkassen; nur mit Anspannung aller Kräfte gelang es der Bank, sich zahlungsfähig zu erhalten und das Vertrauen ihrer Geldgeber wieder zu befestigen. 1809 gingen die Einlagen auf Banknoten unter den Stand von 1791 zurück; erst 1815 erreichten sie ihn wieder. Die Jahre 1808 und 1812 schlossen mit Verlusten ab, die übrigen Jahre bis 1815 mit Zwerggewinnen, wie sie nur in den ersten drei Jahren des Bestehens der Bank erzielt worden waren. Die Geschäftsumsätze erreichten kaum den zehnten Teil dessen, was in der preußischen Zeit umgesetzt worden war.

Nach 1814 mußte zunächst der Rückschlag überwunden wer-

---

[1]) Zahlentafeln 2a, 2b, 8, 13.

den, den die wieder in Mengen einströmenden englischen Waren den unter dem Schutz der Kontinentalsperre hochgekommenen einheimischen Handwerkern und Fabrikanten zufügten; dann wurde es anhaltend besser, und das zeigte sich auch in den Geschäftsziffern der Bank: bis 1825 hatte sich der Geschäftsumfang gut verdoppelt, aber er reichte noch lange nicht an den vor 1806 hin.

Die Hungerjahre von 1816/17 und die Notjahre des Ackerbaus nach 1820 berührten die Bank nur wenig; dagegen erlitt sie durch die Rückwirkung des englischen Gründerkrachs von 1825 größere Verluste: es brachen unter andern einige Unternehmungen zusammen, die sie in der preußischen Zeit auf behördliche Anordnung mit Vorschüssen unterstützt und seither schlecht und recht durchgehalten hatte[1]). In den dreißiger und vierziger Jahren wurden in langsamem Vorwärtsschreiten endlich wieder der Geschäftsumfang und die Geschäftsergebnisse der Jahrhundertwende erreicht und überschritten, nur die höchsten Gewinnziffern von 1800 bis 1804 erwirtschaftete die Bank bis 1850 nicht wieder. Die ersten Ansätze für die Entwicklung der Königlichen Bank zu einer für ganz Bayern ins Gewicht fallenden Spar- und Leihbank zeigten sich; mit der auf einer viel breiteren Grundlage ruhenden Bayerischen Hypotheken- und Wechsel-Bank konnte sie sich allerdings noch nicht vergleichen.

Der letzte preußische Abschluß, zum 31. August 1806, wies eine Stammeinlage (Generalaktienkapital) von 229250 fl. aus. Der größte Teil davon war verloren; die Bereinigung von 1796 mußte wiederholt werden. Das Generalaktienkapital wurde auf 180000 fl. festgesetzt, davon galten 120000 fl. als königliche Aktie und zusammen 60000 fl. als Aktien der Beamten. Die ganze königliche Aktie und ein kleiner Teil der Beamten-Aktien mußten neu einbezahlt werden; das geschah aber nicht in bar, es wurden vielmehr die auf den vollen Betrag der Aktien errechneten Gewinnanteile nicht ausgeschüttet, sondern zur allmählichen Auffüllung der Ak-

---

[1]) Zur Verwertung einer von ihr beliehenen Kattunfabrik veranstaltete sie eine Ausspielung; sie übernahm selbst gegen Nachlaß von 32000 fl. an der Schuld 6000 Lose. Bei der Ausspielung fiel der Treffer auf ein Los des Eigentümers: er hatte die Fabrik schuldenfrei wieder, die Bank aber hatte 32000 fl. verloren.

tien verwendet; vorher wurden noch 6 vH Zins abgezogen. Bis Ende 1806 arbeitete die Bank daher mit einer einbezahlten Stammeinlage von nur 51 500 fl.

In den Jahren des schlechten Geschäftsgangs wurde das Generalaktienkapital noch einige Male um kleinere Beträge vermindert; dann wurde es auf 125 500 fl. erhöht. Wie bereits erwähnt, verband sich mit dem Wiederaufbau ein Umbau zugunsten des königlichen Anteils: sein Verhältnis zur Summe der Beamten-Aktien war bis 1839 2 : 1, seit 1845 3 : 1.

Bei der Übernahme der Bank durch Bayern war eine Rücklage von 131 056 fl. vorhanden; sie wurde von den auf Rechnung der „alten Sozietät" zu verbuchenden Verlusten allmählich aufgebraucht. Die Dienstanweisung von 1806 ordnete an, durch jährliches Zuschreiben von einem Viertel des Reingewinns eine neue Rücklage zu bilden. Nachdem sich in den ersten Jahren Gewinne und Verluste ungefähr die Waage hielten, konnte erst 1816 damit begonnen werden; dann aber wurde der Rücklage vorsorglich jeweils die Hälfte des Reingewinns zugeschlagen.

Die Rücklage wuchs daher sehr rasch, 1829 hatte sie die Stammeinlage überholt, 1850 war sie fast neunmal größer. Das eigenartige Verhältnis, daß die Rücklage bedeutend größer war, als die Stammeinlage, zeigte sich mit mehr oder minder großem Unterschied bis 1919; erst die Bankverordnung von 1920 kehrte es um.

Die fremden Mittel bestanden zu fast 90 vH im Durchschnitt aus Einlagen auf Bankschuldscheine, der größere Teil davon entfiel auf die Banknoten.

Die Banknoten wurden durch Abschaffen der Abschlagszahlungen beweglicher gemacht: bei Teilabhebungen zog man die alte Note ein und stellte eine neue über den verminderten Betrag aus. Andrerseits wurde die Geldeinlage auf Banknoten erschwert. Anfangs der dreißiger Jahre setzte die Bankdirektion als Mindestbetrag für eine Banknote 100 fl. fest. Der Mindestsatz hat sich ziffernmäßig bis heute erhalten, nur trat 1876 an Stelle des Guldensatzes der Mindestbetrag von 100 Mark.

Der Zinssatz betrug unverändert 2 vH. Das war ziemlich wenig; die Gemeindesparkassen vergüteten in den zwanziger Jahren 4 vH und in den dreißiger und vierziger Jahren $3\frac{1}{3}$ bis $2\frac{1}{2}$ vH.

Schon die Bekanntmachung vom 27. November 1806 hatte der Bank neben den Heiligen- und Stiftungsgeldern auch die Mündelgelder aus der Stadt Nürnberg und ihren Pflegeämtern, aus den Gebieten des Fürstentums Ansbach, der freien Reichsstadt Rothenburg und des Fürstentums Bamberg zugewiesen. Die Gerichte, Magistrate und sonstigen Verwaltungsbehörden, die Heiligen- oder Stiftungsgelder zu verwalten hatten, wurden bei Vermeidung eigener Haftung für den Zinsausfall strengstens angewiesen, Gelder, die nicht gegen Hypotheken höher verzinslich angelegt werden konnten, sofort zur Bank zu bringen. 1810 wurde die verzinsliche Anlegung der bisher unverzinslich von den Staatskassen verwalteten gerichtlichen Einlagen aus den gleichen Gebieten , 1825 die Anlegung der gerichtlichen Einlagen und Mündelgelder aus dem ganzen Rezatkreis, Ober- und Untermainkreis bei der Bank gestattet; aus den übrigen Kreisen flossen die Einlagen zur Staatsschuldentilgungskasse.

Der ursprüngliche Zinssatz von 2½ vH für die gerichtlichen Einlagen und Mündelgelder und 3 vH für die Heiligen- und Stiftungsgelder wurde 1838 entsprechend der allgemeinen Zinssenkung um je ½ vH herabgesetzt.

Als Quelle für vorübergehende Verstärkungen der Betriebsmittel wurde 1827 die Staatsschuldentilgungsanstalt gewonnen; sie verlangte 2 vH Zins für ihre Vorschüsse. Die Bank kam nicht in die Lage, von dem günstigen Angebot oft und reichlich Gebrauch zu machen; ebenso waren die Guthaben auswärtiger Bank- und Handelshäuser nicht hoch, sie waren viel geringer als in der preußischen Zeit: darin kündigte sich an, daß die Anlagegeschäfte der Bank anders und weniger lebhaft waren als früher.

Die Bank selbst zählte ihre Anlagegeschäfte in verschiedenen an das Finanzministerium erstatteten Berichten wie folgt auf:

„a) Ausleihungen auf Faustpfand, in Pretiosen, Waren, Hypothekenbriefen und inländischen Staatspapieren; auf ausländische Staatspapiere, nur wenn der Entnehmer als solider Mann bekannt ist und nur mit 5—10 pct. Abschlag;

b) an inländische Kauf- und Handelsleute, Fabrikanten und Gewerbsleute, Blankokredit auf den zehnten Teil ihres Vermögens, der Überschuß wird teils durch Solawechsel, vorzüglich aber durch Hypotheken gedeckt;

c) bedeckte und unbedeckte Darlehen an andere Privatpersonen und Gutsbesitzer.

Die übrigen baren Fonds der Bank von ca. 400000 bis 500000 fl. müssen kurzfristig angelegt werden, und zwar

d) im Wechselgeschäft. Die Bank betreibt alle Geschäfte eines Wechselhauses und besitzt bei den ersten Häusern aller wichtigen Handels- und Wechselplätze im In- und Auslande unbegrenztes Vertrauen."

Wie schon diese Aufzählung zeigt, spielte der Wechselhandel nicht mehr die wichtige Rolle wie in der preußischen Zeit. „Der Wechselhandel ist in Nürnberg weder so blühend noch so ergiebig, daß ein Portefeuille gehalten werden könnte, das einen größeren Bedarf decken könnte", heißt es in einem Gutachten des Bankkonsulenten von 1844. Der Wechselhandel in Fürth um die Jahrhundertwende kann aber kaum größer gewesen sein, als der in Nürnberg und Fürth zusammen in den zwanziger bis vierziger Jahren. Der Rückgang des Wechselgeschäfts der Bank, trotzdem sie seit 1807 im Mittelpunkt des fränkischen Handels saß, kann daher wohl nur mit dem Wegfall der staatlichen Geldgeschäfte erklärt werden; der Bezug und die Überweisung von Geld für den Staat lieferten ja nicht nur Geschäftsgebühren sondern auch Betriebsmittel und Vorrat für die Wechselmappe.

Als weitere Folge der gleichen Ursache, das darf gleich hier mitbehandelt werden, zeigen die Ertragsrechnungen einen Rückgang der Gebühreneinnahmen und die Aufstellungen über die Verwaltungskosten einen Rückgang der Aufrechnungen auswärtiger Geschäftsfreunde und Vertrauensleute: beide Geschäftszweige, die den Betrieb in der preußischen Zeit lebhaft und gewinnbringend gemacht hatten, der Wechselhandel und die Geldbezüge und Überweisungen für fremde Rechnung, waren erheblich eingeschrumpft. Damit lockerten sich die Beziehungen zu auswärtigen Bank- und Handelshäusern, namentlich zu den ausländischen Firmen: unter den Häusern, denen 1844 die Eröffnung des Bankbüros in Bamberg angezeigt wurde, befand sich kein einziges nichtdeutsches, ja nicht einmal ein Wiener Haus; das wäre zu markgräflichen und preußischen Zeiten, wo die Schuld- und Guthabensposten der Londoner und Amsterdamer Häuser die Saldo-Kontenbücher füllten, nicht denkbar gewesen.

Der Ankauf von Wechseln und die Vorschüsse gegen trockene Wechsel und andere Schuldurkunden richteten sich nach jährlich ergänzten Kreditlisten; der Zins betrug unverändert 6 vH, die in der preußischen Zeit verlangte Geschäftsgebühr fiel weg. Trotzdem war 6 vH für die dreißiger und vierziger Jahre ein ziemlich hoher Satz; der Wechselzins in Frankfurt und der übliche Hypothekenzins waren niedriger.

Eine Reihe um 1825/26 erlittener Verluste einerseits und der Umstand, daß die Bank seit dem Jahre 1825 Gerichts- und Mündelgelder in größerem Umfange zu verwalten hatte andrerseits, veranlaßten das Finanzministerium die Ausleihungsgeschäfte strengen Vorschriften zu unterwerfen. Unter anderem durften Vorschüsse ohne Deckung nur mehr an wechselfähige Personen und gegen Ausstellung von trockenen Wechseln gegeben werden.

Diese Bestimmung war den Geschäften der Bank sehr hinderlich. „Alle Bierbräuer, Hopfen-, Woll- und Lederhändler, Mühlbesitzer, alle Gewerbsleute und Gutsbesitzer sind dadurch vom ungedeckten Kredit ausgeschlossen“, klagte sie in einem Berichte vom 1. Mai 1832, „die Bank befindet sich aber nicht selten in Verlegenheit, wegen der Anlegung ihrer Fonds; sie soll die Industrie befördern und dem Staat eine Rente liefern; dies ist bei dieser Beschränkung der Geschäfte nicht möglich.“

Auch im Landtag und im Landrat des Obermainkreises wurde beantragt, die einschränkende Bestimmung wieder fallen zu lassen. Das geschah zwar nicht, aber die strenge Vorschrift wurde ein wenig gelockert; seit 1832 durften auch „an nicht wechselfähige, rechtliche Geschäftsleute“ in Einzelbeträgen bis zu 1500 fl. und bis zum Gesamtbetrage von höchstens 50000 fl. Darlehen ohne Deckung gewährt werden.

„Der vornehmste Zweck der Königlichen Bank ist“, so führt das oben erwähnte Gutachten des Bankkonsulenten Dr. Kreitmair aus dem Jahre 1844 aus, „die Unterstützung der Industrie und des Handels, wogegen Hypothekdarlehen an Landwirte und kleinere oder größere Gutsbesitzer Hauptzweck der Hypotheken- und Wechsel-Bank ist . . . Die neuere Zeit ruft immer wieder neue industrielle Unternehmungen hervor, an welchen die Bank zwar in der Regel unmittelbar keinen Anteil nimmt, für die sie aber doch indirekt ihre Fonds verwendet, z. B. durch Vorschüsse an die verschiedenen Akkordanten oder an die Unternehmungen selbst. Der Landesproduktenhandel erfordert jährlich den Aufwand einer beträchtlichen Summe, welche oft nur die Königliche Bank zu leisten im Stande ist[1]).“

Und in einem späteren Berichte heißt es:

„Fruchteinkäufe und Hopfenhandel sind die beiden Matadoren unseres Aktivhandels. Beim Hopfenhandel verkaufen die Produzenten nur gegen bares Geld und die Zwischenhändler können die erkaufte Ware nur auf Borg an die Bierbrauer absetzen. Es wird nicht unter 1½ Millionen sein, was von den Hopfenhändlern hiesiger Gegend allein an die Brauer der Residenzstadt München verborgt wird.“

Diese Ausführungen kennzeichnen die Art und Eigenart der Ausleihungen der Bank hinsichtlich des Kundenkreises; die Geldbeschaffung für den Landesproduktenhandel, vor allem für den weltbedeutenden Hopfenhandel in Nürnberg bildet heute noch eine der wichtigsten Geschäftsaufgaben der Nürnberger Niederlassung.

Von jungen großgewerblichen Unternehmungen, die in den vierziger Jahren mit Vorschüssen, und zwar mit bedeutenden Vorschüssen, unterstützt wurden, mögen die Firmen J. A. Maffei in München, J. F. Klett in Nürnberg und G. C. Fichtel in Schweinfurt genannt sein.

Die landwirtschaftlichen Kunden der Bank waren durchwegs adelige Gutsbesitzer; viele von ihnen betrieben gleichzeitig Hütten- und Hammerwerke.

Auch ein König befand sich unter den Kunden der Bank: König Otto I. von Griechenland, der jüngere Bruder König Ludwigs I.; die Bank lieh ihm 1832 für die Reise nach Athen und für die Beschaffung der notwendigen Ausstattung 500000 fl.

---

[1]) Ende 1821 waren rund 421000 fl. an Handelsfirmen, 309000 fl. an gewerbliche Unternehmer und 250000 fl. an Gutsbesitzer und sonstige Kunden ausgeliehen; weitere Zusammenstellungen sind nicht vorhanden.

Die Entwicklung von Handel und Gewerbe war der Bildung von Sparvermögen nicht so gefolgt, daß die seit den dreißiger Jahren reichlich zuströmenden Einlagen leicht und sicher hätten untergebracht werden können. Die Bayerische Hypotheken- und Wechselbank litt unter der gleichen Verlegenheit.

Ein Ausgleich zwischen den geldbesitzenden und geldbedürftigen Gegenden Bayerns war bei dem engen Wirkungskreis der Bank nicht möglich. Der Zwang, die wachsenden Einlagen verzinslich und doch flüssig anzulegen, führte die Bank bei dem Mangel anderer geeigneter Anlagen dazu, immer größere Mengen von Staatspapieren zu kaufen und im Bestand zu behalten. Seit 1827 waren stets mehr als 30 vH, in manchen Jahren über 50 und bis zu 60 vH der Betriebsmittel in Wertpapieren angelegt: die Königliche Bank schien viel eher eine Verwalterin fremden Vermögens zu sein, als ein Geldhandelsunternehmen und eine Anstalt zur Förderung der Wirtschaft; daß es so war, lag aber nicht an ihr, sondern an der Wirtschaft selbst und an der Gewerbegesetzgebung, die sie nicht zur Entfaltung kommen ließ.

Neben bayerischen Staatspapieren enthielt der Wertpapierbestand große Posten preußischer und württembergischer Renten, nicht zuletzt die beliebten österreichischen Metalliques und holländischen Integralen. Der Besitz an preußischen Staatspapieren, insbesondere von der 1818 durch Rothschild in England begebenen Anleihe, war in den ersten Jahren sogar höher als der an bayerischen.

Die Geschäftsverluste waren niemals, auch nicht in der Zeit größerer Geschäftsausdehnung, auch nur annähernd so hoch, wie die in den Jahren des größten Geschäftsumfangs zur preußischen Zeit erlittenen; die meisten stammten aus Darlehen, die schon vor 1806 gegeben worden waren: Die Geschäfte der Bank waren weniger gewagt, als früher, warfen allerdings auch weniger Gewinne ab.[1])

Die Verwaltungskosten waren bedeutend niedriger als in der preußischen Zeit; auch hierin zeigt sich die geringere Lebhaftigkeit des Geschäfts. Erst in der zweiten Hälfte der vierziger Jahre,

[1]) Zahlentafeln 13, 16.

bei ungefähr verdoppeltem Geschäftsumfang — und allerdings nur eben erreichtem Roh- und Reingewinn — kamen sie an die Zahlen der Jahrhundertwende heran. Sie verschlangen in den schlechten Anfangsjahren bis zu 60 vH, später, wie in den besten Jahren der preußischen Zeit, nur noch 12 bis 20 vH des Rohgewinns.

Durch die erzielten Reingewinne lieferten die eigenen Mittel, nachdem die Stockungsjahre überwunden waren — von der festen Verzinsung zu 6 vH abgesehen — einen Ertrag von 7 bis 27 vH; das Generalaktienkapital allein trug 11 bis über 100 vH für das Jahr.

Der Bankbetrieb gestaltete sich somit für den bayerischen Staat zu einem außerordentlich guten Geschäft. 1825 war die königliche Aktie durch die auf sie entfallenen Gewinnanteile aufgefüllt. Von 1825 bis 1831 flossen die Ablieferungen der Bank an Zinsen und Gewinnanteilen der Staatsschuldentilgungskasse und von da an der Staatshauptkasse zu; sie überschritten die Haushaltsvorschläge stets um ein bedeutendes; bis 1850 betrugen sie zusammen 888929 fl., also etwa 35500 fl. im Jahresdurchschnitt: und diese Rente wurde erzielt, ohne daß der Staat auch nur einen Kreuzer bar in die Bank eingeschossen hatte.

Noch größer als der Ertrag, den die Bank für die Staatswirtschaft lieferte, war der volkswirtschaftliche Nutzen, den sie ihrem fränkischen Wirkungskreis gewährte. Er bestand zunächst in einer Beförderung des Geldumlaufs und Geldausgleichs: „Kein Privatmann, kein Gericht, keine Obervormundschaft, keine Gemeinde oder Stiftung im Rezatkreise verschließt die eingehenden Gelder, wenn sie auch nur einige Wochen lang ohne eigene Bestimmung bleiben, in der Kassa, sondern bringt sie zur Bank" und „in Franken wird sich der Noten der Bank sehr häufig zu Zahlungen und Versendungen bedient, und sie werden überall dem baren Geld gleich angenommen" berichtete die Bank schon 1822 und 1824 an das Finanzministerium.

Durch die Vorschüsse der Bank, soweit sie bei den gegebenen Verhältnissen unterzubringen waren, wurden Handel und Gewerbefleiß befördert, dem Wucher wurde gesteuert. Wenn sich auch der Staat der Königlichen Bank zu seinen Geschäften nicht bediente, so förderte sie dennoch durch Ankauf und Beleihung von Staatspapieren das Vertrauen zu ihm.

In erster Linie wurde der Sitz der Bank, die Stadt Nürnberg, ihrer Vorteile teilhaftig. Als der Nürnberger Marktvorsteher und Landtagsabgeordnete Platner 1831 in der Kammer der Abgeordneten hierein Zweifel setzte, konnte die Bank darauf hinweisen, daß sie in Nürnberg allein über 420000 fl. ausgeliehen habe und daß umgekehrt von den damaligen gerichtlichen und freien Einlagen zu 900000 fl. und 2,6 Millionen fl. allein 915000 fl. aus Nürnberg stammten. Sie konnte mit Recht hervorheben, daß keinem einzigen Nürnberger Handelshause derartige Summen anvertraut würden und daß kein einziges von ihnen, die ihre Bankgeschäfte meist nicht über den Frachtverkehr und den in Nürnberg an sich nicht bedeutenden Wechselverkehr ausdehnten, zu der von ihr geübten Darlehnsgewährung in der Lage gewesen wäre[1]).

Gegenüber der wenig freundlichen Beurteilung Platners fehlte es nicht an anerkennenden Äußerungen. In Presseaufsätzen, volkswirtschaftlichen Schriften und im Landtag, dort unter anderem von dem Bamberger Bürgermeister von Hornthal, dem Augsburger Bankier Freiherrn von Schäzler, ja bei einer anderen Gelegenheit von Platner selbst, wurde die Tätigkeit der Königlichen Bank gebührend hervorgehoben.

Wahrscheinlich hätten sich die Geschäfte der Bank noch er-

---

[1]) Der Nürnberger Handelsvorstand, von der Bank zur Äußerung aufgefordert, deckte auch die Bemängelung seines Mitgliedes Platner nicht, wiewohl er sich vorsichtig ausdrückte; seine Ausführungen sind für die von der Königlichen Bank eingenommene Stellung im Wirtschaftsleben, als Bank- und Handelshaus ohne Vorrechte vor anderen Handelshäusern, sehr aufschlußreich:

„Ob aber die ..... Äußerung im Sinne des gesamten hiesigen Handelsstandes geschehen ist, wird eine K. Banco selbst am besten zu beurteilen im Stande sein. Da die Bank nirgends ein Zwangsrecht .... hat, es also jedermann freisteht, sich an sie oder anderswo hinzuwenden, so werden die Geschäfte, welche eine K. Banco auf hiesigem Platze macht, der sicherste Maßstab zur Beurteilung der Gunst oder Ungunst sein, in welcher belobte Staatsanstalt bei dem hiesigen Handelsstande steht. Ein Institut, das nirgends mit einem Privilegium bekleidet, sondern der freien Konkurrenz ... bloßgegeben ist, und den Umlauf des Geldes fördert, wird dennoch nützlich und besonders jetzt zeitgemäß sein, wenn auch gleich ein großer Teil des Handelstandes und anderer Stände keinen direkten Gewinn daraus zieht."

Da der Nürnberger Handelsvorstand zusammen mit der Kaufleutestube in Augsburg damals eine Art volkswirtschaftlichen Beirats der Regierung bildete, ähnlich wie später die Gesamtheit der Handelskammern, ist dieses Urteil besonders wichtig.

weitern lassen und die Öffentlichkeit wäre mehr auf sie und ihr Wirken aufmerksam geworden, wenn sie selbst und das Finanzministerium nicht ihre Verhältnisse ängstlich geheimgehalten hätten. Während die Bayerische Hypotheken- und Wechselbank von den ersten Jahren ihrer Geschäftstätigkeit an mit ihren Abschlüssen an die Öffentlichkeit trat, erhielten von den Abschlüssen der Königlichen Bank nur das Finanzministerium und der Oberste Rechnungshof Kenntnis. Seit 1834 wurden auch dem mit der Prüfung betrauten Landtagsausschuß „streng vertrauliche" Mitteilungen über ihren Stand gemacht; in die Öffentlichkeit kamen die Abschlüsse erst seit 1854: man fürchtete das Vertrauen zur Bank könne leiden, wenn bekannt würde, wie gering ihre eigenen Mittel waren.

„Die Darstellung der Verhältnisse der Bank in der Kammer der Abgeordneten und in den öffentlichen Blättern des In- und Auslandes ist für die Bank sehr gefährlich. Die Geschäfte der Bank beruhen mangels genügenden eigenen Fonds ganz auf Kredit. Das Vertrauen des Publikums ist keine Eiche und doch kann auch eine Eiche der Sturm aus den Wurzeln reißen", meinte die Bankdirektion.

Und doch hatte die Bank, wie die erfolgreiche Überwindung der anfänglichen schwierigen Verhältnisse nach ihrer Übernahme durch Bayern und der Fortgang ihrer Geschäfte seit den dreißiger Jahren gezeigt haben, das Licht der Öffentlichkeit nicht zu scheuen: daß sie in diesen ersten Jahrzehnten unter bayerischer Herrschaft stark genug geworden war, auch einen schweren Sturm zu überstehen, ohne entwurzelt zu werden, das zu beweisen sollte sie im tollen Jahre 1848 reichlich Gelegenheit finden.

DAS ALTE BANKGEBÄUDE IN NÜRNBERG

Wasserfarbenbild von C. Wilder 1847. Bayer. Staatsbank.

DER ALTE BANKGARTEN IN NÜRNBERG

Wasserfarbenbild von C. Wilaer 1847. Bayer. Staatsbank.

Bankgebäude in Amberg.

ACHTUNDVIERZIG

Schon einige Jahre vor 1848 mangelte es nicht an Zeichen dafür, daß die geruhsamen Vormärztage ihrem Ende entgegengingen. Nach 25 Jahren langsamen, aber stetigen Sinkens begann der Zinsfuß zu steigen: der Geldbedarf der Eisenbahnbauten erhöhte die Nachfrage, Mißernten und die Auswanderung verminderten das Angebot. Die ersten Bahnbauten über größere Strecken, das Börsenspiel in Eisenbahnaktien und die ersten Eisenbahnanleihen — in Baden 1843, in Bayern 1847 — die Errichtung der ersten großen Eisengießereien und Maschinenfabriken für den Eisenbahnbedarf — in Nürnberg 1843 die Firma Klett — gaben dem Wirtschaftsbilde in der zweiten Hälfte der vierziger Jahre ein neues, ungewohntes Gepräge.

Mit der Zunahme der Fabriken kamen die Handwerker in Not, während bei den Fabrikbesitzern Wohlstand und Reichtum einzogen. Noch machte der Handwerkerstand den weitaus größten

Teil der arbeitenden Bevölkerung aus: Nürnberg zählte 1849 bei 51000 Einwohnern erst 1300 Fabrikarbeiter, aber über 5000 Handwerksmeister und kleine Kaufleute mit nochmals 5000 Gesellen und Gehilfen. Unter den Arbeitern und den zahlreichen Handwerkern, die im Begriffe waren, zu Lohnarbeitern herabgedrückt zu werden, bildeten sich die ersten Ansätze zur besitzlosen Klasse. Die Arbeiter und das ganze Kleinbürgertum, also weitaus die Mehrheit der erwerbstätigen städtischen Bevölkerung waren unzufrieden mit der Regierung; ihr und ihrer Gewerbegesetzgebung schrieben sie in erster Linie die Schuld an allem Übel zu. Ein großer Teil der Gebildeten, Studenten und Zeitungsmänner, stemmte sich gegen den Metternichischen Polizeistaat und seine Unterdrückung der großdeutschen Gedanken; der unzufriedene Arbeiter- und Kleinbürgerstand leistete ihnen willig Gefolgschaft. Als im Herbst 1847 Handel und Absatz stockten und viele Arbeiter und Handwerker brotlos wurden, war der Boden gut vorbereitet, da für umstürzlerische Erhebungen, dort für lärmende Krawalle. Die Unruhe pflanzte sich auf das flache Land fort und ermutigte die Bauern, sich im Namen der Freiheit und Brüderschaft der gutsherrlichen Gerichtsbarkeit und der Grundlasten zu entledigen und ihre alten, im Laufe der Zeit von der Gutsherrschaft verweigerten Holz- und Streurechte wieder zu fordern.

Auch die Königliche Bank zu Nürnberg zeigte seit 1845 nicht mehr das gewohnte Bild. Mit dem neuen Stadtkommissär und Bankdirektor Lentz war ein unruhiger Geist in ihre stillen Räume eingezogen.

Mit Christian Friedrich Heinrich Lentz kam, nachdem mit dem älteren Dürnhoefer der letzte, aus der preußischen Zeit stammende leitende Beamte abgetreten war, und mehr als 25 Jahre nach dem Ausscheiden Gullmanns, Krackers und Bandels, nochmals ein Mann aus der Schule Hardenbergs an die Leitung der Bank. Lentz stammte aus Altpreußen; er hatte als preußischer Beamter in Warschau und Bayreuth, als bayerischer Landrichter lange Jahre in Ansbach gedient. „Daß Lentz staatsrechtlich längst aufgehört hat, Preuße zu sein, ist allerdings bekannt", berichtete 1848 sein Vorgesetzter im Amte des Stadtkommissärs, der Ansbacher Regierungspräsident von Welden, über ihn, „aber es wäre eine vergebliche Bemühung, dem Publikum abzugewöhnen, ihn als solchen zu betrachten. Er selbst mag durch seine preußische Mundart und dadurch, daß er gerne vom Minister Hardenberg und wieviel er bei ihm gegolten, spricht, dazu beitragen . . ."

Lentz warf sich vom ersten Tage an mit aller Kraft auf die ihm zugefallene Aufgabe. Es ist staunenswert, wie unermüdlich der 66jährige Landrichter in die ihm völlig fremde Tätigkeit eines Bankdirektors einzudringen und sie ganz auszufüllen versuchte.

Ein ebenso tatkräftiger und verantwortungsbewußter, wie eigenwilliger und stark von sich selbst eingenommener Kopf, konnte er die zurückgedrängte Stellung des Bankdirektors, wie er sie vorfand, nicht ertragen. Kaum hatte er sich einigermaßen in seine Geschäfte eingelebt, beantragte er, die veraltete Dienstanweisung durch eine neue zu ersetzen und einen hauptamtlichen Bankdirektor und einen ihm unterstellten, beamteten Konsulenten anzustellen.

Eine Meinungsverschiedenheit zwischen ihm und Dürnhoefer über die Grenzen der Befugnisse und die Selbständigkeit des Bankiers war durch Anrufung des Finanzministeriums rasch zugunsten des Direktors entschieden. Schwieriger war es, den Einfluß des Konsulenten zu brechen. Aber Lentz nahm den Kampf mit rücksichtsloser Schärfe auf. Eine Flut von Vorwürfen prasselte auf den Konsulenten nieder: Eigenmächtige Kreditgewährung, ungenaue Abrechnung in Konkurssachen, Vernachlässigung der Bankprozesse zu Gunsten der eigenen Klagesachen und anderes mehr. Die Überprüfung des Obersten Rechnungshofes ergab, daß die Angriffe des Direktors weit über das Ziel hinausschossen, aber Kreitmaier, nur wenig älter, doch lange nicht mehr so rüstig wie Lentz, wich dem Kampfe aus und zeigte sich monatelang nicht in der Bank; damit hatte Lentz sein Ziel so gut wie erreicht.

So ging die Königliche Bank, durch Streit im eigenen Hause belastet, in das Sturmjahr 1848 hinein.

Im Januar 1848 eröffnete ein Aufstand in Sizilien den Reigen der Revolutionen. Der Funke sprang nach Neapel und von da nach Paris über; dort loderte er zum großen, weltgeschichtlichen Brande auf. Der 22. Februar sah die ersten Barrikaden und Straßenkämpfe, am 24. hatte die Revolution gesiegt. In München lärmten die Krawalle um Lola Montez, am 13. März entbrannte der Aufstand in Wien, am 18. März in Berlin und Mailand. Überall schwere Straßenkämpfe, fast überall Erfolge gegen die Regierungen. Alles, was Metternich anhing und an seine unerschütterliche Kraft geglaubt hatte, war wie vom Donner gerührt: „Wir glauben noch immer zu träumen"; heißt es in einem Botschafterberichte aus den Märztagen, „es hat ein Blitz eingeschlagen, ein Wirbelsturm hat alles niedergerissen und davongetragen; es ist die Vorsehung, Gott hat es so gewollt ..."

In Nürnberg artete eine Wirtshausschlägerei am zweiten Osterfeiertage bei der allgemeinen Aufregung in einen Aufruhr aus; dabei verlor ein Angehöriger der freiwilligen Landwehr das Leben. Den Bankdirektor Lentz kostete der Krawall seine Stellung als Stadtkommissär; der Regierungspräsident von Welden warf ihm vor, er habe am Ostermontag nicht diejenige Umsicht, Tätigkeit und Entschiedenheit an den Tag gelegt, die für jeden Polizeibeamten, insbesondere aber für einen Kommissär der Stadt Nürnberg, notwendig seien. Doch war dieser Vorwurf nur ein Vorwand nach außen; der wahre Grund für seine Abberufung lag darin, daß Lentz nach Weldens Ansicht in Nürnberg schon lange unbeliebt war und die Regierung der Stimme der Bevölkerung Rechnung tragen wollte. Den Handel und den Gewerbestand, hieß es unter anderm, habe sich Lentz dadurch zu Gegnern gemacht, daß er in schärferer Wahrnehmung der Belange der Bank die Darlehnsgewährung beschränkt habe, den Magistrat durch seinen herrischen Ton. Zum Ende des Jahres wurde Lentz in den Ruhestand versetzt; die Bankdirektorstelle behielt er bei. Für die Bank war seine Abberufung vom Amte des Stadtkommissärs nur vorteilhaft, denn nun konnte er seine ganze Arbeitskraft ihren Geschäften widmen.

Von den Ostermontagausschreitungen abgesehen, begnügte sich die Nürnberger Bevölkerung, obwohl sie wie ganz Franken in der Ablehnung der bayerischen Regierung und der Begeisterung für die am 18. Mai 1848 in Frankfurt zusammengetretene Deutsche National-Versammlung einig war, mit Verbrüderungsfesten, Versammlungen und harmlosen Schlägereien. Während sich Ungarn erhob und vor und in Wien abermals blutige Kämpfe tobten, feierten die Nürnberger wie immer ungestört die Fürther Kirchweih. Allerdings wurden die freiheitlichen Wünsche durch die im Laufe des Sommers und Herbstes vom Landtage verabschiedeten Gesetze über ständisches Antragsrecht, Ministerverantwortlichkeit, Pressefreiheit, Bildung von Schwurgerichten, Aufhebung der gutsherrlichen Gerichtsbarkeit, Aufhebung und Festlegung der Grundlasten, wenigstens zum Teil erfüllt, und die bayerische Regierung hatte die fränkische Hauptstadt besonders fest in der Hand: nach der Amtsenthebung des Stadtkommissärs Lentz kam der Regierungspräsident von Welden selbst nach Nürnberg, um die Leitung des Sicherheitsdienstes zu übernehmen, und nach und nach war rings um Nürnberg ein ganzes Armeekorps altbayerischer Truppen zusammengezogen, die sich, wie die Mehrheit der altbayerischen Bevölkerung überhaupt, um Freiheit und Paulskirche wenig kümmerten.

Verheerend waren die Rückwirkungen des Umsturzes auf die Wirtschaft. Das seit Jahrzehnten festgefügte Vertrauen in den Staat erhielt den schlimmsten Stoß. Die Zerrüttung der napoleonischen Kriege und der ersten Jahre nachher schien wiederzukehren. Vom Übernennwertstand sanken die österreichischen Papiere bis auf unter 53 vH, die französischen auf 33 vH. Das Haus Rothschild wurde dadurch wie durch den Sturz seiner Beschützer Louis Philipp von Frankreich und Metternich schwer in Mitleidenschaft gezogen; es konnte sich aber durch rücksichtsloses Abstoßen seiner großen Staatspapierbestände, ungeachtet aller Verluste, flüssig erhalten. Ein Sturm auf die Sparkassen begann, alles verlangte Silbergeld. Handel und Gewerbe lagen darnieder, jede Unternehmungslust war angesichts der gefährlichen Lage geschwunden, die Arbeiter und Handwerker waren statt in ihren Werkstätten bei Volksversammlungen und Umzügen zu finden.

Die Königliche Bank zu Nürnberg, deren Geschäfte so sehr auf fremden Mitteln und auf Staatsvertrauen aufgebaut waren, geriet in eine verzweifelte Lage; durch die betrübenden inneren Verhältnisse wurde sie nur noch verschärft. „Die gegenwärtigen Umstände sind schreckenerregend und nicht zu beherrschen", lautet ein in den Akten der Bank liegender Brief Friedrich Dürnhoefers, „wenn wir nicht in der Hauptsache, die Bank in ihrem Ansehen nach allen Seiten zu erhalten, einig handeln. Die inneren Schäden reparieren wir nach und nach alle. Ich gebe die Hoffnung nicht auf, daß, wenn die Bank nach außen wieder von Sorgen befreit ist, auch im Innern Frieden geschaffen werden kann . . ."

Wochenlang waren das kleine Bankgebäude in Nürnberg und die Bankbüros in Ansbach, Bamberg und Würzburg von Einlegern, namentlich von Landleuten, belagert, die ihre Banknoten zur Einlösung vorlegten. Der Vorstand des Bankbüros in Bamberg verlor, durch den ungewohnten Ansturm geängstigt, allen Mut und beantragte, das Büro sofort aufzulösen. Wilde Gerüchte, nach Meinung der Bank hauptsächlich von den jüdischen Vieh- und Getreidehändlern auf dem platten Lande verbreitet, trugen die größte Schuld am Schwinden des Vertrauens. Die Regierung, hieß es, werde die Gelder der Bank beschlagnahmen, um damit die Kriegsrüstung des Heeres zu bezahlen; sie werde die Bank zwingen, die Banknoten, statt in Silber, in staatlichen Kassascheinen zurückzuzahlen und anderes mehr. Im Mai wurde zur Deckung der Heeresausgaben ein Zeichnungsanlehen eröffnet; dies und ein — nicht angenommener — Gesetzentwurf, der die Sparkassen in den Dienst des Anlehens stellen wollte, gaben den Gerüchten neue Nahrung.

Die Sorge war unbegründet. Die Bank war nicht einmal an der Begebung des Anlehens beteiligt, die Zeichnungslisten lagen nur bei den Rentämtern auf. Die Beeinflussung der Bank durch die Regierung beschränkte sich auf eine Finanzministerialentschließung, welche die Bank aufforderte, „gleichfalls kräftigst zur Förderung des Anlehens mitzuwirken und die eingehenden verfallenen Coupons statt baren Geldes der Centralstaatskasse zuzurechnen". Aber trotzdem wollte das vorher so starke und unbedingte Vertrauen in die Bank und ihre Unabhängigkeit von der Staatswirtschaft nicht so rasch wiederkehren.

Im März allein wurden bei der Hauptbank für 1152000 fl. Banknoten vorgelegt, Bamberg hatte 342000, Ansbach 216000 fl. einzulösen; der Gesamtbestand sank von 6,2 Millionen Ende Dezember 1847 auf 4,6 Millionen Ende März 1848.

Nur unter den größten Schwierigkeiten war es der Bankdirektion möglich, das Bargeld für die Einlösung der Banknoten zu erhalten. Der Hauptbestandteil des Vermögens, die Wertpapiere, von denen man sich bei dem Mangel an guten Handelswechseln als flüssige Anlage der Bankscheine viel versprochen hatte, versagte bei den großen Kurseinbrüchen vollständig. Es blieb nichts übrig, als sich das Geld daher zu leihen, wo man es irgendwie haben konnte.

In der zweiten Hälfte des Jahres 1847, als schon monatelang vor dem Ausbruch der Revolutionen die allgemeine Unsicherheit der Lage einen über das sonst gewohnte Maß hinausgehenden, wenn auch im Vergleich zu den nachfolgenden Monaten noch geringen Banknotenabfluß verursachte, klopfte die Bank beim Wiener Haus Rothschild an; aber Salomon Rothschild, der Freund Metternichs und Bankier der österreichischen Regierung sagte ab, weil der Finanzminister zur Zeit die Geldausfuhr der Volks- und Staatswirtschaft für abträglich halte. Versuche, von der Württembergischen Hofbank 300000 fl. zu erhalten, scheiterten an der Höhe der von ihr verlangten Zinsen. Endlich stellte das Frankfurter Haus Rothschild „trotz der schwierigen Geldlage, in Berücksichtigung der freundschaftlichen Verhältnisse mit dem geehrten Institut und um einen erneuten Beweis seiner Dienstfertigkeit zu geben", 200000 fl. auf beliebige Zeit zur Verfügung.

In den schweren Februar- und Märztagen konnte auch Rothschild nicht mehr helfen. Die Bank mußte die Hilfe der Staatskassen in Anspruch nehmen und erhielt sie. Am 22. Februar kamen auf dringendes Anfordern 200000 fl. von der Schuldentilgungskasse in Nürnberg, am 1. März weitere 100000 fl. von dort an die Hauptbank und eine gleiche Summe von der Kreiskasse Ansbach an das Ansbacher Bankbüro. Nach 14 Tagen verlangte die Kreiskasse ihr Geld zurück; durch ein gleichhohes Darlehen der Kanalbaukasse konnte das entstandene Loch wieder zugestopft werden. Am gleichen Tage wies das Finanzministerium die Staatsschuldentilgungskasse an, der Bank 1,6 Millionen fl. noch unverwendete Eingänge auf das Eisenbahnanlehen von 1847 gegen 2 vH Zins und Hinterlegung von Staatspapieren gegen vierwöchige Kündigung zur Verfügung zu stellen. Damit konnte der Bedarf für die Banknotenabhebungen vorläufig gedeckt sein. Aber die Bank wurde von einigen Sparkassen, die sich in der gleichen peinlichen Lage befanden, um Unterstützung angerufen und konnte sich diesem

Rufe nicht entziehen. Auch der Kundschaft wurde in besonderen dringlichen Fällen die Hilfe nicht verweigert und dafür lieber nochmals das Haus Rothschild um neue Geldsendungen angegangen.

Am 23. April kam die Absage von Rothschild: „Die beiden Finanzgesetze haben einen üblen Eindruck gemacht; man fürchtet, das freiwillige Anlehen wird bald zu einem gezwungenen."

Nun war guter Rat teuer. Lentz dachte schon daran, keine Bankscheine mehr anzunehmen — die Bayerische Hypotheken- und Wechsel-Bank nahm seit Januar keine kurzfristigen Einlagen mehr an — und die Nürnberger Handlungshäuser zu gemeinsamer Unterstützung der Bank zu gewinnen, sah aber im letzten Augenblick auf eindringliche Warnung Dürnhoefers von beiden Maßnahmen ab. Nur vom Recht, die Rückzahlung von Banknoten über 1000 fl. von einer vierwöchigen Kündigung abhängig zu machen, wurde Gebrauch gemacht; die Banknoten wurden nur noch von der Kasse eingelöst, die sie ausgegeben hatte; endlich wurden vorübergehend die Ausleihungen eingestellt, und die Bank bemühte sich, einen Teil ihrer Ausleihungen flüssig zu machen; aber fast alle Schuldner zahlten statt mit barem Gelde mit Banknoten.

Neuer Geldbedarf trat seit Mitte Mai nicht mehr auf; die Banknotenabhebungen gingen merklich zurück; das größte, schon aus dem Herbst 1847 stammende Sparkassendarlehen, 100 000 fl. an die Münchner Sparkasse, wurde von der Staatsschuldentilgungskasse abgelöst. Aber es drohte der Bank eine neue Gefahr: Die Staatskassen drängten auf Rückzahlung ihrer Darlehen. Die Bank sollte davon vom 20. Juli an wöchentlich 150 000 fl. tilgen. „Das Vertrauen ist namentlich in den fränkischen Kreisen wieder zurückgekehrt; auch die Kurse der Staatspapiere haben sich gebessert; deshalb wird die Bank dazu in der Lage sein", meinte das Finanzministerium. In der Tat beliefen sich die Mehrabhebungen an Banknoten bei der Hauptbank, die im Mai noch 451 000 fl. betragen hatte, im Juli nur auf 191 000 fl., aber im August stiegen sie wieder auf 278 000 fl., im Oktober auf 336 000 fl.

Die Bank antwortete zunächst auf die Finanzministerialentschließung überhaupt nicht. Am 3. August kam eine dringendere Entschließung: „Die erhaltenen Vorschüsse müssen zurückbezahlt werden. Zur Beschaffung der Gelder sind die vorhandenen Staatspapiere zu verkaufen."

Aber gerade zum Verkauf ihrer Wertpapierbestände wollte sich die Bankdirektion auf keinen Fall verstehen; der Wertpapierbestand war Ende 1847 weit höher als 5 Millionen Gulden, die Hauptposten waren 1,3 Millionen bayerische Staatsanleihe, fast ebenso viel württembergische Staatsanleihe und über 1,4 Millionen österreichische Metalliques. Alle waren zu ziemlich hohen Kursen angekauft, und ihr Verkauf zu den Kursen um die Mitte des Jahres 1848 hätte der Bank einen ungeheuerlichen Verlust zugefügt, einen Verlust, den sie sich weit weniger leisten konnte als das mächtige Haus Rothschild. Selbst nach den gebesserten Kursen Ende 1848 betrug der Unterschied zwischen Ankaufswert und Kurswert des Wertpapierbestandes noch 30 vH und über eineinhalb Millionen Gulden.

Ein besonderes Schmerzenskind der Bankdirektion war ein Posten von 233 000 fl. Ludwigs-Kanal-Aktien. Die Bank hatte sie 1838 mit Genehmigung des Finanzministeriums gegen Wiener Bankaktien und Metalliques eingetauscht, „damit aus der Verwertung der aufs höchste gespannten ausländischen Papiere und aus dem Verkauf der so tief herabgedrückten inländischen Kanalaktien ein doppelter Nutzen gezogen werde". Die Berechnung schlug fehl: der Ankaufskurs hatte 92 vH betragen; den im Juli 1848 gemachten Vorschlag des Finanzministeriums, die Aktien bei der Abdekkung der staatlichen Vorschüsse zu 80 vH in Zahlung zu nehmen, lehnte die Bankdirektion ab, weil sie auf bessere Kurse hoffte; aber Ende 1848 galten die Kanalaktien nur noch 45 vH, 1850 nur noch 38 vH, und das Finanzministerium beantwortete alle Versuche der Bank, sie jetzt schlecht und recht anzubringen, mit dem Hinweis auf die Weigerung vom Sommer 1848.

Wenn auch das Festhalten der Kanalaktien ein empfindlicher Fehlschlag war, im großen und ganzen bewährte sich der zähe Widerstand der Bank gegen die Rückzahlungsforderungen der Staatskassen doch. Ein übereilter Verkauf der großen Wertpapierbestände zu Verlustkursen wurde vermieden, sie konnten in die besseren Zeiten der fünfziger Jahre hinübergerettet werden. Dann erholten sich zwar nicht die Kurse der Kanalaktien, aber die der

Staatspapiere vom Tiefstand des Jahres 1848; die frühere Höhe allerdings erreichten sie infolge des anhaltenden Steigens des Zinsfußes nicht wieder. In der Not des Jahres 1848 wurden nur für etwa 70000 fl. Wertpapiere verkauft. Trotz allen Drängens sah das Finanzministerium immer wieder zu, am 27. November endlich leistete die Bank auf den von der Staatsschuldentilgungskasse erhaltenen Vorschuß aus dem Eisenbahnanlehen die erste Abschlagszahlung von 150000 fl., und zwar unmittelbar an die Eisenbahnbaukasse, und zu dieser Zeit war es bereits möglich, von Rothschild neues Geld zu erhalten.

Seit Ende August war wieder etwas Leben in die Ausleihegeschäfte gekommen. Von dem im Mai ausgegebenen Zeichnungsanlehen sollte ein Abschnitt von 200000 bis 300000 fl. zur Unterstützung von Handel und Gewerbe verwendet werden. Da auf das Anlehen nicht genügend Bargeld einging, erhielten die Handelsvertretungen nach einem bestimmten Schlüssel Anlehensscheine ausgehändigt; die Scheine wurden in München von der Bayerischen Hypotheken- und Wechsel-Bank, in Nürnberg von der Königlichen Bank beliehen. Der Hopfenmarkt im Herbst 1848 und 1849 — in diesem Jahre nahm der Hopfenhandel besonders große Summen in Anspruch — sah die Bank wieder auf ihrem Posten. „Hier ist es Ehrensache der Bank, selbst den Bankiers die nachgesuchte Hilfe nicht zu verweigern“, berichtete Lentz, und um in diesem altüberlieferten Geschäft nicht zu versagen, trug er keine Bedenken, sogar den ängstlich für bessere Zeiten gehüteten Wertpapierbestand anzugreifen und einen größeren Posten Metalliques mit 15 bis 18 vH Kursverlust zu verkaufen.

Die Ereignisse des Frühjahrs und Frühsommers 1849, die Aufstände in Dresden, in der bayerischen Rheinpfalz und in Baden, die Auflösung der deutschen Nationalversammlung und der Sieg des Rückschritts lösten in Nürnberg keine besondere Bewegung aus. Die Bank hatte wohl noch immer zu kämpfen, denn mit der Wiederkehr des Vertrauens in die Staatswirtschaft strömten die 1848 abgezogenen Gelder noch nicht ihr zu, sondern in erster Linie den mit 4 bis 5 vH verzinslichen Staatsanlehen; auch die Sparkassen erhöhten ihren Einlagezinsfuß auf 4, in manchen Fällen sogar auf 5vH. Deshalb erholten sich die Einlagen nur langsam, erst 1851 erreichte der Banknotenstand wieder ungefähr die Höhe von 1847.

Die übrigen Geschäfte kamen rascher ins Geleise. Der Verkehr bei den Zweiganstalten, namentlich in Würzburg, wo der spätere Oberfinanzrat von Manz als Vorstand wirkte, war schon 1849 wieder in kräftigem Fortschreiten begriffen.

In ihren Ausleihungen hatte die Bank trotz der Beschäftigungslosigkeit von Handel und Gewerbe ein bemerkenswertes Glück. Die Verluste des Jahres 1848 und 1849 betrugen zusammen nur 15600 fl. Deshalb blieben die Geschäftsergebnisse in beiden Jahren nur mäßig hinter denen von 1847 zurück. Im November 1850 konnte die Versammlung der Beamten-Aktionäre feststellen, daß der Rückschlag von 1848 in jeder Beziehung überwunden war. „Die Geldverhältnisse sind zufriedenstellend; bei Anwendung der nötigen Vorsicht ist die Bank allen Eventualitäten gewachsen.“

Auch die deutsche Revolution war zu Ende und der Gedanke der deutschen Einigung mußte zwanzig weitere Jahre auf Erfüllung warten. Statt der Nationalversammlung des deutschen Volkes beschloß wie früher der Bundestag über die gemeinsamen Angelegenheiten der deutschen Staaten. Der Rückschritt schien stärker als je. Aber die andere Umwälzung, deren Vorboten mit denen der 48er Revolution zusammengetroffen waren, ging weiter. Keine Revolution der Volksversammlungen und Barrikadenkämpfe, sondern eine Revolution der Arbeit und des Unternehmergeistes. Ein neues Zeitalter zog herauf; die Fortschritte des Verkehrs und der Technik arbeiteten heftiger und erfolgreicher an der Sprengung des wiedergekehrten vormärzlichen Polizeistaates und an einer staatlichen Einigung der Deutschen, als es die Revolution von 1848 hatte tun können.

Nürnberg, der Sitz der Bank, das 1848 so gut wie keine Rolle gespielt hatte, setzte sich an die Spitze des gewerblichen Fortschrittes in Bayern. Bald gehörten die Zeiten, in denen die Versammlungen der Nürnberger Arbeiter und Handwerker an den Nachmittagen der Werktage abgehalten werden konnten, der Vergangenheit an. Die altväterlichen Ölfunzeln waren erloschen;

Straßen und Häuser erstrahlten in der neuen Gasbeleuchtung, die Schmiedehämmer dröhnten und die Schwungräder surrten, zu den gedrungenen Türmen der mittelalterlichen Befestigung gesellten sich die schlanken, verrußten Fabrikschlote; kein schöner Anblick, aber ein kraftvolles Zeichen der neuen Zeit.

Mit ihrer Heimatstadt trat auch die Bank in einen neuen Abschnitt ihrer Entwicklung ein. Der Einzug in ein neues Bankgebäude im November 1849 war das äußere Zeichen dafür. Das neue Bankgebäude war von Heideloff, der damals an halb Nürnberg in dem altertümlichen, den gotischen Stil nachahmenden Geschmack der Jahrhundertmitte herumbesserte, über den Mauern des alten Hauses aufgebaut worden; der vordere Teil mit den beiden Treppengiebeln, dem für eine Bank fast zu verträumten Vorgarten und dem früheren Haupteingang nach der steil abfallenden Bankgasse zu, zeigt heute noch das gleiche Bild wie damals.

Am 4. Oktober 1850 wurde die von Lentz beantragte neue Bankverordnung in Kraft gesetzt und der Wirkungskreis der Bank aus dem bisherigen fränkischen Raum auf das ganze Königreich ausgedehnt; das gab der Bank die inneren Voraussetzungen, sich der veränderten Zeit anzupassen. Auch die Leitung der Bank erneuerte sich an diesem Wendepunkte von Grund auf. Alle Führer der Vormärzzeit traten in kurzen Zwischenräumen vom Schauplatz ihrer Tätigkeit ab: Leonrod und Kreitmair schieden 1850 aus, Lentz 1852; 1854 starb Friedrich Dürnhoefer.

Leonrod hatte in den Schwierigkeiten des Jahres 1848 kaum mehr einen Einfluß auf die Führung der Bank ausgeübt. Er war als Appellationsgerichtspräsident schon 1847 in den Ruhestand versetzt worden, und Lentz hätte es damals gerne gesehen, wenn er, der kränklich und völlig taub war, auch als Bankkommissär durch eine jüngere Kraft ersetzt worden wäre; aber das Finanzministerium beließ dem verdienten Beamten das Nebenamt des Bankkommissärs noch fünf Jahre länger. Aus dem Brief, den Leonrod bei seinem endgültigen Ausscheiden an die Bankdirektion richtete, klingt mehr als das Abschiednehmen eines ausgedienten Beamten, es ist, als ob an der Schwelle des großen Aufschwungs die alte Zeit selbst von der Bank in feingedrechselten Worten, scherzhaft und doch wehmütig Abschied nähme. Der Brief lautet:

„Der Unterzeichnete an die Koenigliche Bank-Direktion.

Ueber die Ruhefrage lagen lang im Streite mein geistiges und mein koerperliches Ich, jenes war dagegen und versprach mir kraeftige Unterstuetzung auf bestimmte Zeit, dieses war dafuer und fußte sich auf notorische Schwerhoerigkeit.

Ich ließ Beide in 4 Saetzen regißiren und legte die Akten beim Tribunal der Vernunft zum Spruche vor.

Die Vernunft erkannte nach dem Antrage des koerperlichen Ichs.

Auf mein Anrathen unterließ das geistige Ich die Berufung, somit gieng das Erkenntniß in Rechtskraft ueber.

Auf den Grund dieses Judikats bath ich um meine Ruhe, das Ergebnis ist im Rescript vom 9ten dieß enthalten.

So soll ich mich denn trennen von der Koeniglichen Bank, welcher ich seit 32 Jahren anzugehoeren die Ehre und die Freude hatte.

Nein keine Trennung!

„Und sind wir auch fern von einander, so bleiben die Herzen sich nah“

Dieß versichert mir Ihre unvergeßliche Zuschrift, dieß versichern Ihnen gegenwaertige Zeilen, gewaehrleistet von beiden Seiten durch eine lange gleichfoermige Erfahrung, erprobt in guenstigen und unguenstigen Verhaeltnißen.

Dem Herrn Direktor danke ich für den persoenlichen Beisatz verbindlichst und erwiedere ihn in seiner Fuelle auf den Grund unveraenderlicher Freundschaft. Leben Sie wohl und denken Sie oft an den alten

Leonrod.“

Bankgebäude in Schweinfurt.

DER AUFSTIEG ZUR STAATSBANK.

1850—1879

Fast dreißig Jahre hatte die Königliche Bank vergebens danach gestrebt, ihre Geschäfte auf eine breitere Grundlage zu stellen und ihren Wirkungskreis auf ganz Bayern auszudehnen; erst nach 1848 wurde die Zeit für die Erfüllung ihrer Wünsche reif. Das achtundvierziger Jahr hatte gezeigt, wie lästig kurzfristige Geldeinlagen werden können; nach den Erfahrungen dieses Jahres glaubte der Landtag die Staatsschuldentilgungsanstalt ihrer Einlagen entledigen zu sollen. Ein Gesetz vom 25. Juli 1850 wies die bisher bei der Staatsschuldentilgungsanstalt angelegten Einlagen der Gerichte und Verwaltungsbehörden einschließlich der Mündelgelder mit Wirkung vom 1. Oktober 1850 der Königlichen Bank zu; neuanfallende Einstandsgelder mußten vom gleichen Tage an ebenfalls bei der Königlichen Bank angelegt werden, die bereits angelegten blieben bei der Schuldentilgungsanstalt.

Der großen Vermehrung der Betriebsmittel, die das Gesetz vom 25. Juli 1850 brachte, wurden die inneren Verhältnisse der Bank durch die seit 1847 in Arbeit befindliche neue Bankverordnung angepaßt. Die Verordnung wurde von Lentz entworfen und von dem neuen Bankkommissär, Ministerialassessor Freiherrn von Lobkowitz in wichtigen Punkten umgearbeitet.

Die Königliche Verordnung vom 4. Oktober 1850 über die Formation und den Wirkungskreis der Königlich Bayerischen Bank zu Nürnberg[1]) war 28 Jahre die Satzung der Bank und darüber hinaus die Grundlage, auf der die späteren Bankverordnungen, die von 1878 und die heute noch gültige von 1920, aufbauten; sie ist der Ausgangspunkt eines sprunghaften Aufstiegs der Bank aus einer Anstalt mit örtlicher Bedeutung und wenig lebhaften Geschäften zur Bank des Staates und zur führenden Einlagen-, Wechsel- und Leihbank Bayerns.

Teils in der Verordnung, teils gleichzeitig mit ihr, teils als unmittelbare und mittelbare Folge davon wurde der Aufgabenkreis der Königlichen Bank wesentlich erweitert.

Die Bankverordnung gab ihr auf, neben Handel, Industrie und Gewerbe auch Landwirte und Private mit Darlehen zu unterstützen.

Der Staat lernte allmählich, sich des wertvollen Werkzeuges, das er in der Nürnberger Bank besaß, mit Erfolg zu bedienen. Die staatlichen Hauptkassen legten ihre verfügbaren Bestände bei ihr an und beauftragten sie mit Geldüberweisungen, die Bank löste die Zinsscheine der Staatsanleihen ein und wirkte bei der Begebung staatlicher Anleihen mit, das Finanzministerium ließ sich in wirtschaftlichen und geldlichen Fragen von ihr beraten. Umgekehrt nahm die Bayerische Hypotheken- und Wechselbank mit der Zeit statt ihres ursprünglichen behördlich bevorrechtigten Gepräges der Nationalbank für Bayern die Stellung einer rein erwerbswirtschaftlichen Bank ohne staatliche Aufgaben an.

Die Bankverordnung dehnte den Wirkungskreis der Bank auf das ganze Staatsgebiet aus. Aber im Gegensatz zur Erweiterung des sachlichen Aufgabenkreises ließ sich die örtliche Erweiterung

---

[1]) Urkunden und Geschichtstafeln 6.

nicht ganz durchsetzen: Südbayern, vor allem München und Augsburg blieben der Bank entgegen der Bankverordnung, ungeachtet wiederholter Wünsche der Handelskammern, trotz mehrfacher eigener Anträge und trotz ihrer engeren Beziehungen zur Staatsverwaltung bis 1875 verschlossen. Die Bayerische Hypotheken- und Wechselbank wollte den Wettbewerb der Königlichen Bank von sich fernhalten und wußte ihrem Wunsche Geltung zu verschaffen. Die Folge war die sogenannte bayerische Bankgeometrie: Südbayern galt stillschweigend als das ausschließliche Arbeitsgebiet der Bayerischen Hypotheken- und Wechsel-Bank, Nordbayern und die Pfalz galten als ausschließliches Arbeitsgebiet der Königlichen Bank; neue Banken wurden bis Ende der sechziger Jahre nicht zugelassen. Erst 1875, als die Bayerische Hypotheken- und Wechselbank im Verfolg des Reichs-Bankgesetzes ihr Notenrecht an die neugegründete Bayerische Notenbank übertragen und damit den letzten Schritt zur erwerbswirtschaftlichen Bank getan hatte, gestattete die Staatsregierung der Königlichen Bank, sich in München und Augsburg niederzulassen[1]); die bayerische Bankgeometrie war damals durch Gründung neuer erwerbswirtschaftlicher Banken und die Errichtung von Reichsbankstellen in Bayern ohnehin schon durchbrochen.

Die neue Bankverordnung machte der Rechtsform der Gesellschaft zwischen König und Beamten ein Ende. Nach der Verordnung war die Bank eine Staatsanstalt mit kaufmännischer Geschäftsführung. An die Stelle der königlichen Aktie trat das Stammkapital des Staates; an die Stelle der Beamtenaktien traten die Kautionskapitale: wie bei den anderen Zweigen des Staatsdienstes mußte auch bei der Königlichen Bank von den Beamten Sicherheit geleistet werden, und zwar durch Bareinzahlung einer bestimmten Summe; sicherheitspflichtig und daher mit Kautionskapitalen beteiligt waren alle pragmatischen Beamten[2]). Die

---

[1]) In den ersten Jahren ihres Bestehens waren den Niederlassungen in München und Augsburg indessen nur Einlagen-, Wechsel- und Lombardgeschäfte, nicht auch andere Ausleihegeschäfte gestattet.

[2]) Beamte mit Anspruch auf Ruhegehalt und sonstigen Beamtenrechten nach der Dienstpragmatik von 1805 und der Verfassungsurkunde von 1818; siehe S. 113, Anm. 1.

Kautionskapitale bildeten wie das Stammkapital einen Teil der Stammeinlage; sie wurden verzinst und berechtigten zur Teilnahme am Reingewinn, sie gaben aber keinen Anspruch auf das Bankvermögen und hafteten, unbeschadet etwaiger Ersatzansprüche für Verschulden, nicht für die Verluste der Bank.

Der Reingewinn fiel zur Hälfte an die Rücklage, zur Hälfte an den Staat und die mit Kautionskapitalen beteiligten Beamten nach dem Verhältnis der Beteiligung.

Als Staatsanstalt wurde die Bank von den Gerichtsgebühren und von der Grund-, Haus- und Gewerbesteuer (nicht aber von den diesen Steuern zugeschlagenen Gemeindeumlagen) befreit[1]).

Die Leitung und Verwaltung der Bank lag bei der Königlichen Bankdirektion. Die Bankdirektion war eine unmittelbar dem Finanzministerium unterstellte Kollegialbehörde; sie bestand aus dem Bankdirektor, dem Bankier, zugleich Vorstand der Hauptbank, und dem Bankkonsulenten als ordentlichen Mitgliedern, dem Kassier und ersten Buchhalter der Hauptbank (Hauptkassier und Hauptbuchhalter) als stellvertretenden Mitgliedern. Der Direktor war Vorstand der Bankdirektion und Oberleiter der ganzen Anstalt. Bei Verhinderung sollte er vom Bankier vertreten werden; das Finanzministerium übertrug die Vertretung indessen regelmäßig dem Bankkonsulenten, wenn er der dienstältere war. Seit 1850 wurde der Bankkonsulent hauptamtlich angestellt, seit 1858 auch der Bankdirektor.

Die wichtigsten Angelegenheiten der Bankverwaltung und Leitung, wie Beamtensachen, Dienstanweisungen, Geldbeschaffung und Geldbewegung, Festsetzung der Zinssätze, Darlehens- und Vorschußgewährung, Feststellung der Jahresabschlüsse und des Reingewinns wurden von der Bankdirektion beraten und nach Stimmenmehrheit beschlossen. 1852 wurde die Buchhaltung für die Gesamt-Anstalt von der Hauptbank gelöst und dafür eine Hauptbuchhaltung bei der Bankdirektion errichtet.

Unter der Bankdirektion standen die Hauptbank und die Zweig-

[1]) Von der Einkommens- und Kapitalrentensteuer waren ohnehin alle Anstalten und Gesellschaften befreit, die in Erwerbsgeschäften fremdes Kapital verwalteten, dessen Ertrag bereits von der Steuer getroffen war.

niederlassungen. Als Formen von Zweigniederlassungen nannte die Verordnung Filialbanken, Bankbüros und Bankagenturen; es wurden aber nur Filialbanken errichtet, die vorhandenen Bankbüros wurden zu Filialbanken erhoben. Die Bücher und Geschäfte der Filialbanken wurden alljährlich von einem Mitglied der Bankdirektion an Ort und Stelle überprüft.

Am Grundsatz der alleinigen Unterschrift änderte die Verordnung nichts: für die Bankdirektion zeichnete der Direktor, in Rechtsangelegenheiten der Konsulent, für die Hauptbank und Filialen jeweils der Vorstand; nur die Banknoten und Schuldscheine wurden wie immer doppelunterschriftlich ausgefertigt.

Das Amt des Bankkommissärs blieb erhalten, aber es änderte seinen Inhalt: bisher hatte der Bankkommissär die Anstalt nicht nur beaufsichtigt, sondern mit geleitet, jetzt blieb ihm allein die Aufsicht.

Von den Männern, die unter der neuen Verordnung in der Bankdirektion gewirkt haben, waren vor allem zwei die Führer bei dem großen Aufstieg, der sich an den Erlaß der Verordnung knüpfte: Karl Friedrich Burkart und August von Manz.

Burkart, der erste und neben dem Präsidenten Hugo Arnold (1919—1927) der einzige aus dem Beamtenkörper der Bank hervorgegangene Bankvorstand, war früher Advokat in Bamberg, 1848 wurde er in die Nationalversammlung, 1849 in den bayerischen Landtag gewählt, 1850 zum ersten hauptamtlichen Konsulenten und 1861 zum Direktor der Königlichen Bank ernannt. Burkart war nicht nur mit großen Rechtskenntnissen, sondern auch mit besonderem kaufmännischem Weitblick ausgestattet; er hatte wie ehedem Kreitmair schon als Konsulent die eigentliche Führung der Anstalt. Er leitete in enger Zusammenarbeit mit dem für die Entwicklung der Bank sehr besorgten Bankkommissär von Lobkowitz die Geldbewegungen; seiner Anregung sind die glücklich durchgeführte Geldbeschaffung für die sogenannten bayerischen Pachtbahnen, die Beteiligung der Bank an der Gründung der Bayerischen Ostbahn A.G., an der Erweiterung der pfälzischen Eisenbahngesellschaften und der Ausgabe ihrer Prioritäten-Anlehen, vor allem aber die Einführung von Bankschuldscheinen auf Kündigung, eine der wichtigsten und erfolgreichsten Maßnahmen in der Geschichte der Bank, zu verdanken. Er starb schon 1862 nach kaum einjähriger Tätigkeit als Bankdirektor.

August von Manz[1]) bekleidete von 1858 bis 1886 den Posten des Bankiers und Vorstands der Hauptbank; vorher war er Vorstand in Ansbach, Würzburg und Ludwigshafen gewesen. Sein Verdienst ist es, daß das kaufmännische Geschäft mit der Vermehrung der Betriebsmittel Schritt hielt, daß die Königliche Bank darin die Führung unter den bayerischen Geldanstalten errang und behielt; er hat durch glückliche Beratung des Finanzministeriums bei großen Anlehensausgaben und Zinsherabsetzungen das Vertrauen der Staatsregierung in die Bank befestigt; die Geltung der Bank und sein eigenes, großes Ansehen in der bayerischen Wirtschaft als Vorsitzender des Aufsichts- oder Verwaltungsrats führender Industrie- und Verkehrsunternehmungen, vor allem der pfälzischen Eisenbahngesellschaften, hoben sich gegenseitig. Sein Andenken lebt in der Beamtenschaft noch heute mit Recht als das eines Mannes fort, der die innere und äußere Entwicklung der Bank im wichtigsten Abschnitt ihrer Geschichte maßgebend beeinflußt hat und dem die Bayerische Staatsbank einen wesentlichen Teil ihrer heutigen Stellung in Staat und Wirtschaft verdankt.

Die Erweiterung der Geschäftsaufgaben und die Ausdehnung des Geschäftsgebiets auf das ganze Königreich machten es nötig, die Beamten zu vermehren und neue Betriebsstätten zu errichten.

Die Zahl der Beamten und Angestellten betrug anfangs der sechziger Jahre 79, anfangs der siebziger Jahre etwa 90 bis 100[2]).

Die Vorstände der Filialbanken führten seit 1857 die Bezeichnung Oberbeamte; die Bezeichnung erhielt sich bis 1920. 1859

---

[1]) 1870 durch Verleihung des Kronenordens geadelt.

[2]) 1861 waren vorhanden: 34 pragmatische Beamte (Bankdirektor, Bankier, Bankkonsulent, Hauptbuchhalter, Hauptkassier, Oberbeamte, Kassiere, Buchhalter, Direktionssekretär) und 42 Angestellte (Bankkommis, Geldzähler, Bankdiener); die Hauptbank zählte 5 pragmatische Beamte, 10 Kommis und 4 Bankdiener, jede Filialbank hatte 2 bis 3 pragmatische Beamte und 2 bis 4 Angestellte. Anfangs der siebziger Jahre waren bei der Hauptbank (ohne Direktion) 9, bei den Filialbanken 31 pragmatische Beamte vorhanden; die Zahl der Angestellten ist nicht nachgewiesen; sie dürfte im gleichen Maß gewachsen sein wie die der pragmatischen Beamten.

wurden sie von den Kassegeschäften entbunden; dafür wurden auch für die Zweigniederlassungen eigene Kassiere angestellt.

Zu den 1850 vorhandenen drei auswärtigen Niederlassungen traten bis 1861 sechs weitere: 1850 Regensburg, 1852 Bayreuth und Ludwigshafen, 1855 Hof, 1857 Passau und Schweinfurt[1]), 1861 Amberg und Straubing; 1875 endlich, wie bereits erwähnt, München und Augsburg; in alle diese Städte ist die Bank durch Ersuchen der Kreisregierungen, Gemeindebehörden und Handelsvertretungen gerufen worden.

Die Niederlassungen waren entweder in gemieteten Räumen oder in gekauften, für die Bank hergerichteten Häusern untergebracht: der Geschäftsbetrieb war überall noch klein und Stahlkammern gab es nicht; nur die Filialbanken Ludwigshafen und Würzburg hatten neue, eigens für sie errichtete Bankgebäude[2]).

Damit ist das äußere und innere Bild entworfen, das die bayerische Staatsbank in den fünfziger bis siebziger Jahren des vorigen Jahrhunderts darbot; es ist, gewissermaßen, das Bild der Bank der Ruhe. Und nun: das Bild der Bank in Bewegung, ihre Geschäftstätigkeit!

Die Geschäfte der Bank zeigen, das wurde schon angedeutet, das Bild eines sprunghaften, von den Veränderungen des Jahres 1850 ausgehenden Aufstiegs. Der Aufschwung der Bank seit 1850 war keine einzelne, von der Entwicklung der Wirtschaft unabhängige Erscheinung; in der ganzen Wirtschaft ging es

[1]) 1853—1857 bestand eine weitere kleine Niederlassung: die Königliche Bankexpositur in Castell (Unterfranken). In Castell wirkte seit 1774 eine öffentliche Spar- und Hypothekenanstalt, die von den reichsunmittelbaren Grafen von Castell gegründete Kreditkasse. Die Grafen von Castell wünschten nach der Grundentlastung die Geschäfte der Kreditkasse einzuschränken; 1853 übernahm die Königliche Bank alle Schulden und Forderungen der Kreditkasse an Orten außerhalb des ehemaligen Grafschaftsgebietes und errichtete zur Abwicklung und Verwaltung der übernommenen Bestände die Bankexpositur. 1857 wurde die Neue Castellsche Kreditkasse gegründet; die 1853 von der Königlichen Bank übernommenen Schulden und Forderungen wurden auf sie übertragen, die Bankexpositur bildete den Grundstock für die Filialbank Schweinfurt.

[2]) Das als Kopfleiste auf S. 50 abgebildete Gebäude (jetzt Städtisches Versicherungsamt) war von 1856 bis 1908 Sitz der Königlichen Filialbank Bayreuth; es steht für alle als Beispiel der Unterbringung der Filialbanken in der zweiten Hälfte des 19. Jahrhunderts.

stürmisch nach oben; das Gesetz vom 25. Juli 1850 und die neue Bankverordnung schufen nur die Voraussetzungen dafür, daß die Bank hinter dem allgemeinen Aufschwung nicht zurückbleiben mußte und sich dem völlig umgestalteten Wirtschaftsbild anpassen konnte.

Die Fortschritte der Technik, das Zusammenarbeiten von Technik und Naturwissenschaft, der verbesserte Verkehr und der erhöhte Bedarf an Eisen, Stahl und Kohle durch die Eisenbahnen, endlich der schon seit fast zwanzig Jahren anhaltende günstige Einfluß des Zollvereins waren die treibenden Kräfte der Bewegung; sie veränderten in wenigen Jahrzehnten das Wirtschaftsbild Deutschlands, die Lebensweise und die Lebensanschauung des deutschen Volkes von Grund auf. Das Großgewerbe wurde zur Quelle von Nahrung und Wohlstand für eine rasch anwachsende Bevölkerung; sie hätte mit den heimischen Bodenerzeugnissen allein niemals ernährt werden können. Der Ausbreitung des Großgewerbes folgte die des Handels: im Warenverkehr wurde der Orts- und Meßhandel vom Fernabsatz zurückgedrängt; für den Geldhandel entstanden die großen Aktienbanken. Deutschland ging den Weg vom Ackerbaustaat zum Gewerbestaat; es begann statt Getreide die Erzeugnisse seines Gewerbefleißes auszuführen und mit den gewerblich früher entwickelten Staaten Westeuropas in Wettbewerb zu treten. In der Landwirtschaft veränderten wissenschaftlich gegründeter Anbau, künstliches Düngen und landwirtschaftliche Maschinen die Betriebsweise und erhöhten die Ernten.

In den Jahren von 1853 bis 1857 war der Aufschwung am größten und heftigsten. Eisenbahngesellschaften, Walzwerke, Maschinenspinnereien waren die Losung dieser Jahre. Es waren die Jahre der großen Bankgründungen, der Diskontogesellschaft, der Darmstädter Bank, der Mitteldeutschen Creditbank, der Berliner Handelsgesellschaft. Die neuen Banken nahmen Einlagen, gaben kurzfristige Vorschüsse an das Großgewerbe, gründeten Eisenbahngesellschaften und großgewerbliche Gesellschaften, übernahmen und vertrieben deren Anleihen und traten bei der Ausgabe von Staatsanleihen mit den großen Bankhäusern in Wettbewerb. Einige gaben auch Banknoten aus; daneben entstand eine Reihe besonderer Zettelbanken.

Es waren die Jahre der großen Goldfunde, die die Goldländer, vor allem die Vereinigten Staaten von Nordamerika, wirtschaftlich erstarken ließen und in eine sich gegenseitig verflechtende Weltwirtschaft einbezogen. Es war eine Zeit sinkenden Geldwertes und steigender Zinssätze, die erste große Geldmachtsentfaltung in Deutschland, „eine Zeit, — wie sich der Bankkonsulent Burkart ausdrückte — in der die Sucht, schnell reich zu werden, alle Schichten der Bevölkerung ergriffen hatte und sich jedermann von der Beteiligung an Aktienunternehmungen goldene Berge versprach“, die erste Gründerzeit, die erste Hochspannung. 1857 schlug die Hochspannung um, und seitdem wird das Wirtschaftsleben von dem Wechsel von Aufschwung, Hochspannung, Umschwung und Stockung beherrscht.

Das rechtsrheinische Bayern zeigte im ganzen gegenüber Nord- und Westdeutschland das gleiche Bild wie in den Anfängen des Großgewerbes nach der Gründung des Zollvereins: geringere und verspätete Entwicklung. Trotz großen Geburtenüberschusses nahm die Bevölkerung nur schwach zu; große Wanderungsverluste an die regsameren, mehr und besser lohnende Arbeit gewährenden Gebiete des Rheinlands und Westfalens glichen den Geburtenüberschuß aus. An einzelnen Stellen dagegen, vor allem im fränkischen Stammgebiet der Bank und in der Pfalz, in Nürnberg, Fürth, Schweinfurt, Hof und in Ludwigshafen war ein ähnlich rascher Aufschwung zu verspüren wie im Norden; da entwickelte sich ein junges bayerisches Großgewerbe, das, für sich betrachtet, den Vergleich mit den Industriegebieten nicht zu scheuen brauchte.

Mit um so größerer Genugtuung darf die bayerische Staatsbank auf ihre eigene Entwicklung in diesen Jahren zurückblickend sagen: ihr Aufstieg ist dem der bayerischen Wirtschaft bahnbrechend vorausgeeilt; sie hat mit ihren vergrößerten Betriebsmitteln die Wirtschaft wirksam unterstützt, ihr Aufschwung hat ein Schrittmaß eingeschlagen, das sich der Entwicklung jedes beliebigen deutschen Großunternehmens an die Seite stellen darf.

In den zehn Jahren von 1850 bis 1860 verzehnfachten sich die Geschäftsumsätze; die Betriebsmittel der Bank vervierfachten sich in dem gleich langen Zeitraum von 1853 bis 1863. Der Geschäftsstand von 1863 stellte mit einer Abschlußsumme von fast 70 Millionen Gulden einen erst 1879 wieder überschrittenen Höhepunkt dar; dagegen erhöhten sich (um das vorauszunehmen) die 1860 erreichten Umsätze von 446 Millionen Gulden bis 1875 nochmals auf über das Doppelte. Seit 1859 arbeitete die Königliche Bank mit größeren Betriebsmitteln als die Bayerische Hypotheken- und Wechsel-Bank; der Vorsprung, den die Münchner Bank durch ihr großes eigenes Kapital bisher gehabt hatte, war von diesem Augenblicke dank einer riesenhaften Zunahme der Einlagen bei der Nürnberger Bank auch für die weiteren Jahre eingeholt[1]).

Von den Zweigniederlassungen hatte die älteste, Bamberg, auch den lebhaftesten Geschäftsverkehr und mit Würzburg die größten Gewinne. Am weitaus raschesten kam Ludwigshafen vorwärts; seine Umsätze hatten 1875 die von Bamberg nahezu erreicht und die aller übrigen Filialbanken überschritten.

Die Entwicklung der Filialbank Ludwigshafen, der ältesten und wichtigsten Niederlassung der bayerischen Staatsbank in der Pfalz, ist deshalb besonders bedeutungsvoll, weil ihr Sitz, die erst 1843 gegründete Stadt Ludwigshafen, wie keine andere Stadt in Bayern ein Kind des großgewerblichen Aufschwungs des 19. Jahrhunderts ist; wie früher erwähnt, hat der Aufschwung die Rheinpfalz eher und heftiger ergriffen als das rechtsrheinische Bayern.

Zur Zeit der Eröffnung der Filialbank zählte Ludwigshafen nur 1500 Einwohner; trotzdem setzte die Bank schon im ersten vollen Jahre ihrer Tätigkeit (1853) dank dem lebhaften Handel und dem sich rasch vermehrenden Großgewerbe der ehemaligen Rheinschanze 6,3 Millionen Gulden um, 1865 mehr als viermal soviel und 1875 55,2 Millionen fl., um fast 12 Millionen mehr als 1850 die ganze Bank.

Die seit 1853 bestehende Hochspannung führte, wie bereits angedeutet wurde, bald zu einem wilden Börsenspiel in Eisenbahn- und Bankaktien und dieses 1857 zu einem jähen Umschlag; besonders hart wurden die Handels- und Börsenplätze getroffen. Kurseinbrüche, Arbeitslosigkeit, Zahlungseinstellungen waren an der Tagesordnung; auch die neugegründeten Aktienbanken hatten mit Schwierigkeiten zu kämpfen, und verschiedene kleinere Zettelbanken gerieten in Abwesen. Die ackerbautreibenden Teile Deutsch-

[1]) Zahlentafel 3a; Schaubilder 1—3.

lands, darunter Bayern, an denen der Aufschwung und die Überspannung vorübergegangen waren, wurden auch vom Rückschlag weniger stark getroffen als die Stätten regeren Wirtschaftslebens.

Die bayerische Staatsbank war in diesen Jahren längst stark genug, um ohne jede Schwierigkeit über die Stockung hinwegzukommen; sie konnte ihren Kunden die schwere Zeit wirksam erleichtern: „Für Flüssighaltung besorgt sein und den Zweck, Handel und Industrie zu unterstützen, nicht ganz aus den Augen verlieren!" wies die Bankdirektion die Niederlassungen an, „Die Depotkreditüberschreitungen sind zu beseitigen, Exekutionen jedoch nur nach sorgfältiger Überlegung vorzunehmen; die Rücksichtslosigkeit anderer Kreditanstalten ist nicht nachzuahmen!"

Anfangs der sechziger Jahre war der Rückschlag überwunden, und zwar so gründlich, daß trotz Wiederaufnahme der gewerblichen Tätigkeit im größten Stil, trotz neuer Staatsanleihen, Eisenbahnanleihen und Aktienausgaben, trotz Abströmens großer Beträge zu Anleihen ausländischer Staaten, besonders der Vereinigten Staaten von Nordamerika, der Geld- und Anlagenmarkt flüssig blieb und der Zinsfuß, der seit dem Umschwung zu sinken begonnen hatte, auf den Stand von 1840 weitersank.

Für die bayerische Staatsbank war 1863 ein vorläufiger Höhepunkt[1]); 1864 und in den folgenden Jahren nahmen die Betriebsmittel ab: erhebliche, auf Schuldscheine angelegte Staatsgelder wurden zu andrer Verwendung abgehoben, bei sinkenden Getreidepreisen konnten die Bauern des fränkischen Einzugsgebiets weniger erübrigen; neue höherverzinsliche Anlagen: in- und ausländische Staatsanleihen und die Pfandbriefe der Bayerischen Hypotheken- und Wechsel-Bank entzogen der Bank weitere Mittel. Andrerseits erhielt sie neue und neuartige Staatsgelder: Vorschüsse, um Staatspapiergeld und Zinsscheine für Staatsanleihen einzulösen, Erlöse aus Staatsanleihen, vorübergehend verfügbare Kassenüberschüsse. Sie trieben den Geschäftsumfang immer wieder an die Ziffern von 1863 heran, aber sie waren außerordentlich schwankend: die Abschlüsse zeigten von Jahr zu Jahr große Ausschläge

[1]) 1863 war die Abschlußsumme durch das eben übernommene Eisenbahnanlehen Hof—Asch—Eger noch besonders hoch.

nach oben und unten, und der Geschäftsumfang bewegte sich oft anders, als nach der allgemeinen Wirtschaftslage zu erwarten stand, wie sie beispielsweise in den gleichzeitigen, viel stetigeren Geschäftsziffern der Bayerischen Hypotheken- und Wechsel-Bank zu verfolgen ist[1]).

Für die Bayerische Hypotheken- und Wechsel-Bank wurde das Jahr 1864 durch die Errichtung ihrer Pfandbriefanstalt ein ähnlicher Wendepunkt, wie es für die Staatsbank 1850 gewesen war. Die Errichtung der Pfandbriefanstalt war nicht nur der entscheidende Schritt für die Befriedigung des landwirtschaftlichen und des mit dem Anwachsen der Städte neu hervortretenden städtischen Darlehensbedarfs, sondern die Bayerische Hypotheken- und Wechsel-Bank hat sich mit ihm als erste Vertreterin der für die bayerische Bankenverfassung bezeichnenden „gemischten Banken"[2]) auch ihre Stellung als größte bayerische Bank gesichert; dagegen gab die Königliche Bank im kaufmännischen Geschäft, als Einlagen-, Wechsel- und Leihbank, trotz des Rückgangs ihrer Betriebsmittel, seit 1863 den einmal errungenen Vorsprung nicht wieder auf.

Im Juni 1866 entlud sich die schon seit Jahrzehnten vorhandene Spannung zwischen Preußen und Österreich in dem Gewitter des Bruderkriegs von 1866.

Dem Ausbruch der Feindseligkeiten ging eine monatelange Handelsstockung voraus. Die Unternehmungslust sank, viele Betriebe lagen still; aber das Geld war dennoch knapp, weil es jedermann ängstlich zurückhielt, und der Zinsfuß begann wieder zu steigen. Zur Belebung und Unterstützung von Handel und Gewerbe in dieser gefährlichen Lage wurden sowohl die Staatsbank wie die Bayerische Hypotheken- und Wechsel-Bank herangezogen: Das Notenrecht der Münchener Bank wurde um 4 Millionen Gulden erhöht mit der Auflage, die dadurch gewonnenen Mittel ausschließlich zur Erweiterung des Lombard- und Wechselgeschäftes zu verwenden; der Nürnberger Bank wurde durch einen von dem Nürn-

---

[1]) Zahlentafeln 3a, b; Schaubilder 1—3.

[2]) Vereinigung der Geschäfte einer Pfandbrief- und Hypotheken-Bank mit denjenigen einer Einlagen- und Leihbank in einem Unternehmen.

berger Großunternehmer Theodor von Cramer-Klett namens der bayerischen Regierung abgeschlossenen Vertrag gestattet im Bedarfsfall bis zu 9,3 Millionen Gulden Wechsel an die Österreichische Nationalbank in Wien weiterzugeben. Das Geld für den Heeresaufmarsch und die Kriegsführung wurde durch Vorschüsse aus der Eisenbahnbau-Kasse und durch Ausgabe verzinslicher Staatskassa-Anweisungen beschafft; die Bank überwies die Gelder an die Feldkriegskassen.

Unter der Kriegsgefahr und den Kriegsereignissen flossen zwar ziemlich viele Einlagen ab, namentlich während der Kriegsmonate Juni und Juli und dann wieder im August, wo sich frühere Kündigungen auswirkten. Zahlenmäßig war der Abfluß sogar größer wie 1848, aber nur, weil große Summen auf Anlehenscheine angelegter Heeresgelder zurückgezogen wurden; einen Sturm auf die Kassen wie 1848 gab es nicht.

Der für die bayerischen Waffen unglückliche Verlauf des Krieges brachte es mit sich, daß die Städte Bayreuth, Hof, Nürnberg und Würzburg von preußischen Truppen besetzt wurden[1]). Die Bankniederlassungen setzten überall ihre Geschäftstätigkeit nach der von der Direktion erteilten Weisung „lieber Verluste in Kauf zu nehmen, als die Bank ohne äußerste Not zu schließen“ bis zum letzten Augenblick fort und konnten sie alsbald nach dem Einrücken der Truppen wieder aufnehmen. Bargeld und Wertpapiere waren nach München und Augsburg geschafft, teilweise im letzten Augenblick noch bei befreundeten Handelshäusern an den besetzten Orten selbst untergebracht worden; die Preußen fanden überall leere Kassen und es fiel nicht schwer, sie davon zu überzeugen, daß das wenige, noch vorhandene Geld, wie alle Bestände der Bank, kein Staatseigentum und der Beschlagnahme nicht unterworfen sei. So erübrigte es sich, auf einen von der mündlichen Überlieferung der Bank verbürgten Vorschlag des Hauptkassiers zurückzugreifen: Der findige Mann wollte beim Anrücken der Preußen das alte Firmenschild der K. Preußischen Banco in Franken aushängen; er glaubte wohl, die Preußen würden an der durch das

[1]) In Nürnberg rückte am 31. Juli von Leipzig—Plauen—Hof her kommend das II. Reserve-Korps mit dem Großherzog von Mecklenburg-Schwerin ein; die Besetzung dauerte bis anfangs September.

Adlerschild gefeiten Tür vorbeigehen, wie einst der Würgengel an den Türen der Israeliten in Ägypten.

Zu den Friedensverhandlungen wurde der Bankkommissär von Lobkowitz als Sachverständiger abgeordnet. Bayern mußte 30 Millionen Gulden Kriegsentschädigung bezahlen. Die erste sofort fällige Rate zu 10 Millionen Gulden schoß die Discontogesellschaft vor; die Königliche Bank leistete dafür und für einen Teil der weiteren zwei Raten von je 10 Millionen Gulden durch ihre Wechselunterschrift Sicherheit. Die Vorschüsse wurden noch 1866 durch ein Prämienanlehen abgedeckt.

Der Krieg von 1870 war dank den raschen Siegen der deutschen Heere in Frankreich nur von einer vorübergehenden wirtschaftlichen Stockung begleitet. Der Kriegsbedarf des bayerischen Staates wurde ähnlich gedeckt wie 1866, daneben wurde ein Zeichnungsanlehen aufgelegt[1]).

Die Bankdirektion hatte bei Kriegsausbruch umfassende Sicherheitsmaßnahmen angeordnet, wie Erhöhung des Wechselsatzes auf 8 vH, sofortige Zurückführung der ungedeckten Kreditüberschreitungen, aber mit möglichster Rücksicht auf den kaufmännischen Verkehr; Wegschaffung der Wertbestände der Filialbank Ludwigshafen nach Würzburg. Aber schon am 1. September konnte der Wechselzins wieder auf den üblichen Satz von 6 vH ermäßigt werden und am 3. September ersuchte Ludwigshafen drahtlich, „nachdem nun Napoleon gefangen ist“, die Wertbestände wieder zurückholen zu dürfen.

Die Generalmilitärkasse kündigte von ihren Bankscheinen 3,1 Millionen Gulden, hob aber nicht mehr als 1 Million Gulden ab; weitere größere Beträge wurden nur zwischen Mitte Juli und Mitte September abgehoben, sie waren ebenfalls nicht viel höher als 1 Million Gulden; nach dem guten Erfolg der Kriegsanleihe konnten sie durch verstärkte Guthaben der Staatshauptkasse leicht ersetzt werden.

---

[1]) Es ergab statt der erwarteten 15 Millionen fast 107 Millionen Gulden; der größte Teil davon wurde nicht für Kriegszwecke sondern für den Eisenbahnbau verwendet.

Der siegreiche, rasch und ohne große Wertverluste errungene Friede, die französische Kriegsentschädigung und vor allem die gewonnene Reichseinheit gaben der deutschen Wirtschaft einen neuen mächtigen Auftrieb.

Die bayerische Gesetzgebung hatte 1868 durch die Einführung der Gewerbefreiheit endlich eine der wichtigsten Voraussetzungen für eine kräftige und neuzeitliche Entwicklung von Handel und Gewerbe geschaffen. Fast gleichzeitig erhielt Bayern, nachdem seit 1834 keine einzige Bank gegründet worden war, mit einem Schlag drei neue Banken, die Bayerische Vereinsbank, die Bayerische Handelsbank und die Vereinsbank in Nürnberg, alle im April 1869 zugelassen[1]); 1871 folgte ihnen die Süddeutsche Bodenkreditbank. München gewann als Geld- und Börsenplatz Boden und überflügelte Augsburg, den früheren ersten (und einzigen) Geldmarkt Bayerns; ähnlich wurde Frankfurt von Berlin überflügelt. Der erste Industrie- und Handelsplatz in Bayern dagegen war nach wie vor Nürnberg und das Augsburger Großgewerbe behielt unangefochten den zweiten Platz nach Nürnberg bei.

Trotz wirtschaftlicher Gesundung nach dem Rückschlag von 1857 war die Unternehmungslust durch Kriegsdrohungen fast zehn Jahre lang eingedämmt gewesen. Nach dem Friedensschluß von 1871 schaffte sie sich mit einem Schlage Luft. Neue Eisenbahnen wurden gebaut, Bank- und Industriegesellschaften gegründet, ganze Stadtviertel in gewinnhaschender Absicht hingestellt; alles versuchte im Börsenspiel, in Industrieaktien, in amerikanischen und österreichischen Eisenbahnaktien sein Glück. Neben den gewaltigen Gründungen der Deutschen Bank und der Dresdner Bank entstanden eine Unzahl schwindelhafter Banken, sie gründeten und finanzierten ihrerseits schwindelhafte Industriegesellschaften. Ein wilder Taumel, rasch und viel Geld zu verdienen, hatte weite Kreise der Bevölkerung erfaßt; die Zustände von 1857 waren um ein Vielfaches übersteigert; Preise, Löhne, Gewinne, Kurse und

---

[1]) Banken bedurften auch nach der Gewerbeordnung von 1868 der Zulassung.

Den Grundstock für die Bayerische Vereinsbank bildete das Bankhaus Robert v. Froehlich & Co.; dieses hatte 1858 die alte Firma Hofbankier A. E. v. Eichthal übernommen.

Zinsen stiegen sprunghaft. Unbelehrbare Vertrauensseligkeit, Schwindel, Bestechung und protzenhaftes Auftreten machten sich breit, bis im Mai 1873 in Wien, im Oktober 1873 in Berlin der große Börsenkrach und Zusammenbruch kam und alles mit einem Schlage umkehrte: Sinkende Kurse, Preise, Löhne, Arbeitslosigkeit, Bedrängnis der Eisenbahnen, der Bergwerke, der Eisenwerke, der Landwirtschaft.

Süddeutschland hatte wie 1857 weniger unter dem Notstand zu leiden als Nordwestdeutschland, Sachsen und die neue Reichshauptstadt, aber ganz blieb es von den Auswüchsen der Gründerzeit nicht verschont; Frankfurt, München, Nürnberg und Stuttgart hatten wie Berlin und Leipzig Bankgründungen mit hochtrabenden Namen, die sich nach wenigen Jahren wieder auflösten[1]).

Die Königliche Bank wurde ebenso wie die andern festgegründeten Banken Bayerns von dem Zusammenbruch wenig berührt. Selbst in den von der Kundschaft hinterlegten Wertpapieren traten keine gefährlichen Wertminderungen ein; denn die Bank hatte ihre Kundschaft schon seit Jahren zielbewußt daran gewöhnt, nur gediegene inländische Papiere einzulegen; auf solche gab sie immer Geld, zweifelhafte Aktien zu beleihen, lehnte sie standhaft ab. Im Gegenteil: die Bank war aus der französischen Kriegsentschädigung mit Staatsmitteln reichlich versehen; das Jahr 1873 gab ihr Gelegenheit, ihre Ausleihungen namhaft zu vermehren, bei den hohen Zinssätzen führte es zu einem besonders guten Erträgnis.

Die Jahre der heftigsten Ausbreitung und des Zusammenbruchs waren Jahre ernster Arbeit für die gesetzgebenden Körperschaften des neuen Reiches: 1873 und 1875 wurden Gesetze von größter Wichtigkeit für das deutsche Wirtschaftsleben verabschiedet: das Münzgesetz, mit der Einführung der einheitlichen, auf Mark lauten-

---

[1]) München hatte schon vor dem großen Krach von 1873, im November 1872 den Spitzederkrach, den Zusammenbruch der Geldv[illegible]erin Adele Spitzeder; sie hatte für Geldeinlagen 120 vH gezahlt und Gelder zu 180 bis 240 vH verliehen, und in unentschuldbarer, nur aus der allgemeinen Sucht des raschen und bequemen Geldverdienens begreiflicher Leichtgläubigkeit waren ihr Millionen von Spargeldern kleiner Leute zugeflossen. Bis zum Jahre 1911 erinnerte ein aus ihrer Gantmasse stammendes, für unbekannte Gläubiger hinterlegtes Depot in der Hinterlegungsstelle der Königlichen Bank an jene Blüte der Gründerzeit.

den Goldwährung und das Bankgesetz. Das Bankgesetz stellte das Notenbankwesen auf eine neue Grundlage, ihm zufolge wurde die ehemalige Königliche Bank zu Berlin, seit 1845 Preußische Bank, zur Deutschen Reichsbank umgegründet. Die Errichtung der Reichsbank ist für das ganze deutsche Bankwesen von einschneidender Bedeutung geworden; sie leitet auch in einen neuen Abschnitt der Geschichte der bayerischen Staatsbank über.

Von den Geschicken und der allgemeinen Geschäftsentwicklung, wie sie soeben im Zusammenhang mit den gleichzeitigen Ereignissen der Geschichte und Wirtschaftsgeschichte betrachtet worden sind, wendet sich der Blick auf die Geschäfte der Bank, auf ihre Betriebsmittel und ihre Tätigkeit in den einzelnen Zweigen des Bankgeschäfts zwischen 1850 und 1879: auch da zeigt sich als Grundzug der Aufstieg zur Bank des Staates und zu einer für das ganze Land ins Gewicht fallenden Geldanstalt.[1])

Die eigenen Mittel waren im Verhältnis zum sprunghaft wachsenden Geschäftsumfang besonders gering; Aktienkapital und Rücklagen der Bayerischen Hypotheken- und Wechsel-Bank waren fast zehnmal so groß wie Stammeinlage und Rücklage der Königlichen Bank. Das Stammkapital des Staates wurde 1850 auf 94000 fl. festgesetzt; durch Zuweisungen aus den Reingewinnen wurde es bis 1855 auf 120000 fl. erhöht. Der ursprüngliche Betrag von 94000 fl. mußte mit 6 vH, der Mehrbetrag mit 5 vH verzinst werden; die Kautionskapitale stiegen mit der Zahl der Beamten von 27500 fl. allmählich auf 62000 fl. Um einen kleinen Ausgleich zu schaffen, wurde von 1868 bis 1876 der ganze staatliche Gewinnanteil zur Stammeinlage geschlagen; daraus wurde ein besonderer Vermögensstock, das sogenannte Dotationskapital, gebildet; es betrug 1876 2,2 Millionen Gulden.

Unter dem Eindringen der unverzinslichen Banknoten der Bayerischen Hypotheken- und Wechsel-Bank und anderer Notenbanken, besonders der Frankfurter Bank, endlich durch die Ausgabe staatlichen Papiergeldes wurden die Banknoten der bayerischen Staatsbank vollends zu Bankschuldscheinen ohne Umlaufstätig-

[1]) Zahlentafeln 3a, b; Schaubilder 1—3.

keit. Seit 1854 wurden dreimonatig kündbare, mit 3 vH verzinsliche Einlagen gegen Anlehensscheine angenommen; von da an verloren die Banknoten ihre Vorherrschaft unter den Betriebsmitteln der Bank, von dem großen Aufschwung der Geschäfte blieben sie fast unberührt.

Anders die Anlehensscheine. Das Finanzministerium hatte 1854 der Meinung Ausdruck gegeben, eine wesentliche Erhöhung der Kundschaftseinlagen über den damaligen Stand von 6 Millionen Gulden sei von ihnen nicht zu erwarten; ihre Einführung sei nur deswegen zu begrüßen, weil sie die gefährlichen täglich fälligen Banknoten verdrängen würden: statt dessen hatten die Anleihescheine bei nur wenig und nur vorübergehend verminderten Banknoteneinlagen schon im zweiten Jahre nach ihrer Einführung fast 15 Millionen Gulden, 1862 über 35 Millionen Gulden erreicht und wurden an Stelle der Banknoten das Rückgrat der Betriebsmittel. Sie flossen sowohl als Ersparnisse aus der freien Wirtschaft wie als beliebte Anlage längerfristiger Überschüsse aus Gemeindesparkassen und Staatskassen; von der Staatshauptkasse, der Hauptzollkasse, der Generalmilitärkasse, der Eisenbahnbaukasse und den staatlichen Getreidelagerhäusern kamen Millionenbeträge. Mit der Eröffnung laufender Rechnungen für die staatlichen Hauptkassen und der Auflösung der Getreidelagerhäuser in den sechziger Jahren nahmen die Anlehensscheine wieder ab.

Die Einlagen der Gerichte und Behörden sowie die Einstandsgelder aus Oberbayern und Schwaben wurden bis 1875 von der Bayerischen Hypotheken- und Wechsel-Bank gegen eine Vergütung von jährlich 2500 fl. für Rechnung der Staatsbank angenommen und zurückgezahlt. Die Bayerische Hypotheken- und Wechsel-Bank hatte sich selbst dazu erboten, um den Anträgen der Königlichen Bank auf Errichtung von Niederlassungen in München und Augsburg zur Pflege des Einlagengeschäfts den Wind aus den Segeln zu nehmen. Die Geschäfte wurden durch zwei vereidigte Beamte der Hypotheken- und Wechsel-Bank in München und Augsburg besorgt; die Beamten waren in bezug auf den Einlagenverkehr den Anordnungen des Finanzministeriums unterworfen. Die Ein- und Auszahlungen wurden ohne gegenseitige Zinsvergütung monatlich abgerechnet und nach Nürnberg überwiesen.

Als unmittelbare Folge des Gesetzes vom 25. Oktober 1850 verdoppelten sich die Einlagen der Gerichte und Verwaltungsbehörden schon innerhalb des ersten Jahres. Die Militäreinstandsgelder trugen 3½vH, die Mündelgelder 2½vH, die übrigen Einlagen, wie die Banknoten 2vH Zins im Jahr. Die Wehrverfassung von 1868 beseitigte das Einsteherwesen und führte die allgemeine Wehrpflicht ein; von da an verschwanden die Einstandsgelder; der höchste Stand (1867) war 6,7 Millionen Gulden.

Die Einlagen in laufender Rechnung waren in den fünfziger Jahren über ihre frühere Bedeutung — Verkehr mit Banken und Bankiers zur Geldüberweisung und Geldbeschaffung sowie zur vorübergehenden Verstärkung der Kassabestände — noch nicht hinausgewachsen. Vorübergehend benötigte Vorschüsse wurden in der Hauptsache auf dem Frankfurter Geldmarkt durch Vermittlung der Firma Raphael Erlanger aufgenommen; die übliche Form war die Lombardierung von Wertpapieren auf 3 bis 4 Monate gegen den jeweiligen Lombardsatz, in den fünfziger und sechziger Jahren meist 3—4vH mit erheblichen Schwankungen nach oben und unten. In zweiter Linie wurden, namentlich zur Zeit der Herbst-Anspannung im Landesprodukten- und Hopfenhandel Vorschüsse bei der Bayerischen Hypotheken- und Wechsel-Bank, von der Staatsschuldentilgungsanstalt und von der Eisenbahnbaukasse aufgenommen, oder es wurde ein Posten Wechsel oder Staatspapiere verkauft.

In den sechziger Jahren wurden für die staatlichen Hauptkassen laufende Rechnungen eröffnet; seitdem wuchsen die Einlagen in laufender Rechnung stark an: der erste Ansatz zu einer Verschiebung der fremden Betriebsmittel von der Form der Schuldscheine in die Form der laufenden Rechnungen.[1]) Die größten Guthaben unterhielten die schon bei den Einlagen auf Anlehensscheine erwähnten Kassen, dazu die Staatsschuldentilgungskasse, das Ober-Post- und Bahnamt und (seit 1875) die Versicherungskammer.

Die nichtstaatlichen Einlagen in laufender Rechnung (Banken, Bankhäuser und Kunden) betrugen von 1860 bis 1875 zwischen 1,4 und 5,2 Millionen Gulden; alle in den Abschlüssen ausgewiesenen Mehrbeträge waren staatliche Gelder: hier lag die Wurzel für die

[1]) Schaubild 17.

großen Schwankungen der Betriebsmittel[1]). Der übliche Zinssatz für Kunden und Staatskassen war 2 vH, seit den siebziger Jahren 2½ vH, indessen gab es auch Sonderabmachungen.[2])

Im Wechselgeschäft gewann seit 1853 der Gesichtspunkt der Bevorschussung von Kundenwechseln entschieden an Boden: der mit großem Geldbedarf für Neuanlagen verbundene Aufschwung der Wirtschaft zwang die Unternehmer entgegen altväterlichen Gepflogenheiten ihre Wechselforderungen vor Fälligkeit zu Geld zu machen. Der Geldbedarf der Wirtschaft und der große Betriebsmittelzuwachs der Staatsbank kamen sich entgegen; die Wechselanlage der Königlichen Bank stieg sprunghaft, 1859 war sie zum erstenmal höher als die der Bayerischen Hypotheken- und Wechsel-Bank.

Der kleine Wechselbestand anfangs der fünfziger Jahre wies überwiegend Wechsel auf die großen Handels- und Geldplätze Deutschlands auf, wie sie für den Wechselhandel benötigt waren; der Zuwachs entfiel zum größten Teil auf Kundenwechsel. Daneben spielten auch noch in den sechziger und siebziger Jahren Finanzwechsel erster Häuser auf große Geldplätze — Frankfurt, Hamburg, Leipzig, Berlin, Breslau — eine Rolle: die Bank bedurfte ihrer zur flüssigen Anlage von Betriebsmittelspitzen und, bis zur Errichtung des Gironetzes der Reichsbank, außerdem für die Ausführung von Zahlungsaufträgen ihrer Kunden[3]).

Im Ausleihungsverkehr herrschte bunte Mannigfaltigkeit. 1858 wurde eine genaue Dienstanweisung für den Leihverkehr erlassen;

---

[1]) Schaubild 1; 1868 war der Hochstand von einer Eisenbahnanleihe, 1871—1874 von der französischen Kriegsentschädigung, 1867 und 1873 von dem Einlösungsstock für das Staatspapiergeld verursacht.

[2]) Der Einlösungsstock für Zinsscheine (in den Zahlentafeln unter Verschiedenes enthalten) war unverzinslich; die Kriegsentschädigungsgelder waren mit 3 vH zu verzinsen. Der von der Bank vergütete Durchschnittszins betrug beispielsweise 1868, obwohl damals besonders viele aus Anleiheerlösen stammende Staatsgelder bei der Bank lagen (am Jahresende über 11,9 Millionen Gulden) $2^1/_2$ vH: die Bank ist also nicht etwa durch Staatsgelder zu verbilligten Zinssätzen künstlich ernährt worden.

[3]) Schaubild 2. Der Einfluß beider Gesichtspunkte, Bevorschussung von Kundenwechseln und flüssige Anlage, auf den Wechselbestand läßt sich in den Abschlüssen deutlich verfolgen: der Zuwachs in den Jahren der Hochspannung, der Rückschlag 1857, die Betriebsmittelschrumpfung seit 1864 und die besonders hohen Bestände in den Jahren mit hohen kurzfristigen Staatsguthaben.

sie unterschied zwischen Ausleihungen auf trockene Wechsel und andere Schuldurkunden (ohne Führung einer Kundenrechnung) und zwischen Ausleihungen in laufender Rechnung. Sowohl in laufender Rechnung wie im Solawechsel- und Schuldurkundenverkehr gab es „Blanko-Kredite, Kredite gegen Hinterlegung von Wertpapieren, gegen Bestellung von hypothekarischen Kautionen, gegen Einräumung eines Privatrechtstitels zur Erwerbung einer Hypothek und gegen Bürgschaftsleistung". Der Höchstbetrag der Vorschüsse wurde von Fall zu Fall von der Bankdirektion festgesetzt; die für das Ausleihgeschäft zu schwerfälligen Kreditlisten blieben nur im Wechselgeschäft erhalten.

Nach heutigen Grundsätzen würden die Ausleihungen in feste Hypotheken, Schuldurkunden und laufende Rechnungen einzuteilen sein.

Feste Hypotheken wurden als Anlage der Einstandsgelder gegeben; seit die Einstandsgelder verschwanden, nahmen auch die festen Hypotheken ab. Den langfristigen Hypothekdarlehen verwandt waren Tilgungsdarlehen in mäßigen Beträgen[1]) an Gemeinden und Stiftungen gegen Schuldurkunden ohne dingliche Sicherstellung; sie wurden für besondere Zwecke, für den Bau von Straßen, Brücken, Krankenhäusern, Schulhausbauten und dergleichen gegeben.

Die kurzfristigen, lombardartigen, regelmäßig auf 3 Monate gewährten Ausleihungen auf trockene Wechsel und Schuldurkunden waren bis 1854 die wichtigste Ausleihungsform; dann wurden sie von den Ausleihungen in laufender Rechnung überholt, sie blieben aber nach wie vor bedeutend.

Ausleihungen in laufender Rechnung hatte die Königliche Bank an größere Kunden schon lange vor 1850 gegeben; ab 1858, etwa gleichzeitig mit der Einführung der Vorschüsse in laufender Rechnung bei der Bayerischen Hypotheken- und Wechsel-Bank, wurden sie weiter ausgedehnt. Wie die Wechselbestände, obschon nicht so ausgeprägt, zeigen auch die Abschlußposten der Ausleihungen in laufender Rechnung die allgemeine Bewegung der Bank[2]).

---

[1]) 1864 zwei Millionen Gulden.

[2]) Im Gegensatz zu den Ausleibungen auf Schuldurkunden und trockene Wechsel; diese bildeten neben den festen Hypotheken den weniger beweglichen,

Nach wie vor beanspruchte der Getreide- und Hopfenhandel einen erheblichen Teil der Bankmittel; sein Bedarf beschränkte sich aber auf den Herbst, der Zuwachs in den Ausleihungen ging wie beim Wechselgeschäft zum größten Teil an die jungen großgewerblichen Unternehmungen. Soweit das Nürnberger, Ludwigshafener, Schweinfurter und Hofer Großgewerbe überhaupt mit Betriebsvorschüssen arbeitete, bezog es seine Mittel überwiegend von der Königlichen Bank. Bis Ende der sechziger Jahre war sie fast die einzige Quelle für kurzfristige Betriebsvorschüsse an Handel und Gewerbe; schon in den fünfziger Jahren, als sie noch mit kleineren Betriebsmitteln arbeitete und weniger Wechsel im Bestand hatte als die Bayerische Hypotheken- und Wechsel-Bank, hatte sie in laufender Rechnung, der Hauptform der Darlehnsgewährung an Handel und Großgewerbe, ein Vielfaches von dem ausgeliehen, das die Münchner Bank auslieh.[1])

Unter den Empfängern der Darlehen gegen trockene Wechsel und Schuldurkunden befanden sich Bankiers (Lombarddarlehen zur vorübergehenden Verstärkung der Betriebsmittel), mittlere Gewerbetreibende und Handwerker (trockene Wechsel mit oder ohne Deckung), Gemeinden (Schuldurkunden) und Landwirte (hypothekgedeckte Schuldurkunden). Die festen Hypotheken gingen überwiegend an große Grundbesitzer.

Der aus den vierziger Jahren übernommene große Wertpapierbesitz wurde zwar nicht verkleinert, aber auch nicht wesentlich vergrößert; so schrumpfte er, auf den gesamten Geschäftsumfang bezogen, bei der Ausweitung der übrigen Vermögensbestände Jahr für Jahr mehr auf eine gesunde Größe zusammen. Er war immer eine Daueranlage für die Bank selbst; der Wertpapierhandel war, wie die geringen Umsätze zeigen[2]), sehr mäßig.

Eine große Sorge der Bank war es, die großen Bestände an

---

bei größerer Zunahme der Forderungen in laufender Rechnung öfters verringerten Bodensatz der Anlagen. Siehe Zahlentafel 3b; Schaubild 3.

In der Spitze von 1868 stecken die Gegenposten (Forderungen an die Gemeinschafter) für eine noch nicht abgewickelte Eisenbahnanleihe; 1854–1856 sind in den verhältnismäßig hohen Posten „Gebäude, Einrichtung und verschiedenes“ von der Bank begebene Pachtbahnanlehen enthalten.

[1]) Schaubild 3.

[2]) Zahlentafel 9.

Metalliques, 1850 noch 1625000 fl., ohne allzu große Verluste loszubringen; sie standen wegen der schlechten österreichischen Geldwirtschaft weit unter ihren Ankaufskursen. 1861 war der Verkauf bis auf einen kleinen Restbestand durchgeführt, aber auch ein Gesamtverlust an Metalliques von 740846 fl. zu verzeichnen. Die württembergischen Staatspapiere wurden ebenfalls abgebaut; 1863 waren von einem Bestande von 6,6 Millionen Gulden an festverzinslichen Papieren 4715000 Gulden bayerische Staatsanleihen[1]).

1851 hatte die Bank für 255000, 1858 für 1,2 Millionen und 1863 für 3,5 Millionen Gulden Aktien im Bestand. Die Ludwigskanal-Aktien verschwanden; dafür wurden Aktien der Ostbahn und der pfälzischen und österreichischen Eisenbahngesellschaften, der pfälzischen Dampfschleppschiffahrts-Gesellschaft, der Main-Dampfschiffahrtsgesellschaft, der Maximilianshütte, Solnhofner Aktien, Münchener, Weimarer, Hamburger und Wiener Bankaktien, Nürnberger, Ludwigshafener und Hofer Spinnereiaktien und andere übernommen und gekauft. Die Aktienbestände der Bank sind, abgesehen von den Bankaktien und österreichischen Bahnaktien, Beteiligungen; sie zeigen an, wie die Bank bei der Gründung neuer Unternehmen in den fünfziger und sechziger Jahren mittat[2]).

Das Gründungsgeschäft war ein neuer, durch den Aufschwung

[1]) Unter den übrigen festverzinslichen Papieren befanden sich unter anderen einige Hunderttausend Gulden standesherrlicher Anleihen; solche standesherrliche Anleihen wurden noch bis in die siebziger Jahre an den Börsen gehandelt.

[2]) Unter den großgewerblichen Beteiligungen der Bank sind zwei für die Entwicklung der meisten in den fünfziger Jahren gegründeten Industriegesellschaften besonders kennzeichnend: die Mechanische Baumwollspinnerei Hof und die Mechanische Baumwollspinnerei Oggersheim bei Ludwigshafen. Beide Gesellschaften wurden in der Hochspannung der fünfziger Jahre, 1853 und 1854, unter Mitwirkung der Bank gegründet und mit erheblichen laufenden Vorschüssen unterstützt; beide gerieten um die gleiche Zeit, 1864 und 1865, wegen unzureichender Betriebseinrichtungen und wegen des amerikanischen Bürgerkriegs in große Schwierigkeiten und wurden durch die Königliche Bank wieder flott gemacht; bei der Mechanischen Baumwollspinnerei Hof wirkte die Bayerische Hypotheken- und Wechsel-Bank mit. Die Mechanische Baumwollspinnerei Oggersheim ging nach ununterbrochener, lebhafter Geschäftsverbindung 1902 in die Mechanische Weberei Linden-Hannover auf, das Hofer Unternehmen wurde 1869 in die „Neue Baumwollspinnerei Hof“ umgegründet; die Bank hat noch heute Aktien davon in ihrem ständigen Wertpapierbesitz und es gehört noch heute zu den großen Kunden der Bayerischen Staatsbank Hof.

der Wirtschaft seit 1850 geschaffener Geschäftszweig. Neben ihm wurde, zum erstenmal seit der preußischen Zeit, die Ausgabe von Schuldverschreibungsanlehen wieder aufgenommen. Hier, nämlich bei der Begebung staatlicher Anleihen zeigt sich das allmähliche Hineinwachsen der Königlichen Bank in die Stellung der Bank des bayerischen Staates am deutlichsten.

Der Geldbedarf des bayerischen Staates war mit dem Wachstum der Bevölkerung und der Mehrung der staatlichen Aufgaben durch Rüstungen und ganz besonders durch den Bau von staatlichen Eisenbahnen außerordentlich gestiegen. Nach den drei Zeichnungsanlehen von 1848—1850 kamen 1855 ein neues allgemeines Anlehen und ein Heeresanlehen, 1854 und 1856 Eisenbahnanlehen, 1857 ein weiteres allgemeines Anlehen, 1858, 1859 und 1861 neue Heeresanlehen, 1862 und 1865 wieder Eisenbahnanlehen, 1866 das bereits erwähnte Prämienanlehen, 1868/69 ein weiteres großes Eisenbahnanlehen und 1870 die Kriegsanleihe. 1867 betrugen die Staatsschulden aus allgemeinen Anlehen 171,7 Millionen Gulden; dazu kamen eine ungefähr ebenso hohe Eisenbahnschuld und die Grundrentenschuld von nicht ganz 100 Millionen Gulden. Ende 1875 betrugen bei wenig veränderter Grundrentenschuld die allgemeine Schuld 110 Millionen Gulden, die Eisenbahnschuld 440 Millionen Gulden.

Von dem dritten Zeichnungsanlehen 1850 erhielt die Bank auf ihre Bitten, sie für den Einlagenrückgang, den das Anlehen verursachte, etwas zu entschädigen, zum ersten Male eine kleine Beteiligung von 500000 fl. gegen eine Vergütung von $^{5}/_{12}$ vH eingeräumt. Das Eisenbahnanlehen von 1854 wurde als erstes Anlehen [1]) seit langer Zeit wieder bei einem Bankhaus, und zwar bei Rothschild aufgenommen, der Bank wurde sowohl von Rothschild wie von der Staatsschuldentilgungsanstalt eine Unterbeteiligung angeboten. Von den Eisenbahnanlehen von 1856 und 1862 übernahm die Bank je 1 Million Gulden, vom Heeresanlehen 1859 1750000 fl.; sie hätte mehr genommen, wenn sie bei der großen Überzeichnung des Anlehens nur hätte mehr haben können; 1866 war sie mit der Discontogesellschaft und R. Erlanger führendes

[1]) Abgesehen von einem kleineren Tilgungsdarlehen der Bayerischen Hypotheken- und Wechsel-Bank 1852.

Mitglied der Bankengemeinschaft zur Übernahme des Prämienanlehens; seit dem gleichen Jahre wurden die Kassen der Hauptbank und der Filialbanken allgemein als Zahlstellen für Einzahlungen auf Staatsanlehen genannt; 1868/69 führte die Königliche Bank das erstemal eine Bankengemeinschaft für die Begebung eines Eisenbahnanlehens von 18 Millionen Gulden.

Eine besonders zeitgemäße Art des Anleihe- und Gründungsgeschäfts pflegte die Königliche Bank durch die Geldbeschaffung für Eisenbahnbauten; ihre Tätigkeit für den Eisenbahnbau erschöpfte sich keineswegs in der Mitwirkung bei den staatlichen Anleihen. 1856 gehörte sie mit dem Fürsten von Thurn und Taxis, der Verwaltung der staatlichen Salinen- und Bergwerke, den Bankhäusern von Rothschild, von Eichthal, von Hirsch und Bischoffsheim (Antwerpen), sowie den Herren von Cramer-Klett und Neuffer (als Vertreter der Städte Nürnberg und Fürth, Regensburg und Amberg) der Gründungsgemeinschaft der Bayerischen Ostbahn-A.-G. an. Aufgabe der Gesellschaft war es, die Eisenbahnlinien Nürnberg—Schwandorf—Regensburg, München—Landshut—Regensburg, Schwandorf—böhmische Grenze und Regensburg—Passau zu erbauen und im Betrieb zu halten. Von den zunächst ausgegebenen 20 Millionen Gulden Aktien übernahm die Bank 2 Millionen fl.; davon behielt sie 120000 fl. als dauernden Besitz. Der Bankkonsulent Burkart gehörte dem Verwaltungsrate der Gesellschaft an.[1])

Weiterhin beteiligte sich die Bank bei der Geldbeschaffung für den Bau der pfälzischen Eisenbahnen. Sie war seit Gründung der Filialbank Ludwigshafen zusammen mit den Bankhäusern M. A. von Rothschild und Ph. N. Schmidt in Frankfurt a. Main, W. H. Ladenburg in Mannheim die Bankverbindung der pfälzischen Eisenbahngesellschaften; mit diesen Häusern führte sie die Aktien- und Prioritätenausgaben für den Bau und die Erweiterung des pfälzischen Bahnnetzes durch. Ende der sechziger Jahre traten entsprechend der wachsenden Bedeutung des Berliner Platzes die Direction der Discontogesellschaft und S. B. Bleichröder, Berlin, hinzu. Finanzrat Manz war Vorsitzender des Verwaltungsrats.

[1]) Der Vorsitz wurde aus besonderem Entgegenkommen dem Fürsten von Thurn und Taxis überlassen.

Bei einer Reihe von Prioritätsanlehen erschien die Bank nach außen als der alleinige Darlehensgeber, obwohl sie im Innenverhältnis nur einen Abschnitt der Anleihe übernahm.

Im rechtsrheinischen Bayern ermöglichte die Bank den Bau einer ganzen Reihe von Eisenbahnlinien zweiten Ranges[1]), den Bau der sogenannten bayerischen Pachtbahnen.

Die Grundlagen der Pachtbahnen waren folgende:

Eine Gemeinschaft von Anliegern, meist die beteiligten Gemeinden, ließen den Plan ausarbeiten und erwarben die Baubewilligung; die Königliche Bank lieferte das Baugeld, dafür wurde ihr unter Belastung des Bahnunterbaus eine Hauptschuldverschreibung ausgestellt; bis zum Betrag der Hauptschuldverschreibung durfte die Bank Teilschuldverschreibungen ausgeben. Die fertiggestellte Bahn wurde von den staatlichen Verkehrsanstalten gepachtet, aus den Pachtzinsen wurde das Bankdarlehen verzinst und getilgt; es lief in der Regel 45 Jahre und länger. Mit der Tilgung des Darlehens sollte die Pachtzeit beendet sein und die Bahn in das Eigentum des Staates fallen; in Wirklichkeit wurden die Strecken schon früher verstaatlicht.

Die Pachtzinsen waren meist höher als das Erträgnis der Bahnen; die Pacht stellte also einen versteckten Staatszuschuß dar, durch die Pachtbahnen wurde die Frage der Erbauung von erwerbswirtschaftlich weniger lohnenden, aber volkswirtschaftlich notwendigen Nebenlinien in einfacher und sachgemäßer Weise gelöst.

In den Jahren 1853—1863 wurden folgende Pachtbahn-Anlehen durch die Königliche Bank übernommen:

1853 Bayreuth—Neuenmarkt mit 800000 fl.,
1854 Pasing—Starnberg mit 900000 fl.,
1856 Holzkirchen—Miesbach mit 1000000 fl. und Ansbach—Gunzenhausen mit 1750000 fl.,
1860 Kempten—Memmingen—Ulm mit 3,5 Millionen fl.,
1860/62 Hochstadt—Cronach—Gundelsdorf—Stockheim mit 1,55 Millionen fl.,
1863 Starnberg—Penzberg und Peißenberg mit 3,85 Millionen fl. und Hof—Asch—Eger mit 6,3 Millionen fl.

[1]) Nach den damaligen Verhältnissen; heute sind sie fast alle Teilstrecken von Linien ersten Ranges.

Das Gunzenhäuser Anlehen war ein Prämienanlehen; das Anlehen Hof—Asch—Eger war mit 4vH; die übrigen Anlehen waren mit 4½vH verzinslich. Für die Darlehen und den Zinsen- und Tilgungsdienst — bei der langen Laufzeit der Anlehen erstreckte er sich bis in das zweite Jahrzehnt des zwanzigsten Jahrhunderts hinein — erhielt die Bank eine Vergütung, die zwischen 2 bis über 10vH der Darlehenssumme schwankte.

Von den Teilschuldverschreibungen behielt die Bank selbst erhebliche Summen im Bestand, nicht weil sie schwer anbringlich gewesen wären, sondern weil sie genügend Mittel besaß, um dadurch neben den Vergütungen auch die Zinsen verdienen zu können. Am Starnberg—Penzberg—Peißenberger Anlehen erhielten die Hofbankiers von Eichthal[1]) und von Hirsch, die ursprünglich das Anlehen allein übernehmen wollten, eine Unterbeteiligung von je 1 Million Gulden.

Den langjährigen Bemühungen der Bank, zu laufenden staatlichen Geldgeschäften verwendet zu werden, war jetzt ebenfalls Erfolg beschieden: 1854 überwechselte sie einen erheblichen Teil des bei Rothschild aufgenommenen Anlehens von Frankfurt nach München, im gleichen Jahre erhielt sie das erstemal den Auftrag, durch ihren Geschäftsfreund Erlanger an der Frankfurter Börse Stützungskäufe bayerischer Staatsanleihe vorzunehmen, seit 1860 löste sie die Zinsscheine der bayerischen Staatsanleihen ein, 1864 überwechselte sie die Beiträge Bayerns zu den Kosten des Bundesfeldzugs in Schleswig-Holstein an die Bundeskasse nach Frankfurt; von ihrer Tätigkeit 1866 war schon die Rede, 1867 und 1874 war sie als Einlösungsstelle für das Staatspapiergeld tätig.

Unter den übrigen Geschäften für fremde Rechnung ist die Einlösung der Zins- und Gewinnanteilscheine der Ostbahngesellschaft und der pfälzischen Eisenbahngesellschaften hervorzuheben; 1864 übernahm die Königliche Bank die Einlösung der Zinsscheine für die Pfandbriefe der Bayerischen Hypotheken- und Wechsel-Bank, je gegen eine Vergütung von $^1/_8$vH.

---

[1]) Da die Firma A. E. v. Eichtal 1858 erloschen ist, muß es sich um eine Vermögensanlage des Freiherrn Karl v. Eichthal, des Sohnes von Simon v. Eichthal, gehandelt haben.

Die Rohgewinne in den einzelnen Geschäftszweigen in den Jahren 1850—1878 entsprechen in ihrem gegenseitigen Verhältnis ungefähr dem Geschäftsumfang und seinen Wandlungen: Noch Mitte der fünfziger Jahre waren die Erträgnisse aus Wertpapieren, Ausleihungen auf Schuldurkunden und Ausleihungen in laufender Rechnung annähernd gleich, die aus Hypotheken blieben nicht viel dahinter zurück und die aus Wechseln fielen kaum ins Gewicht; Ende der siebziger Jahre flossen fast alle Erträgnisse aus den drei mächtigen Quellen der Ausleihungen in laufender Rechnung, des Wechselverkehrs und Schuldurkundenverkehrs, unter ihnen nahmen die Ausleihungen in laufender Rechnung unstreitig den Vorrang ein, die Erträgnisse aus Wertpapieren und Hypotheken waren weit dahinter zurückgeblieben.

Nicht unbedeutend waren endlich die Gebühreneinnahmen aus den Gründungen und den Anleiheausgaben.

Die Rohgewinne[1]) und fast genau entsprechend die Reingewinne der Jahre 1850—1875 kletterten in drei Stufen mit ebensovielen Höhe- und Tiefpunkten nach oben[2]).

Der Reingewinn von 1854 verdoppelte sich bis 1856, verdreifachte sich bis 1863 und vervierfachte sich bis 1873: in diesem Jahre war er zum erstenmal höher als eine Million Gulden (1,7 Millionen Mark). Im Durchschnitt wurden seit 1865 eine halbe Million Gulden, in den Jahren 1871—1875 850000 fl., 1875—1878 1,13 Millionen Mark verdient.

Mit diesen Ziffern konnte sich die Königliche Bank allerdings nicht mit den Gesamtgewinnen der Bayerischen Hypotheken- und Wechsel-Bank vergleichen. Die Hauptgewinne, denen es die Bayerische Hypotheken-Bank zu verdanken hatte, daß ihre Geschäftsergebnisse von der Königlichen Bank bei weitem nicht erreicht wurden, stammten aber nicht aus dem kaufmännischen Geschäft, sondern aus dem Hypothekengeschäft; es hat sich namentlich seit

---

[1]) nach Abzug der bezahlten Zinsen.

[2]) Zahlentafel 14, Schaubild 4. Die Reingewinne von 1856 und 1873 kennzeichnen die beiden Hochspannungen mit den darauffolgenden Stockungen; im Gewinn von 1864 wirkt sich die Vergütung für das Pachtbahnanlehen Hof—Asch—Eger, im Gewinn für 1873 die große Zinsspanne bei reichlichen Betriebsmitteln aus.

1864 zu einer riesenhaften Ausdehnung entwickelt[1]); weiterhin aus dem Notenrecht: es hat der Bayerischen Hypotheken- und Wechsel-Bank mit der alleinigen Gegenleistung, für $^{3}/_{5}$ der Summe des Notenrechts Hypothekdarlehen statt zu 5 zu 4 vH zu geben, anfänglich 8, später 12 Millionen Gulden unverzinsliche Betriebsmittel zugeführt.

Das Verhältnis der Reingewinne der Königlichen Bank zu ihren Betriebsmitteln zeigt, die Königliche Bank hat mit ihren vergrößerten Betriebsmitteln durchaus wirtschaftlich und erfolgreich gearbeitet: 1851—1878 verzinsten sich ihre eigenen Mittel[2]) durchschnittlich mit 12,7 vH im Jahr. Die Renten, die der Staat[3]) und die Beamten aus der Bank bezogen, entsprechen Gewinnausschüttungen von durchschnittlich 191,6 vH im Jahre. Die Verwaltungskosten waren mit durchschnittlich 25,3 vH des Rohgewinns durchaus mäßig.

Von den Gewinnen wurde in den meisten Jahren etwas mehr als die Hälfte von der Hauptbank erwirtschaftet, nur in einzelnen Jahren war der Anteil der Zweigniederlassungen größer als der der Hauptbank[4]).

An den großen Aufschwung hefteten sich jedoch eine Reihe großer Verluste; nie hat die Bank so viele Verluste erlitten als 1851—1879: Jahr für Jahr mußten etwa 100000 Gulden im Durchschnitt abgeschrieben werden.

Neben den bereits erwähnten Kurseinbußen an den Wertpapie-

---

[1]) Hypothekenausleihungen 1856 17 Millionen Gulden; Pfandbriefumlauf 1864 26,8 Millionen Mark, 1875 195,8 Millionen Mark.

[2]) Einschließlich Reservefonds und Dotationskapital und unter Hinzurechnung der im voraus bezahlten Zinsen von 6 und 5 vH aus dem Stammkapital und den Kautionskapitalen sowie von 3 vH aus dem Dotationskapital zu den Reingewinnen. Zahlentafel 14.

[3]) Bis 1867; von da an wurde bekanntlich der staatliche Gewinnanteil der Stammeinlage zugeschlagen. Zahlentafel 16.

[4]) Die Filialbank Ansbach arbeitete zwischen 1850 und 1870 häufig mit Verlust: Die Ansbacher Gegend war wie in den früheren Jahren ein Hauptzuflußgebiet für die Einlagen, ihrer großen Zunahme (namentlich der Anlehensscheine) standen in Ansbach keine genügenden Ausleihegelegenheiten gegenüber; so hatte Ansbach ständig außerordentlich hohe Guthaben bei der Hauptbank, daraus wurden andere Niederlassungen mit Geld versorgt, aber der Zinsunterschied (2 vH Zinsvergütung bei der Hauptbank, 2 bis 3 vH Zins für die Einlagen) ließen Ansbach keine Gewinnmöglichkeit.

ren ergaben sich empfindliche Verluste bei Hypothekardarlehen an Gutsbesitzer[1]). Noch mehr wie an der Landwirtschaft wurde an gewerblichen Darlehen und Beteiligungen verloren: bei Hütten- und Hammerwerken, die den Anschluß an die neue Zeit nicht finden konnten, bei Aktiengründungen der fünfziger Jahre, die wieder eingingen[2]), an Kunstmühlen, die wegen der sinkenden Getreidepreise zusammenbrachen, an der Main-Dampfschiffahrts-A.-G., die sich gegen den Wettbewerb der Eisenbahnen nicht halten konnte.

Seit der Ausdehnung ihrer Geschäfte in den fünfziger Jahren wurde die Bank in der Öffentlichkeit viel mehr beachtet als früher. Seit 1865 wurde der Stand der Bank regelmäßig halbjährlich veröffentlicht. Sowohl die Tageszeitungen wie der Landtag und die Handelskammerberichte beschäftigten sich immer wieder, manchmal bemängelnd, meistens aber anerkennend mit der Bank und ihren Geschäften. Getadelt wurde sowohl im Landtag wie in den Handelskammerberichten, die Bank vernachlässige das Wechselgeschäft über der Anlage ihrer Mittel in Wertpapieren, sie berücksichtige bei ihren Ausleihungen das kleine Gewerbe zu wenig und sie gebe zu viel Blankokredite, endlich, die Filialbanken seien zu sehr von der Hauptbank abhängig und die ganze Geschäftsführung sei bürokratisch[3]).

Im Landtage kehrten, was allerdings bei der Entwicklung der

---

[1]) „Der gesunkene Bodenkredit und die Entwertung des Grundbesitzes konnte auch die Bank in ihrem Hauptgeschäft nicht unberührt lassen. Mangels einer Käuferkonkurrenz bei Subhastationen waren Verluste unvermeidlich", berichtete die Bankdirektion hierüber. Der größte Ausfall trat auf dem Konto eines bayerischen Standesherrn ein, dessen oberösterreichische Besitzungen von der Bank belehnt worden waren. Der Schuldsaldo wurde, nachdem sich die Angelegenheit mit Verhandlungen und Rechtsstreiten jahrelang hingezogen hatte, 1872 und 73 mit 293 968 fl. abgeschrieben.

[2]) Z. B. Nürnberger Kammgarnspinnerei, Kaiserslauterner Spinnerei.

[3]) Der Bankkonsulent der Bayerischen Hypotheken- und Wechsel-Bank, Johann Baptist Stroell, bemühte sich in einer Schrift zur Einführung der von ihm erdachten Pfandbriefanstalt so ziemlich alles zusammenzutragen, was gegen eine Staatsbank und „die öffentliche Hand" im Bankgewerbe nur überhaupt gesagt werden kann, er bezeichnete die Königlich Bayerische Bank als eine „getreue Copie der K. Bank zu Berlin vor der Katastrophe von 1806", weil sie „von 50 Millionen fl. kurzen Crediten allermindestens 10 Millionen fl. als lang vergeben" habe: diese Auslassungen des verdienstvollen Mannes waren offensichtlich überhaupt kein abwägendes Urteil sondern ein Wettbewerbsangriff.

Bank und den Gewinnen, die sie an die Staatskasse ablieferte, kaum begreiflich ist, die alten Befürchtungen wegen der Staatshaftung wieder[1]). Auch an Vorschlägen für einen Neuaufbau der Bank durch Umwandlung in eine Aktiengesellschaft oder Zuziehung von Privatkapital in anderer Form fehlte es nicht. Sie wurden indessen nicht ernstlich verfolgt und scheiterten am Widerstand des Finanzministeriums; es wollte die staatliche Oberleitung der Bank durch keinerlei äußere Einflüsse geschwächt wissen.

Das beste Gegenzeugnis gegen die verschiedenen Bemängelungen ist die Beurteilung der Bank durch die Wirtschaftsvertretung an ihrem Hauptsitz. Die Handelskammer Nürnberg schrieb in einer Eingabe vom Jahre 1871:

„Infolge der veränderten Gesetzgebung wird die Errichtung neuer Creditanstalten nicht auf sich warten lassen; für unseren Platz aber wird es sich zunächst darum handeln, daß die Königliche Bank, jenes großartige Institut, welches seit einer langen Reihe von Jahren dem Handel, der Industrie und den Gewerben mit möglichst großer Liberalität zur Seite stand, auch bei der neuen Gestaltung der Dinge mit den großen Mitteln ausgestattet wird, welche dieses Institut nötig hat, um seine Hilfe auch ferner in gleich wohltätiger Weise, aber in noch größerem Umfang zu gewähren."

Überhaupt waren sich trotz der erwähnten Ausstellungen der Landtag und die Handelskammern in einem Punkte einig: Immer wieder wurde eine größere Ausdehnung der Bank gefordert, sowohl durch Zuteilung neuer Betriebsmittel wie durch Errichtung neuer Niederlassungen, um „die Wohltaten der Bank" weiteren Kreisen zugänglich zu machen, und diese Tatsache ist neben der deutlichen Sprache der Geschäftsziffern der beste Beweis dafür, daß die Bank den Aufgaben gewachsen war, vor die sie eine veränderte Zeit und der Wille der Staatsregierung gestellt hatten.

[1]) Die gleichen Bedenken wurden auch immer wieder gegen die Seehandlung geäußert.

Bankgebäude in Kaiserslautern.

DER AUFSTIEG ZUR GROSSBANK.

1879—1914

Im Dezember 1878 wurde eine neue Bankverordnung erlassen; sie trat am 1. Januar 1879 in Kraft. Die Verordnung von 1878 ist kein so wichtiger Markstein wie die Verordnung von 1850; dennoch ist es berechtigt, 1879 oder, wenn man will, den Anfang der achtziger Jahre als den Beginn eines neuen Abschnitts in der Geschichte der Bayerischen Staatsbank zu bezeichnen. In der Zeit vom Anfang der achtziger Jahre bis zum Ausbruch des Weltkriegs wurde die 1850 geschaffene Grundlage befestigt und erweitert. Die deutsche Wirtschaft erlebte einen beispiellosen Aufstieg, der Aufgabenkreis der Staatsbank wurde wesentlich vergrößert: die Bank konnte sich in ihrer seit 1850 errungenen Stellung als Bank des bayerischen Staates fest verankern und ihre Geschäfte gewaltig ausdehnen. Vor Ausbruch des Weltkrieges bezeichnete man gemeinhin diejenigen deutschen Banken, die alle Zweige des kurzfristigen Bankgeschäftes pflegten und mit Betriebsmitteln von mindestens 250 Millionen Mark arbeiteten, als Großbanken; diesen Geschäftsumfang hatte die bayerische Staatsbank 1907 erreicht, 1913 bei weitem überschritten. In ihren Geschäftsaufgaben, ihrem Geschäftsaufbau und ihrer Geschäftstätigkeit unterschied sie sich als öffentliche Bank freilich in manchen Punkten von den deutschen Großbanken[1]), aber von allen öffentlichen Banken Deutschlands kam sie ihnen am nächsten und von allen bayerischen Banken betrieb sie Großbankgeschäfte im größten Umfang. So ist es unbeschadet des angedeuteten Unterschieds richtig, zu sagen: Nach dem Aufstieg zur Staatsbank hat die Königlich Bayerische Bank im letzten Abschnitt ihrer Geschichte vor dem Weltkrieg noch den Aufstieg zur Großbank, zur öffentlichen Großbank, bezwungen.

Die Ursachen des Aufstiegs wurden bereits gestreift. Die äußere Ursache, der Aufstieg der deutschen und mit ihr der bayerischen Wirtschaft hat, auf die Geschichte der Bank bezogen, zwei Seiten: Der Aufstieg der Wirtschaft war in Wechselwirkung mit der den Aufstieg befördernden Tätigkeit der Bank erstens Triebkraft für die Geschäftsausdehnung — dahin wirkten vor allem das Aufblühen von Handel und Gewerbe, die Zunahme des Wohlstandes der Bevölkerung, die Vergrößerung des Staatshaushalts; zweitens veränderte er das Wirtschaftsbild, die Umgebung, den Wirkungskreis der Bank von Grund auf — die hervorstechendste Änderung ist das Heranwachsen der erwerbswirtschaftlichen Geldanstalten und der Sparkassen und ihr Wettbewerb mit der staatlichen Bank.

Die wirtschaftlichen Fortschritte Deutschlands nach dem überwundenen Gründerkrach werden durch einige große Bewegungslinien gekennzeichnet: Die Bevölkerung wuchs gewaltig, ihr Schwergewicht verschob sich von der Landwirtschaft auf die gegewerblichen Wirtschaftszweige. Aus den Bergwerken wurde mehr gefördert, überall, besonders aber im Eisen- und Webstoffgewerbe mehr und besseres erzeugt; die Betriebe ballten sich zu immer größeren und gegenseitig immer mehr verflochtenen Einheiten zusammen; von Jahr zu Jahr wurde Deutschland stärker in die Weltwirtschaft einbezogen. In fünf taktmäßig wiederkehrenden Ab-

[1]) Vgl. Zahlentafeln 18a, b.

schnitten des Aufschwungs, von 1880 bis 1884, von 1888 bis 1890, von 1895 bis 1899, von 1903 bis 1906 und von 1909 bis 1913, jeder mit einer Überspannung und einem mehr oder weniger heftigen Rückschlag endend und vom nächsten durch einige Jahre der Stockung und gedämpfteren Vorwärtsschreitens getrennt, aber jeder Aufschwung auf den Schultern der früheren stehend und ihre Fortschritte übertrumpfend, so nahm dieses erfolgreichste Zeitalter der deutschen Wirtschaftsgeschichte seinen Lauf.

Die Einkommen und Vermögen in den gewerblich tätigen Kreisen mehrten sich, große Reichtümer wurden angesammelt, das ganze Volk konnte besser leben: das waren die erfreulichen Errungenschaften des großen Aufschwungs. In den durch die gewerblichen Standortsverhältnisse begünstigten Gegenden Deutschlands bildeten sich große Industrie- und Geldmittelpunkte, die mehr Ackerbau treibenden Reichsteile mußten an Wohlstand und staatlichem Einfluß hinter ihnen zurückstehen; besitzende und nichtbesitzende Klassen stellten sich gegeneinander: das waren die unvermeidlichen Schattenseiten des großen Erfolgs. Erst im Laufe der Jahre, als auch der Arbeiter besser leben konnte und die Versicherungsgesetze für ihn sorgten, wurde der Gegensatz der Klassen etwas gemildert.

Bayern gehörte zu den Landesteilen, die hinter dem Aufschwung der durch Lage und Bodenschätze begünstigten Gebiete Nord- und Westdeutschlands zurückblieben. Berg- und Hüttenwerke, Eisen- und Webstoffwerke waren nun einmal das Rückgrat des wirtschaftlichen Fortschritts, und für sie fehlte es in Bayern an den natürlichen Vorbedingungen. Fast in allen Bahnen, in denen sich der wirtschaftliche Aufschwung bewegte, war die Entwicklung in Bayern weniger heftig: Der größere Geburtenüberschuß wurde durch Wanderungsverluste abgeschwächt, die Landwirtschaft behauptete ihren Posten als erster Wirtschaftszweig im Staate, der Großbetrieb bildete sich weniger aus, im Gewerbe blieb ein stärkerer handwerklicher Einschlag als anderswo, die Einkommen blieben geringer und es wurden nicht soviel Reichtümer angesammelt als in Norddeutschland.

Andererseits waren die Klassengegensätze weniger scharf als im Norden. Wie die bayerische Landwirtschaft von jeher in der Hauptsache auf der freien Bauernwirtschaft in mittelgroßen Betrieben beruhte, so blieb auch im gewerblichen Leben mehr Selbständigkeit erhalten; waren auch die Einkommen und Vermögen geringer, so gab es doch im Verhältnis weniger Besitzlose als in Norddeutschland. Endlich aber band und verband die Reichseinheit die verschiedenen Gegenden Deutschlands so innig und gestattete ihnen soviel Güter, Menschen und Unternehmungslust zu tauschen, daß Bayern von der Lebhaftigkeit des Nordens mehr befruchtet wurde und seine eigenen wertvollen Kräfte besser entfalten konnte als im ersten großen Aufschwung der fünfziger Jahre.

Die Stärke des bayerischen Gewerbes lag von jeher auf dem Gebiet der Fertigwarenerzeugung. Die handwerkliche Betriebsamkeit Nürnbergs und Augsburgs vererbte sich auf die Zeit der arbeitsteiligen Herstellung; die Rheinpfalz bewährte ihre schon anfangs und Mitte des 19. Jahrhunderts bewiesene gewerbliche Lebhaftigkeit aufs neue. Wie früher war der Sitz der Bank der Vorort des bayerischen Großgewerbes; wie in den fünfziger Jahren der Name Cramer-Klett, so wurde in den neunziger Jahren der Name Sigmund Schuckert zum Zeichen des großgewerblichen Fortschritts in Bayern. Viele neue, auf den Erfindungen des 19. Jahrunderts beruhende Zweige des Großgewerbes, wie Maschinenbau (Nürnberg, Augsburg, München), Herstellung elektrischer Maschinen und Geräte (Nürnberg), Herstellung von Kugellagern (Schweinfurt), Fahrrädern und Nähmaschinen; Erzeugung von Teerfarben und chemischen Mitteln (Ludwigshafen), fanden in Bayern eine besondere Heimstätte. Neben ihnen vergrößerten sich die alteingebürgerten Gewerbezweige: die Porzellanerzeugung in der Oberpfalz und in Oberfranken, das leonische Gewerbe, die Bleistift- und Spielwarenherstellung in Fürth und Nürnberg, die Herstellung von Spiegeln und Spiegelglas in Fürth, die Schuhmacherei in Pirmasens, die Säge- und Fournierwerke in Oberbayern, Oberfranken und in der Oberpfalz, die Schweinfurter Farbenwerke, die Münchner Möbelschreinerei, die Brauerei und Mälzerei, die Baumwollspinnerei und -weberei in Oberfranken und Schwaben.

Von allen diesen Gewerben fanden nur wenige ihr Hauptabsatzgebiet in Bayern; rund zwei Drittel der Erzeugnisse gingen in das übrige Reichsgebiet und ein erheblicher Satz, namentlich der Nürnberger Waren, wie von altersher, mit steigenden Ziffern in das Ausland. Deshalb war das bayerische Gewerbe nicht weniger eng mit der Weltwirtschaft verflochten als das übrige Deutschland, es hatte aber auch neben der Belastung durch die Kosten des Rohstoff- und Kohlebezugs von auswärts noch für einen verhältnismäßig großen Teil seiner Erzeugnisse die Frachtkosten der Ausfuhr in die Absatzgebiete zu tragen. Ein gut geordneter Güterverkehr und Frachtsätze, welche die erwähnten Vorbelastungen berücksichtigen, wurden für das bayerische Gewerbe geradezu eine Lebensfrage. Nur die gegenüber Norddeutschland niedrigeren Arbeitslöhne glichen die Ungunst der übrigen Standortsverhältnisse teilweise aus.

Handel und Verkehr konnten sich infolge der Notwendigkeit, Eisen und Kohle aus Norddeutschland zu beziehen und die gewerblichen Erzeugnisse nach allen Richtungen auszuführen, ferner durch die Lage Bayerns im Schnittpunkt einiger der wichtigsten europäischen Verbindungslinien günstig entwickeln. Der Kleinhandel wuchs mit den Bedürfnissen und der Kaufkraft der Bevölkerung, neben ihm und dem Absatz der gewerblichen Erzeugnisse entwickelte sich ein ausgedehnter Groß- und Fernhandel in Kohlen, Getreide, Hopfen, Wein, Holz, Obst und Südfrüchten.

Die Zunahme der Bevölkerung, die Entwicklung der Erwerbswirtschaft und das Wachsen der staatlichen Macht stellte die öffentlichen Wirtschaftskörper vor neue und vermehrte Aufgaben und Ausgaben: Heer und Flotte, Arbeiterversicherung, staatliche Verkehrsbetriebe, Unterrichtsverwaltung, Städtebau, Straßenbahnen, Licht- und Kraftversorgung mit Gas und elektrischem Strom, Wohlfahrtspflege: all das brachte neue Millionenziffern in die Haushalte des Reichs, der Bundesstaaten und der Gemeinden.

Die Ausgabenseite des bayerischen Staatshaushalts schloß 1880 mit 221 Millionen Mark, 1914 mit 738 Millionen Mark ab. Die bayerische Staatsschuld wuchs zwischen diesen beiden Jahren von 1,3 Milliarden auf 2,5 Milliarden Mark.

Ein erheblicher Teil des Haushalts und der Schuldenlast entfiel auf die Verkehrsverwaltung. In Bayern waren die bedeutendsten Eisenbahnstrecken von vornherein als Staatsbahnen gebaut worden; die größten nichtstaatlichen Linien, die Ostbahnen und die Pfälzer Bahnen wurden 1875 und 1909 verstaatlicht. Die Einnahmen aus der Verkehrsverwaltung, deren Steigerung wieder mit der gesamten wirtschaftlichen Entwicklung zusammenhing, wurden mit den Einnahmen aus den Staatsforsten und dem Malzaufschlag zum Rückgrat des bayerischen Staatshaushalts[1]). Dank diesen drei Einnahmegruppen und einer besonders glücklichen, beständigen Haushaltsführung in der sogenannten „Ära Riedel“, der Amtszeit des Finanzministers von Riedel, von 1877 bis 1904, schlossen die Rechnungen des ordentlichen Haushalts seit 1870 in 36 von 43 Jahren mit bedeutenden Überschüssen und nur in 9 Jahren mit geringen Fehlbeträgen ab, die insgesamt noch nicht den Betrag von zwei guten Überschußjahren erreichten; Schulden mußten fast nur zu werbenden Zwecken, vor allem zum Ausbau und Betrieb der Eisenbahnen aufgenommen werden.

Die Vermehrung der Bevölkerung, der wirtschaftliche Fortschritt, die Erhöhung der Einkommen und Vermögen mußten in der Entwicklung des Bankwesens besonders zum Ausdruck kommen; denn seine Aufgabe war es, Bindeglied zwischen Geldangebot und Geldbedarf zu sein und die Entwicklung von Landwirtschaft, Gewerbe und Handel durch die Zuleitung der notwendigen Betriebsmittel zu fördern.

In der Entwicklung des Bankwesens stehen an erster Stelle die Erneuerung des Notenbankwesens und die Gründung der Reichsbank. Das bisherige planlose Zettelbankwesen wurde beseitigt; neben der Reichsbank als Hauptnotenbank bestand nur noch in Bayern, Sachsen, Württemberg und Baden je eine sogenannte Privatnotenbank mit beschränktem Notenrecht fort. Die Bayerische Hypotheken- und Wechsel-Bank sah sich genötigt, ihr Notenrecht auf eine den Vorschriften des Reichs-Bankgesetzes entsprechende Neugründung, die Bayerische Notenbank, zu übertragen. Die Reichsbank wurde durch ihr großes Grundkapital, durch ihr umfassendes Notenrecht und ihr über ganz Deutschland verzweigtes Niederlassungsnetz zu einer öffentlichen Großbank von bisher

[1]) Voranschlag 1913/14: Roheinnahmen aus der Eisenbahn 318,9 Millionen, aus der Post 80,7 Millionen Mark; Reinerträge (abzüglich Schuldverzinsung und -tilgung): Eisenbahn 11,8 Millionen, Post 4,5 Millionen, Staatsforsten 32 Millionen Mark; Roherträge 1913: Malzaufschlag 53,7 Millionen, sämtliche unmittelbare Steuern 73,5 Millionen Mark; Eisenbahnschuld 1913 2 Milliarden Mark, gleich 80 vH der ganzen Staatsschuld.

ungewohnten Ausmaßen. Ihre gesetzlichen Aufgaben waren, die Währung zu stützen, den Geldumlauf zu regeln und den Zahlungsausgleich zu erleichtern; darüber hinaus gelangte sie seit Beginn des 20. Jahrhunderts zeitweise zu einer fast unumschränkten Beherrschung des Geldmarkts und zu einer Art Beaufsichtigung des ganzen Bank- und Geldwesens.

Bei den erwerbswirtschaftlichen Banken brachte die Zeit nach 1880 zahlreiche Neugründungen. Die großen Unternehmungen drängten die kleinen, die Aktienbanken drängten die Bankiers zurück; die Grundform der deutschen Großbanken bildete sich aus: das Vorbild war die Deutsche Bank. Die Großbanken unterhielten enge Verbindungen mit dem Großgewerbe, führten Neugründungen und Kapitalerhöhungen durch, begaben langfristige Industrie-Anleihen, betrieben und förderten den Börsenhandel in Industriewerten, unterstützten die Gütererzeugung und die Ausfuhr durch Wechselankäufe und Betriebsvorschüsse, dehnten ihre Geschäfte auf das Ausland aus, traten miteinander in Wettbewerb, verwandelten Bankgeschäfte in Zweigniederlassungen, nahmen Aktienbanken in sich auf und beteiligten sich an anderen; durch ein großes Netz von Niederlassungen und Zweigkassen suchten sie möglichst viel Einlagen an sich zu ziehen, um dadurch die Mittel für ihre großen Geschäfte zu gewinnen. Die größten Banken hatten ihren Hauptsitz in Berlin oder verlegten ihn dorthin; es war eine Ausdehnung und Zusammenballung in den mannigfachsten Formen mit dem Ergebnis: Vereinigung einer immer größeren Geldmacht in der Reichshauptstadt.

Die Bewegung griff bald auf Bayern über. 1883 wurde in Ludwigshafen die Pfälzische Bank gegründet, 1896 in München die Bayerische Bank; die Bayerische Bank wurde 1910 von der Darmstädter Bank übernommen. Die Deutsche Bank errichtete 1892 eine Niederlassung in München, 1905 folgte Nürnberg, 1906 Augsburg; die Dresdner Bank kam 1896 nach Nürnberg und Fürth, 1907 nach Augsburg, 1908 nach München; die Darmstädter Bank 1910 nach München und Nürnberg.

Auch die einheimischen Banken wurden vom Ausdehnungsdrang erfaßt. Die Bayerische Hypotheken- und Wechsel-Bank gründete 1905 gemeinschaftlich mit der Disconto-Gesellschaft die

Bayerische Disconto- und Wechsel-Bank; diese übernahm innerhalb von 4 Jahren 20 Bankgeschäfte in Nürnberg, Augsburg, Würzburg, Schweinfurt und kleineren Orten als Zweigniederlassungen. Die Bayerische Vereinsbank übernahm von 1886 bis 1908 10 Bankgeschäfte und 2 Aktienbanken, die Bayerische Handelsbank zwischen 1899 und 1911 19 Bankiers und 3 Banken; die Pfälzische Bank übernahm zwischen 1894 und 1908 17 Bankfirmen und verband sich selbst näher mit der Rheinischen Kreditbank, Mannheim; diese wiederum stand der Deutschen Bank nahe.

Der Bankierstand hatte bis in die fünfziger Jahre hinein den Geldmarkt fast allein beherrscht und noch 1870 das stärkste Glied in der deutschen Bankenverfassung gebildet; jetzt wurde er aus seiner Vormachtstellung verdrängt. Alte Bankiergeschlechter starben aus oder zogen, wie 1902 das Frankfurter Haus Rothschild, ihre Vermögen aus dem Bankgeschäft zurück. Unter den Bankhäusern in Bayern, die ihre Selbständigkeit verloren, verdienen die alten und berühmten Namen Hofbankier Josef von Hirsch, München[1]), P.C. Bonnet, Augsburg[2]) und Paul von Stetten, Augsburg[3]) besondere Erwähnung.

Indessen bedeutete der Rückgang keine Ausmerzung. Einige große Bankhäuser, auch in neuerer Zeit gegründete, konnten sich behaupten; für Bayern darf hier an die Häuser Merck, Finck & Co. und Martin Aufhäuser in München, Friedrich Schmid in Augsburg, Anton Kohn in Nürnberg und A. E. Wassermann in Bamberg erinnert werden. Im allgemeinen wurde die Tätigkeit des Bankiers von den Großgeschäften auf die Pflege des kleineren örtlichen Kundengeschäfts zurückgeschraubt, aber in dieser Beschränkung waren neben den Großbankniederlassungen noch genügend Raum und volkswirtschaftliche Aufgaben für die von der Aufsaugewelle verschont gebliebenen Bankiers vorhanden.

Die Zahl der bayerischen Pfandbriefanstalten wurde 1886 durch die Pfälzische Hypothekenbank, 1895 durch die Bayerische Bodencreditanstalt vermehrt; 1896 wurde auf Wunsch der landwirtschaftlichen Verbände und des Landtags mit staatlicher Hilfe die Bayeri-

[1]) 1886 Bayerische Vereinsbank.

[2]) 1905 Bayerische Disconto- und Wechsel-Bank.

[3]) 1907 Dresdner Bank.

sche Landwirthschaftsbank gegründet; der bayerische Staat selbst betrieb seit 1884 in seiner Landeskulturrentenanstalt ein Pfandbriefgeschäft zur Beschaffung von Mitteln für Bodenverbesserungen.

Die weite Volkskreise erfassende Vermögensbildung brachte den Sparkassen viele Einlagen zu, neue Sparkassen wurden gegründet. Das Scheckgesetz von 1908 gestattete Schecke auf Sparkassen zu ziehen; damit waren die Sparkassen im entscheidenden Punkte den Banken gleichgestellt und sie vergrößerten sich zu einer Art von Mittelstandsbanken; den bayerischen Sparkassen ermöglichte es die Sparkassenordnung von 1911 ihren Geschäftskreis bedeutend zu erweitern.

Die Genossenschaftsbewegung führte zur Gründung von Tausenden kleiner, vor allem landwirtschaftlicher Kreditgenossenschaften; in ihrem straffen Gefüge gelangten sie zu erheblicher volkswirtschaftlicher Bedeutung und widmeten sich ihrer Aufgabe, der Ansammlung von Spargeldern von ihren Mitgliedern und der Gewährung von kurz- und mittelfristigen Darlehen an sie mit großem Erfolge.

In Bayern wurde das landwirtschaftliche Genossenschaftswesen 1893 durch die Gründung der Bayerischen Zentraldarlehenskasse als Geldausgleichsstelle des größten der drei in Bayern vertretenen Genossenschaftsverbände erheblich gestärkt; 1900 gründete Dr. Georg Heim die Zentralgenossenschaft des Bayerischen Bauernvereins.

So sah sich die Königlich Bayerische Bank, die bisher nur mit dem einfachen Gefüge der bayerischen Bankgeometrie zu rechnen gehabt hatte, seit Anfang der achtziger Jahre in eine neue Umgebung gestellt: Erst Wettbewerb, dann Überordnung der Reichsbank[1]), gesteigerter Wettbewerb der Bayerischen Hypotheken- und Wechsel-Bank, der neuen Aktienbanken und der Großbankniederlassungen; Heranwachsen der Sparkassen, Auftreten der Genos-

[1]) Die Reichsbank wurde, bis sich ihre alles überragende Stellung als Hauptnotenbank und Bank der Banken durchgesetzt hatte, von den bei ihrer Gründung vorhandenen Banken als „Konkurrenz" empfunden; mit einem kleinen Lächeln liest man heute im „Korrespondenten von und für Deutschland" von 1876, daß sich die Königliche Bank gegen die Konkurrenz der Reichsbank „gut gehalten" habe.

senschaften; neues Leben in der Wirtschaft, neu gebildete Vermögen und gesteigerte Geldansprüche; dazu kamen neue Wege des Geldüberweisungsverkehrs, neue Zweige des Bankgeschäftes selbst, wie Verwahrungs- und Verwaltungsgeschäft: es galt sich mit den neuen Erscheinungen des Banklebens abzufinden und dem neuen, gegenüber dem früheren ungleich verwickelteren Aufbau und Ablauf des wirtschaftlichen Lebens gewachsen zu bleiben.

Der am Anfang dieses Hauptstücks angedeutete Aufstieg der bayerischen Staatsbank zu einer öffentlichen Großbank zeigt, die Bank konnte in der neuen Umgebung bestehen, sie stand im allgemeinen Aufschwung nicht stille und ließ sich nicht nur vom Strome treiben; daß es so kam, verdankt sie zunächst der Erweiterung ihrer Geschäftsaufgaben und deren Anpassung an die neue Zeit; um so mehr, weil damit die Zufuhr erheblicher neuer Betriebsmittel verknüpft war.

Seit 1850 ist bei den Geschäftsaufgaben der bayerischen Staatsbank zwischen den allgemeinen Aufgaben einer Bank und den besonderen Aufgaben einer Staatsbank zu unterscheiden. Für beide Gruppen ist zuvörderst die neue Bankverordnung vom 13. Dezember 1878 wichtig; der in ihr vorgezeichnete Aufgabenkreis wurde jedoch in späteren Jahren mehrfach erweitert.

Die Verordnung von 1878[1]) umschrieb nach dem Vorbild des Reichs-Bankgesetzes den Geschäftskreis der Bank, indem sie die der Bank gestatteten Geschäfte einzeln aufzählte.

Es waren im besondern die Annahme verzinslicher oder unverzinslicher Gelder gegen Schuldscheine; die Diskontierung, der An- und Verkauf von Wechseln und wechselmäßigen Handelspapieren; die Gewährung von Lombarddarlehen; die Gewährung von Vorschüssen in laufender Rechnung oder in anderer Form gegen entsprechende Sicherheit; die Geschäftsbesorgung für fremde Rechnung; der An- und Verkauf von Wertpapieren, jedoch nur innerhalb der vom Finanzministerium gezogenen Grenzen; die Verwaltung und Aufbewahrung von Wertgegenständen.

In der Umgrenzung des Wirkungskreises fällt sofort der wich-

[1]) Urkunden und Geschichtstafeln 7.

tigste Unterschied der Staatsbankgeschäfte von den Geschäften der erwerbswirtschaftlichen Großbanken auf: das Gründungsgeschäft, die Übernahme von Aktien und die Begebung von Industrieanleihen fehlen; im An- und Verkauf von Wertpapieren ist die Bank durch die Anweisungen des Finanzministeriums beschränkt.

Die der Bank gestatteten Geschäfte waren im wesentlichen die gleichen, die sie schon bisher betrieben hatte; neu war die Verwaltung und Aufbewahrung von Wertgegenständen. Zunächst nahm die Bank nur verschlossene Einlagen an. Im Laufe der Zeit wurden auch Wertpapiere als offene Einlagen zur Verwahrung und Verwaltung angenommen und Schrankfächer vermietet; diese zwei Arten des Verwahrungsgeschäfts waren 1879 noch wenig bekannt, auch mußten dafür erst die notwendigen Stahlkammern gebaut werden.

Mit der Annahme von Wertpapieren als offene Einlagen begann 1889 die Würzburger Niederlassung, 1890 folgte Nürnberg, 1894 München, 1899 Augsburg, 1904 Ludwigshafen und 1905 Hof. Die übrigen Niederlassungen nahmen offene Einlagen nur zur Verwahrung und Verwaltung bei einer der vorgenannten Niederlassungen an; erst 1919 wurde die Annahme offener Einlagen auf alle Niederlassungen ausgedehnt. Die Verwahrung und Verwaltung von Wertpapieren diente sowohl der Kundschaft wie öffentlichen Stellen, endlich war sie für die Anlage von Mündelvermögen wichtig.

Mit der Vermietung von Schrankfächern begann 1896 die Filialbank Bamberg, 1899 folgte die Hauptbank; 1911 waren alle Bankniederlassungen entweder mit Schrankfächern oder mit vermietbaren Stahlkästchen versehen.

Die Bedeutung der neuen Geschäftszweige lag nicht nur in der Gebühreneinnahme, sondern auch in den Zubringerdiensten, die sie den übrigen Geschäftszweigen leisteten; denn die Einleger und Schrankfachmieter ließen sich laufende Rechnungen eröffnen und gewöhnten sich daran, ihre Geldgeschäfte durch die Bank besorgen zu lassen, Ersparnisse bei ihr anzulegen, Vorschüsse auf die verwahrten Wertpapiere zu nehmen und durch die Bank Wertpapiere kaufen und verkaufen zu lassen. Die Vorschüsse auf hinterlegte Wertpapiere schwollen zu ansehnlicher Höhe an, und, das war besonders angenehm, der größte Teil der an die Inhaber offener Einlagen ausgeliehenen Beträge wurde durch die Guthaben anderer Einleger wieder ausgeglichen; das Verwahrungsgeschäft dehnte nicht nur das Leihgeschäft aus, sondern sorgte gleichzeitig selbst für die dazu nötigen Betriebsmittel.

Wenn im Fehlen des Gründungsgeschäftes und in der Beschränkung des Wertpapierhandels für eigene Rechnung der Hauptunterschied der Königlichen Bank von den erwerbswirtschaftlichen Großbanken lag, so war das Verwahrungs- und Verwaltungsgeschäft, die sich daran knüpfende enge Verbindung zwischen Bank und Kundschaft durch die aus der Verwahrung entstehenden weiteren Geschäfte und die sich ganz von selbst einstellende Beratung in Vermögensangelegenheiten einer der Tätigkeiten, in denen die Königliche Bank im Gegensatz zu allen andern öffentlichen Banken der Geschäftstätigkeit der erwerbswirtschaftlichen Banken am nächsten kam; aber es war auch hier ein Unterschied: von Vorschüssen zur Unterstützung des Börsenspiels hielt sich die Staatsbank fern.

Als staatliche Aufgaben der Bank führte die Verordnung an: die Behandlung der Einlagen von Gerichten und Behörden; die Annahme von verzinslichen und unverzinslichen Einlagen vom Staat, von Stiftungen und Gemeinden; die Besorgung der Kassegeschäfte der Brandversicherungsanstalt. Außerdem behielt sich das Finanzministerium vor, der Bank „die Durchführung besonderer Creditoperationen des Staates oder inländischer Corporationen zu übertragen oder zu deren Durchführung die Genehmigung zu erteilen, zur Vermittlung des Geldverkehrs zwischen den Staatskassen die Bank in Anspruch zu nehmen, sowie derselben sonstige Cassageschäfte und damit zusammenhängende Aufgaben zu übertragen“.

Für die Behandlung der Einlagen von Gerichten und Behörden brachte die Einführung der Reichsjustizgesetze in Bayern, 1879, eine bedeutsame Neuerung: Bisher hatten die Parteien und Vormünder Streitsicherheiten und Mündelgelder ausnahmslos bei den Gerichten hinterlegt, und diese waren verbunden, die eingehenden Gelder bei der Bank anzulegen; jetzt wurden zur Entlastung der großen Gerichte die Niederlassungen München, Nürnberg und Ludwigshafen selbst als Hinterlegungsstellen für die einschlägigen

Gerichtsbezirke erklärt, das heißt die Parteien und Vormünder hinterlegten unmittelbar bei den Bankanstalten.

Nach der Einführung des Bürgerlichen Gesetzbuches und dem Erlaß der Bayerischen Hinterlegungsordnung vom 18. Dezember 1899 wurden alle Staatsbankniederlassungen zu Hinterlegungsstellen erklärt; für die Hinterlegung von Wertpapieren als offene Einlagen unbeschränkt, für die Hinterlegung von Geld und Kostbarkeiten nur für die Bezirke der Gerichte, die ihren Sitz am Bankort hatten; für die übrigen Gerichtsbezirke blieben die Gerichte selbst Hinterlegungsstellen, sie mußten wie bisher das bei ihnen hinterlegte Geld bei der Königlichen Bank verzinslich anlegen. Nach § 1808 des Bürgerlichen Gesetzbuches waren Einlagen bei der Bank reichsmündelsichere Anlagen.

Die Kassengeschäfte der Brandversicherungsanstalt waren der Königlichen Bank schon durch das Brandversicherungsgesetz vom 3. April 1875 übertragen worden. Der Anschluß der Brandversicherungskasse an die Königliche Bank war der Vorläufer des allgemeinen staatlichen Überweisungsverkehrs. Die Brandversicherungsanstalt entwickelte sich zu einer der größten und angenehmsten Geschäftsverbindungen; die hohen und ziemlich beständigen Guthaben der Brandversicherungsanstalt gehörten zu den reichsten und sichersten Betriebsmittelquellen der Staatsbank. Seit 1890 standen die Landesversicherungsanstalten im laufenden Verkehr mit der Königlichen Bank; die Bank besorgte deren Wertpapierkäufe; seit 1905 verwahrt und verwaltet sie die Wertpapierbestände der Versicherungsanstalten als offene Einlagen.

Der Vorbehalt, die Bank zur Vermittlung des Geldverkehrs der Staatskassen in Anspruch zu nehmen, wurde stufenweise verwirklicht. Begonnen wurde 1889 mit der Einrichtung eines Überweisungsverkehrs (Giroverkehrs) der Heereskassen. Er war zunächst auf die Generalmilitärkasse, die Korpszahlungsstellen, die technischen Institute und die örtlichen Heeresbehörden beschränkt; 1903 wurde er auf die Truppenkassen der großen Standorte ausgedehnt.

Als erster Zweig der bürgerlichen Verwaltung folgte 1900 die Post. Im Gegensatz zu der zwischen Reichspost und Reichsbank getroffenen Regelung, bei der nur der Reichs-Generalpostkasse eine Rechnung eröffnet wurde, erhielten neben der Zentralpostkasse in München auch die Bezirkspostämter Augsburg, Bamberg, München, Nürnberg, Regensburg, Speyer, Würzburg eigene Bankrechnungen bei den zuständigen Staatsbankniederlassungen. 1904 wurden einige größere Postämter, 1908 die Postämter an allen Bankorten, 1909 die drei neu errichteten Postscheckämter München, Nürnberg und Ludwigshafen angeschlossen.

Seit 1908 wurde es den Kunden der Bank allgemein möglich gemacht, Postanweisungen durch Gut- und Lastschrift über ihre eigenen Bankrechnungen und die Postbankrechnungen einzuzahlen und auszahlen zu lassen und bei Einzahlungen an die Postämter selbst Schecke auf die Königliche Bank in Zahlung zu geben, eine Einrichtung, die schon seit 1878 zwischen der württembergischen Post und der Reichsbank, seit 1897 versuchsweise bei der Filialbank Regensburg und seit 1900 bei allen Postbankrechnungen führenden Niederlassungen der Königlichen Bank bestand. 1909 wurde das Verfahren auf den Zahlkartenverkehr ausgedehnt.

Durch den Überweisungsverkehr wurde die Königliche Bank die ausschließliche Bankverbindung der bayerischen Postverwaltung. Bis 1916 hatten die Postscheckämter nicht einmal ein Reichsbankgirokonto; die Girokunden der Reichsbank konnten am Postanweisungs- und Postzahlkarten-Giroverkehr in Bayern nur durch Vermittlung der Königlichen Bank teilnehmen.

Alle Postdienststellen waren angewiesen, ihre entbehrlichen Barmittel fortlaufend bei der Königlichen Bank zur Gutschrift auf ihre Bankrechnungen oder die Rechnung eines bestimmten an den Überweisungsverkehr angeschlossenen Postamts abzuführen; ebenso wurden die flüssig zu haltenden Beträge der Postscheckgelder bei der Königlichen Bank angelegt.

Die Verfügung über die Guthaben geschah ähnlich wie bei der Reichsbank durch weiße Schecke für Abhebungen, rote Schecke für Übertragungen auf andere Rechnungen bei der Königlichen Bank, rote Schecke mit braunem Rand für Übertragungen auf Rechnungen anderer Banken und, seit 1909, durch gelbe Schecke für Abhebungen der Ämter über ihre Guthaben hinaus zu Lasten der Zentralkasse in München. Eine entsprechende Regelung wurde später für den Überweisungsverkehr mit den übrigen Staatskassen eingeführt.

1901 schloß sich die Eisenbahnverwaltung dem Vorgehen der Post an. Am Überweisungsverkehr waren die Eisenbahnzentralkasse, die Oberbahnamtskassen, die Eisenbahnsektionskassen und eine Reihe von Stationskassen beteiligt. 1903 folgten die Steuer- und die Zollverwaltung: zunächst die Staatshauptkasse und die Kreiskassen, die Zentralzollkasse und die Hauptzollämter, 1905 die am Sitze einer Bankniederlassung befindlichen Rentämter, 1909 alle Rentämter. Zwischen 1908 und 1911 endlich wurde der Überweisungsverkehr auf die Gerichtsverwaltung und innere Verwaltung (Strafanstalten, Gerichtskassen, Bezirksämter usw.) ausgedehnt.

Die Einführung des Überweisungsverkehrs mit den staatlichen Kassen wurde ähnlich wie 1795 die Verlegung nach Fürth und 1850 die Ausdehnung des Wirkungskreises auf das ganze Königreich zu einem bahnbrechenden Ereignis in der Geschichte der Bank. Hatte die Verlegung nach Fürth aus der markgräflichen Hofbank überhaupt erst eine Bankanstalt von einiger Bedeutung gemacht und hatten ihr das Gesetz vom 25. Juli und die Verordnung vom 4. Oktober 1850 den Aufstieg zur Bank des bayerischen Staates ermöglicht, so bedeutete die Einführung des staatlichen Überweisungsverkehrs den letzten Schritt im Aufstieg zur Großbank. Der Überweisungsverkehr und die damit verbundene Verwaltung der vorübergehend verfügbaren Staatsgelder ergänzten in den Jahren seit 1900 die selbst gewaltig gestiegenen Einlagen aus der freien Wirtschaft zu den Riesensummen, die der Bank die breite Grundlage für die Ausdehnung ihrer Tätigkeit zu großbankmäßigem Umfang verschafften. Das bleibende Verdienst, diesen dritten entscheidenden Erfolg in der Geschichte der bayerischen Staatsbank herbeigeführt zu haben, gebührt dem damaligen Bankkommissär und späteren Finanzminister Hermann v. Pfaff.

Mit dem Überweisungverkehr wurden zwei Ziele verfolgt und erreicht: In erster Linie wurde der Geldausgleich unter den Kassen erleichtert; die bisher brach liegenden Bestände trugen Zinsen und wurden durch das Niederlassungsnetz der Staatsbank der freien Wirtschaft, insbesondere auch der Wirtschaft in den geldärmeren Landesteilen, zugeführt. In zweiter Linie erhielt die Bank einen weiteren Stock von Betriebsmitteln. Der größte Teil davon mußte kurzfristig angelegt werden, denn die Guthaben schwankten sehr stark[1]), ein gewisser, erfahrungsgemäß immer zurückbleibender Bodensatz aber konnte auch auf längere Sicht gewinnbringend verwendet werden. Der Überweisungsverkehr bahnte weitere Geschäfte mit öffentlichen Stellen an: Die Bank übernahm Bürgschaften zur Sicherung von Frachten-, Zoll- und Steuerstundungen und verwahrte Wertpapiere, die zum gleichen Zweck bei den öffentlichen Kassen hinterlegt wurden.

Für die Brandversicherungsanstalt und die Staatskassen war die Königliche Bank die einzige Bankverbindung; nicht so für die Gemeinden und Stiftungen. Gemeinde-, Stiftungs- und Sparkassengelder konnten auch bei der Bayerischen Hypotheken- und Wechsel-Bank[2]) und den anderen größeren bayerischen Banken angelegt werden; ähnlich war es mit der Verwahrung von Wertpapieren. Die bayerische Staatsbank mußte deshalb ihren Verkehr mit den Gemeinden, Stiftungen und Sparkassen ohne Vorzugsrecht und im Wettbewerb mit den übrigen Banken aufbauen; sie hat es sich aber von jeher zur Aufgabe gestellt, den Verkehr mit den Gemeinden und gemeindlichen Körperschaften zu pflegen. Seit 1883, in diesem Jahre wurde den Gemeinden die Errichtung von laufenden Rechnungen bei der bayerischen Staatsbank gestattet, hat sich der Verkehr mit den Gemeinden in erfreulicher Weise gehoben. Mit der wirtschaftlichen Erstarkung der Gemeinden und der Vergrößerung der Sparkassenbetriebe flossen die Einlagen reichlicher; es standen ihnen aber auch wachsende Darlehensansprüche gegenüber, Guthaben und Schuld hielten sich fast immer die Waage. Die Bank gewährte an Gemeinden, Sparkassen und Stiftungen im Guthaben- wie im Schuldverkehr Vorzugszinssätze und konnte allen mit der Art ihrer Betriebsmittel zu vereinbarenden Darlehensansprüchen, also in der Hauptsache den Bedürfnissen nach laufenden Betriebsvorschüssen und Zwischendar-

---

[1]) Schaubild 16.

[2]) Die Bayerische Hypotheken- und Wechsel-Bank mußte schon 1864 als Gegenleistung für die Erlaubnis zur Pfandbriefausgabe laufende Rechnungen für einen Guthabenverkehr der Sparkassen mit besonders günstiger Verzinsung einrichten.

lehen, gerecht werden. Seit 1904 nahm die Bank Wertpapiere von Gemeinden und Stiftungen als offene Einlagen an; für Rechnung der großen Sparkassen kaufte sie Wechsel zur flüssigen Betriebsmittelanlage an, verwahrte sie und zog sie bei Fälligkeit ein.

1914 wurde — das soll vorausgenommen werden — der Giroverband bayerischer Sparkassen gegründet; die Königliche Bank war bis zur Gründung der Bayerischen Girozentrale im Jahre 1919 die Geldausgleichstelle des Verbands und der an ihn angeschlossenen Sparkassen; die K. Filialbank Ludwigshafen war schon seit 1902 die Geldausgleichstelle des pfälzischen Sparkassenverbandes.

In ähnlicher Weise widmete sich die Staatsbank den Genossenschaften. Die bayerische Genossenschaftsbewegung ging von Unterfranken aus; die K. Filialbank Würzburg war seit 1881 die Geldausgleichsstelle der unterfränkischen Darlehenskassenvereine. Die Bayerische Zentraldarlehenskasse, die Geldausgleichsstelle des größten landwirtschaftlichen Genossenschaftsverbandes, unterhielt seit ihrer Gründung im Jahre 1893 einen außerordentlich lebhaften Geschäftsverkehr mit der Königlichen Bank und wurde von ihr durch Vorschüsse unterstützt. Ebenso trat die Landwirtschaftliche Zentralgenossenschaft des Bayerischen Bauernvereins (Heimsche Genossenschaften) wenige Jahre nach ihrer Gründung in Ansbach und später in Regensburg mit den dortigen Filialbanken in Geschäftsverbindung; sie nahm allerdings nur mäßige Vorschüsse in Anspruch und stand meistens im Guthabenverkehr. Wie die Gemeinden und Stiftungen, erhielten auch die Genossenschaften Vorzugszinssätze zugebilligt.

Mehrfach wurde im Landtage angeregt, der Königlichen Bank nach dem Vorbilde der Bayerischen Hypotheken- und Wechsel-Bank und der übrigen gemischten Banken eine Hypotheken- und Pfandbriefabteilung anzugliedern[1]). Die Königliche Bank lehnte die Errichtung einer Pfandbriefabteilung mit Zustimmung des Finanzministeriums jedesmal ab, weil sie ihre geschichtliche Auf-

---

[1]) 1883, vor Gründung der Landeskulturrentenanstalt, 1887 und 1895 vor Gründung der Bayerischen Landwirthschaftsbank; endlich 1913, damals sollte die Bayerische Landwirthschaftsbank in eine Hypotheken- und Pfandbriefabteilung der Staatsbank umgewandelt werden.

gabe in den Geschäften einer Einlagen-, Wechsel- und Leihbank sah und weil sie glaubte, in den Wirkungskreis der gut eingeführten bayerischen Pfandbriefanstalten nicht eingreifen zu sollen.

An der Rechtsform der Bank änderte die Verordnung von 1878 nichts, aber das letzte Überbleibsel der alten Sozietät auf Aktien verschwand: die Kautionen der Bankbeamten bildeten keinen Bestandteil der Stammeinlage mehr; an die Stelle der nach dem Verhältnis der Kautionskapitale berechneten Gewinnverteilung traten widerrufliche Nebenbezüge aus dem Reingewinn.

Die schon seit 1850 bestehende Steuer- und Gebührenfreiheit der Bank wurde 1878 in der Bankverordnung selbst festgelegt[1]).

Die Verwaltung und Geschäftsleitung der Bank oblag nach wie vor der Bankdirektion als Kollegialbehörde; sie hatte, wie bekannt, über die wichtigsten Gegenstände durch Mehrheitsbeschluß zu entscheiden. Im übrigen wurde zwischen Leitung der Verwaltung und kaufmännischer Leitung unterschieden. Die Verwaltung leitete der Bankdirektor; er war, wie bisher, Vorstand der Bankdirektion und beaufsichtigte die Geschäftsführung der Hauptbank und der Niederlassungen. Die kaufmännischen Geschäfte leitete der Bankier, jetzt I. Bankier genannt; er beaufsichtigte die Geldbewegung der Hauptbank und der Niederlassungen; er mußte ständig mit dem Bankdirektor in Verbindung bleiben und ihn über alle wichtigeren Vorgänge und Maßnahmen unterrichten. Die Befugnisse des Bankiers wurden somit gegenüber der Verordnung von 1850 wesentlich erweitert; indessen bestätigte die neue Verordnung nur einen Zustand, der sich infolge der Geschäftserweiterung der Bank und der Besetzung des Bankierpostens mit einem so fähigen Kopf wie August v. Manz ganz von selbst herausgebildet hatte.

Um den I. Bankier und Vorstand der Hauptbank für die kauf-

[1]) Nach der Verordnung von 1878 war die Bank auch von den Stempelabgaben befreit; diese Befreiung wurde jedoch 1915 wieder aufgehoben. Weiter gestattete ihr die Verordnung Pfänder statt durch Gerichtsvollzieher oder vereidigte Handelsmakler durch ihre eigenen Beamten zwangsweise verkaufen zu lassen; diese Bestimmung wurde 1900 durch das Bürgerliche Gesetzbuch außer Kraft gesetzt.

männische Gesamtleitung freizuhalten, wurde ein II. Bankier aufgestellt; er war stellvertretender Vorstand der Hauptbank und stellvertretendes Mitglied der Bankdirektion; seine besondere Aufgabe war, das Nürnberger Platzgeschäft zu pflegen.

Wie die Befugnisse des Bankiers, so wurden auch die des Bankkommissärs erweitert: er erhielt das Recht, die Bankanstalten selbst zu prüfen, den Geschäftsprüfungen der Direktionsmitglieder anzuwohnen und von den Bankanstalten unmittelbar alle ihm sachdienlichen Aufschlüsse zu verlangen.

Mit der zunehmenden Bedeutung der Bank wurden die leitenden Beamten im Rang gehoben. Die Bankdirektoren hatten 1878 bis 1906 den Titel und Rang von Ministerialdirektoren; seit 1906 führten sie den Titel „Präsident der Königlichen Bank“ mit dem Range eines Regierungspräsidenten; 1909 erhielt der I. Bankier die Bezeichnung „Direktor der Königlichen Hauptbank“.

Der unmittelbare Anlaß für den Erlaß der Bankverordnung war ein höchst bedauerliches Ereignis einer Art, wie sie, das kann mit Genugtuung verzeichnet werden, in der Geschichte der Bayerischen Staatsbank äußerst selten waren: in einer Filialbank waren große Unterschleife vorgekommen. Deshalb führte auch die Bankverordnung neben der Erweiterung der Befugnisse des Bankkommissärs im inneren Betrieb der Bank nach 82jähriger Pause den Grundsatz der Doppelunterschrift wieder ein: alle Urkunden und schriftlichen Erklärungen, aus denen die Bank verpflichtet werden sollte, mußten mit zwei Unterschriften versehen sein.

Gleichzeitig mit der Bankverordnung erschienen eine Reihe von neuen Dienstanweisungen: eine Anweisung für die Geschäftsführung der Hauptbank und der Zweigniederlassungen, eine Anweisung für die Geschäftsprüfungen und besondere Anweisungen für alle Geschäftszweige. Die meisten Dienstanweisungen wurden 1910 erneuert und verbessert; einzelne blieben bis in das Jahr 1924 bestehen. Endlich wurde zur besonderen Überwachung des Verkehrs der Zweigniederlassungen ein eigenes Revisions- und Kontrollbüro bei der Hauptbank geschaffen; seine Leitung gehörte zu den Geschäftsaufgaben des I. Bankiers.

Für das Verwahrungs- und Verwaltungsgeschäft wie für die Besorgung des gerichtlichen Hinterlegungswesens wurden besondere

Geschäftsabteilungen gebildet; nach der allgemeinen Aufnahme der offenen Einlagen gliederte sich jede Niederlassung in die Bankabteilung, die Depotabteilung und die gerichtliche Hinterlegungsstelle.

Die Erweiterung der Geschäftsaufgaben und des Geschäftsumfangs zwang die Bank, die Zahl ihrer Beamten und Angestellten fortwährend zu erhöhen. 1882 waren zusammen 106 Kräfte angestellt, 1900 waren es 174, 1913 561; davon 116 bei der Hauptbank in Nürnberg und 155 bei der Filialbank München. Die Hauptursachen für die Beamtenvermehrung waren das Verwahrungs- und Verwaltungsgeschäft, der Staatskassenverkehr und die Errichtung neuer Niederlassungen. Seit 1902 wurden auch weibliche Beamte und Angestellte verwendet, die Münchner Niederlassung machte den Anfang damit; 1913 waren bei der ganzen Bank 37 Beamtinnen und 52 weibliche Hilfskräfte beschäftigt.

Mit der Vergrößerung gewann der Beamtenkörper eine gewisse innere Festigung: Es wurden einheitliche Vorschriften über die Vorbedingungen für die Aufnahme in den Dienst der Königlichen Bank erlassen[1]); es bildete sich eine geregelte Laufbahn für den kaufmännischen Dienst heraus. Die leitenden kaufmännischen Beamten gingen durchwegs aus dieser Laufbahn hervor; den tüchtigsten Beamten stand der Aufstieg bis zur kaufmännischen Leitung der Bank offen. Mehrfach übernahmen auch Beamte der Bank leitende Stellungen in erwerbswirtschaftlichen Banken.

Unter den Anwärtern, die sich für den Dienst der Bank meldeten, wurde stets sorgfältig gesiebt; in den Zeiten vor Weltkrieg und Währungsverfall wurde die gesicherte Beamtenlaufbahn allgemein höher eingeschätzt als selbst bedeutend besser bezahlte Posten der freien Wirtschaft: deshalb konnte die Beamtenschaft der Königlichen Bank sowohl unter den Staatsdienern wie unter den Beamten der erwerbswirtschaftlichen Banken eine geachtete und der Würde und Bedeutung der Staatsbank angemessene Stellung behaupten.

---

[1]) Erfolgreicher Besuch einer sechsklassigen Mittelschule, dreijährige Lehrzeit und mindestens einjähriger Dienst als Handlungsgehilfe in einem Bank- oder Handelshaus, Höchstalter 27 Jahre; ältere Beamte zum sofortigen Eintritt in gehobene kaufmännische Stellungen und Lehrlinge wurden nicht angenommen.

Die Stellen der Kanzleibeamten, Geldzähler und Bankwarte wurden in der Regel mit Versorgungsanwärtern[1]) besetzt.

Die Eröffnung der Niederlassungen in München und Augsburg hatte in der örtlichen Ausdehnung der Königlichen Bank einen gewissen Abschluß gebildet; erst zwanzig und mehr Jahre später, ungefähr gleichzeitig mit der größten Ausdehnung der erwerbswirtschaftlichen Banken, wurden neue Niederlassungen gegründet: 1894 Fürth, 1899 Landshut, 1901 Kempten, 1904 Kaiserslautern und Aschaffenburg, 1905 Rosenheim, 1908 Ingolstadt, 1911 Pirmasens, 1913 Erlangen[2]). Die Bank bedurfte der Niederlassungen, um ihrer Aufgabe als Geldausgleichstelle der Staatskassen gerecht werden zu können; die Ausdehnung war auch deshalb geboten, damit die Staatsbank nicht durch die erwerbswirtschaftlichen Banken von ihrer altüberlieferten Tätigkeit, der Sammlung von Einlagen aus der freien Wirtschaft und der Ausleihung dieser Gelder im unmittelbaren Kundengeschäft an die freie Wirtschaft, abgedrängt wurde; endlich wurden neue Niederlassungen immer wieder vom Landtage, von den örtlichen Selbstverwaltungskörpern und den Wirtschaftsvertretungen gefordert.

Fast alle neuen Niederlassungen erhielten sofort bei ihrer Errichtung oder kurz darnach eigene Bankgebäude. Die vergrößerten Geschäfte, nicht zuletzt das Verwahrungs- und Verwaltungsgeschäft, forderten für alle Niederlassungen große, neuzeitlich eingerichtete und mit Stahlkammern versehene Gebäude. So wurden auch für die älteren Filialbanken in den Jahren zwischen 1890 und 1914 teils neue Bauten errichtet oder die bereits vorhandenen Gebäude wesentlich erweitert und umgestaltet. 1914 war keine Niederlassung mehr ohne eigenes Haus und Stahlkammer.

1913 zählte die Bank 22 auswärtige Niederlassungen. Das war eine stattliche Zahl, und die Filialbanken selbst waren regelmäßig größer als die Niederlassungen der erwerbswirtschaftlichen Banken in den gleichen Städten; aber mit der Ausdehnung der erwerbs-

---

[1]) Nach zwölfjähriger Dienstzeit mit der Anwartschaft auf Anstellung im Verwaltungsdienst entlassene Unteroffiziere.

[2]) Um an der Berliner Börse selbst Geschäfte ausführen zu können, war geplant, in Berlin eine Niederlassung zu errichten; der Plan wurde mit Rücksicht auf die guten Beziehungen zu den Berliner Firmen, die die Börsenaufträge der Staatsbank ausführten, wieder aufgegeben.

wirtschaftlichen Banken konnten sich die Neugründungen der Königlichen Bank nicht vergleichen. Das wurde im Landtag viel bemängelt; die Frage der Errichtung neuer Niederlassungen sah sich jedoch vom Standpunkt der Bankdirektion anders an als von dem der Landtagsabgeordneten, von denen möglichst jeder für seinen Wahlkreis die Vorteile einer Staatsbankniederlassung erreichen wollte.

Die Bankdirektion glaubte die Errichtung neuer Filialbanken nur vertreten zu können, wenn wirtschaftliches Arbeiten und Ausstattung mit Betriebsmitteln von vornherein gesichert waren.

Sie tat sich im ersten Punkte schwerer als die in Bayern üblichen gemischten Banken; ihnen brachten neue Niederlassungen, auch wenn deren kaufmännisches Geschäft keine besonderen Gewinne abwarf, schon als Vertriebsstellen für die Pfandbriefe der Hypothekenabteilung wertvolle Vorteile.

Weiterhin sah die Bankdirektion grundsätzlich darauf, jeder neuen Zweiganstalt binnen kurzer Zeit ein eigenes stattliches Bankgebäude beizugeben. Sie glaubte das einerseits ihrer Würde als Staatsbank, andererseits ihren Kunden schuldig zu sein; sie wollte ihnen für das Verwahrungs- und Verwaltungsgeschäft einwandfreie, neuzeitliche Stahlkammern bieten. Aus diesem Grunde wurden auch keine Agenturen oder Zweigkassen errichtet[1]).

Endlich mußte jede Niederlassung sich ihren Kundenkreis neu zu erwerben suchen. Die Königliche Bank hat keine einzige Bank und kein einziges Bankgeschäft mit sich verschmolzen. Es wäre auch schwer möglich gewesen, die früheren Inhaber oder Vorstände solcher Firmen, denen, wie das bei Verschmelzungen mit erwerbswirtschaftlichen Banken geschah, entsprechende wirtschaftliche Vorteile hätten geboten werden müssen, in den Beamtenkörper der Staatsbank einzugliedern.

An Betriebsmitteln waren für jede neue Niederlassung 2 Millionen Mark auf Kosten der Betriebsmittel der Hauptbank er-

[1]) 1914 wurden auf Wunsch des Landtags die Postanstalten in den Bezirken der Hauptbank und der Filialbanken Bamberg und Ansbach versuchsweise ermächtigt, Einlagen für die Königliche Bank anzunehmen und auszuzahlen; der Versuch hatte nicht den vom Landtag erwarteten Erfolg; 1923 wurde er aufgegeben.

forderlich. Damit, daß eine Niederlassung sich durch Einlagen selbst erhalten werde, konnte mindestens für die ersten Jahre ihres Bestehens nicht gerechnet werden; in der Tat unterhielten von den älteren Niederlassungen nur Ansbach und München, von den neueren nur Ingolstadt regelmäßig Guthaben bei der Hauptbank. Die Niederlassungen der Staatsbank führten also nicht etwa die Ersparnisse des Landes den Hauptstädten zu, sondern leiteten umgekehrt die in München angesammelten Staatsgelder und die in Nürnberg samt seinem wohlhabenden mittelfränkischen Hinterland aufgebrachten freien Einlagen in die geldbedürftigen Gegenden Bayerns.

Der Aufstieg der Bayerischen Staatsbank zum Großbankstand der letzten Jahre vor dem Weltkrieg vollzog sich deutlich erkennbar in zwei Abschnitten: 1879—1900, 1900—1913.

Bis 1900 wurde der Geschäftsumfang mäßig rasch, sogar langsamer als beim kaufmännischen Geschäft der Bayerischen Hypotheken- und Wechsel-Bank und der Bayerischen Vereinsbank, vom ungefähr gleichmäßigen Anwachsen der Betriebsmittel aus der freien Wirtschaft und aus den Staatskassen in die Höhe getragen; die vorübergehenden Rückschläge der allgemeinen Wirtschaftslage machten sich unter den viel stärkeren Ausschlägen der Staatskassenguthaben, namentlich im Zusammenhang mit Anleihegeschäften, kaum bemerkbar[1]).

Im Aufbau der Betriebsmittel traten die eigenen Mittel durch das Anwachsen der Rücklage trotz der vergrößerten fremden Mittel mehr hervor als früher; die Staatsbank näherte sich dem Verhältnis zwischen eigenen und fremden Mitteln, wie es vor dem Kriege bei den Großbanken allgemein üblich war[2]).

In dem einen Jahr zwischen 1900 und 1901 sprangen die Betriebsmittel unter dem Einfluß des Staatskassenverkehrs, der Wirtschaftsstockung und der besonderen Wertschätzung der

---

[1]) Zahlentafeln 4a, 4b, 5a, 5b; Schaubilder 5, 9. Die Betriebsmittelspitzen von 1879 und 1896 gehen auf damals durchgeführte Zinsherabsetzungen der bayerischen Staatsschuld zurück; 1889 bis 1891 waren hohe Staatseinlagen auf Schuldscheine, 1899 hohe Einlagen aus der freien Wirtschaft die Ursache der Spitzen.

[2]) Zahlentafel 18a.

Staatshaftung infolge des Aufsehen erregenden Zusammenbruchs der Leipziger Bank um fast 68 Millionen auf 206,4 Millionen Mark.[1]) Wenn in den nächsten Jahren die Kundschaftseinlagen wieder weniger stark wuchsen, um so mehr schoben die Staatsgelder aus dem Überweisungsverkehr nach; noch gewaltiger war das Wachsen der Umsätze, namentlich bei den Einlagen in laufender Rechnung:[2]) der letzte entscheidende Schritt für die Entwicklung der Geschäfte zu großbankmäßigem Umfang war getan.

Der letzte und entscheidende Abschnitt des Aufstiegs zur öffentlichen Großbank ist in keiner Niederlassung der Bank, auch nicht in der Hauptbank zu Nürnberg, so verkörpert wie in der Entwicklung der Münchner Zweiganstalt. Die K. Filialbank München setzte sich nach 1900 unter der Leitung ihres langjährigen, in Münchner Bank- und Wirtschaftskreisen hochgeschätzten Oberbeamten, des späteren Geheimen Oberfinanzrats Leonidas Kiderlin[3]) mit weitem Abstand an die Spitze der Niederlassungen und überholte schließlich selbst die Hauptbank.

Der Geschäftszweig, dem die Königliche Bank vor allen anderen ihr Einrücken in die Reihe der Großbanken verdankte, der Giro-

[1]) Zusammensetzung des Betriebsmittelzuwachses 1900 auf 1901:

	Zahlen in Millionen Mark		
	Ende 1900	Ende 1901	mehr 1901
Staatliche Girogelder	—	4,4	+ 4,4
Andere Staatskassenguthaben bei der Hauptbank	18,2	33,9	+ 15,7
Sonstige Einlagen in laufender Rechnung (Kundschaftseinlagen, Gemeinden, einige wenige Staatskassenguthaben bei den Niederlassungen)	30,6	50,4	+ 19,8
Einlagen in laufender Rechnung zusammen	*48,8*	*88,7*	+ *39,9*
Schuldscheine (Kundschaftseinlagen)	29,8	42,3	+ 12,5
Schuldscheine (Einlagen der gerichtlichen Hinterlegungsstellen, Einlagen von Staatskassen und Behörden)	22,1	34,7	+ 12,6
Einlagen auf Schuldscheine zusammen	*51,9*	*77,0*	+ *25,1*
Einlagen insgesamt	*100,7*	*165,7*	+ *65,0*

[2]) Zahlentafeln 10, 11.

[3]) Bankvorstand in München von 1899 bis 1919.

verkehr mit den Staatskassen, hatte seinen natürlichen Mittelpunkt in München. München war der Haupt-Börsen- und -Bankplatz des Landes und der Sitz der Ministerien. In München spielten sich die Anleiheverhandlungen und die Kursstützungskäufe in bayerischen Staatspapieren ab.

Es erscheint begreiflich, wenn schon bald nach der Gründung der Niederlassung und dann wieder in den Jahren nach 1905, in denen sich der Staatskassenverkehr eingespielt und die Vorzugsstellung Münchens unter den übrigen Bankniederlassungen befestigt hatte, erwogen wurde, den Hauptsitz der Bank von Nürnberg nach München zu verlegen. Aber die Stadt Nürnberg wehrte sich mit aller Kraft dagegen; im Landtag versicherte der Nürnberger Abgeordnete, die Wegverlegung des Hauptsitzes der Bank von Nürnberg würde unter den vielen Enttäuschungen, welche die ehemalige freie Reichsstadt seit ihrem Anschluß an Bayern erlebt habe, die schwerste sein. Die Bankdirektion selbst fühlte sich durch eine hundertjährige Überlieferung an Nürnberg gebunden und konnte sich mit der reinen Zweckmäßigkeitsmaßnahme der Übersiedlung nach München nicht befreunden. So wurden die Verlegungsanträge immer wieder vertagt.

Im Kranze der Filialbanken behaupteten nach München und neben der ebenfalls gut vorwärtskommenden Augsburger Niederlassung Ludwigshafen und Bamberg ihren Rang als größere Zweiganstalten. Seit etwa 1900 rückte die K. Filialbank Hof aus dem Kreis der mittleren Niederlassungen in den der größeren und überflügelte, dank dem mit ihr in besten Beziehungen stehenden und sich rasch entwickelnden Hofer Webstoff-Großgewerbe, die Filialbank Bamberg. Fast jede Niederlassung entwickelte ihre besondere Eigenart: München den Staatskassenverkehr, Wechsel- und Leihgeschäfte mit den Münchner Banken und Bankiers; Nürnberg, Fürth, Augsburg, Ludwigshafen, Hof, Schweinfurt den Wechselverkehr und laufenden Verkehr mit den großen Industrie- und Handelsfirmen; Nürnberg, Fürth und Bamberg die Geldbeschaffung für den Hopfenhandel. Die besten Einlagenquellen blieben dank der wohlhabenden und sparsamen bäuerlichen Bevölkerung ihres Hinterlandes Nürnberg und Ansbach; in zweiter Linie kamen Bamberg, Regensburg und Hof. Umgekehrt traten

Straubing, Amberg und Passau als die Bezirke der größten landwirtschaftlichen Geldbeanspruchung hervor.

An den eigenen Mitteln wurde im allgemeinen nach den früheren Grundsätzen weitergebaut. Das Stammkapital veränderte sich nicht; die Zinsen daraus bildeten einen Teil der Bankrente. Dem Dotationskapital wurden jährlich 3 vH, ab 1884 2 vH Zinsen zugeschrieben; außerdem erhielt es einige außerordentliche Zuweisungen, um die Betriebsmittel der Bank zu verstärken: so im Jahre 1900 2 Millionen Mark aus allgemeinen Staatsmitteln und 1900 bis 1905 den Überschuß der tatsächlich anfallenden Bankrente über den Voranschlag im Staatshaushalt.

Der Rücklage wurde jährlich und regelmäßig die Hälfte des Reingewinns zugeschrieben, in den Jahren 1908 bis 1911 jedoch nur 24 bis 40 vH, um die Bankrente zu vergrößern.

Um die großen Ausgaben für Neu- und Erweiterungsbauten zu bestreiten, wurden in den Jahren 1898 bis 1903 insgesamt 2,75 Millionen Mark aus dem Rohertrag einem besonderen Baukonto zugeführt; die Bank konnte sie bis zu ihrem allmählichen Verbrauch, etwa bis 1909, ebenfalls als eigene Mittel im Bankgeschäft verwenden. Seither werden die Mittel für Gebäude-Erneuerungen durch jährliches Abschreiben von 2½ vH des Gebäudewertes zurückgelegt.

Seit 1878 stellte die Bank für die Schuldscheineinlagen einheitliche Scheine aus, im Sprachgebrauch Bankscheine genannt. Die Bezeichnung Anlehensscheine und vor allem die fast hundert Jahre üblich gewesene Bezeichnung Banknoten für die täglich fälligen Einlagen verschwand; der auf ein fast ebenso hohes Alter zurückblickende Zinsfuß von 2 vH für die täglich fälligen Schuldschein-Einlagen dagegen hielt sich unverändert bis zum Jahre 1923.

Um so mannigfaltiger wurde die Gliederung der Schuldschein-Einlagen überhaupt. Je nach der Lage des Geldmarktes, je nachdem die Bank Einlagen anziehen oder abstoßen wollte, wurden Einlagen auf einen Monat, drei Monate, sechs Monate, ja ein Jahr mit Zinsen bis zu 4 vH hereingenommen und wieder abgestoßen und die Verzinsungs- und Rückzahlungsbedingungen verbessert oder verschlechtert.

Immer, wenn die Bank durch die Lage des Geldmarktes genötigt war, höher verzinsliche Schuldscheine zu kündigen, betrachtete sie es als volkswirtschaftliche Pflicht, gegen die aus landwirtschaftlichen und kleingewerblichen Kreisen stammenden Kündigungseinlagen besonders schonend vorzugehen und lieber die höheren Zinsen in Kauf zu nehmen, als diesen Kreisen die günstige Anlagemöglichkeit ihrer Spargelder ohne die äußerste Notwendigkeit zu verringern; von solchen Kreisen wurden hoch verzinsliche Einlagen sogar noch zu Zeiten neu hereingenommen, in denen sie allen anderen Einlegern längst gekündigt worden waren.

Um den bargeldlosen Zahlungsverkehr zu fördern, um den Kunden den Vorteil der Geldüberweisung von ihrer Bankrechnung und auf ihre Bankrechnung zu bieten, endlich, um die Kosten und Umständlichkeiten der Bankscheinausstellung zu ersparen, wurden 1907 gebührenfreie Scheckrechnungen eingeführt. Sie waren nur für den Guthabenverkehr gedacht; infolge der erwähnten Einsparungen konnten dafür etwas höhere Zinssätze gewährt werden als für täglich fällige Bankschein-Einlagen. Die Einlagen auf Scheckrechnungen erreichten noch im Jahre der Einführung 6 Millionen Mark, Ende 1913 14,5 Millionen Mark. Einlagen auf Kündigung in laufender Rechnung (Festgelder) wurden von den Kunden erst seit 1917 angenommen; von Staatskassen dagegen schon etwa seit der Jahrhundertwende.

Das Schwergewicht der fremden Mittel verschob sich von den Schuldschein-Einlagen auf die Einlagen in laufender Rechnung.[1]) Mit dem Aufschwung der Wirtschaft wurden die Umsätze auf den laufenden Rechnungen der Industrie- und Handelsfirmen größer, Schuld und Guthaben wechselten, von Zeit zu Zeit wurden erhebliche Guthaben unterhalten. Die staatlichen Überweisungsgelder wurden in laufender Rechnung verbucht, auch die übrigen Staatsgelder wurden nicht mehr auf Schuldscheine, sondern in laufender Rechnung angelegt. Nach der Einführung von laufenden Rechnungen für die Wertpapier-Einleger, endlich der gebührenfreien Scheckrechnungen entfiel der ganze Betriebsmittelzuwachs auf die Einlagen in laufender Rechnung; in den letzten Jahren

[1]) Schaubild 17.

vor dem Weltkrieg waren auf Schuldscheine nur noch langfristige Spareinlagen der Kundschaft, die Einlagen der Gerichte und der gerichtlichen Hinterlegungsstellen angelegt. Die Schuldschein-Einlagen stammten somit in den letzten Jahren vor dem Weltkrieg sämtlich unmittelbar oder mittelbar aus der freien Wirtschaft; bei den Einlagen in laufender Rechnung überwogen bis etwa 1900 die staatlichen bedeutend, später hielten sich staatliche und nichtstaatliche Gelder mit einigen Schwankungen hin und her ungefähr die Waage. Zu den größten Gläubigern gehörten die Staatshauptkasse, die Staatschuldentilgungsanstalt und die Brandversicherungsanstalt. Besonders angenehm war das ziemlich beständige, hohe Guthaben der Brandversicherungsanstalt; seit 1882 bewegte es sich meistens zwischen 9 und 12 Millionen Mark[1]).

Von den staatlichen Girogeldern entfiel der Hauptanteil auf die Guthaben der Steuerverwaltung; in ziemlich weitem Abstand folgten die Guthaben der Heeresverwaltung, Eisenbahn- und Postverwaltung[2]).

Die Kundschaftsguthaben in laufender Rechnung wurden je nach der Geldmarktlage mit 2 bis 4vH verzinst; die täglich fälligen Staatsgelder ungefähr ebenso hoch; für die auf Kündigung angelegten Staatsgelder wurde der Zinssatz von Fall zu Fall geregelt.

Betriebsmittel für Kundendarlehen durch Hergabe der Wechselunterschrift zu beschaffen (Akzepte), war bei der bayerischen Staatsbank wenig üblich. Ende 1913 liefen nur 1,7 Millionen Mark Akzepte der Staatsbank um, von der Bayerischen Hypotheken- und Wechsel-Bank dagegen 7,0 Millionen Mark, von der Bayerischen Vereinsbank 37,2 Millionen Mark.

---

[1]) Zusammensetzung der Einlagen in laufender Rechnung:

(Zahlen in Millionen Mark)

Am 31. Dez.	1880	1890	1900	1905	1913
Staatliche Giroguthaben	—	—	—	45,8	90,4
Hauptstaatskasse	0,1	0,6	2,6	0,1	3,2
Staatsschuldentilgungsanstalt	1,5	4,3	2,3	5,8	4,3
Brandversicherungsanstalt	7,7	10,9	12,4	16,3	11,4
Sonstige	5,5	10,7	31,5	41,7	97,6
Zusammen	14,8	27,5	48,8	109,7	206,9

[2]) Zusammensetzung der Giroguthaben im Jahresdurchschnitt 1913: Steuerverwaltung 68vH, Heeresverwaltung 14,7vH, Eisenbahn 9,4vH, Post 7,4vH; Schaubild 16.

Die erhöhten kurzfristigen Gelder verlangten, der Aufschwung von Handel und Industrie ermöglichte eine mit den früheren Zeiten kaum vergleichbare Pflege des Wechselgeschäftes. In zwei mächtigen Sprüngen schnellte der Wechselbestand in die Höhe: 1878 bis 1886 von 14,4 auf 45,6 Millionen Mark und von 1900 bis 1901 von 50,9 auf 106,7 Millionen Mark; noch viel rascher wuchs der Wechselumsatz.[1])

Seit Gründung der Reichsbank änderten sich die Zusammensetzung und die Aufgabe des Wechselbestandes. Bis dahin war der Wechsel das wichtigste Mittel des Zahlungsausgleichs gewesen; in der Wechselmappe befanden sich neben angekauften Kundenwechseln auch Waren- und Finanzwechsel auf die wichtigsten außerbayerischen und eine Reihe von ausländischen Handelsplätzen; sie wurden nach Bedarf zum Zwecke der Zahlungsleistung für eigene und fremde Rechnung wieder verhandelt. Dann aber wurde infolge des dichter werdenden Banknetzes, vor allem aber durch das Gironetz der Reichbank der Wechsel als Mittel des Zahlungsausgleichs mehr und mehr vom Scheck und der Banküberweisung verdrängt; er behielt seine Aufgabe als Zahlungsmittel nur im zwischenstaatlichen Geldverkehr.

Die bayerische Staatsbank kaufte nach der Dienstanweisung von 1879 Wechsel auf außerbayerische Plätze nur noch ausnahmsweise an. Ihre Wechselkäufe sind in den folgenden Jahren fast nur noch als Ausleihungen in Wechselform an bayerische Banken, Bankiers, Sparkassen, Genossenschaften, Industrie- und Handelsfirmen und größere, kaufmännisch arbeitende Gutsbesitzer anzusehen. Dabei spielten die Akzepte bayerischer Banken eine große Rolle; die Staatsbank war der größte Abnehmer für Bankakzepte in Bayern. Der Wechselhandel formte sich um auf die Weiterbegebung an die Reichsbank oder Notenbank bei eintretendem Geldbedarf. Ausnahmen, wie der gelegentliche Ankauf von ersten auswärtigen Bankakzepten bestätigen die Regel.

Aber auch für die Bank selbst bekam der Wechselbestand ein neues Gesicht. Gute Warenwechsel konnten jederzeit an die Reichsbank oder die Bayerische Notenbank weiterbegeben werden; des-

[1]) Jeweils Jahresdurchschnitt; Zahlentafeln 4b, 5b, 10, 11; Schaubilder 6, 10.

halb wurde der Wechselbestand auch erste flüssige Geldanlage. Guthaben bei Großbanken und ersten Bankhäusern wurden nur ausnahmsweise als Anlage von Betriebsmittelspitzen gewählt; die früher übliche Geldbeschaffung durch Vorschüsse in laufender Rechnung oder Lombarddarlehen bei Rothschild oder Erlanger Söhne verschwand bei dem raschen Erstarken der Bank völlig.

Lombarddarlehen konnten nach der Dienstanweisung von 1879 auf Wertpapiere nach einer bestimmten, öfters ergänzten Liste, ferner auf Wechsel, Kaufmannswaren und Hypothekenbriefe gegeben werden. Der Waren- und Hypothekenlombard gehörte jedoch zu den seltenen Ausnahmen; durch die Dienstanweisung von 1910 fiel er ganz weg.

Das Lombardgeschäft nahm am allgemeinen Aufschwung nicht teil; allenthalben, auch in den Börsenstädten München und Augsburg, entfiel fast der ganze Zuwachs an Anlagen neben dem Wechselgeschäft auf Vorschüsse in laufender Rechnung; um so mehr, als die Bank eigentliche Börsendarlehen nicht gewährte.

Ebenso blieben die Ausleihungen auf Schuldurkunden gegen Sicherungshypotheken hinter der allgemeinen Geschäftserweiterung zurück; sie waren nur noch bei einigen Niederlassungen, so in Straubing, Amberg, Passau, Ingolstadt aus alter Gewohnheit ein beliebtes, wenn auch durchaus nicht das einzige Mittel der Darlehensgewährung an die Landwirtschaft.

Die Darlehen auf feste Hypotheken verschwanden fast ganz; neue Darlehen wurden nur bei besonderen Anlässen, z. B. Stundung des Kaufschillings beim Verkauf entbehrlich gewordener Gebäude, abgewährt.

Lombardverkehr, Schuldurkunden und Hypotheken, alle drei Ausleihungsarten hatten ihre frühere wichtige Rolle unter den Anlagegeschäften ausgespielt und wurden durch Vorschüsse in laufender Rechnung ersetzt.[1]) Beim Verkehr in laufender Rechnung konnte durch Barabhebung oder durch Zahlung mit Schecken auf die Bank innerhalb des bewilligten Höchstbetrages jeweils so viel Vorschuß in Anspruch genommen werden, als notwendig war; durch Einzahlung verfügbarer Gelder, von anderer Seite eingehende Zahlungen und durch Gutschrift der Erlöse für Wechsel,

[1]) Schaubild 18.

die die Bank angekauft hatte, konnte die Schuldsumme und damit die Zinsenlast sofort wieder verringert werden; überhaupt konnte die laufende Bankrechnung als Grundlage für Überweisungen und für den Zahlungsempfang, für den bargeldlosen Zahlungsverkehr, benützt werden. Diese Vorteile machten den Verkehr in laufender Rechnung zur geeignetsten und beliebtesten Darlehensform für den Geschäftsmann und mit der Zunahme des bargeldlosen Zahlungsverkehrs auch für den Landwirt und für jedermann. Die gegenseitige Entwicklung der Geschäftsziffern im Lombardverkehr, Schuldurkundenverkehr und im Verkehr in laufender Rechnung zeigt jedenfalls, daß die Bank bemüht war, alle Kundenkreise, auch ihre Wertpapier-Einleger und die Landwirtschaft, an den Verkehr in laufender Rechnung und an den bargeldlosen Zahlungsverkehr zu gewöhnen.

Die Vorschüsse wurden im Regelfall gegen Deckung durch Wertpapiere oder (seit 1890) durch Sicherungshypotheken gewährt[1]). Vorschüsse ohne Deckung (Blankokredite) wurden im allgemeinen nicht gegeben; sie blieben nur denjenigen alten Geschäftsverbindungen gewahrt, denen sie nach der früher üblichen Weise gegen trockene Wechsel ohne dingliche Sicherheit eingeräumt worden waren.

Bei den erwerbswirtschaftlichen Banken war der Blankokredit ein beliebtes Mittel der Kundenwerbung; für die Staatsbank verbot sich eine solche Werbung schon deswegen, weil selbst ihre nur noch mäßigen ungedeckten Vorschüsse[2]) fortwährend im Landtage beanstandet wurden.

Die Form des Akzeptkredits wurde nur gegenüber einigen wenigen großen Kunden zur Beschaffung von Rohstoffen aus dem Auslande (Rembourskredite) gebraucht.

Seit 1903 übernahm die Bank gegen Deckung Bürgschaften, in der Hauptsache für Steuer-, Zoll- und Frachtenstundungen; die Bürgschaften bewegten sich jedoch nur in mäßigen Grenzen[3]).

---

[1]) Ende 1913 waren 121,9 Millionen Mark Vorschüsse durch Wertpapiere und nur 21,7 Millionen Mark durch Hypotheken gedeckt.

[2]) 1913 noch 581428 Mark (= 342000 fl); sie waren nur mit 32517 Mark beansprucht.

[3]) Ende 1913 5 Millionen Mark.

Die Zinssätze für Wechsel wurden jeweils von der Bankdirektion in Anlehnung an den Reichsbanksatz festgesetzt; für erste Wechsel[1]) blieb den Niederlassungen ein gewisser Spielraum bis zum Berliner oder Frankfurter Privatsatz, je nachdem der Berliner oder Frankfurter Satz höher war. Die Zinssätze für den Lombardverkehr und für Vorschüsse in laufender Rechnung wurden ebenfalls durch die Bankdirektion bestimmt und nach Bedarf geändert. Der Lombardsatz der Königlichen Bank schwankte in den Jahren 1900 und 1913 zwischen 3½ und 7½, der Sollsatz in laufender Rechnung zwischen 4½ und 7½ vH. Für Vorschüsse in laufender Rechnung wurde außerdem eine Geschäftsgebühr (Kreditprovision) von $^1/_6$ vH im Monat und beim halbjährlichen Rechnungsabschluß eine Umsatzgebühr erhoben: 1 vT für Umsätze bis zu 100000 Mark und ½ vT für die überschießenden Beträge. 1913 verpflichtete sich die Königliche Bank durch einen Vertrag mit der Bayerischen Bankvereinigung, deren Mindestsätze einzuhalten.

Der Wertpapierbestand der Bank hatte bei der riesenhaften Entwicklung und dem steigenden Geldbedarf der Wirtschaft seine einstige Aufgabe, zinstragende Anlage verfügbarer Betriebsmittel zu sein, längst verloren. Das Schwergewicht der Wertpapiergeschäfte lag nunmehr im Wertpapierhandel und da wiederum im An- und Verkauf von Wertpapieren für fremde Rechnung: ein Vergleich der nur schwach wachsenden Wertpapierbestände in den Jahresabschlüssen mit den großen Umsätzen und ein Vergleich der neueren Umsätze mit den kleinen der früheren Zeit zeigt das auf den ersten Blick[2]). Fast 99 vH der Umsätze entfielen auf den Wertpapierhandel für fremde Rechnung.

Für eigene Rechnung kaufte und verkaufte die Bank vor allem bayerische Staatspapiere und Landeskulturrentenbriefe. Sie hielt sich immer einen genügenden Vorrat, um den Bedarf ihrer Kundschaft zu befriedigen; weiterhin kaufte und verkaufte sie je nach Bedarf an der Börse größere und kleinere Beträge, um die Kursentwicklung der bayerischen Staatsanleihen möglichst regelmäßig zu gestalten.

---

[1]) Sogenannte Prima-Diskonten.

[2]) Zahlentafeln 4 a, 5a, 10, 11.

Der Landeszinsfuß sank bis etwa zur Mitte der neunziger Jahre; von da ab begann ein zwar mehrmals unterbrochenes, im ganzen jedoch unaufhaltsames Steigen. Deshalb und weil der Anleihemarkt durch große, in der Begebungsfolge nicht immer gegeneinander abgewogene Anleihen des Reiches, der Bundesstaaten und der Gemeinden oft stoßweise in Anspruch genommen wurde, bröckelten die Kurse der Staatsanleihen stark ab[1]). Die Bank sah sich, um größere Kurseinbrüche bei zufälligem Überwiegen des Angebots über die Nachfrage zu verhindern, genötigt, namentlich in den Jahren 1910 bis 1913 an der Münchner, Frankfurter und Berliner Börse umfangreiche Stützungskäufe vorzunehmen; dadurch erlitt sie selbst infolge des Weitersinkens empfindliche Einbußen.

Der An- und Verkauf von Wertpapieren, namentlich von Aktien und Industrieanleihen in größeren Mengen nur des Kursgewinnes halber war von den Geschäftsaufgaben der bayerischen Staatsbank ausgeschlossen.

Für fremde Rechnung besorgte die Bank zunächst die anfallenden Aufträge der Kundschaft in allen handelsfähigen Papieren; weiterhin verkaufte sie Pfandbriefe der bayerischen Hypothekenbanken für Rechnung dieser Banken aus sogenannten Kommissionslagerbeständen.

Zu den besten Kunden der Bank im Wertpapiergeschäft gehörten die Landesversicherungsanstalten und andere öffentliche Vermögensverwaltungen: Stiftungen, Gemeinden, Sparkassen, Kirchengemeinden und andere mehr.

Im Wertpapierbestand der Bank waren ihre Beteiligungen an anderen Unternehmungen enthalten. Sie waren im Gegensatz zu den erwerbswirtschaftlichen Großbanken und im Verhältnis zu den fünfziger und sechziger Jahren gering; denn das Gründungs- und Beteiligungsgeschäft gehörte, wie früher erwähnt, nicht zu den Geschäftsaufgaben der bayerischen Staatsbank, wie sie die Verordnung vom 13. Dezember 1878 festgelegt hatte. Die Beteiligungen waren teils aus der ältern Zeit übernommen — z. B. Neue Baumwollspinnerei und Weberei Hof — teils neuerdings zur Wahrung staatlicher Belange eingegangen; dahin gehörte die Be-

[1]) Kurs der Bayerischen Staatsanleihe an der Münchner Börse Ende 1905: 4 vH: 105, 3 vH: 90; 1913: 4 vH: 96,8, 3 vH: 74,75.

teiligung an der Bayerischen Notenbank[1]) und an einem Bankenkonzern zur treuhänderischen Wahrung der staatlichen Belange beim Rhenania-Schiffahrtskonzern in Mannheim[2]).

Ähnlich wie von erwerbswirtschaftlichen Beteiligungen hielt sich die Königliche Bank von der Begebung von Aktien und Anleihen erwerbswirtschaftlicher Unternehmungen zurück; sie übernahm dabei nur gelegentlich mäßige Unterbeteiligungen. Sie begab in erster Linie die Anleihen des bayerischen Staates; weiterhin übernahm sie Anleihen bayerischer Gemeinden, endlich beteiligte sie sich am Vertrieb von Reichsanleihen und außerbayerischen Staatsanleihen. Ebenso wie beim laufenden Wertpapierhandel sind bei der Begebung von Anleihen Geschäfte für eigene Rechnung (feste Übernahme) und für fremde Rechnung (kommissionsweiser Vertrieb) zu unterscheiden; die Übernahme von Anleihen geschah wegen der großen Beträge meist gemeinschaftlich mit anderen Banken (Gemeinschaftsgeschäfte).

An der Spitze der Begebungsgeschäfte für den bayerischen Staat steht die Zinsherabsetzung der Eisenbahnschuld von 4½ vH auf 4 vH im Jahre 1879. Die Königliche Bank bildete und leitete eine Bankengemeinschaft[3]); die Gemeinschaft übernahm 313 Millionen Mark Anleihe zum Umtausch und 20 Millionen neu zu begebende Anleihe. Der Umtausch und die Begebung wurden in kurzer Zeit glatt durchgeführt.

In den nächsten zwanzig Jahren begab die bayerische Staatsregierung nicht von Fall zu Fall bestimmt umgrenzte und voneinander unterschiedene Staatsanleihen wie früher; sie unterschied nur zwischen allgemeiner Schuld und Eisenbahnschuld und betrachtete alle Ausgaben einer Schuldgattung mit dem gleichen Zinsfuß als Fortsetzung der ersten Ausgabe dieser Schuldgattung. Wenn die Ermächtigung zur Schuldaufnahme vom Landtage

---

1) Die Königliche Bank besaß ein Sechstel des Aktienkapitals der Notenbank.

2) Zusammen mit der Darmstädter Bank.

3) Mitglieder waren neben der Königlichen Bank: die Bayerische Hypotheken- und Wechsel-Bank, die Bayerische Vereinsbank, die Bayerische Handelsbank, die Disconto-Gesellschaft, die Darmstädter-Bank, die Seehandlung, Rothschild, Erlanger und eine Reihe weiterer Banken und Bankiers.

erteilt und der Geldbedarf eingetreten war, fertigte die Staatsschuldenverwaltung die benötigte Zahl von Schuldtiteln in Abschnitten, deren Gesamtbeträge zwischen 1 und 20 Millionen Mark schwankten, aus und überließ sie der Königlichen Bank unter Festsetzung eines Mindestkurses zum Vertrieb. Die Königliche Bank hatte in ihren Niederlassungen und einer Reihe von Banken und Bankiers, wie Bayerische Hypotheken- und Wechsel-Bank, Disconto-Gesellschaft, Rothschild, Erlanger Söhne, Josef von Hirsch, Merck, Finck & Co., Anton Kohn-Nürnberg, einen festen Stamm von Abnehmern. So wurden sämtliche Ausgaben zu steigenden Kursen glatt abgesetzt. Bis 1898 waren es zusammen 214 Millionen Mark Eisenbahnanlehen und 45,9 Millionen Mark allgemeines Anlehen.

Dazu kam der Vertrieb der 1884 zum erstenmal begebenen Schatzwechsel des bayerischen Staates; endlich die Mitwirkung bei einer neuen Zinsherabsetzung der Staatsschuld von 4 vH auf 3½ vH im Jahre 1896. Im Gegensatz zu 1879 wurden die Anleihestücke ohne Einschaltung einer Bankengemeinschaft bei den Staatskassen und Rentämtern sowie kommissionsweise bei den Niederlassungen der Königlichen Bank umgetauscht; in Berlin und Frankfurt wirkten die Disconto-Gesellschaft, Rothschild und Erlanger mit. Im ganzen wurden über eine Milliarde Mark umgetauscht, davon 283,6 Millionen bei der Königlichen Bank und ihren Niederlassungen.

1899 verließ das Finanzministerium auf Antrag der Bankdirektion den Weg des kommissionsweisen Verkaufs und ging, wie dies in Preußen schon seit 1865 der Fall war, dazu über, die zu begebenden Anleihebeträge jeweils zu festen Preisen an eine Bankengemeinschaft unter der Führung der Staatsbank zu überlassen. Die ursprünglichen Mitglieder der Gemeinschaft, des sogenannten Bayernkonsortiums, waren neben der Königlichen Bank die Bayerische Hypotheken- und Wechsel-Bank, die Bayerische Vereinsbank, die Bayerische Handelsbank, die Deutsche Bank Filiale München, Merck, Finck & Co., die Vereinsbank Nürnberg, M. A. Rothschild Söhne in Frankfurt (bis 1902) und die Direction der Disconto-Gesellschaft, Berlin; 1900 traten hinzu die Pfälzische Bank, die Dresdner Bank, Filiale Nürnberg, von Erlanger & Söhne, Frankfurt[1]), 1903 Robert Warschauer & Co., Berlin[2]); 1906 Anton Kohn, Nürnberg, und die Darmstädter Bank.

Durch das Bayernkonsortium wurden in den Jahren 1899 bis 1913 insgesamt 617 Millionen Mark Eisenbahnanleihe und 271 Millionen Mark allgemeine Staatsanleihe begeben. Die Königliche Bank allein begab außerdem 1913 weitere 10 Millionen Mark allgemeines Anlehen.

Wie früher beim kommissionsweisen Verkauf, so wurden auch jetzt jedes Jahr ein größerer Posten Eisenbahnanlehen[3]) und ein kleinerer allgemeines Anlehen[4]) begeben; die Anleihen wurden zur allgemeinen Zeichnung aufgelegt.

An der Begebung der Anleihen des Reiches und Preußens wirkte die Königliche Bank als Mitglied des Reichsanleihekonsortiums und des Preußenkonsortiums mit; auch an hamburgischen und sächsischen Staatsanleihen und an einer Berliner Stadtanleihe war sie beteiligt. Seit 1907 waren die Niederlassungen der Königlichen Bank als Zeichnungsstellen für Reichsschatzanweisungen und preußische Schatzanweisungen tätig.

Endlich übernahm die Königliche Bank teilweise allein, teilweise im Zusammenwirken mit anderen Banken die Begebung und Zinsherabsetzung einer ganzen Reihe von bayerischen Kreis- und Gemeindeanleihen[5]); bis zur Verstaatlichung der Pfälzer Eisenbahnen im Jahre 1909 beteiligte sie sich ständig an den Neuausgaben und Zinsherabsetzungen dieser Gesellschaften.

Von der Geschäftstätigkeit der Bank für fremde Rechnung ist ein wesentlicher Teil bereits vorweggenommen. Außer dem Wertpapierhandel und der Wertpapierbegebung für fremde Rechnung besorgte die Königliche Bank die Einlösung von Zins- und Gewinnanteilscheinen. Die Bank war Einlösungsstelle für die Zinsscheine der bayerischen Staatsanleihen, für die Pfandbrief-Zins-

---

1) 1906 weggefallen durch Übergang auf die Dresdner Bank.

2) 1912 weggefallen durch Übergang auf die Darmstädter Bank.

3) 22 bis 100 Millionen Mark.

4) 10 bis 40 Millionen Mark.

5) Anleihen der Kreise Oberbayern, Oberpfalz, Oberfranken, Mittelfranken; der Städte Amberg, Aschaffenburg, Augsburg, Bamberg, Bayreuth, Hof, München, Nürnberg, Passau, Pirmasens, Regensburg, Würzburg.

scheine und die Gewinnanteilscheine der bayerischen Hypothekenbanken und für eine Reihe von bayerischen großgewerblichen Unternehmungen.

Die übrigen Geschäfte für fremde Rechnung — Einzug von Wechseln, Anweisungen auf die Niederlassungen und fremde Geschäftsfreunde, Ausstellung von Kreditbriefen — waren nicht bedeutend.

Wichtiger als die eben genannten Geschäfte für fremde Rechnung wurde das Verwahrungs- und Verwaltungsgeschäft. Seine Bedeutung für die allgemeine Geschäftsentwicklung wurde schon gewürdigt; aber auch für sich selbst betrachtet, nach Umfang und Gebühreneinnahmen, entfaltete es sich, wie die steigenden Ziffern der Geschäftsberichte zeigen, zu ansehnlicher Größe.[1])

Die Gewinnziffern der bayerischen Staatsbank bewegten sich, wie bei der Ausdehnung der Geschäfte nicht anders zu erwarten war, stark nach oben.[2]) Wie alle Abschlußziffern zeigten sie viel größere Schwankungen, als die Gewinne der beiden gemischten Banken in Bayern. Besonders gute Erträgnisse brachten im allgemeinen diejenigen Jahre, in denen große und beständige Betriebsmittel einerseits und der Bedarf der Wirtschaft anderseits hohe Ausleihungen in laufender Rechnung zuließen.

Seit den neunziger Jahren wurde der Abstand zwischen Roh- und Reingewinnen allmählich größer und größer. Schuld waren die steigenden Verwaltungskosten; sie stiegen, wie bei allen Banken, erheblich rascher als die Roheinnahmen; die Mehrkosten an Gehältern und Sachausgaben, die das Verwahrungs- und Verwaltungsgeschäft, das vergrößerte Niederlassungsnetz und der staatliche Überweisungsverkehr verursachten, machten sich bemerkbar. Auch die Steuerlasten wuchsen. Die Königliche Bank war zwar von den unmittelbaren Staatssteuern befreit, aber an Gemeinde- und anderen Umlagen hatte sie 1900 56000, 1913 268000 Mark zu bezahlen.

Indessen wuchsen nicht nur die Verwaltungskosten, sondern

1) Zahlentafel 17.
2) Zahlentafel 14; Schaubilder 8, 12.

auch die Reingewinne rascher als die Roheinnahmen: Der Reingewinn von 1913 war zweieinhalbmal größer als der von 1900 und fast siebenmal größer als der von 1880. Es wurde somit trotz der steigenden Verwaltungskosten gut gewirtschaftet; die eigenen Mittel der Bank[1]) verzinsten sich durchweg erheblich höher als der Landeszinsfuß war.

Die Königliche Bank konnte dadurch alljährlich große Gewinne an die Staatshauptkasse abliefern. Obwohl die Bankverordnung vorsah, daß die Hälfte der Reingewinne bei der Bank verbleiben sollte, um deren eigene Mittel zu verstärken, und obwohl von dieser Bestimmung nur in wenigen Jahren abgewichen wurde, blieben für die jährlichen Ablieferungen an den Staat im Durchschnitt der Jahre 1876—1900 526800 Mark und im Durchschnitt der Jahre 1901—1913 2135000 Mark. Der Voranschlag des Staatshaushaltes für die Bankablieferung wurde in den meisten Jahren überschritten[2]).

Ob eine Bank wirtschaftlich gut arbeitet, kann erst durch einen Vergleich mit anderen Banken aufgezeigt werden. Dieser Vergleich wurde für den Durchschnitt der drei letzten Friedensjahre mit den beiden großen gemischten Banken in Bayern, einer reinen Hypothekenbank und zwei erwerbswirtschaftlichen Großbanken in den Schaubildern 25 und 26 wiedergegeben. Der Vergleich fällt auch nach Ausschaltung des teilweisen Steuervorrechts für die Bayerische Staatsbank durchaus günstig aus, sowohl was billiges Arbeiten (verhältnismäßig geringe Verwaltungskosten) als was wirtschaftliches Arbeiten (hohe Verzinsung der eigenen Mittel) anlangt — trotzdem der Königlichen Bank durch ihren Aufgabenkreis als Staatsbank manche Verluste erwuchsen (Stützungskäufe) und ihr eine der Hauptgewinnquellen der erwerbswirtschaftlichen Großbanken (Gründungsgeschäft und die anschließende dauernde, enge Geschäftsverbindung mit der Großindustrie) verschlossen war[3]).

---

[1]) Stammeinlage und Rücklage.

[2]) Zahlentafel 16.

[3]) Siehe Schaubilder 25, 26. Von den Großbanken wurde die größte (Deutsche Bank) und die kleinste (Mitteldeutsche Kreditbank) herausgegriffen. Eine reine Hypothekenbank (Süddeutsche Bodencreditbank) wurde herangezogen, um nachzuweisen, daß das Hypothekengeschäft weniger Unkosten verursacht als

Eine staatliche Einrichtung, die wirtschaftliche Zwecke verfolgt, besonders eine, die wie die Bayerische Staatsbank noch dazu von Beamten mit mäßigem Einkommen und gesicherter Lebensstellung geleitet und betrieben wird, kommt leicht in den Verdacht, daß sie unwirtschaftlich arbeitet und daß die von ihr ausgewiesenen Gewinne nur auf den Steuervorrechten aufgebaut sind. Die Bayerische Staatsbank kann von sich sagen, daß ihre Gewinne auch in der Zeit, in der ihr teilweises Steuervorrecht infolge erhöhter Steuerlasten[1]) wirtschaftlich ins Gewicht fiel, keineswegs nur ein Ausfluß dieses Sonderrechts waren: Die Königliche Bank zu Nürnberg hat sich in den letzten Jahren und Jahrzehnten vor dem Weltkrieg nicht nur den Geschäftsumfang und die volkswirtschaftliche Bedeutung einer Großbank errungen; sie konnte ihren Geschäftsbetrieb und ihre Geschäftsergebnisse, auch vom erfolgswirtschaftlichen Standpunkt aus betrachtet, unbesorgt den erwerbswirtschaftlichen Großbanken an die Seite stellen.

---

das kaufmännische Geschäft: das muß bei den Vergleichsziffern der beiden bayerischen gemischtwirtschaftlichen Banken berücksichtigt werden. Im übrigen siehe die Erläuterungen zu den Schaubildern.

[1]) Erhöht im Vergleich zu früheren Jahrzehnten; obschon noch niedrig im Vergleich zur heutigen Zeit.

Spitalgasse und Spitaltor in Coburg; rechts die Schmalseite des Bankgebäudes.

UMWÄLZUNG UND WIEDERAUFBAU.

1914—1930

Das Jahr 1913 war der Höhepunkt des wirtschaftlichen Aufschwungs in Deutschland. Im Sommer 1914 brach der Krieg aus; er riß das deutsche Volk, die deutsche Wirtschaft und mit ihr die bayerische Staatsbank aus friedlicher, erfolgreicher Arbeit heraus in neue Bahnen und in einen neuen Abschnitt ihrer Geschichte hinein.

Mit der Kriegserklärung begann wie bei allen Geldanstalten ein Sturm auf die Bankkassen; er dauerte aber nur drei bis vier Tage. Die Kunden ließen sich durch gütliches Zureden leicht beruhigen; sowie sie sahen, daß die Bank anstandslos jede gewünschte Summe zurückzahlte, war ihr Vertrauen zurückgekehrt; ebenso plötzlich, wie er gekommen, flaute der Ansturm wieder ab.

Noch zehn Jahre früher hatte einer der angesehensten Wirtschaftsführer Bayerns, der Aufsichtsratsvorsitzende der Bayerischen Hypotheken- und Wechselbank, Reichsrat von Auer, in der ersten Kammer des Landtags die Befürchtung ausgesprochen, ein Krieg werde für die Königliche Bank wegen ihrer großen Einlagen zu einer Quelle von Verlegenheiten werden. Diese Voraussage hat sich in keiner Weise erfüllt. Die Bank konnte alle Vorschüsse durchhalten und darüber hinaus erhöhte Anforderungen der mit ihr arbeitenden Gemeinden und Sparkassen befriedigen.

In der ganzen deutschen Wirtschaft hatte der Kriegsausbruch große Bestürzung und selbst Kopflosigkeiten hervorgerufen; aber schon bald, nachdem der Truppenaufmarsch beendet, der Binnenverkehr wieder aufgenommen und die Gefahr eines feindlichen Einbruchs in das Innere Deutschlands abgewehrt war, beruhigte sich die Wirtschaft wieder und stellte sich auf den Krieg um.

Die ganze Wirtschaft war entweder für den Heeresbedarf oder für die Versorgung der Heimat tätig. Das Reich gab große Aufträge und zahlte rasch und gut, der Wegfall der Einfuhr sicherte der Landwirtschaft wie den Versorgungsgewerben guten Absatz und hielt das verdiente Geld im Lande. Die Folge davon war ein den ganzen Krieg über anhaltender Aufschwung, dabei war aber im Gegensatz zu allen Hochspannungen der Friedenszeit das Geld nicht knapp sondern flüssig.

Wohl entsprach dem Geldüberfluß der freien Wirtschaft zunächst ein großer Geldbedarf der öffentlichen Wirtschaft, vor allem des Reiches, dem die Kriegführung und die Beschaffung der dazu nötigen Mittel oblagen, aber er wurde auf außerordentlichem Wege glatt befriedigt: Das Reich deckte seinen Geldbedarf durch Schatzwechsel und durch Kriegsanleihen. Den Ländern und Gemeinden war der Anleiheweg verschlossen, um den Markt für die Kriegsanleihen freizuhalten; sie blieben auf Schatzwechsel und Bankvorschüsse beschränkt. Der Angelpunkt der Geldbeschaffung aller öffentlichen Stellen aber war, daß die Reichsbank und die bei Kriegsausbruch eröffnete Reichsdarlehenskasse die immerzu vermehrten Schatzwechsel und Kriegsanleihen wie andere öffentliche Schuldtitel ohne Einschränkung kauften und beliehen, d. h. auf sie Banknoten und Kassenscheine ausgaben, mit denen die Forderungen der freien Wirtschaft an das Reich und die übrigen öffentlichen Körperschaften beglichen wurden. Diese Freigiebigkeit war nur möglich, weil die Reichsbank seit 4. August 1914 von der Pflicht, ihre Noten mit Gold einzulösen, entbunden worden war: schon damals, als noch niemand an Aufblähung des Geldumlaufs und Markverfall dachte, war die Notenpresse die Quelle der Geldflüssigkeit.

Die Kriegszeit war auch für die bayerische Staatsbank eine Zeit vermehrter und hochgespannter Tätigkeit. Die Kriegswirtschaft stellte ihr eine Reihe neuer Aufgaben; die größte und wichtigste war, den Geldbedarf der bayerischen Gemeinden und Gemeindeverbände bei der Durchführung ihrer Kriegsaufgaben zu befriedigen.

Den kreisunmittelbaren Städten und den Bezirksgemeinden oblag als Lieferungsverbänden die Pflicht, gegen späteren Ersatz durch das Reich die Mittel aufzubringen, um die Angehörigen einberufener Mannschaften zu unterstützen. Außerdem wurde ihnen 1915 bei Einführung der Zwangswirtschaft als Kommunalverbänden die Beschaffung und Verteilung der Lebensmittel übertragen. Da den Gemeinden die nötige Barschaft fehlte, waren sie auf Darlehen angewiesen; als Sicherheit konnten sie in den meisten Fällen nur die Abtretung ihrer Ersatzansprüche an das Reich anbieten. Solche Darlehen waren nichts weniger als flüssig, und die Banken gingen, was vom erwerbswirtschaftlichen Standpunkt begreiflich war, am Anfang des Krieges nicht gerne an sie heran. Die Staatsbank indessen griff ohne Zögern zu, gab schon in den ersten Kriegsmonaten namhafte Beträge und vom Jahre 1915 an Summen, die in die Hunderte von Millionen gingen; in den Jahren 1916 bis 1918 machten sie die Hälfte und mehr aller Vorschüsse in laufender Rechnung aus.[1])

Die nötigen Betriebsmittel aufzubringen war anfangs eine ernste Sorge; erst längere Zeit nachdem die Staatsbank ihre Bereitwilligkeit zur Hilfe erklärt und begonnen hatte, sie in die Tat

[1]) Bei den erwerbswirtschaftlichen Großbanken hat der Anteil aller öffentlicher Körperschaften an den Ausleihungen während des Krieges durchschnittlich nur etwa ein Viertel betragen.

umzusetzen, wurde sie durch reichlichen Zustrom von Einlagen der Sorge enthoben.

So wurde die bayerische Staatsbank im Kriege neben ihrer Eigenschaft als Bank des Staates und unbeschadet ihrer Tätigkeit für die freie Wirtschaft noch Kriegsbank der bayerischen Gemeinden und eigentlich mehr als nur Bank der Gemeinden; denn die Guthaben, die die Gemeinden während des Krieges bei ihr unterhielten, konnten sich mit der Geldhilfe, die ihnen die Bank zuteil werden ließ, nicht im entferntesten messen.

Die zweite große Kriegsaufgabe der bayerischen Staatsbank war, beim Unterbringen der Kriegsanleihen mitzuwirken. Als staatliche Anstalt stand die Bank bei den Kriegsanleihezeichnungen mit in vorderster Linie. Sie gewährte ausgiebige Vorschüsse dafür; die Vorschüsse schwollen zeitweise so an, daß es trotz aller Geldflüssigkeit nicht immer leicht war, die nötigen Barmittel aufzubringen. Die Bankbeamten beteiligten sich in Wort und Schrift an der Werbetätigkeit. Die Erfolge waren sehr zufriedenstellend: bei den neun Kriegsanleihen wurden durch die bayerische Staatsbank zusammen über 977 Millionen Mark Zeichnungen vermittelt[1]).

Die dritte Aufgabe war, den bargeldlosen Zahlungsverkehr zu fördern. Wie bei der Werbung für die Kriegsanleihe stellte die Bank ihre Beamten und Einrichtungen für die Aufklärung der Bevölkerung über die Vorteile und die volkswirtschaftliche Wichtigkeit der bargeldlosen Zahlung zur Verfügung. Bei einem wesentlichen Teile der Bevölkerung, nämlich bei den Landleuten, hatte die allgemeine Werbung bekanntlich keinen großen Erfolg; die Bauern waren nur äußerst schwer zu bewegen, sich eine Bankrechnung eröffnen zu lassen oder gar Lebensmittel zu liefern, ohne das Geld auf der Hand zu sehen. Hier war es der bayerischen Staatsbank eine Genugtuung, durch bevorzugte Behandlung der gebührenfreien Scheckrechnungen vor den Bankscheinen und durch Vorschüsse in laufender Rechnung an Stelle der alten Schuldurkundendarlehen, dem bargeldlosen Zahlungsverkehr

[1]) Zeichnungsergebnisse in ganz Bayern rund 5,9 Milliarden Mark, in ganz Deutschland 84,1 Milliarden Mark; die bayerische Staatsbank hat somit die Zeichnung von etwa 16,6 vH der in Bayern und 1,2 vH der in Deutschland aufgebrachten Beträge vermittelt.

schon vor dem Kriege auch bei ihrer bäuerlichen Kundschaft einige Geltung verschafft zu haben.

Die Werbetätigkeit für den bargeldlosen Zahlungsverkehr führte der Bank eine Reihe neuer Kunden zu: an den staatlichen Überweisungsverkehr nicht angeschlossene Behörden, Unterstützungskassen und Verwaltungen anderer öffentlicher und halböffentlicher Zweckvermögen, kleinere Gemeinden, alles Stellen, die bisher wenig oder gar nicht bankmäßig gearbeitet hatten; endlich ließ sich eine große Anzahl von Beamten Scheckrechnungen für die Überweisung ihrer Gehälter eröffnen. In vielen Fällen entsprach der Gewinn an Einlagen durchaus nicht der durch die Rechnungsführung erwachsenden Arbeit; die Bank nahm aber um der Erfüllung der großen volkswirtschaftlichen Aufgabe willen die nicht lohnende Arbeit für kleine Kundenrechnungen gerne in Kauf.

Einer vierten, kleineren Aufgabe muß noch gedacht werden: der Mitwirkung bei der Gründung von Kriegskreditbanken in München, Nürnberg und Augsburg am Anfang des Krieges — die ersten Gründungsgeschäfte seit der Bankverordnung von 1878. Die Kriegskreditbanken hatten die Aufgabe, das mittlere und kleinere Gewerbe, das Handwerk und den Kleinhandel, vor allem solche Darlehenssucher, die keine bankmäßige Sicherheit geben konnten, mit Vorschüssen zu unterstützen; Betriebsmittel sollten sie in der Hauptsache durch Weiterbegeben der Wechsel ihrer Kunden an die Reichsbank erhalten. Wie nach der vorhin gestreiften Geldlage während des Krieges zu erwarten war, haben die Kriegskreditbanken keine große Bedeutung erlangt; nach Kriegsende wurden sie aufgelöst, ihre Geschäfte wurden von anderen Mittelstandsunternehmungen[1]) übernommen.

Der innere Geschäftsbetrieb der Bank stand ebenfalls im Zeichen des Krieges: viele Beamte wurden zum Heeresdienst einberufen, die neuen Geschäftsaufgaben brachten vermehrte Arbeit.

Schon in den ersten Kriegsmonaten traten von den 656 Beamten und Hilfskräften der Bank 128 unter Waffen; die Zahl erhöhte sich im Laufe des Krieges auf 162. Von ihnen haben 20 den Tod fürs Vaterland erlitten.

---

1) Mittelstandskredithilfe, Städtische Darlehenskasse, Hansabank.

Für die im Heeresdienste stehenden Beamten wurde zuerst nur teilweise Ersatz einberufen. Die Geschäftsvermehrung im Laufe des Krieges aber zwang die Bank, schon vom Jahre 1915 an fortwährend neue Hilfskräfte einzustellen; Ende 1918 zählte sie 983 Beamte und Angestellte.

Von der Lösung der oben behandelten Kriegsaufgaben abgesehen, bewegten sich die Geschäfte der Bank der Form nach in den alten Bahnen, nur dehnten sie sich noch weiter aus als vor dem Kriege.

Die Geldflüssigkeit führte der Königlichen Bank, wie allen Banken, Millionen neuer Einlagen zu. Der Höhepunkt wurde 1917 erreicht. Ende 1918 waren die Betriebsmittel zwar zahlenmäßig noch größer, aber die Geldentwertung verschleierte die wirklichen Werte schon erheblich; in Goldmark gemessen brachte 1917 mit einer Abschlußsumme von über 772 Millionen Goldmark den größten Abschluß während des Krieges und in der ganzen Geschäftsentwicklung der bayerischen Staatsbank[1]).

Unter den Einlagen waren erhebliche Summen öffentlicher Gelder, vor allem unterhielten die Heereskassen große Guthaben mit riesenhaften Umsätzen. Der größere Teil indessen stammte aus der freien Wirtschaft und von Banken und Bankiers[2]); es war die Folge der großen Geldflüssigkeit und des Umstandes, daß die Staatsbank wegen ihrer Gemeindedarlehen stets aufnahmefähig blieb, und zwar auch für kurzfristige Einlagen, wie sie Banken zur Verfügung haben: so wurde die Staatsbank während des Krieges auch Bank der bayerischen Banken und Bankiers.

Auf der Vermögensseite der ersten Kriegsabschlüsse fällt ein starkes Anwachsen der Kassebestände und der Guthaben bei Großbanken auf; diese äußerst flüssige Anlage war notwendig, solange bei der Bank noch Mobilmachungsgelder der Heeresverwaltung lagen, die täglich abgerufen werden konnten. Dagegen gingen die Wechselbestände im Verhältnis zu den Gesamtanlagen erheblich zurück; ab 1917 schwollen sie wieder an[3]).

---

[1]) Siehe Zahlentafeln 6a, 7a, Schaubilder 9—12.
[2]) Siehe Schaubild 19.
[3]) Siehe Zahlentafeln 6b, 7b, Schaubild 18.

Die Ursachen dieser doppelten Veränderung in den Wechselbeständen lagen ebenfalls in der Kriegswirtschaft. Wegen der Flüssigkeit des Geldmarktes konnten alle Zahlungen sofort erledigt werden; Handelswechsel gab es während des Krieges so gut wie nicht zu kaufen, als flüssige Geldanlage blieben nur Schatzwechsel des Reiches und der Bundesstaaten. Während des ganzen Krieges enthielten die Wechselmappen der Banken fast nichts anderes als Schatzwechsel; die Bestände waren erst niedrig, später, als sich der große Geldbedarf der öffentlichen Wirtschaft mit dem Geldüberfluß der freien Wirtschaft und dem Einlagenzustrom bei den Banken begegneten, schwollen sie mächtig an.

Bei der bayerischen Staatsbank war es nicht anders wie bei den erwerbswirtschaftlichen Banken; merkwürdig gegenüber anderen öffentlichen Banken, besonders gegenüber der Seehandlung, und kennzeichnend für das Gepräge der bayerischen Staatsbank als einer Anstalt, der neben der Besorgung der staatlichen Geldgeschäfte die Förderung der freien Wirtschaft oblag, war es nur, daß erst im Kriege und nicht früher die Schatzwechsel die ausschlaggebende Rolle in ihrem Wechselbestand spielten.

Der Hauptteil der Ausleihungen entfiel, wie bereits erwähnt wurde, auf die Kriegsvorschüsse an Gemeinden und Gemeindeverbände. Von der freien Wirtschaft wurden Vorschüsse weniger begehrt und kaum als laufende Betriebsvorschüsse, sondern nur für die Durchführung großer Heeresaufträge und für die Errichtung neuer Anlagen bei der Umstellung auf Kriegslieferung und bei Betriebsvergrößerungen.

Einschneidende Veränderungen brachte der Krieg im Wertpapiergeschäft. Der Börsenbetrieb hörte mit Kriegsausbruch auf; erst 1917 wurden die Börsen wieder geöffnet, sie blieben aber auf das Kassengeschäft beschränkt. Ende 1914 bildete sich ein regelmäßiger freier Handel in Wertpapieren, der sogenannte Freiverkehr. Er wurde zunächst nur von den Bankgeschäften gepflegt; ab 1915 nahm mit den andern Großbanken auch die bayerische Staatsbank daran teil. Die Staatsbank vermittelte vor allem den Umtausch anderer Wertpapiere in Kriegsanleihe und bayerische Staatsanleihe.

Der Aufschwung der Kriegswirtschaft steigerte sich im letzten Kriegsjahr 1918, dem Schicksalsjahr des deutschen Volkes, zur fieberhaften Hochspannung. Das Hindenburgprogramm, die Umstellung aller nur irgendwie geeigneten Werke für Kriegslieferungen und die Einstellung jugendlicher Arbeiter in den vaterländischen Hilfsdienst, hatte sich eingespielt; die Unternehmer verdienten Millionen, die Arbeiter sahen Löhne in bisher nicht dagewesener Höhe, die wiedereröffnete Börse wies eine lebhafte Nachfrage nach Aktien zu steigenden Kursen auf, die achte Kriegsanleihe im Frühjahr 1918 übertrumpfte alle früheren. Da kamen das Waffenstillstandsangebot, der Umsturz, der Waffenstillstand, der Rückzug und die Besetzung des Rheinlands, für die große Menge der Uneingeweihten ebenso jäh und unerwartet wie vier Jahre früher der Krieg. Angst und Schrecken beherrschten ganz Deutschland: Die Kurse stürzten, die Einleger holten Geld und Wertpapiere von den Banken weg, alles wollte Bargeld sehen, zum erstenmal kam die Notenpresse den Anforderungen der Wirtschaft nicht mehr nach; es gab zwar genug Guthaben, aber zu wenig Geldzeichen.

Der Umsturz brachte für die Bank nichts als die Veränderung der 112 Jahre und zwei Monate geführten Firma. Eine Bekanntmachung des Finanzministeriums vom 15. November 1918 änderte den Namen der ganzen Anstalt aus „Königlich Bayerische Bank“ in „Bayerische Staatsbank“ um; die Niederlassungen erhielten die gleiche Firma, nur unter Zusatz des Ortsnamens; die Königliche Bankdirektion erhielt die Bezeichnung Direktorium.

Um der Zahlungsmittelnot zu begegnen gab die Bank Mitte November auf Anfordern der neuen Regierung für 120 Millionen Mark Gutscheine in einer Stückelung von einer halben Mark bis zwanzig Mark aus; die Gutscheine erhielten die Eigenschaft eines gesetzlichen Zahlungsmittels.

Im Laufe des Dezember behob sich die Zahlungsmittelnot; Ende Dezember war fast die Hälfte der ausgegebenen Gutscheine wieder eingezogen.

Im Frühjahr 1919 wurde in München die Räteherrschaft ausgerufen. Die Räte erklärten die Bank sofort zur „Staatsbank der

Räterepublik"[1]) und ließen das Münchner Bankgebäude durch rote Garde bewachen. Eine besondere Tätigkeit als rote Staatsbank wurde der Bank nicht auferlegt; sie wurde vielmehr den gleichen Beschränkungen unterworfen wie alle Banken: die Barabhebungen und Barversendungen wurden eingeengt, das Bankgeheimnis wurde aufgehoben.

Für die Leitung der Bankanstalten im Herrschaftsbereich der Räte, hauptsächlich in München, war es keine leichte Aufgabe, ja geradezu mit Lebensgefahr verbunden, in diesen Tagen die Ordnung in der Bank aufrecht zu erhalten. Glücklicherweise ließen sich die Gewalthaber durch ruhige und bestimmte Haltung immer wieder ablenken. Einer der Hauptträger der Bewegung, der Russe Axelrod, stürmte zweimal in Begleitung von Matrosen mit aufgepflanztem Seitengewehr in das Vorstandszimmer, forderte Geld — und ließ sich mit der Bemerkung abspeisen, nach der Dienstvorschrift dürfe Geld nur gegen ordnungsgemäß ausgefüllte Schecke der Staatshauptkasse abgehoben werden. Und als der Volksbeauftragte Maenner, ein ehemaliger Buchhalter der Pfälzischen Bank, von der Staatsbank die Ausgabe neuen Notgeldes verlangte und die Vorstandsbeamten ihre Unterschriften verweigerten, begnügte sich das Volksfinanzhaus, von den Novembergutscheinen Lichtbilder und davon Druckstöcke für neue Gutscheine herstellen zu lassen[2]).

Die Hauptschäden der Räteherrschaft zeigten sich nach der Befreiung: viele Schrankfachmieter wanderten ab und viele Wertpapiereinlagen wurden nach Baden und Württemberg oder

[1]) Eine Entschließung des Volksfinanzhauses (Finanzministeriums) nach Ausrufung der Räteherrschaft lautet: „Die Baierische Staatsbank ist Institut der Räterepublik Baiern, steht unter der Regierung des Aktionsausschusses der Betriebs- und Soldatenräte Münchens und hat keinerlei anderen Weisungen zu gehorchen; widrigenfalls werden die verantwortlichen Personen zur Rechenschaft gezogen."

[2]) Die Scheine wurden hauptsächlich zu Soldzahlungen an die vor Dachau und Freising liegende Rote Armee verwendet. Die rechtmäßige bayerische Regierung, die bei Ausrufung der Räteherrschaft nach Bamberg geflüchtet war, erkannte das Notgeld nicht an und ließ durch Flugzeuge Zettel abwerfen, in denen vor der Annahme gewarnt wurde; die Staatsbank löste jedoch die Gutscheine auch nach Beseitigung der Räteherrschaft anstandslos ein, bis sie angewiesen wurde, die Einlösung auf gutgläubig erworbene Beträge bis zu 100 Mark zu beschränken.

wenigstens auf die bayerischen Niederlassungen norddeutscher Großbanken übertragen.

Kaum war die Räteherrschaft überwunden, zogen neue Wolken herauf: Die Frage, ob der Friedensvertrag unterzeichnet würde, war offen, die letzte Waffenstillstandsfrist stand vor dem Ablauf, man befürchtete einen feindlichen Einmarsch in Bayern, vor allem einen Einmarsch auf der Mainlinie mit dem Ziele, die süddeutschen Länder von Norddeutschland abzuriegeln. Im November 1918 waren die Wertbestände der pfälzischen Niederlassungen vorübergehend nach Ingolstadt geschafft worden; jetzt wies das Direktorium die bedrohten Niederlassungen Aschaffenburg, Schweinfurt, Würzburg und, für den Fall eines tschechischen Einmarsches, die Niederlassungen Hof und Regensburg an, alles vorzubereiten um die Wertbestände nach Nürnberg und von da nach Berlin flüchten zu können. Wochenlang dauerte die Ungewißheit und Erwartung, bis Ende Juni durch den Friedensschluß die Gefahr als beseitigt angesehen werden konnte.

Die Jahre 1919 bis 1923 waren von den Begleiterscheinungen der Aufblähung des Geldumlaufs und des Verfalls der Mark beherrscht. Die Vermehrung der Geldzeichen hielt den Geldmarkt bis in das Jahr 1922 hinein mit wenigen Unterbrechungen flüssig. Die Wirtschaft hatte sich auf den Frieden umgestellt; nach Überwindung des schlechten Winters 1918/19 mit Unruhen, Arbeitslosigkeit, Kohlennot, Verkehrsnot trieb sie in eine Zeit angespannter Beschäftigung und rastlosen Papiermarkverdienens hinein, in die Scheinblüte der Geldentwertung. Der Bedarf des ausgehungerten und entblößten Deutschland nach vierjähriger Sperre, die Flucht in die Sachwerte, der Ausverkauf Deutschlands, die Unterbietung der ausländischen Goldpreise hielten die Maschinen im Gang, bis im Herbst 1923 Geldzeichenvermehrung und Geldentwertung sich gegenseitig totgelaufen hatten. Die Unternehmungen vergrößerten, verdichteten und verketteten sich in vorher unerhörtem Maße; ein Name, Hugo Stinnes, genügt, um eine ganze Bewegung zu kennzeichnen. Der Geldbedarf der Unternehmungen für Betrieb und Betriebserweiterungen, die Geldflüssigkeit und die Neigung, sich in der Form des Aktienkaufes Sachwerte zu verschaffen, riefen einen beispiellosen Gründungseifer und einen stürmischen Börsenhandel hervor; alle Welt kaufte und verkaufte und fühlte sich glücklich, wenn die Kurse ihrer Aktien in märchenhafte Höhen, Papiermarkhöhen, kletterten, und die wenigsten ahnten, daß die vermeintlichen Millionen nichts waren als eitel Schall und Rauch.

Die Begleiterscheinungen des Markverfalls liefen in den großen Geldhandelsunternehmungen wie in Brennpunkten zusammen: eine neue Verdichtungs- und Ausbreitungstätigkeit begann mit vereinzelten Verschmelzungen im Kriege und setzte sich mit einer Unzahl von Zusammenschlüssen und Gründungen neuer Niederlassungen in der Geldentwertung fort. Hatten sich die Großbanken bis 1914 außerhalb ihres besonderen Arbeitsgebiets auf einige wenige Großstädte beschränkt, so wurden jetzt alle Gebiete Deutschlands und auch die mittleren und kleineren Städte mit Niederlassungen durchdrungen. Nicht zuletzt war das in Bayern spürbar: Städte und Städtchen wie Amberg, Aschaffenburg, Bad Tölz, Bamberg, Fürth, Hof, Kronach, Landau in der Pfalz, Lindau, Neustadt an der Haardt, Passau, Pirmasens, Regensburg, Schweinfurt, Speyer, Tegernsee, Weißenburg, Würzburg erhielten in den Jahren 1918—1922 Zweigniederlassungen von Berliner Großbanken; nicht nur in den vier bayerischen Großstädten, sondern auch in Würzburg, Regensburg, Bamberg, Fürth waren mehrere Großbanken mit Niederlassungen vertreten. Die Darmstädter Bank — seit 1921 Darmstädter und Nationalbank — ging am tiefsten ins Land, die Deutsche Bank baute ihr bayerisches Netz auf dem der 1921 übernommenen Pfälzischen Bank auf, als letzte der vier D-Banken erschien die Discontogesellschaft mit eigenen Niederlassungen in Bayern.

Die bayerischen Banken taten es den Berliner Banken nach. Die Bayerische Hypotheken- und Wechsel-Bank erwarb 1917 den gesamten Aktienbesitz der Bayerischen Disconto- und Wechselbank und nahm sie 1920 in sich auf; nach der Verschmelzung hatte die Bayerische Hypotheken- und Wechsel-Bank 32 Zweigniederlassungen, 64 Zweigkassen und 2 Agenturen. Die Bayerische Vereinsbank, die Bayerische Handelsbank und die

Vereinsbank Nürnberg verschmolzen 1920 ihre kaufmännischen Abteilungen und schlossen für die Hypothekenabteilungen eine Arbeitsgemeinschaft. Die Bayerische Vereinsbank zählte Ende 1920 62 Zweigniederlassungen, die Bayerische Handelsbank 44 Zweigniederlassungen und 11 Zweigkassen; in den Jahren 1916 bis 1920 errichteten die in diesem Absatz genannten bayerischen Banken zusammen nicht weniger als 180 Zweigstellen.

Im Gegensatz zu den früheren Ausbreitungswellen geschah die neue Vermehrung der Großbankniederlassungen nicht auf Kosten der Bankiers. Schon bei Beginn des Krieges war das Bankiergewerbe namhaft erstarkt. Der außerbörsliche Handel in Wertpapieren wurde fast ein Jahr lang von den Bankiers allein betrieben, nach dem Hinzutreten der Großbanken konnten sie immer noch den größten Anteil daran behaupten. Die Teilnahme der weitesten Bevölkerungsschichten am Wertpapierhandel und am Börsenspiel während des Markverfalls belebte den Bankierstand in erstaunlichem Maße. Für jedes in eine Großbankniederlassung umgewandelte Bankgeschäft erstanden drei und vier neue. In den Jahren 1919 bis 1923 wurden in Deutschland etwa 3000 neue Bankgeschäfte gegründet; sie fanden ihren Verdienst fast allein im Wertpapierhandel für eigene und fremde Rechnung.

Die öffentlichen Sparkassen gingen in Bayern wie überall im Reiche in wachsender Zahl zu bankmäßigen Geschäften über. 1920 durften die Reichsbehörden, 1922 die Notariate bei den Sparkassen Konten errichten, 1922 wurde die Anlage von Gemeinde- und Stiftungsgeldern bei ihnen zugelassen, 1923 wurde ihnen die Abgewährung von Vorschüssen in laufender Rechnung sowie der bisher nur beschränkt eingeräumte An- und Verkauf von Wertpapieren für fremde Rechnung sowie die Verwahrung und Verwaltung von Wertpapieren ohne Einschränkung gestattet. 1919 ging aus dem Giroverband der bayerischen Sparkassen, dessen Geldausgleichsstelle bis dahin die Bayerische Staatsbank Nürnberg gewesen war, die Bayerische Gemeindebank (Girozentrale) hervor; ihre Aufgabe war, nach dem Vorbild der 1918 gegründeten Deutschen Girozentrale als Spitzen- und Geldausgleichsstelle der bayerischen Gemeinden und öffentlichen Sparkassen tätig zu sein.

Im Gegensatz zur Ausdehnung der Geschäftsaufgaben der Sparkassen wurden die Geschäftsaufgaben der Bayerischen Staatsbank in einem wichtigen Punkte geschmälert:

Am 1. April 1920 gingen zufolge der neuen Reichsverfassung die bayerische Heeresverwaltung, Steuerverwaltung, Post und Eisenbahn an das Reich über. Damit war in die bisherige Stellung der Bayerischen Staatsbank als ausschließliche Bankverbindung und Geldausgleichsstelle der Staatskassen in Bayern eine große Bresche geschlagen.

Zwar hatte die bayerische Regierung bei den Verhandlungen wegen des Übergangs der Post erreicht, daß die Stellung der Bayerischen Staatsbank als Bank der Post in Bayern vertraglich gesichert wurde[1]), und die Reichsbahn verpflichtete sich, die Bankverbindungen der bisherigen Staatseisenbahnen in den Eisenbahnländern bis auf weiteres aufrechtzuerhalten; aber bei der Heeresverwaltung und vor allem beim geldkräftigsten aller Verwaltungszweige, der Steuerverwaltung wurde die Staatsbank als Hauptgeldausgleichstelle von der Reichsbank abgelöst.

Ähnlich wurde die während des Krieges eingegangene enge Verbindung der Staatsbank mit den bayerischen Gemeinden gelockert.

Die Gemeindebank löste 1919 einen erheblichen Teil der von der Bayerischen Staatsbank an Gemeinden gegebenen Vorschüsse ab; weitere große Beträge wurden infolge Auszahlung der Ersatzleistungen durch das Reich abgedeckt. Die Gemeindevorschüsse verloren damit ihre vorherrschende Stellung unter den Ausleihungen der Staatsbank. Immerhin blieb der Verkehr mit den Gemeinden bedeutend umfangreicher und lebhafter als vor dem Kriege: Vom Winter 1918/19 an gab die Bank Vorschüsse für die Erwerbslosenfürsorge, im Jahre 1923 gewährte

---

[1]) Postvertrag vom 29./31. März 1920, § 7: Das Reich wird den Geldverkehr der in Bayern gelegenen Post- und Telegraphendienststellen mit der Bayerischen Staatsbank in der bisherigen Weise aufrechterhalten. — Die in Bayern anfallenden Scheckgelder wird das Reich so anlegen, daß sie der bayerischen Wirtschaft zugute kommen. — Schlußprotokoll, zu § 7: . . . Voraussetzung für die Inanspruchnahme der Bayerischen Staatsbank . . . ist, daß sie die Geschäfte zu nicht ungünstigeren Bedingungen wahrnimmt, als die Reichsbank.

An den Verhandlungen waren der damalige Bankkommissär Stenglein und der heutige Bankpräsident Dr. v. Wolf beteiligt.

sie aus Reichsgeldern Darlehen, sogenannte Notstandskredite, um den Gemeinden, die sich infolge der Entwertung der Abgaben und Gebühren nicht mehr selbst erhalten konnten, die Erfüllung der dringendsten Verwaltungsaufgaben, vor allem auch die Auszahlung der Besoldungen zu ermöglichen. Außerdem wurden, wie im Kriege, an die Kommunalverbände Vorschüsse zur Beschaffung von Getreide gewährt. Im Jahre 1922 war die Geldbeschaffung für diesen Zweck besonders dringend; die Bauern verlangten Bargeld, alle Versuche, den Kommunalverbänden die nötigen Mittel zu beschaffen, scheiterten; nur die Bayerische Staatsbank war bereit und in der Lage, ausreichende Vorschüsse zu geben.

Nach Aufhebung der Zwangswirtschaft wurden für den gleichen Zweck Darlehen an die Bayerische Zentraldarlehenskasse und die Zentralgenossenschaft des Bayerischen Bauernvereins gegeben. Soweit die Mittel der Staatsbank nicht hinreichten, nahm sie das nötige Geld mit Hilfe bayerischer Schatzanweisungen bei der Reichsdarlehenskasse oder am offenen Markte auf.

1921 richtete die Bayerische Staatsbank München auf Grund eines Abkommens mit der Münchner Bankenvereinigung und der Münchner Bankiervereinigung eine Wertpapierabrechnungsstelle bei sich ein; am Abrechnungsverkehr nahmen 24 Banken und 47 Bankiers teil. Die Abrechnung vereinfachte den gegenseitigen Wertpapierverkehr; für die Staatsbank hatte sie die Folge, daß ihre Stellung als Bank der Münchner Banken und Bankiers befestigt wurde[1]).

Die größte und volkswirtschaftlich wichtigste Aufgabe, die die Staatsbank in der Zeit des Markverfalls zu lösen hatte, lag aber auf einem andern Gebiet: es war die Geldbeschaffung für den Ausbau der staatlichen Großwasserkraftwerke.

Bayern verfügt über mehr als die Hälfte der in ganz Deutschland nutzbar zu machenden Wasserkräfte. Ihre Wichtigkeit für die Gewinnung von Lichtstrom für den allgemeinen Bedarf und von Kraftstrom für die auf elektrischen Betrieb umzustellenden Eisenbahnen, für die Landwirtschaft und das Gewerbe, endlich für den jungen Gewerbezweig der Stickstoff- und Aluminiumerzeugung war schon

[1]) Die Abrechnung wurde 1927 von dem zur Einrichtung eines Wertpapiersammellagers gegründeten Münchner Kassenverein übernommen.

vor dem Kriege erkannt worden. Der Krieg und die Übergangszeit, vor allem der Kohlenmangel, gaben den Bestrebungen für einen großzügigen Ausbau der bayerischen Wasserkräfte zur Gewinnung der „weißen Kohle“ den entscheidenden Anstoß.

Unmittelbar nach Kriegsende und mitten in der Unsicherheit des Umsturzes, im Dezember 1918, ließ die neue bayerische Regierung den großartigsten Plan, das Walchenseewerk, in Angriff nehmen.

Im Frühjahr 1919 begann der Ausbau der mittleren Isar. Ende 1923 waren das Walchenseewerk und drei Kraftstufen der mittleren Isar vollendet. In den gleichen Jahren der Geldentwertung erstand das Hochspannungsnetz des Bayernwerks mit der Aufgabe, die Versorgung des rechtsrheinischen Bayern mit Licht- und Kraftstrom aus den Wasserkraftwerken und anderen Quellen nach dem Hauptplan Oskar von Millers einheitlich zu regeln. Noch ein viertes großes Werk wurde in der gleichen Zeit unter staatlicher Führung in Angriff genommen: der Bau der Großschiffahrtsstraße Rhein—Main—Donau; ihre Wasserbauten sollten ebenfalls für die Gewinnung elektrischen Stromes in großem Maßstab nutzbar gemacht werden.

Die drei staatlichen Unternehmungen Walchenseewerk, Mittlere Isar und Bayernwerk wurden, nachdem sie anfangs aus dem Staatshaushalt gespeist worden waren, 1921 unter Mitwirkung der Bayerischen Staatsbank in Aktiengesellschaften umgewandelt[1]).

Unmittelbar nach der Gründung der Gesellschaften begab die Bayerische Staatsbank für Rechnung des Walchenseewerks und der Mittleren Isar eine Anleihe von 500 Millionen Mark[2]), für Rechnung des Bayernwerks eine Anleihe von 300 Millionen Mark[3]); im November 1921 folgten weitere 500 Millionen Mark Schuldverschreibungen der Großwasserkraftwerke und im Februar 1923 eine dritte Anleihe von 40 Milliarden Mark für die drei Gesell-

---

[1]) Der bayerische Staat übernahm alle Aktien; bei der Walchenseewerk A. G. und der Mittleren Isar A. G., aus deren Werken der Kraftstrom für die Eisenbahn bezogen wurde, beteiligte sich später die Deutsche Reichsbahngesellschaft mit je einem Neuntel des Aktienkapitals.

[2]) Schuldverschreibungen der Bayerischen Großwasserkraftwerke zu $4^1/_2$ vH.

[3]) Bayerische Elektrizitätsanleihe zu $4^1/_2$ vH.

schaften gemeinsam[1]). Für alle Anleihen bürgte der bayerische Staat.

Infolge der Geldentwertung waren die Erlöse jeweils rasch aufgebraucht. Die Staatsbank mußte in den Zwischenzeiten fortwährend mit erheblichen Betriebsvorschüssen einspringen; nur dadurch konnten die Arbeiten in Gang gehalten werden. Die Kraftwerke wurden zum größten Schuldner der Staatsbank; die Staatsbank mußte zeitweise befürchten, wegen der Festlegung ihrer Mittel bei den Großkraftwerken ihren allgemeinen Aufgaben nicht mehr nachkommen zu können. Der Versuch, die Betriebsvorschüsse durch Verkauf von Schatzwechseln an die Reichsbank und Reichsdarlehenskasse abzudecken, mißlang; bis die Schatzwechselerlöse verfügbar wurden, waren infolge der Geldentwertung neue Vorschüsse in vielfacher Höhe des abgedeckten Betrags notwendig geworden. Erst im August 1923 brachte eine vierte, wertbeständige Anleihe, die mit 4 vH verzinsliche Walchensee-Goldanleihe zu 4000 kg Feingold (11,6 Millionen Goldmark) neue Mittel; ein Teil von ihnen wurde zur Verringerung der Betriebsvorschüsse der Staatsbank verwendet.

Bei der Gründung der Rhein-Main-Donau-A.-G. Ende 1921 beteiligte sich die Bayerische Staatsbank als Mitgründer und Aktionär[2]); außerdem war sie Mitglied der von der Deutschen Bank geleiteten Bankengemeinschaft[3]).

Mit dem Anschluß des ehemaligen Herzogtums Coburg an Bayern am 1. Juli 1920 kam die Bank nach Coburg. Die dortige Staatsbank, die Herzoglich Sächsische Landrentenbank in Coburg, wurde der Aufsicht des Staatsbankdirektoriums unterstellt; am 1. Juli 1922 ging sie in die Bayerische Staatsbank auf. Die Staats-

---

1) Walchenseeanleihe zu 7—15 vH.

2) Die übrigen Gründer waren das Deutsche Reich (Hauptbeteiligter), die Länder Bayern, Thüringen und Hessen, 25 bayerische und außerbayerische Städte, die Deutsche Bank, die Bayerische Hypotheken- und Wechsel-Bank und die Bayerische Vereinsbank.

3) Von der Gemeinschaft wurden 1921 255350000 Mark mit 5—7 vH verzinsliche Vorzugsaktien, 1922 300 Millionen Mark Teilschuldverschreibungen oder Handdarlehen zu 5 vH und 1923 7,5 Millionen Goldmark Rhein-Main-Donau-Goldanleihe zu 5 vH begeben.

bank übernahm außerdem die Creditkasse des Spar- und Hülfevereins in Coburg: aus beiden Anstalten wurde eine neue Niederlassung, die Bayerische Staatsbank Coburg gebildet[1]).

Das Jahr 1920 ist noch aus einem anderen Grunde für die Bayerische Staatsbank bedeutungsvoll geworden: Es wurde eine neue Bankverordnung erlassen und der Hauptsitz der Bank wurde von Nürnberg nach München verlegt.

Der Landtag hatte bei der Haushaltsberatung für das Jahr 1916 angeregt, die Verordnung von 1878 durch eine dem neuzeitlichen Bankbetrieb besser angepaßte Satzung zu ersetzen; außerdem wünschte er unter dem Eindruck der großen Gewinne der Jahre 1913 bis 1915, von den Erträgnissen sollte mehr als bisher an die Staatskasse abgeliefert und weniger den Betriebsmitteln zugeschlagen werden. Die Arbeitslast des Krieges und die Verwirrung des Umsturzes hatten den Erlaß der Verordnung bis 1920 verzögert.

Die Bankverordnung vom 24. März 1920[2]) baut auf ihren Vorgängerinnen auf. Sie berücksichtigt die große Entwicklung, die die Bank seit der letzten Verordnung vom Jahre 1878 hinter sich gebracht hat, umschreibt ihre Verfassung und Verwaltung schärfer und läßt doch sowohl dem Finanzministerium wie dem Staats-

---

[1]) Die Herzoglich Sächsische Landrentenbank in Coburg war 1865 aus der Herzoglichen Grundablösungskasse gebildet worden; 1901 wurde sie zu einer Staatsanstalt mit selbständiger Rechtsfähigkeit erhoben. Sie war eine Spar- und Hypothekenbank; ihre Einlagen betrugen Ende 1913 20,8 Millionen Mark, 1920 51,7 Millionen Mark.

Der Spar- und Hülfeverein geht auf das Jahr 1844, seine Creditkasse auf das Jahr 1856 zurück. Der Zweck der Creditkasse war die Sammlung von Spareinlagen von den Mitgliedern des Vereins und die Gewährung von Darlehen an die Mitglieder und andere Darlehensnehmer. Da am Spar- und Hülfeverein alle Schichten der Bevölkerung beteiligt waren, war die Creditkasse die Geldanstalt des fleißigen, strebsamen Kleinbürgers. Ihre Einlagen betrugen Ende 1913 12,2 Millionen Mark, Ende 1920 18,9 Millionen Mark. Während der Übergang der Landrentenbank kraft Staatsvertrags erfolgte, schloß sich die Creditkasse aus eigenem Wunsch an die Bayerische Staatsbank an; sie hatte auch Angebote von anderer Seite, aber sie glaubte sich als gemeinnützige Einrichtung bei einer öffentlichen Bankanstalt am besten aufgehoben.

[2]) Urkunden und Geschichtstafeln 8.

bankdirektorium eine größere Beweglichkeit als die alten Verordnungen, indem sie sich aller nebensächlichen Bestimmungen enthält.

Das bisherige Mißverhältnis unter den eigenen Mitteln der Bank, daß nämlich die Rücklage um ein Vielfaches größer war als die Stammeinlage, wurde beseitigt. Die Verordnung setzte als Grundkapital zunächst einen Betrag von 80 Millionen Mark fest und wies für die Zukunft von dem zur Vermehrung der Betriebsmittel bestimmten Gewinnanteil neun Zehntel dem Grundkapital und nur ein Zehntel dem Reservefonds zu. Im übrigen wurde dieser Gewinnanteil auf ein Viertel des Reingewinns beschränkt.

Als Sitz des Direktoriums und Hauptsitz der Bank war München bestimmt.

Zweckmäßigkeitsgründe hatten die Verlegung des Hauptsitzes nach München schon lange gefordert, aber mit Rücksicht auf die Überlieferung der Bank und wegen der Bedeutung Nürnbergs als der ersten Handels- und Industriestadt Bayerns war sie immer wieder hinausgeschoben worden. Das Anschwellen des Staatskassenverkehrs und die Zunahme der Einlagen von Banken und Bankiers während des Krieges hatten Geschäftsumfang und Erträgnisse der Bayerischen Staatsbank München bedeutend größer werden lassen als die von Nürnberg[1]). Die größten Staatskassenguthaben standen in München und mußten dort wieder zur Verfügung gehalten werden. Die Mittel aus den öffentlichen Kassen wurden keineswegs nur in München selbst ausgeliehen, sondern aus ihnen wurden die Niederlassungen im ganzen Lande gespeist; ihr Auf und Nieder beeinflußte die Geldbewegung der ganzen Anstalt: es war ohne Verwirrung und Zinsenverluste nicht mehr möglich, die Geldbewegung von Nürnberg aus zuleiten. Weiterhin hatte die Verlegung nach München den Zweck, den Verkehr der Bankverwaltung mit dem Finanzministerium und den anderen Regierungsstellen zu vereinfachen und zu beschleunigen und der Bankleitung die verordnungsmäßige Auf-

[1]) Zahlentafeln 11, 14 und Schaubild 12. Der Umsatz der Münchner Niederlassung betrug 1918 51,5 vH, der Umsatz der Hauptbank nur 17,31 vH des Gesamtumsatzes.

gabe der Beratung des Finanzministeriums in Geld- und Wirtschaftsangelegenheiten zu erleichtern.

Die Stadt Nürnberg sah das Staatsbankdirektorium nur ungern ziehen; auch dem Direktorium fiel die Trennung nicht leicht: „Die Königliche Bank zu Nürnberg“ war in mehr als einem Jahrhundert ein feststehender Begriff geworden und wenn auch München durch den Staatskassenverkehr die größte Niederlassung geworden war, die engsten und angenehmsten Verbindungen mit der freien Wirtschaft, mit den großen alteingesessenen Industrie- und Handelsfirmen bestanden in Nürnberg. Darin hat sich auch nach der Verlegung des Hauptsitzes nichts geändert: die Nürnberger Firmen — viele Geschäftsverbindungen blicken auf 50, 70, 80 Jahre, eine sogar auf über 100 Jahre ununterbrochener Dauer zurück — hielten der Bayerischen Staatsbank Nürnberg die Treue, die Beziehungen zur Stadtverwaltung blieben ungetrübt, und die Bayerische Staatsbank Nürnberg konnte sich aus eigener Kraft und durch Zuweisung von entsprechenden Mitteln aus dem Münchener Sammelbecken ihre bevorzugte Stellung unter den Nürnberger Banken erhalten[1]).

Das Bild, das ein Großbankbetrieb in den Jahren des Markverfalls darbot, ist noch heute in frischer Erinnerung: jeder Raum mit Arbeitstischen und Beamten vollgepfropft, Vorplätze, Stahlkammern und Sitzungssäle in Arbeitsräume verwandelt, Überstunden, Nachtschichten. So war es auch bei der Bayerischen Staatsbank, vor allem bei der Hauptniederlassung in München.

Ende 1923 zählte die Bank im ganzen 2262 Beamte und Angestellte gegen 561 Ende 1913. Und selbst diese große Zahl konnte die Arbeitslast trotz aufopfernder Tätigkeit nur mühevoll und schleppend bewältigen. Hatten sich doch schon zwischen 1913 und 1922 die Umsätze fast verhundertfacht und die Zahl der Kundenrechnungen von 42000 auf 90000 erhöht; die Buchungs-

[1]) Dagegen leidet die Bayerische Staatsbank Nürnberg heute noch an einem wenig angenehmen Erbe der früheren Hauptbankeigenschaft: an einer gewissen Überfüllung mit älteren und deshalb nach der staatlichen Besoldungsordnung hochbezahlten Beamten; deshalb ist der Anteil Nürnbergs an den Unkosten größer, sein Anteil am Reingewinn kleiner als seine geschäftliche Bedeutung im Rahmen der Gesamtbank. — Schaubilder 21 bis 23.

posten in den beiden größten Niederlassungen hatten sich zwischen 1913 und 1923 von rund 957000 auf 6,7 Millionen Stück im Jahr vermehrt[1]).

Die meiste Arbeit verursachten die großen Zahlen und die vielen Geldscheine an sich[2]); dazu kamen noch verschiedene weitere Ursachen: die Verbreitung des Bankverkehrs auf weite Schichten der Bevölkerung, die Zunahme des bargeldlosen Zahlungsverkehrs[3]), die Zunahme des Wertpapiergeschäfts, die Bearbeitung der Wertpapiereinlagen bei zahllosen Ab- und Zugängen infolge Verkaufs, Ausübung von Bezugsrechten und andere mehr[4]).

Die außerordentlichen Verhältnisse des Markverfalls machten sich auch in der Zusammensetzung des Beamtenkörpers bemerkbar: Überwiegen der nichtetatmäßigen Beamten und Hilfskräfte über den Stamm der etatmäßigen Beamten, besondere Zunahme der weiblichen Beamten und Hilfskräfte[5]). Unter den neu Eingestellten befanden sich viele ungeschulte oder doch nur flüchtig ausgebildete Kräfte.

Wie bei der ganzen deutschen Wirtschaft, so verschleierten auch bei der Bayerischen Staatsbank die märchenhaften Papiermarkzahlen der Abschlüsse den wahren Zustand einer immer

---

[1]) Siehe Zahlentafel 11, Schaubild 20.

[2]) Gesamtumsatz 1923: 3 365 253 068 741 438 943 684 M. 84 Pf.

[3]) Siehe im Schaubild 20 das weit stärkere Anwachsen der Buchungen über bargeldlose Geschäftsvorfälle (Manualbuchungen).

[4]) Eine Mehrbelastung durch die Gesetze gegen die Steuerflucht machte sich im Gegensatz zu vielen erwerbswirtschaftlichen Großbanken bei der Bayerischen Staatsbank nicht bemerkbar; Vermögen, die die Neigung hatten, sich durch Flucht ins Ausland der Steuer zu entziehen, waren bei der Staatsbank von vornherein kaum angelegt.

[5]) Zusammensetzung des Beamtenkörpers:

	1913	1923	1929
Etatmäßige Beamte, männliche	419	664	752
weibliche	37	148	235
Nichtetatmäßige Beamte und Hilfskräfte:			
männliche	53	520	136
weibliche	52	930	124
Zusammen	561	2262	1247

1929 ohne die bei der Landeskulturrentenanstalt verwendeten Kräfte.

tiefer greifenden Verarmung. Die in den Zahlentafeln am Ende des Buches aus den Papiermarkzahlen herausgeschälten Goldmarkabschlüsse versuchen, nachträglich den Schleier der Geldentwertung zu lüften; sie zeigen, wie die Betriebsmittel und Vermögensbestände von 1918 an mit einer kurzen Unterbrechung im Jahre 1920, wo sich die Wirtschaft der bisherigen Entwertung angepaßt hatte und der Markverfall langsamer vor sich ging, sturzweise sanken; Ende 1922 war der Abschluß in Goldmark umgerechnet kleiner als der von 1855[1]).

Das Schwinden der Betriebsmittel machte sich besonders bei den Schuldscheineinlagen bemerkbar. Die Umsätze und der Zuwachs in Papiermark waren sowohl bei den Kundschaftseinlagen wie bei den Einlagen der gerichtlichen Hinterlegungsstellen unbedeutend; die Einlagen hielten sich im wesentlichen auf dem Stand von 1918. Noch Ende 1922 waren 95 vH der Schuldschein-Einlagen an einmonatige und längere Kündigungsfristen gebunden: die Sparkunden der Bayerischen Staatsbank haben zum weitaus größten Teil auch während des Markverfalls die altgewohnte Anlage ihrer Gelder beibehalten; ebenso waren die Einlagen der gerichtlichen Hinterlegungsstellen durch Gesetz und Gewohnheit gebunden.

Unter der Geldentwertung verloren die Schuldschein-Einlagen ihre Bedeutung vollends. Die Einlagen in laufender Rechnung wurden fast zur alleinigen Betriebsmittelquelle; bei ihnen schafften die großen Umsätze auf den Rechnungen der Staatskassen, Banken und gewerblichen Unternehmungen immer neue Millionen als Ersatz für die entwerteten[2]).

Bei den Anlagen galt es, die nach Papiermarkbeträgen riesigen kurzfristigen Einlagen in laufender Rechnung kurzfristig unterzubringen und dabei dem Geldbedarf des Reiches und des bayerischen Staates entgegenzukommen: deshalb wie im Krieg große Kassenbestände und Schatzwechselkäufe; der Handelswechsel spielte auch während des Markverfalls keine Rolle. Die großen Gemeindedarlehen waren abgelöst, die freie Wirtschaft nahm besonders 1920 und 1921 bei anhaltender Geld-

---

[1]) Siehe Zahlentafeln 6a, 6b, 7a, 7b.

[2]) Siehe Zahlentafeln 6a, 7a, 11; Schaubild 17.

flüssigkeit wenig Bankvorschüsse in Anspruch: deshalb verhältnismäßig geringere Ausleihungen. Erst 1922 wendete sich das Blatt wieder; die Großkraftwerke nahmen die Bank in Anspruch, die freie Wirtschaft schaffte sich mit Bankvorschüssen Neuanlagen und andere Sachwerte. Der Wertpapierbestand verlor an Bedeutung, die Ursache war die Entwertung der Staatsanleihen; die Bankguthaben dagegen stiegen, weil in ihnen die sich nicht entwertenden Guthaben bei ausländischen Banken in ausländischer Währung staken[1]).

Im Wertpapiergeschäft und Gemeinschaftsgeschäft mußte die Staatsbank notgedrungen die früher beobachtete Zurückhaltung aufgeben: Im Vorrat der zum Verkauf bestimmten Wertpapiere verdrängten Aktien aller möglichen Unternehmungen die festverzinslichen Papiere; bei vielen früher nur für fremde Rechnung gehandelten Papieren ging die Bank zum Tafelgeschäft über, ferner behielt sie Aktien im Bestande, um die erzielten Gewinne möglichst wertbeständig zu erhalten. In den Jahren 1919 bis 1923 weisen die Geschäftsberichte neben der Begebung von Stadtanleihen, Anlehen öffentlicher Körperschaften, öffentlicher und gemischtwirtschaftlicher Aktiengesellschaften, wie Überlandzentralen, eine ganze Reihe von Gemeinschaftsgeschäften für rein erwerbswirtschaftliche Bank- und Industrie-Aktiengesellschaften auf.

Das laufende Wertpapiergeschäft und das Verwahrungs- und Verwaltungsgeschäft waren im Verlauf des Markverfalls auch in Papiermark gerechnet, zu Verlustgeschäften geworden, die Gebühren hielten mit den Kosten für die große Mehrarbeit in beiden Geschäftszweigen nicht Schritt; die glatten Gewinne aus größeren Gemeinschaftsgeschäften sollten dafür einigen Ersatz bieten.

Überhaupt waren, wie bei allen Banken, die Zins- und Gebührensätze in keiner Weise der Geldentwertung angepaßt. Verdient — in Papiermark — konnte nur werden, weil auch der Einlagenzins nur auf die Flüssigkeit des Geldmarktes und nicht auf die Entwertung abgestellt war. Erst vom Sommer 1922 an wurden die Sollzinsen und Gebühren zu Sätzen erhöht, die an der Friedenszeit gemessen zwar außerordentlich hoch, für einen

[1]) Siehe Zahlentafeln 6b, 7b; Schaubild 18.

Geldentwertungsausgleich aber noch durchaus ungenügend waren. Die erhöhten Gebühren wurden indessen vielfach, namentlich von Kunden, die bei der Bank festverzinsliche Papiere mit entwerteten Erträgnissen liegen hatten, als drückend empfunden; deshalb zogen viele ihre Wertpapiereinlagen zurück[1]).

Im Jahre 1923, insonderheit nach dem Zusammenbruch des Ruhrkampfes, rasten Geldaufblähung und Markverfall mit überstürzender Geschwindigkeit dem Punkte zu, wo sie ins Uferlose versanken und wie mit einem Zauberschlag eine neue, feste Währung an die Stelle der alten trat.

Alle Begleiterscheinungen der Geldaufblähung und des Markverfalls übersteigerten sich; die Banken standen der Hochflut der Arbeit machtlos gegenüber. Um sich einigermaßen Luft zu verschaffen, lösten sie alle kleinen Kundenrechnungen auf und stießen durch Gebührenerhöhungen weitere Wertpapiereinlagen ab, ein erheblicher Teil der Wertpapiereinlagen bei der Staatsbank löste sich durch die massenhaften Pfandbriefkündigungen der Pfandbriefbanken buchstäblich in nichts auf. In der Sicherstellung der Vorschüsse schwand jede Ordnung; 99 vH aller Bankforderungen waren Überziehungen und Vorschüsse ohne Deckung. Allmählich hatte jedermann herausgefunden, daß Papiergeld ausleihen das schlechteste, Vorschüsse nehmen und damit Gold- oder Sachwerte kaufen, auch bei höchsten Zinssätzen das beste Geschäft war, deshalb blieben alle Zinserhöhungen wirkungslos; in Goldmark zu rechnen begannen die Banken erst am Tage vor der Ausgabe der Rentenmark.

Unter den riesenhaften Geldansprüchen verwandelte sich die Geldflüssigkeit in Geldnot; die Notenpresse versagte zum zweitenmal und endgültig; fast von jeder Stadt- und Marktgemeinde und von jedem größeren Unternehmen wurde Notgeld ausgegeben. Im August ließ auch die Bayerische Staatsbank wieder Gutscheine drucken, einige Staatsbankniederlassungen verwendeten überdruckte Scheckformblätter als Geldzeichen. Für die Notgeldausgaben anderer Stellen war die Staatsbank als Hinterlegungs-

[1]) Siehe Zahlentafel 17.

und Einlösungsstelle tätig[1]); im Spätherbst vermittelte sie die Ausgabe der Walchenseegoldquittungen, mit denen die Ernte wertbeständig bezahlt werden sollte, und die Ausgabe der Dollarschatzanweisungen des bayerischen Staates, deren kleine Stücke als wertbeständige Geldzeichen zu dienen hatten.

Kurze Zeit nach der Ausgabe der Rentenmark und der Stilllegung der Notenpresse befestigte sich der Kurs der Mark; in wenigen Wochen zerflatterten die Schleier der Geldaufblähung und die große Umwälzung, die der Krieg, der Friedensschluß und der Markverfall gebracht hatten, die Verarmung Deutschlands, die Entkräftung der deutschen Wirtschaft war allen sichtbar. Die Abschlüsse der Banken zum 31. Dezember 1923 glichen dem letzten, aus der vernichtenden Niederlage eines Millionenheeres geretteten Fähnlein; bei der Hauptvergatterung der Goldmark-Eröffnungsabschlüsse gesellten sich ihm noch einige Versprengte hinzu.

So war es auch beim Abschluß der Staatsbank. 338 Millionen Mark Betriebsmittel und ein Eigenvermögen von 60 Millionen Mark hatte der letzte Friedensabschluß ausgewiesen; 85,6 Millionen Goldmark hätte das Eigenvermögen betragen müssen, wenn ihm der Goldwert der 1914 bis 1922 zugeführten Papiermarküberschüsse erhalten geblieben wäre — die Goldmarkeröffnungsbilanz wies 74 Millionen Betriebsmittel und Anlagen und ein eigenes Vermögen von 14,3 Millionen aus; es bestand aus den Gebäuden im Werte von 5,5 Millionen, den Wertpapieren im Kurswerte von 2,8 Millionen und etwa 6 Millionen in den letzten Monaten des Jahres verdienter Goldmarkzinsen. Die in Wechseln und Ausleihungen angelegten Millionen waren verloren; was aus den wenigen Hypotheken zu erwarten stand, war unsicher, alles in allem: neun Zehntel des Eigenvermögens waren vernichtet und die Millionen der fremden Einlagen entwertet.

Der ganze Schuldscheinbestand, 1922 über 332 Millionen Papiermark, darunter über 113 Millionen Kundschaftseinlagen

---

[1]) Jede Notgeldausgabe bedurfte der Genehmigung des Reichsfinanzministeriums; die Genehmigung wurde nur erteilt, wenn als Deckung ein entsprechendes Guthaben bei der Reichskreditgesellschaft, in Bayern bei der Staatsbank, gesperrt war.

und unter diesen mindestens 50 Millionen in Goldmark einbezahlter Ersparnisse der Landwirtschaft und des gewerblichen Mittelstandes, die schon seit den Friedens- und ersten Kriegsjahren bei der Bank standen, verfielen der Entwertung. Nicht ohne Bewegung kann dieser schmerzlichsten Umwälzung seit dem Bestehen der Bayerischen Staatsbank gedacht werden. Die Schuldscheine der Königlichen Bank, mit dem großen bayerischen Staatswappen geziert, waren der sparenden Bevölkerung im Ansbacher und Nürnberger Hinterland der Inbegriff der sicheren und gediegenen Geldanlage. Seit mehr als einem Jahrhundert waren sie bekannt und beliebt, vererbten sich vom Vater auf den Sohn, und wie viele Millionen von dem 1918 vorhandenen Bestand waren nicht ererbt, sondern mark- und pfennigweise sauer verdient! Keine der erwerbswirtschaftlichen Großbanken mußte eine ähnliche Umwälzung mitmachen: zwar verfielen die ihnen anvertrauten Einlagen nicht weniger der Entwertung, aber keine war in dem Maße Sparbank für den Mittelstand wie die Bayerische Staatsbank.

Die Aufwertung der Bankscheineinlagen war nicht möglich. Ihr Gegenwert — Wechsel und Vorschüsse in laufender Rechnung — war ohne Aufwertung verloren; die Staatsbank hätte aus den Trümmern ihres eigenen Vermögens aufwerten müssen, und dazu war sie weder vor dem Gesetz noch vor dem Gewissen verpflichtet.

Nach der Umwälzung des Jahres 1923 war das erste und größte Ziel, auf das sich die Maßnahmen der Banken richteten, der Wiederaufbau der vernichteten Betriebsmittel. Die Bayerische Staatsbank mußte sich bei diesem lebenswichtigen Werk vielfach mit neuen, von der Vorkriegszeit verschiedenen Verhältnissen abfinden.

Ihre Betriebsmittel setzten sich aus Staatsgeldern und anderen öffentlichen Geldern, Einlagen von Banken und Kundeneinlagen zusammen. Für den Wiederaufbau war somit die Lage der Volkswirtschaft, der Staatswirtschaft und des Geldmarktes maßgebend.

Die wirtschaftliche Lage in Bayern hatte sich gegenüber der

Vorkriegszeit und gegenüber den Zuständen in Nord- und Westdeutschland wesentlich verschlechtert.

Das Volksvermögen war auf mehr kleine und mittlere Besitzer verteilt als in Norddeutschland; deshalb war ein größerer Hundertsatz der Entwertung verfallen.

Der wichtigste Wirtschaftszweig Bayerns, die Landwirtschaft, hatte unter der Minderung der Ertragsfähigkeit des Bodens, unter der Herabwirtschaftung des Viehbestandes im Kriege und unter der Preisschere, dem Auseinanderklaffen der verhältnismäßig niedrigen Preise für ihre Erzeugnisse und der erheblich gestiegenen Löhne, Preise für Betriebsgeräte und Lebensbedürfnisse, ferner unter den Steuern und zum Überfluß unter schlechten Ernten, Viehseuchen, Hagelschlägen und Überschwemmungen schwer zu leiden; ungeachtet der Schuldentlastung durch den Markverfall geriet sie in eine neue Verschuldung mit drückenden Zinssätzen hinein.

Das Großgewerbe hatte während des Krieges und zur Zeit des Markverfalls namentlich in Südbayern ansehnlich zugenommen; die ungünstigen Standortsverhältnisse waren damals durch den erhöhten Bedarf und die niedrigen Frachten ausgeglichen; jetzt kamen sie, verstärkt durch ungünstige Frachtsätze für Rohstoffbezug, Kohlenbezug und Ausfuhr wieder zur Geltung. Die kleinen und mittleren Betriebe stellten immer noch einen bedeutend größeren Teil des Gesamtgewerbes dar als in Norddeutschland; die kleinen und mittleren Betriebe hatten in der Geldentwertung viel mehr von ihren Stammvermögen eingebüßt als die großen, und der Weg zum Ausland, das den großen Werken nach der Markbefestigung neues Geld verschaffte, war ihnen versperrt.

Die Geldnot war daher in Bayern größer und der Wiederaufbau der Vermögen ging langsamer vor sich als in den Industriegebieten, den großen Seestädten und in Berlin, und dementsprechend war der Wiederaufbau der Bankbetriebsmittel aus der freien Wirtschaft erschwert.

Unter diesen Verhältnissen hatten alle bayerischen Banken zu leiden. Das Ergebnis der Betriebsmittelknappheit war ein scharfer Wettbewerb; dabei waren die Mitbewerber gegenüber der Bayerischen Staatsbank durch manche Umstände im Vorteil.

Als Ende 1923 das Börsengeschäft erlahmte und das Geld knapp und teuer wurde, war die kurze Blütezeit der kleinen Bankgeschäfte vorüber; viele stellten ihre Zahlungen ein, viele suchten Anschluß an große Banken. Die großen Banken sahen sich zwar durch die Geschäftsstille veranlaßt, selbst eine Reihe von kleinen Zweigniederlassungen zu schließen, aber der Zugang aus Übernahmen wog das zum größten Teil wieder auf. Jedenfalls war das Niederlassungsnetz der erwerbswirtschaftlichen Großbanken ungleich dichter als 1913; es bildete das weitverzweigte Wurzelwerk, mit dem die Banken die Säfte für das Wiederanwachsen ihrer Betriebsmittel an sich zogen. Noch engmaschiger war das Netz der öffentlichen Sparkassen. Die Staatsbank dagegen hat erst 1930 eine einzige neue Niederlassung, eine Zweigkasse in Freising, eröffnet; ihr Niederlassungsnetz konnte sich weder mit dem der erwerbswirtschaftlichen Banken noch mit dem der Sparkassen auch nur entfernt vergleichen.

Die erwerbswirtschaftlichen Banken waren in der Kundenwerbung viel freier als die Bayerische Staatsbank; die Staatsbank legte sich als öffentliche Bank Zurückhaltung auf. Die Sparkassen dagegen rührten die Werbetrommel kaum weniger als die Großbanken; ihr wirksamster Werberuf war der Hinweis auf die Aufwertung der Spareinlagen.

Für den Wiederaufbau der Einlagen aus öffentlichen Geldquellen hatte sich die Lage ebenfalls verschoben; hier begegneten sich günstige Umstände mit widrigen. Hemmend wirkte der schon erwähnte Übergang wichtiger staatlicher Verwaltungszweige auf das Reich. Die straffe Reichskassenordnung und die Bemühungen des Reichsbankpräsidenten Dr. Schacht die öffentlichen Gelder bei der Reichsbank anzusammeln bewirkten, daß die Staatsbank für die Gelder der Steuerverwaltung, einstmals des wichtigsten Zweiges ihres Staatskassenverkehrs, nur noch Durchgangs- und Überweisungsstelle, aber nicht mehr Anlagestelle blieb. Die Staatshauptkasse konnte zwar dafür von Berlin überwiesene Steueranteile bei der Bank anlegen, aber diese stoßweisen, kurzfristigen Anlagen waren lange nicht so ausgiebig, wie früher die unmittelbaren Anlagen der Steuerbehörden.

Günstiger war die Lage dank den Post- und Eisenbahnverträgen gegenüber der Reichspost und der Reichsbahn. Aber auch hier bedurfte es nachhaltiger Bemühungen und großer Zinsopfer, um die beiden Geldquellen zu erhalten. Glücklicherweise gelang es der Bank, sich Geltung zu verschaffen; mit dem Reichspostministerium, der Reichsbahnverwaltung und der Deutschen Verkehrskreditbank herrschte gutes Einvernehmen; beide Verwaltungen, vor allem die Reichspost, legten in Würdigung der Geldnot Bayerns und der Bedeutung der Staatsbank für die bayerische Wirtschaft ansehnliche Beträge bei der Bank an. Neben den vorübergehenden und stark schwankenden Girogeldern gaben sie, schon um der höheren Zinsen willen, auch feste Geldeinlagen, die Reichspost aus den Postscheckgeldern, die Reichsbahn (über die Deutsche Verkehrskreditbank) aus Betriebsmittelrücklagen und Frachtenstundungsgeldern. 1926 und 1927 ließen die Bemühungen des Reichsbankpräsidenten Dr. Schacht, auch die Post- und Bahngelder an die Reichsbank zu ziehen, eine erhebliche Schmälerung der von der Staatsbank verwalteten Beträge befürchten; Dr. Schacht hat indessen seine Pläne nicht weiter verfolgt.

Ähnlich wie Post und Bahn wirkten die Brandversicherungsanstalt, die Landesversicherungsanstalten, die Notariatskasse und seit 1928 die Reichsanstalt für Arbeitslosenversicherung am Wiederaufbau mit.

Weiter gelang es der Bank, noch mehr öffentliche Kassen und Vermögensverwaltungen, die bisher nicht an den Bankverkehr angeschlossen waren, zu sich heranzuziehen und dadurch die im Lande schwimmenden öffentlichen Gelder schärfer zu erfassen.

Der bayerische Staat machte, um die Betriebsmittel der Bank zu erhöhen, von einer bereits 1914 durch den Landtag erteilten Ermächtigung Gebrauch, begab zur Verstärkung der Betriebsmittel der Bank 1927 für 30 Millionen Reichsmark und nach Fälligkeit dieses Betrags, 1929 für 5 Millionen Dollar Schatzwechsel und legte den Erlös bei der Bank an.

Endlich erhielt die Bank schon seit 1924 große Summen von öffentlichen Geldgebern zur Verwendung als sogenannte Notstandsdarlehen.

So flossen die öffentlichen Geldquellen der Bank da schwächer, dort stärker als vor dem Kriege. Zu dieser „örtlichen“ Verschiedenheit kam noch eine zeitliche; durch sie erhielt der Wiederaufbau der Betriebsmittel bei der Bayerischen Staatsbank (wie bei allen öffentlichen Banken) ein besonderes Gepräge.

Die öffentliche Wirtschaft mußte nach der Stillegung der Notenpresse ihren ganzen Bedarf aus Steuern und Abgaben decken, und sie tat dies so gründlich, daß sie im Gelde schwamm, wo alle Welt in Not war. Die Sätze der Steuernotverordnungen, die Beiträge zu den Zwangsversicherungen, die Rentenbankzinsen, die Industriebelastung nahmen nochmals einen erheblichen Teil des geringen Vermögensstocks weg, den der Markverfall der freien Wirtschaft gelassen hatte. Deshalb hatten die öffentlichen Stellen gerade in den Jahren 1924 und 1925, in denen die Mittel der freien Wirtschaft am knappsten waren, viel Geld zur Verfügung, und deshalb erhielt auch die Staatsbank von den Stellen, die sie sich als Geldgeber erhalten konnte, unmittelbar nach der großen Umwälzung mehr Geld als je zuvor.

Daraus ergaben sich zwei Folgen: Der Wiederaufbau der Betriebsmittel ging unmittelbar nach der Markbefestigung bei der Staatsbank viel rascher vor sich als bei jeder erwerbswirtschaftlichen Großbank[1]), obwohl die Großbanken erhebliche Auslandsgelder[2]) zur Verfügung hatten und die Staatsbank nicht. Im innern Aufbau der Betriebsmittel überwogen im Gegensatz zu früher die öffentlichen Gelder[3]).

Indessen war der Geldüberfluß der öffentlichen Wirtschaft nur vorübergehend: Sobald die Gesetze von 1925 die Steuerschraube wieder etwas gelockert hatten, begannen sich die Geldverhältnisse der öffentlichen Wirtschaft zu verschlechtern, und nach Aufbrauch der Überschüsse aus den Jahren 1924 und 1925 steuerten die öffentlichen Haushalte über die Inlandsanleiheversuche des Jahres 1927 in die Fehlbetragswirtschaft der letzten Jahre hinein.

---

[1]) Ende 1925 hatten die Betriebsmittel der erwerbswirtschaftlichen Großbanken erst 55 vH des Standes von 1913 erreicht; die der Staatsbank hatten ihn mit 109 vH bereits überschritten.

[2]) Nach Schätzungen 1924 50 vH, seit 1925 30 bis 35 vH der Betriebsmittel; die Staatsbank nahm im allgemeinen Auslandsgelder nur zu dem Zwecke auf, um einzelnen großgewerblichen Kunden auf ihr besonderes Verlangen Vorschüsse in fremder Währung geben zu können.

[3]) Schaubild 19.

Besonders ungünstig gestaltete sich die Geldlage des Gewährsträgers der Bayerischen Staatsbank, des Landes Bayern. Die Neuordnung des Reiches hatte ihm die wichtigsten seiner Steuereinnahmen und die Erträgnisse der Post und Bahn genommen. Es blieb in der Hauptsache auf Überweisungen aus den Steuereingängen des Reiches angewiesen, und dabei mußte es sich wegen der eigenen mißlichen Geldlage des Reiches mit Beträgen begnügen, die hinter seinen Bedürfnissen zurückblieben.

Inzwischen war es jedoch der Bank gelungen, auch ihre Kundeneinlagen zu vermehren und vor allem, wie bereits erwähnt, die in Bayern vorhandenen öffentlichen Gelder im weitesten Sinne besser zu erfassen und an sich zu ziehen als früher; endlich flossen ihr von Banken und Bankiers, die sie als Nostro-Bank benützten, erhebliche Beträge zu. Deshalb ergaben auch die folgenden Jahre bis 1928 steigende, obwohl langsamer steigende Abschlußsummen; der Abschluß von 1928 war um 86 Millionen höher als der von 1913. Im Aufbau der Betriebsmittel hat sich die nach dem Markverfall hervorgetretene Veränderung gegen früher zwar gemildert, aber sie ist im wesentlichen geblieben: die Bayerische Staatsbank ist nach ihren Abschlüssen heute mehr Verwaltungsstelle öffentlicher Gelder und, was die Betriebsmittel anlangt, mehr Bank der Banken als Sparbank[1]).

Die Betriebsmittel waren somit anderer Art als vor dem Kriege, und diese Veränderung war eine Verschlechterung. Erstens waren, wie bereits erwähnt, für die öffentlichen Gelder auch unter Berücksichtigung des gestiegenen Landeszinsfußes verhältnismäßig mehr Zinsen zu bezahlen als vor dem Kriege; zweitens schwankten die öffentlichen Gelder und Bankengelder ihrer Wesensart nach mehr als die Kundschaftseinlagen; mit den angenehmen, beständigen Schuldscheineinlagen vor dem Kriege waren sie nicht zu vergleichen[2]).

---

[1]) Zahlentafel 6a, Schaubilder 9, 13, 19. Der Umbau der Betriebsmittel zeigte sich auch darin, daß nunmehr fast alle Niederlassungen an den Sitzen von Kreisregierungen und anderen großen Behörden Guthaben bei der Hauptbank unterhielten, während Nürnberg fast stets bei der Hauptbank schuldig war.

[2]) Schaubild 13 kann noch nicht den richtigen Eindruck von den Betriebsmittelschwankungen vermitteln; es zeigt nur die verhältnismäßig gleich hohen Zahlen an den Monatsenden; trotzdem sind die Schwankungen größer als bei

Durch das raschere Anwachsen ihrer Betriebsmittel gerade in den beiden ersten Jahren nach der Markbefestigung war die Bayerische Staatsbank in dieser schweren Zeit der Geldnot, der Absatzstockung und der Zusammenbrüche vor den erwerbswirtschaftlichen Banken berufen, die bayerische Wirtschaft, und zwar entsprechend der Bankverordnung alle Zweige der freien Wirtschaft, mit Leihgeld zu unterstützen. Von allen Seiten drängten die Ansprüche, der Wert der Grundstückspfänder war unsicher; es war sehr schwer, zu helfen, ohne die kaufmännischen Grundsätze der Flüssigkeit und Sicherheit zu verlassen.

Die Bank ist nach beiden Seiten bis an die Grenze des Möglichen gegangen; sie hat überall, wo die notwendigen Voraussetzungen erfüllt waren, Geld gegeben und hat, was ebenso wichtig ist, bei Rückforderungen stets tunlichste Nachsicht walten lassen. Die Landwirtschaft und den gewerblichen Mittelstand zu unterstützen ließ sich die Bank besonders angelegen sein; diesem Ziele dienten nicht nur unmittelbare Vorschüsse, sondern vor allem auch Vorschüsse an Sparkassen und Genossenschaften. Seit 1929 wirkt die Staatsbank an der landwirtschaftlichen Umschuldung — Ablösung drückender, kurzfristiger Verbindlichkeiten durch Bankdarlehen — mit.

Mehr als früher veranlaßte der Staat die Bank, an solche Unternehmungen Vorschüsse zu geben, deren Unterstützung als Maßnahme besonderer staatlicher Wirtschaftsförderung vom Landtag gewünscht wurde[1]); soweit die gebotenen Sicherheiten nicht hinreichten, bürgte nach Ermächtigung des Landtags der Staat.

Neben der Unterstützung der freien Wirtschaft bemühte sich die Bank mit Erfolg, den Geldbedürfnissen der bayerischen Gemeinden entgegenzukommen; sie hat, besonders wenn kleinere Gemeinden in Verlegenheit waren, ihre Hilfe in Form von Betriebsvorschüssen und Zwischendarlehen bereitwillig gewährt und

---

den beiden gemischten Banken. Die Spitze Ende März 1927 ist der Gegenwert der bayerischen Inlands-Anleihe.

[1]) Unter anderem an sog. Spezialkreditbanken: Banken für die Versorgung der kleineren Unternehmer bestimmter Wirtschaftszweige, denen mangels bankmäßiger Sicherheit der Weg zu großen Banken versperrt ist; z. B. Bayerische Landesproduktenbank, Bayerische Landesgewerbebank; ferner an ausgesprochene Mittelstandsunternehmungen z. B. Bayerische Hausrathilfe.

ist niemals auf Rückzahlungen bestanden, wenn diese nur durch Aufnahme sehr teueren Geldes von anderer Seite möglich gewesen wären.

In allen Fällen war die Bank bestrebt, ihre Mittel möglichst billig auszuleihen und die hohen Zinssätze der ersten Jahre nach der Markbefestigung, was an ihr lag, zu senken. In erster Linie mußten selbstverständlich der Landeszinsfuß und die Lage des Geldmarkts maßgebend sein, denn die Bank arbeitete überwiegend mit fremden Mitteln. In diesem Rahmen aber hielt die Bank die unterste Grenze ein; sie hat die Sollzinsen nur nach dem wirklich geschuldeten Teilbetrag der eröffneten Vorschüsse berechnet[1]), und die Schuldzinsen selbst hielten sich um 1 vH, seit den letzten allgemeinen Zinssenkungen um $\frac{1}{2}$ vH, unter den Regelsätzen der erwerbswirtschaftlichen Banken. Im Verfolg dieser Grundsätze hat die Staatsbank mit den übrigen großen Banken auch stets gegen das Anlocken von Einlagen durch übertrieben hohe Zinsversprechen Stellung genommen, denn die Kosten hoher Habenzinsen hat fast immer die geldbedürftige Wirtschaft in Form erhöhter Sollzinsen zu bezahlen.

Bei der großen Beanspruchung der Bank war eine starke Anspannung ihrer Mittel unausbleiblich. Im Durchschnitt der letzten drei Jahre vor dem Kriege waren dank den hohen Wechselbeständen 65,20 vH der Einlagen zu flüssigen Anlagen[2]) verwendet; 1924 bis 1929 im Durchschnitt nur 47,69 vH[3]). Zudem befanden sich unter den nichtflüssigen Anlagen, den Ausleihungen, seit 1924 ein erheblicher Betrag sogenannter eingefrorener Ausleihungen, mit deren sofortiger Rückzahlung nur bei Verkauf oder Zwangsverkauf der Sicherheiten zu rechnen war. Nach den Erfahrungen der Bankleitung war indessen die zugelassene An-

[1]) Viele Banken belasteten sofort bei Eröffnung der Vorschüsse den bewilligten Höchstbetrag als Schuld, berechneten dafür die hohen Sollzinsen und schrieben den jeweils nicht in Anspruch genommenen Betrag auf der andern Seite als Einlage unter Vergütung der niedrigeren Habenzinsen gut.

[2]) Bargeld, Guthaben bei Noten- und Abrechnungsbanken, Guthaben bei Großbanken, Wechsel, Schecke, Lombarddarlehen.

[3]) Die durchlaufenden Posten — Gelder für vermittelte Notstandsdarlehen — sind dabei außer Betracht gelassen. Die Flüssigkeitsgrade der einzelnen Jahresabschlüsse waren: 1924 50,88; 1925 41,50; 1926 51,47; 1927 45,15; 1928 52,01; 1929 45,12 vH.

spannung noch durchaus vertretbar; die Bankleitung hielt es für ihre volkswirtschaftliche Pflicht, wie bereits erwähnt, an die äußerste Grenze zu gehen und bei Abfluß von Einlagen lieber die Wechselbestände abzubauen, als durch Rückforderung von Ausleihungen und Versagen dringend benötigter neuer Vorschüsse ihre Hilfeleistung beim Wiederaufbau der bayerischen Wirtschaft einzuschränken[1]).

Zur Hilfeleistung aus den selbst angesammelten Geldern kam eine neue Art der Geschäftsbetätigung: das Ausleihen der vom Reich, vom bayerischen Staat, von der Rentenbankkreditanstalt, vorübergehend auch von der Reichsbank und der Preußischen Staatsbank, für Notstandsdarlehen an die Landwirtschaft und das Handwerk bereit gehaltenen Gelder[2]). Die Staatsbank hat nicht nur für eine knappe, kaum die Selbstkosten deckende Zinsspanne ihre Geschäftseinrichtung zur Verfügung gestellt; sie hat sich auch mit ihrer Haftung zwischen Geldgeber und Geldnehmer eingeschoben und hat nach dem Ablauf der meist nur drei bis fünf Jahre betragenden Darlehensfristen selbst große Beträge vorgelegt; denn in den meisten Fällen hätten die ausgeliehenen Beträge nur durch Zwangsversteigerung beigetrieben werden können.

Über der großen Inanspruchnahme durch die Unterstützung der Wirtschaft mit Leihgeld wurde eine andere wichtige Aufgabe nicht vernachlässigt: Durch weitere planmäßige Förderung des bargeldlosen Zahlungsverkehrs suchte die Bank den innerbayerischen Zahlungsausgleich zu erleichtern[3]). 1928 schloß sie ein Abkommen mit der Preußischen Staatsbank, das den Zahlungsausgleich zwischen München und Berlin vereinfachen und beschleunigen sollte[4]). Es hat seinen Zweck vollkommen erreicht und hat außer-

[1]) Schaubilder 14, 15.

[2]) Landwirtschaftliche Betriebskredite, Erntebergungskredite, 30-Millionenkredit für die Frühjahrsbestellung 1925, Meliorationskredite, Notstandskredite aus Anlaß von Elementarschäden, Winzerkredite, Molkereikredite, Handwerkernotstandskredite u. a.

[3]) Ende 1928 waren 87,26 vH, Ende 1929 88,15 vH der Gesamtumsätze bargeldlos. Vergleiche auch Schaubild 20!

[4]) Hauptinhalt des Abkommens: 1. Beträge von den jeweiligen Guthaben der beiderseitigen Kunden oder Beträge, welche zu diesem Zweck erst eingezahlt werden, werden bereits am Tage der Auftragserteilung am andern Platz ausbezahlt. Mindestbetrag RM. 50000. Abwicklung durch dringende Telephon-

dem die Beziehungen der Bayerischen Staatsbank München zu den Münchner Banken und Bankiers gefestigt.

1929 erhielt die Staatsbank eine neue kleinere Aufgabe: Die Bayerische Landeskulturrentenanstalt wurde zu einer selbständigen Staatsanstalt ausgebaut. Die Staatsbank ist die alleinige Bankverbindung, sie hat der Pflege des Markts der Landeskulturrentenbriefe besondere Aufmerksamkeit zu widmen, sie ist im Vorstand der Landeskulturrentenanstalt vertreten und stellt ihr die nötigen Räume und Arbeitskräfte für ihren Geschäftsbetrieb zur Verfügung[1]).

Nachdem im November 1923 die Riesenzahlen der Geldaufblähung wie mit einem Zauberschlag auf die handlichen Größen der Bill-Mark und Rentenmark zusammengeschrumpft waren, war auch das Unmaß der Bankarbeit in sich zusammengefallen. Der große Beamtenkörper stand zu den Verdienstmöglichkeiten in keinem Verhältnis; es war veranlaßt, ihn so schnell als möglich in angemessene Grenzen zurückzuführen.

Die Bayerische Staatsbank hat sich bemüht, den unvermeidlichen Abbau unter möglichst geringen Härten durchzuführen; in erster Linie wurden Doppelverdiener entlassen und solche Angestellte, die auch ohne das Erwerbseinkommen über eine gesicherte Lebensstellung verfügten oder wenigstens keine Angehörigen mit zu erhalten hatten. Den Abbau etwa als Vorwand zu benützen, ältere Arbeitskräfte durch jüngere und billigere zu ersetzen, war bei der Staatsbank durch die Beamtengesetze von vornherein ausgeschlossen; der Abbau erstreckte sich daher allein auf die jüngeren Angestellten und mußte durch eine heute noch geltende Anstellungssperre ergänzt werden.

gespräche und Telegramme. 2. Gutschrift von Einzahlungen mit Wertstellung des Einzahlungstages am andern Platze. 3. Die Münchener Wechselkunden der Seehandlung (Großbanken und größere Bankierfirmen) können ihre Wechsel gegen sofortige Barzahlung bei der Bayerischen Staatsbank einreichen. Die Bayerische Staatsbank nimmt ihnen täglich gewisse Wechselkontingente für Rechnung der Seehandlung ab.

[1]) Zur Zeit wird das der Staatsbank gehörige und an das Bankgebäude anstoßende Gebäude an der Prannerstraße (Preysinghaus) zum Sitz der Landeskulturrentenanstalt ausgebaut.

Ende 1924 waren von den nicht etatmäßigen Beamten und Angestellten mehr als die Hälfte entlassen, Ende 1929 war nur noch ein Fünftel des Standes von 1923 vorhanden. An dieser großen Verminderung waren allerdings nicht nur Entlassungen sondern auch viele Übertritte vom Angestellten- ins Beamtenverhältnis schuld; der Stand an Angestellten und Beamten zusammen hat sich bis Ende 1929 nur auf etwa die Hälfte des Höchststandes von 1923 vermindert. Die Staatsbank begann nämlich schon 1924 wieder damit, ihren Beamtenkörper den Verhältnissen der Vorkriegszeit anzupassen, wonach der etatmäßige Beamte die Regel bildete[1]).

Schneller, als geschehen, konnte der Abbau vor allem nicht vor sich gehen, weil die Arbeit bald nach der ersten Geschäftsstille wieder anschwoll; sie ist heute noch erheblich größer als 1913[2]).

Der allgemeine Bankverkehr, besonders der Wechsel- und Leihverkehr spielte sich in viel kleineren Posten ab, als vor dem Kriege[3]). Die Aufwertung brachte im Wertpapier-Verwahrungs- und -Verwaltungsgeschäft neue Arbeitslasten: Anmeldung des Altbesitzes an Staatsanleihen, Abstempelung der Aktien, Umtausch der Hypothekenpfandbriefe und der großgewerblichen Anleihen. Meist handelte es sich um eine Vielzahl kleiner, fast immer um ungerade Beträge[4]).

In den letzten Jahren hätte die vermehrte Arbeit sogar eine

---

[1]) Seite 197, Anmerkung 5.

[2]) Schaubild 20.

[3]) Zahl der bearbeiteten Schecke und Wechsel 1913 198306, 1927 827769; Wechselumsatz 1913 1,8 Milliarden M., 1927 2,3 Milliarden RM. Von den aus Mitteln der Staatsbank gegebenen Vorschüssen (ohne Notstandsdarlehen und Vorschüsse auf Wertpapier-Einlagen) betrugen 5000 RM. und weniger: 1925 71,68 vH, 1928 69,28 vH. Bei den Notstandsdarlehen überwogen die kleinen Darlehen noch mehr; es gab Zwergbeträge von einigen Hundert Mark. Ebenso wurden auf Wertpapier-Einlagen vielfach Vorschüsse unter 1000 RM. in Anspruch genommen.

[4]) Es kamen aufgewertete Kapitalbeträge bis zu 1 RM. 38 Pf. und Zinsscheine bis zu 22 Pf. vor; in besonders kleinen Stückelungen kamen unter andern die 1921 und 1923 von der Staatsbank ausgegebenen Großwasserkraftanleihen zurück. Für jeden zum Umtausch ausgegangenen Pfandbrief kamen allein bei der ersten Ausschüttung drei Stücke (Liquidations-Goldpfandbrief, Zertifikat, Ratenschein), außerdem meist noch eine Bargeldspitze zurück.

Wiedererhöhung der Beamtenzahl veranlaßt, wenn nicht gleichzeitig durch Betriebsverbesserungen Kräfte eingespart worden wären. Anfangs 1928 wurde bei der Bayerischen Staatsbank München die Maschinenbuchhaltung eingeführt; ab 1. Juli 1928 wurde der bisherige Verkehr der Niederlassungen unter sich aufgehoben und über die Hauptbank geleitet. Damit brauchte jede Niederlassung statt 23 Rechnungen für die andern Niederlassungen zu führen und bei 23 Niederlassungen eine eigene Rechnung zu unterhalten, nur noch eine Rechnung für und eine Rechnung bei der Hauptbank zu unterhalten. Bei den Niederlassungen wurden Kräfte für andere Arbeit frei, und die gesamte bei der Hauptbank anfallende Mehrarbeit wurde durch die Mehrleistung der Buchungsmaschinen aufgefangen. Ähnlich ließ sich auch in anderen Abteilungen die bedeutende Mehrarbeit ohne Neueinstellung von Arbeitskräften bewältigen[1]).

Die Staatsbank hat ziemlich spät mit der Umstellung auf Maschinenbetrieb begonnen; die meisten erwerbswirtschaftlichen Großbanken stellten sich schon unmittelbar nach der Befestigung der Mark darauf um. Die Staatsbank hatte dafür den Vorteil, die oft recht kostspieligen Erfahrungen, die anderwärts gesammelt werden mußten, und die inzwischen eingeführten Verbesserungen der Maschinen für sich ausnützen zu können.

Der rasche Aufbau der Betriebsmittel nach dem Ende des Markverfalls war zum weitaus größten Teil ein Ansammeln fremder Mittel. Eine Erhöhung der Stammeinlage von außen her wie bei einer Aktiengesellschaft kam bei der Rechtsnatur der Staatsbank nicht in Frage. Von einer Sonderzuweisung aus Staatsmitteln wurde abgesehen; der Staat verzichtete jedoch seit 1924

---

[1]) Schaubild 24. Bei der Bayerischen Staatsbank München wurden seit Einführung der Maschinenbuchhaltung von 287 kaufmännischen Beamten und Angestellten 30 entbehrlich. Davon wurden 19 der Landeskulturrentenanstalt zur Verfügung gestellt; die übrigen wurden teils abgebaut, teils an die äußeren Niederlassungen versetzt. Sobald nach den Erfahrungen bei der Bayerischen Staatsbank München ein abschließendes Urteil darüber möglich ist, in welchem Umfang und bis zu welcher Niederlassungsgröße die Maschinenbuchhaltung wirtschaftlich ist, werden weitere Niederlassungen auf Maschinenarbeit umgestellt werden.

auf einen Teil der ihm nach der Bankverordnung zustehenden Gewinne. So gelang es, die eigenen Mittel der Bank allein aus Gewinnen von Ende 1923 bis zum Jahre 1929 immerhin von 14,27 Millionen Mark auf fast 33 Millionen Mark zu erhöhen; das Verhältnis der eigenen Mittel zu den fremden verschob sich jedoch bei dem ungleich rascheren Anwachsen der Abschlußsummen schon im Jahre 1924 stark zu Ungunsten der eigenen Mittel; das Verhältnis der Vorkriegszeit und das Verhältnis, wie es beim Durchschnitt der erwerbswirtschaftlichen Großbanken besteht, ist noch lange nicht erreicht[1]).

Unter den fremden Mitteln haben die Schuldscheineinlagen ihre frühere Bedeutung nicht wieder erlangt; bis zu 90 vH aller Einlagen waren und sind Einlagen in laufender Rechnung; Akzepte der Staatsbank wurden, wie vor dem Krieg, nur in Ausnahmefällen auf besonderen Wunsch der Kunden in Umlauf gesetzt. Die Kundschaftsschuldscheine vor allem sind bis auf wenige Hunderttausend Mark — der Stand Ende 1929 entspricht ungefähr dem von 1795 — abgestorben[2]). Die Ursachen dafür sind bekannt: der langsame Wiederaufbau der Kundschaftseinlagen überhaupt, die bewußte Förderung der Einlagen in laufender Rechnung vor den Schuldscheinen und endlich die Enttäuschung, die die zahlreichen sparenden Bankschein-Einleger durch die Nichtaufwertung ihrer Einlagen erleiden mußten.

Weiter oben ist gesagt worden: Die Bayerische Staatsbank ist nicht mehr in dem Maße Sparbank wie früher. Das bedeutet indessen nicht, daß die Staatsbank auf ihre geschichtliche Stellung als Sparbank verzichtet hätte; es war und ist vielmehr ihr eifrigstes Bestreben, diese Stellung wiederzugewinnen. Um sich auf diesem Gebiet die künftige Entwicklung nicht abschneiden zu lassen, folgte sie dem Beispiel der erwerbswirtschaftlichen Banken und führte, wie diese im allgemeinen Wettstreit um Geldeinlagen getan hatten, wieder eine Einlagenform ein, die dem kleinen Sparer handlicher erscheint als die Einlage in laufender Rechnung (Scheckrechnung) oder als Festgeld. Seit 1928 nehmen alle Niederlassungen der Bayerischen Staatsbank Einlagen auf Spar-

[1]) Zahlentafeln 6a, 16, 18a.

[2]) Schaubild 17.

bücher an; die Entwicklung des neuen Geschäftszweigs steckt noch in den Anfängen, sie ist aber sehr erfreulich.[1])

Die Anlage der Betriebsmittel seit Ende 1923[2]) wurde von drei Gesichtspunkten bestimmt: Möglichste Ausnützung der Mittel für Betriebsvorschüsse an die Wirtschaft, Flüssighaltung und Herauswirtschaftung der hohen Einlagezinsen und Verwaltungskosten.

Der erste Gesichtspunkt drängte darauf hin, das Wechselgeschäft vor den Ausleihungen zurücktreten zu lassen. Auch vom Standpunkt des wirtschaftlichen Arbeitens waren die Ausleihungen vorzuziehen, denn sie brachten etwas höhere Zinsen, und endlich selbst als flüssige Anlage waren Wechsel nicht mehr in dem Maße geeignet wie vor dem Kriege. Denn infolge der wiederholten Sperrmaßnahmen der Reichsbank konnte sich die Bank nicht mehr wie früher unbedingt darauf verlassen, im Notfalle durch Weiterbegeben von Wechseln jederzeit Bargeld zu erhalten; außerdem machte sich bei der langdauernden Absatzstockung der Jahre 1924 bis 1926 und dann wieder nach dem Abklingen des Aufschwungs von 1927 bis 1928 ein gewisser Mangel an guten Warenwechseln bemerkbar.

Das Wechselgeschäft wuchs deshalb nicht mehr zu dem Umfang, den es vor dem Kriege gehabt hatte. Als unbedingt flüssige Anlage der Betriebsmittelspitzen, namentlich für vorübergehend überlassene Staatsgelder, mußten mehr als vor dem Kriege Guthaben bei ersten Banken unterhalten werden[3]). Eigentliche Geld-

---

[1]) Zahlentafel 6a. Bis 1928 hatte nur die Bayerische Staatsbank Coburg Sparbücher; ihre Spareinlagen waren von der Creditkasse des Spar- und Hülfevereins übernommen. Da diesen Spareinlagen wie bei den öffentlichen Sparkassen ein Stock aufwertungsfähiger Hypotheken gegenüberstand, konnten sie im Gegensatz zu den Bankscheineinlagen aufgewertet werden.

[2]) Zahlentafel 6b, Schaubilder 10, 11, 14, 15, 18.

[3]) Reichsbankpräsident Dr. Schacht machte der Staatsbank deshalb einmal den Vorwurf, sie wehre sich gegen die Zusammenballung der öffentlichen Gelder in Berlin und gebe selbst Geld an Berliner Großbanken. Der Grund, warum sie — nur vorübergehend und in verhältnismäßig immer noch kleinen Beträgen (Zahlentafel 18b) — Geld an Berliner Großbanken, übrigens an deren bayerische Niederlassungen, gibt, liegt nicht zuletzt in der Haltung der Reichsbank selbst, die selbstverständlich ihrerseits durch die allgemeine Wirtschafts- und Währungslage bedingt ist.

marktsanlagen, insbesondere Ultimogelder, gab die Staatsbank nicht.

Auch die Zusammensetzung des Wechselbestands änderte sich. Die im Kriege und während des Markverfalls vorherrschenden Schatzwechsel verschwanden mehr und mehr, auch die vor dem Kriege beliebte Einreichung von Bankakzepten hörte fast ganz auf; in der Wechselmappe befanden sich fast nur Warenwechsel, teils mit, teils ohne Bankunterschrift und ein kleiner Bestand Notstandswechsel[1]).

Den Zeitverhältnissen entsprechend nahmen die Ausleihungen in laufender Rechnung seit 1924 stets mehr als die Hälfte, zur Zeit der größten Anspannung, Ende 1925, sogar 64 vH der Betriebsmittel in Anspruch[2]); Schuldurkunden und Lombarddarlehen waren ohne Bedeutung; auch der Ausleiheverkehr mit der Landwirtschaft wurde ganz in die Form der laufenden Rechnungen übergeführt. Der verschärfte Wettbewerb der Banken um erste Kunden zwang die Staatsbank an erste Firmen wieder mehr als früher, aber stets in mäßigen Grenzen Vorschüsse ohne Deckung zu geben[3]); die übrigen Vorschüsse waren regelmäßig durch Grundstückspfand oder Wertpapiere gedeckt[4]).

Unter den Darlehensnehmern waren infolge der Geldnot der Landwirtschaft mehr Landwirte und Genossenschaften als früher; auch die Vorschüsse an Gemeinden und Sparkassen spielten eine größere Rolle als vor dem Kriege. Im übrigen stellten wie von alters her die Industrie, und zwar nach ihrem Aufbau in Bayern die mittlere und kleinere Industrie, ferner die Banken und Bankiers den Hauptteil der Kunden.

Der Wertpapierbestand nahm rasch sein friedensmäßiges Gepräge an; besonders nachdem das Reich und Bayern 1927

---

[1]) Über Notstandsdarlehen ausgestellte trockene oder von einem Bürgen auf den Darlehensnehmer gezogene Wechsel; Ende 1929 noch 4,7 Millionen Reichsmark. Die meisten gegen Wechsel gegebenen Notstandsdarlehen wurden mit der Zeit in Vorschüsse in laufender Rechnung umgewandelt.

[2]) Schaubild 18.

[3]) Ende 1925 14,8 Millionen, 1929 10,3 Millionen Reichsmark.

[4]) Im Gegensatz zur Zeit vor dem Kriege war der größte Teil durch Grundstückspfand gedeckt. 1927 führte die Bank nach dem Vorbild anderer Banken an Stelle der Sicherungshypotheken Grundschulden als Deckung ein.

neue Inlandsanleihen begeben hatten, erhielten die Staatspapiere wieder den ersten Platz darin. Die Pflege des Marktes der bayerischen Staatsanleihe und der Landeskulturrentenbriefe veranlaßte die Staatsbank wiederholt zu großen Stützungskäufen, die das Gewinnergebnis beeinträchtigten.

Beteiligungen ging die Staatsbank wie stets seit 1879 nur zur Wahrung staatlicher Belange ein; der gleiche Grundsatz galt für den Erwerb von Aktien für den dauernden Wertpapierbesitz. Dahin gehören die Beteiligung an der Kraftverkehr Bayern G.m.b.H., einem gemischtwirtschaftlichen Kraftfahr-Unternehmen, der Erwerb von Aktien der Süddeutschen Aero-Lloyd A.-G., der Süddeutschen Lufthansa, der Pfälzischen Wirtschaftsbank[1]), der Lech-Elektrizitätswerke, der Bayerischen Elektrizitäts-Lieferungs A.G. und anderer Gesellschaften. 1925 erwarb die Staatsbank die Aktienmehrheit der Bayerischen Notenbank.

Die Mitwirkung der Bank bei der Aufnahme von Staatsanleihen setzte nach langer Pause 1925 wieder ein; in diesem Jahre vermittelte sie die Aufnahme einer Auslandsanleihe des bayerischen Staates von 15 Millionen Dollar zu 6 vH. Die Anleihe wurde von der Equitable Trust Co. of New York und dem Bankhaus Harris Forbes & Co., New York, begeben. 1926 folgte ein weiterer Abschnitt von 10 Millionen Dollar. Der Erlös der Anleihe floß zum größten Teil den Großwasserkraftwerken zu; weitere Beträge wurden für die Beteiligung des Staates an der Rhein-Main-Donau-A.-G. und anderen volkswirtschaftlich wichtigen Unternehmungen verwendet.

1926 bildete die Staatsbank zum erstenmal seit 1913 wieder eine große Bankengemeinschaft, ein neues Bayernkonsortium; die Führung hatte für Süddeutschland die Staatsbank selbst, für Norddeutschland die Seehandlung.

Das Bayernkonsortium übernahm und begab 1926 50 Millionen RM bayerische Schatzanweisungen zu 7 vH mit dreijähriger Laufzeit; 1927 die erste langfristige Anleihe seit 1913: 75 Millionen RM

---

[1]) 1926 als gemeinnützige Aktiengesellschaft zur Versorgung der pfälzischen kleineren und mittleren Industrie mit langfristigen Darlehen gegründet; die Betriebsmittel wurden größtenteils aus Darlehen des Reiches bezogen.

1928 beteiligte sich die Bank auch an der mittlerweile wieder aufgelösten Zsntralbank für die deutsche Industrie.

bayerische Staatsanleihe zu 6 vH; 1928 35 Millionen RM fünfjährige Schatzanweisungen zu 5 vH und 1929 40 Millionen RM dreijährige Schatzanweisungen zu 8 vH, diese als teilweise Verlängerung der Schatzanweisungen von 1926[1]).

Außerdem begab die Staatsbank allein fortlaufend kleinere Summen von Schatzanweisungen an Großbanken und große Bankiers.

Endlich beteiligte sich die Bank wie vor dem Kriege an den langfristigen Anleihen und an der Begebung von Schatzanweisungen des Reiches und Preußens, an den bayerischen Kommunalgoldanleihen, an einer Reihe von Einzelanleihen und an der Begebung von Schatzanweisungen bayerischer Städte, an der Deutschen Kommunalanleihe von 1926, an der Begebung von Deutschen Kommunal-Schatzanweisungen 1926 und 1928 und an einigen Einzelanleihen außerbayerischer Städte.

Es bedarf keiner näheren Begründung, daß die Bank bei der weitgehenden Hilfeleistung, die sie der bayerischen Wirtschaft gerade in den ersten Jahren nach der Markbefestigung zuwandte, von Verlusten nicht verschont geblieben ist. Die geringen Erträgnisse der Landwirtschaft, die bei größerer Verschuldung eines Betriebes dem Eigentümer nicht mehr ermöglichte, Lebensbedarf und Zinsen herauszuwirtschaften, die oft überraschende Schnelligkeit, mit der auch gut beurteilte großgewerbliche Unternehmungen in den Absatzstockungen nach dem Markverfall ihre Betriebe stillegten und damit die beliehenen Fabrikanlagen fast wertlos machten, die Schwierigkeiten, denen eine zuverlässige Schätzung des Verkehrswertes nach der Umstellung der Währung begegnete, die Unterpreise, die für städtische Wohnhäuser erzielt wurden, all das waren Verlustquellen, die vor dem Kriege nicht bestanden. Indessen waren die Verluste der Höhe nach durchaus erträglich, und die Staatsbank kann mit Genugtuung vermerken, daß sie keinen Verlust erlitten hat, der ihr in der Öffentlichkeit

[1]) In dem großen Anteil der kurzfristigen Schatzanweisungen, die meist von Banken und öffentlichen Körperschaften gekauft wurden, gegenüber den langfristigen Zeichnungsanlehen der Vorkriegszeit zeigt sich die Verschlechterung des langfristigen Geldmarkts, insbesondere des Staatsanleihemarkts seit dem Markverfall.

den Vorwurf einer volkswirtschaftlich falschen und ungesunden Beleihungstätigkeit zugezogen hätte.

So wurde die Wirkung der hohen Zinssätze der Jahre 1924 bis 1926 durch Verluste nicht wesentlich beeinträchtigt; es konnten Rohgewinne von außerordentlicher Höhe erzielt werden. Hält man jedoch den Rohgewinnziffern die Reingewinnziffern der Jahre nach 1923 gegenüber, so wird die letzte große Umwälzung sichtbar, die sich im Bankgeschäft gegenüber der Zeit vor dem Kriege vollzogen hat, eine Umwälzung, die alle Banken betrifft und die sich bisher durch keine Wiederaufbauarbeit wieder rückgängig machen ließ: Die Verwaltungskosten verschlingen seit 1923 einen viel größeren Teil des Rohgewinns als früher; das Verhältnis ist von Jahr zu Jahr schlechter geworden[1]).

Gehälter und Sachausgaben sind etwa doppelt so hoch als in der Vorkriegszeit; bei den erwerbswirtschaftlichen Banken kosten die Kundenwerbung und das vergrößerte Niederlassungsnetz ungleich mehr als früher. Die Zinsen dagegen und die Zinsspanne sind, abgesehen von den bald wieder abgebauten hohen Übergangszinsen des Jahres 1924, lange nicht im gleichen Maße gestiegen.

Infolge des Rückgangs der Zinsen und der Zinsspanne einerseits und des Ansteigens der Verwaltungskosten andrerseits sanken die Gewinne der Staatsbank seit 1924 mäßig ab. Im Gegensatz zu der Zeit vor dem Kriege ging die Staatsbank aus den ersten Jahren nach der Markbefestigung mit erheblich größeren Gewinnen hervor als die beiden großen gemischten Banken Bayerns; hier kam das ausgedehnte Leihgeschäft der Staatsbank gegenüber dem noch an den Folgen der Geldentwertung und des Geldmangels darniederliegenden Pfandbriefgeschäft zur Geltung; mit dem Wiedererstarken des Pfandbriefgeschäftes und den oben behandelten Schwierigkeiten im kaufmännischen Geschäft näherten sich die Gewinnkurven bis zum Berührungspunkt; die natürliche Entwicklung wird es mit sich bringen, daß die beiden gemischten Banken wie vor dem Kriege wieder höhere Gewinne erzielen werden als die Staatsbank.

Die rückläufige Bewegung der Staatsbankgewinne ist nicht etwa

[1]) Zahlentafel 14, Schaubilder 12, 26.

auf ein Versagen der Bank zurückzuführen; das zeigt die Wiederholung des schon für die letzten Jahre vor dem Weltkrieg angestellten Vergleichs der Wirtschaftlichkeit der Staatsbank mit anderen Banken[1]). Der Vergleich fällt noch mehr zugunsten der Staatsbank aus, als vor dem Kriege[2]). Auch bei einem Vergleich mit den Ergebnissen anderer Staatsbanken schneidet die Bayerische Staatsbank gut ab; unter anderem erzielte sie trotz geringeren Umsatzes, geringerer Betriebsmittel und trotz höherer Unkosten[3]) 1928 einen höheren, 1929 annähernd den gleichen Reingewinn wie die große Preußische Staatsbank.

Die Staatsbank arbeitete vor allem trotz gestiegener Verwaltungskosten billiger als andere Banken.

Dabei machen sich gegenüber den erwerbswirtschaftlichen Banken einerseits das weniger ausgedehnte Niederlassungsnetz der Staatsbank bemerkbar[4]), andrerseits die geringeren Kosten für die Bankleitung und Bankaufsicht. Der Durchschnitt der Staatsbankbeamten, namentlich der älteren, nichtleitenden Beamten, ist nicht schlechter bezahlt als der Durchschnitt der nichtleitenden Beamten erwerbswirtschaftlicher Banken, aber an der Spitze der Staatsbank stehen keine Generaldirektoren mit großen Gehältern, Tantiemen und Gratifikationen, sondern Staatsbeamte mit Beamtengehältern und mäßigen Nebenbezügen, und die Staatsbank hat keinen Aufsichtsrat, sondern einen Bankkommissär, der ebenfalls Beamter ist[5]).

So hat sich die Bayerische Staatsbank in den sechs Jahren,

---

[1]) Schaubilder 25, 26.

[2]) Es wird noch einmal darauf hingewiesen, daß die Erhöhung der Staatsbankgewinne durch die teilweise Steuerbefreiung der Staatsbank bei dem Vergleich ausgeschaltet wurde.

[3]) Infolge des Niederlassungsnetzes; die Preußische Staatsbank hat keine Zweigniederlassungen. Zahlentafel 19.

[4]) Vergleiche auch Schaubilder 21, 22: Der Hauptteil der Gewinne entfällt auf die Hauptniederlassung; der Anteil der Hauptniederlassung an den Gewinnen ist bedeutend höher wie ihr Anteil an den Unkosten.

[5]) Schaubild 22. Dabei ist noch zu berücksichtigen, daß die leitenden Beamten die Einnahmen aus ihren Aufsichtsratsstellen nicht für sich behalten dürfen, sondern an die Bank abliefern müssen; gerade die höchstbezahlten Beamten bringen dadurch der Bank ungefähr ebensoviel wieder ein, als ihre Gehälter und Nebenbezüge ausmachen.

die seit dem Ende des Markverfalls verflossen sind, den veränderten Aufgaben dieser schweren Zeit gewachsen gezeigt; trotz vieler Hemmnisse hat sie erfreuliche und zufriedenstellende Ergebnisse erzielt; der großen Umwälzung der sechzehn Jahre seit dem Ausbruch des Weltkriegs, der ereignisreichsten Zeit ihres Bestehens, die sie über die Höhe der Kriegsgeschäfte zu den Tiefen des Jahres 1923 führte, ist ein mühevoller, aber nicht erfolgloser Wiederaufbau gefolgt; die Bank hat dabei eine Kraft entfaltet, die das fünfzehnte Jahrzehnt ihrer Geschichte würdig abschließt.

Das Preysinghaus an der Prannerstraße in München.

DIE STAATSBANK VON HEUTE.

Wer etwas über die Bayerische Staatsbank zu erfahren wünscht, wird zunächst nicht fragen, wann und wie ist die Bank gegründet worden und wie hat sie sich seitdem entwickelt, sondern er wird zu erfahren suchen, was die Staatsbank heute ist und welche Stellung sie im Staat und in der Wirtschaft von heute einnimmt. Wer die Geschichte und die Geschäftsentwicklung der Bank verfolgt hat, wie sie in den vorhergehenden Hauptstücken darzustellen versucht worden ist, kann sich die Antwort auf die eben berührten Gegenwartsfragen in den Grundzügen wohl schon selbst erteilen. Die folgenden Ausführungen sollen diesen aus der geschichtlichen Entwicklung gewonnenen Eindruck über den gegenwärtigen Zustand und die gegenwärtige Bedeutung der Bank abrunden und vertiefen.

Das Grundgesetz der Bank ist die Verordnung vom 24. März

1920[1]). Nach der Verordnung ist die Bank eine Anstalt des bayerischen Staates. Sie hat die Eigenschaft einer juristischen Person des öffentlichen Rechts. Der Freistaat Bayern leistet für die Bank volle Gewähr. Die Bank ist Kaufmann im Sinne des Handelsgesetzbuches. Sie ist in München unter der Firma „Bayerische Staatsbank" und an den einzelnen Niederlassungsorten unter den Firmen der Niederlassungen im Handelsregister eingetragen; sie kann unter der Firma jeder Niederlassung klagen und verklagt werden. Die Bank wird gerichtlich und außergerichtlich durch das Staatsbankdirektorium vertreten. Sie ist von der Körperschaftssteuer und der Vermögenssteuer, von den bayerischen Landessteuern und in ihren streitigen und nichtstreitigen Rechtsangelegenheiten von den bayerischen Staatsgebühren befreit, nicht aber von den sonstigen Steuern, Abgaben und Gebühren, insbesondere nicht von den Gemeindeumlagen und von den Stempelabgaben.

Die Verwaltung der Bank ist behördenmäßig aufgebaut. Die Niederlassungen unterstehen dem Staatsbankdirektorium, das Staatsbankdirektorium untersteht dem Staatsministerium der Finanzen. Das Direktorium ist eine Kollegialbehörde; auch die Niederlassungen haben Behördeneigenschaft.

Träger des Geschäftsbetriebs sind die Niederlassungen. Die Niederlassungen werden von ihren Vorständen, durchwegs kaufmännischen Beamten[2]), geleitet. Dem Direktorium obliegt die Verwaltung und die Oberleitung des Geschäftsbetriebs der ganzen Bank. Mit der kaufmännischen Oberleitung des Geschäftsbetriebs der ganzen Bank sind die beiden Vorstände der Hauptniederlassung in München betraut; sie führen die Geschäfte nach den vom Direktorium festgesetzten allgemeinen Anweisungen. Beim Direktorium ist ein Bankkonsulent und ein stellvertretender Bankkonsulent aufgestellt; sie haben die Befugnis, das Direktorium und die Niederlassungen in ihren Rechtsangelegenheiten vor den Gerichten und sonstigen Behörden zu vertreten und unter eigener Verantwortlichkeit selbständig Anträge zu stellen. An der Spitze des Direktoriums und der ganzen Anstalt steht der Präsident der Bayerischen Staatsbank; er führt die Oberleitung der Verwaltung,

[1]) Urkunden und Geschichtstafeln 8.

[2]) Seite 158.

die allgemeine Dienstaufsicht und die Aufsicht über die Geschäftsführung der Niederlassungen.

Das Direktorium besteht aus dem Präsidenten der Bayerischen Staatsbank und der erforderlichen Zahl von rechtskundigen und kaufmännischen Beamten[1]); das Finanzministerium bestimmt, welche der beim Direktorium angestellten Beamten stimmberechtigte Kollegialmitglieder sind, außerdem sind die mit der kaufmännischen Oberleitung betrauten Vorstände der Bayerischen Staatsbank München stimmberechtigte Mitglieder des Direktoriums.

Die Unterschriftsabgabe ist ebenfalls behördenmäßig geregelt; Schriftstücke, aus denen die Bank verpflichtet werden soll, müssen jedoch zwei Unterschriften tragen.

Will man die Verfassung der Bayerischen Staatsbank mit der einer Aktiengesellschaft vergleichen, so ist das Direktorium zugleich Vorstand und Verwaltungsrat der Bank. Die Stelle des Aufsichtsrats vertritt der vom Staatsministerium der Finanzen aufgestellte Bankkommissär. Der Bankkommissär hat alle Beschlüsse des Staatsbankdirektoriums mitzuzeichnen; im übrigen sind seine Aufgaben und Befugnisse durch § 18 der Verordnung geregelt. Die Bankabschlüsse und Verwaltungskostenrechnungen werden durch einen besonderen Kommissär des Obersten Rechnungshofes überprüft.

Die Bank veröffentlicht, wie die Aktienbanken, ihre Jahres- und Monatsabschlüsse[2]). Das Direktorium erstattet alljährlich einen Geschäftsbericht. Der Bericht geht dem Finanzministerium, dem Landtag und der Presse zu. Der Landtag nimmt alljährlich bei der Beratung und Beschlußfassung über den Staatshaushaltsposten

---

[1]) Derzeitige Gliederung: Präsident, 8 mit rechtskundigen und kaufmännischen Beamten besetzte, sachlich und örtlich gegliederte Referate, Hauptbuchhaltung, Revisions- und Kontrollbüro, Präsidialsekretariat, Registratur, Kanzleien. Von den rechtskundigen Beamten ist der dienstälteste Bankkonsulent, der nächstälteste stellvertretender Bankkonsulent. Die Bearbeitung der Geschäftsleitungs- und Verwaltungsangelegenheiten ist unter die rechtskundigen und kaufmännischen Beamten aufgeteilt; dem Bankkonsulenten und den übrigen rechtskundigen Beamten obliegt außerdem die Bearbeitung der Rechtssachen. Von den rechtskundigen und kaufmännischen Beamten des Direktoriums sind derzeit 6 stimmberechtigte Kollegialmitglieder.

[2]) Die Abschlüsse gehen an die Reichsbank; diese veröffentlicht sie zusammen mit den Abschlüssen der übrigen Banken im Deutschen Reichsanzeiger. Außerdem werden die Abschlüsse der Presse mitgeteilt.

„Gewinnablieferung der Bayerischen Staatsbank" Veranlassung, sich zur Geschäftsführung der Bank zu äußern und seine Wünsche, Anregungen und etwaigen Ausstellungen zu verlautbaren.

Die Niederlassungen werden alljährlich einer großen Geschäftsprüfung unterzogen; die Prüfung wird im Auftrage des Präsidenten in der Regel von einem Mitglied des Direktoriums vorgenommen. Außerdem führt das Revisions- und Kontrollbüro in kürzeren, durchaus unregelmäßigen Zeitabständen sogenannte Buch- und Bestandsprüfungen durch; sie erstrecken sich jeweils nur auf einige bestimmte Geschäftszweige.

Der Staatsbankpräsident, die Mitglieder des Direktoriums, die Vorstände der Niederlassungen und der größte Teil der ganzen Beamtenschaft sind etatmäßige Staatsbeamte. Sie werden nach einer besonderen Gehaltsordnung bezahlt; die Gehaltsordnung ist jedoch der allgemeinen Besoldungsordnung für die bayerischen Staatsbeamten genau angeglichen. Ebenso sind die Bestimmungen über Urlaub, Tagegelder und Auslagenentschädigung bei Dienstreisen die gleichen wie im allgemeinen Staatsdienst. Tantiemen, die den leitenden Beamten aus ihren Stellungen in den Aufsichtsräten erwerbswirtschaftlicher Gesellschaften zufließen, müssen an die Bankkasse abgeliefert werden.

Die Beamten vom Kassier aufwärts erhalten widerrufliche, nach der Höhe des Reingewinns berechnete, nach Wichtigkeit und Verantwortung ihrer Posten abgestufte Nebenbezüge; die übrigen Beamten und Angestellten erhalten feste Abschlußvergütungen. Die Gehälter und Vergütungen der Angestellten richten sich nach dem Tarif für das deutsche Bankgewerbe. Die Nebenbezüge der Beamten sind nach dem doppelten Gesichtspunkt bemessen, daß die Beamten einerseits einem werbenden, im allgemeinen Wettbewerb stehenden Betrieb angehören und daß deshalb die staatliche Besoldungsordnung allein für sie nicht anwendbar ist, daß sie aber andererseits vor den Angestellten erwerbswirtschaftlicher Banken den Vorzug gesicherter Lebensstellung und eines staatlich gewährleisteten Ruhegehalts haben. Das Ergebnis ist, daß die Bezüge der leitenden Beamten bedeutend niedriger sind, als die Bezüge leitender Angestellter in der freien Wirtschaft; ferner ist der Unterschied zwischen ihren Bezügen und den Bezügen der älteren, nichtleitenden Beamten geringer als dort: der Aufbau der Bezüge ist viel sozialer als bei irgendeiner erwerbswirtschaftlichen Bank.

Der Aufbau der Bankverwaltung und die Rechtsstellung der Beamten ist das Ergebnis der geschichtlichen Entwicklung der Bank. Es ist nicht Aufgabe dieses Buches zu erörtern, ob sich der behördenmäßige Aufbau und die Geschäftsleitung und Verwaltung durch Staatsbeamte für einen dem freien Wettbewerb ausgesetzten Wirtschaftsbetrieb besonders eignen. Die Geschäftsentwicklung der Bayerischen Staatsbank zeigt indessen, daß mit den Besonderheiten in Gliederung und Besoldung, wie sie die Staatsbank gegenüber der staatlichen Hoheitsverwaltung zeigt, auch ein Behörden- und Beamtenbetrieb gut wirtschaften und wirtschaftliche Aufgaben lösen kann[1]).

Die Hauptaufgabe der Staatsbank ist, Handel, Industrie, Gewerbe und Landwirtschaft in Bayern zu unterstützen und zu fördern. Die Bank soll diese Aufgabe erfüllen, indem sie erstens die in Bayern anfallenden öffentlichen Gelder, zweitens Einlagen aus der freien Wirtschaft ansammelt und beide Gruppen von Geldern als Wechsel- und Leihbank der freien Wirtschaft zuführt. Zu den Geschäften, die aus dieser Hauptaufgabe notwendig fließen — Annahme von Einlagen, An- und Verkauf von Wechseln, Gewährung von Vorschüssen und Darlehen in laufender Rechnung oder in anderer Form — kommen drei weitere Gruppen von Geschäften: Erstens Geschäfte, die der Bank als Bank des Staates obliegen, nämlich die Vermittlung des Geldverkehrs für Staats-, Reichs-

---

[1]) Verschiedene neuere öffentliche Banken, z. B. die Reichskreditgesellschaft, die Deutsche Verkehrskreditbank sind Aktiengesellschaften; bei anderen, die wohl die Rechtsform einer Staatsanstalt und juristischen Person des öffentlichen Rechts haben, wie z. B. bei der Sächsischen Staatsbank, werden die Geschäfte von Angestellten geführt. Die preußische Regierung wollte 1929 der Seehandlung eine neue Verfassung geben und dabei die Beamten durch Angestellte ersetzen, die nach den in der freien Wirtschaft üblichen Sätzen bezahlt werden sollten. Der Entwurf fand sowohl im Plenum wie im Landtagsausschuß von allen Seiten einen derart heftigen Widerstand, daß er auf unbestimmte Zeit vertagt wurde.

Dagegen hat die Seehandlung 1926 ihre bis dahin rein bürokratisch aufgebaute Generaldirektion in eine Kollegialbehörde umgewandelt.

und andere öffentliche Kassen, die Beteiligung an der Ausgabe von Anlehen des Staates, des Reiches und der bayerischen Gemeinden, die Einlösung der Zinsscheine öffentlicher Anleihen; zweitens eine gesonderte öffentliche Aufgabe, nämlich die Besorgung des gerichtlichen Hinterlegungswesens und drittens endlich alle Geschäfte, die sich aus dem bei der Erfüllung der staats- und volkswirtschaftlichen Hauptaufgabe angebahnten Kundenverkehr zwanglos ergeben und die notwendig sind, diesen Kundenverkehr zu festigen und zu erweitern und damit die ständige Erfüllung der volks- und staatswirtschaftlichen Hauptaufgaben zu gewährleisten.

Die öffentlichen und volkswirtschaftlichen Aufgaben der Staatsbank überwiegen daher; die „Ausführung aller bankmäßigen Geschäfte" ist für die Staatsbank nicht Selbstzweck, sondern nur Mittel zur Erfüllung ihrer volks- und staatswirtschaftlichen Zwecke.

Vor allem ist es nicht Hauptzweck der Staatsbank durch ihre Bankgeschäfte Gewinn zu erzielen; sie muß ihre volkswirtschaftlichen Aufgaben erfüllen, auch wenn sie ihr keinen Gewinn bringen; nur soll und muß sie selbstverständlich darnach trachten, ihre Aufgaben mit möglichst geringem Kostenaufwand und möglichst so zu erfüllen, daß sie ein dem Aufwand entsprechendes Erträgnis erzielt.

Nach alter Überlieferung gibt die Bayerische Staatsbank ihre Gelder zum größeren Teil unmittelbar und ohne Zwischenglieder an großgewerbliche Unternehmer, große und kleine Kaufleute, Handwerker, Landwirte und nur zum kleineren Teil an bayerische Banken, Bankiers, Sparkassen und Kreditgenossenschaften, an die beiden letzteren mit der ausgesprochenen Absicht, dadurch die Vorschußgewährung an den gewerblichen und bäuerlichen Mittelstand zu fördern.

Durch das unmittelbare Kundengeschäft war die Bayerische Staatsbank vor dem Kriege eine Sondererscheinung unter den öffentlichen Banken Deutschlands. Die Preußische Staatsbank gab, wie heute noch, ihre Gelder fast ausschließlich an Banken und Bankiers; die übrigen öffentlichen Banken waren Pfandbrief-

und Hypothekenanstalten. Erst nach dem Kriege sind in der Sächsischen Staatsbank und in der Thüringischen Staatsbank zwei weitere öffentliche Banken von ähnlichen Geschäftsaufgaben und ähnlichem Verwaltungsaufbau entstanden wie die Bayerische Staatsbank; einige von den älteren öffentlichen Banken, zum Beispiel die Braunschweigische Staatsbank, haben neben dem langfristigen auch das kurzfristige Bankgeschäft neu eingeführt.

Indessen hat bisher keine von diesen Banken den Geschäftsumfang und die Bedeutung der Bayerischen Staatsbank erreicht. Die Bayerische Staatsbank ist die zweitgrößte Staatsbank in Deutschland; nur die Preußische Staatsbank ist noch größer als sie. Andererseits sind die neugegründeten öffentlichen Geldanstalten des Reichs, die Deutsche Rentenbankkreditanstalt und die Reichskreditgesellschaft größer und geldmächtiger als die Bayerische Staatsbank.

In Bayern ist die Staatsbank, wie aus der geschichtlichen Entwicklung zu sehen ist, weder die alleinige Geldgeberin, noch hat sie etwa von der gesamten Geldversorgung der bayerischen Wirtschaft den überwiegenden Teil zu bestreiten; sie ist aber unter den verschiedenen einheimischen Geldhandelsunternehmungen für die Versorgung der Wirtschaft mit kurzfristigem Leihgeld die größte und als solche von maßgebender Bedeutung in Bayern[1]).

Das Verhältnis der Bank zum bayerischen Staat ergibt sich aus ihren Geschäftsaufgaben und ihrer Verfassung: Sie ist die Bank des Staates und der Staatsbetriebe und ist, wenn man von den Forsten absieht, der größte und für den Staatshaushalt einträglichste werbende Betrieb des Staates[2]). Für die Stellung der Bank zu den Reichsbehörden, den Dienststellen der Reichspost, der Reichsbahngesellschaft und der Versicherungsträger in Bayern

---

[1]) Ob die Geschäfte der bayerischen Niederlassungen der Deutschen Bank oder einer anderen Berliner Großbank bedeutender und umfangreicher sind als die der Bayerischen Staatsbank, läßt sich mangels jeglicher Unterlagen nicht feststellen; es ist wohl anzunehmen, daß die Geschäfte der Bayerischen Staatsbank auch größer sind, als die Geschäfte jeder auswärtigen Großbank in Bayern.

[2]) Voranschlag für den Staatshaushalt 1928: Summe aller Einnahmen 748,97 Millionen RM.; Reineinnahmen aus den Staatsforsten 34,75 Millionen RM., Ablieferungen der Staatsbank 3 Millionen RM., der Berg-, Hütten- und Salzwerke 350000 RM., des Hofbräuhauses München 450000 RM., der staatlichen Bäder 332000 RM.; Erträgnisse aus industriellen Unternehmungen 600000 RM.

darf auf die Ausführungen des vorhergehenden Hauptstücks verwiesen werden[1]).

Die Gemeinden stehen der Staatsbank als Kunden gegenüber. Eine besondere Aufgabe, Bank oder Geldausgleichsstelle der bayerischen Gemeinden zu sein, hat die Staatsbank seit Gründung der Bayerischen Gemeindebank nicht mehr. Indessen ist der Verkehr der Staatsbank mit Gemeinden und Gemeindeverbänden nach wie vor sehr lebhaft, und es war bisher nur von Vorteil, daß die Gemeinden an der Staatsbank noch einen Rückhalt neben der Gemeindebank haben. Aus der Tatsache, daß die Staatsbank bereit ist, die Gemeinden mit Betriebsvorschüssen und Zwischendarlehen zu unterstützen, und ihre Bereitschaft gerade in Zeiten allgemeiner Geldklemme wiederholt in die Tat umgesetzt hat, rechtfertigt sich ihr Wunsch, nicht nur als Nothelfer gerufen zu werden, sondern mit den Gemeinden, die Vorschüsse von ihr in Anspruch nehmen, in ständiger Verbindung zu bleiben und, soweit sie über zeitweilige Betriebsmittelüberschüsse verfügen, auch Einlagen von ihnen zu erhalten.

Die Mittel der Staatsbank sind nicht so groß, daß etwa von ihr eine Durchkreuzung der Diskontpolitik der Reichsbank zu besorgen wäre, wie sie die Reichsbank vor dem Kriege von der Seehandlung befürchtet hat. Die Staatsbank steht der Reichsbank nicht viel anders gegenüber als eine erwerbswirtschaftliche Bank ihrer Größe; sie hat sich stets bemüht, den Anregungen und Wünschen der Reichsbank nach verstärkter Kassenhaltung und flüssiger Geldanlage möglichst gerecht zu werden.

Die Aufgabe der Staatsbank, die öffentlichen Gelder in Bayern zu sammeln und bankmäßig zu verwalten, schließt das Bestreben in sich, möglichst alle in Bayern anfallenden öffentlichen Gelder an sich zu ziehen, um dadurch eine Zersplitterung oder eine bankmäßigen Grundsätzen nicht entsprechende Verwaltung der öffentlichen Gelder zu verhindern. Diese Bestrebungen der Staatsbank sind mit denen der Reichsbank für das ganze Reich gleichlaufend. Die Staatsbank hat jederzeit, insbesondere auch in den Jahren 1926 und 1927, als Reichsbankpräsident Dr. Schacht seine Grundsätze über die Bewirtschaftung der öffentlichen Gelder darlegte,

[1]) S. 190, 204.

den Standpunkt vertreten, bankmäßige Bewirtschaftung nach einheitlichen Grundsätzen bedingt keineswegs ein Ansammeln aller öffentlichen Gelder bei der Reichsbank oder einer anderen Mittelstelle, etwa der Deutschen Golddiskontbank; in anerkannt geldbedürftigen Reichsteilen wie Bayern, müssen mindestens die dort anfallenden öffentlichen Gelder bis zu ihrer endgültigen Verwendung und die Betriebsmittelrücklagen auch der Reichsbehörden, der Reichspost, der Reichsbahn und der Versicherungsträger der heimischen Erwerbswirtschaft als Leihgeld zur Verfügung gestellt werden, und hiezu ist nach ihrer geschichtlichen Entwicklung, nach ihrer Erfahrung und ihren Einrichtungen in erster Linie die Bayerische Staatsbank berufen.

Gegenüber den erwerbswirtschaftlichen Banken, den Bankiers, Sparkassen und Kreditgenossenschaften in Bayern nimmt die Staatsbank eine doppelte Stellung ein. Sie steht mit ihnen bei der Ansammlung von Einlagen aus der freien Wirtschaft, mit den Banken auch bei der Gewinnungs erster Kunden, im Wettbewerb; andererseits dient sie ihnen als Bankverbindung für die Anlage flüssig zu haltender Beträge; für die kleineren Banken, Bankiers, Sparkassen und Genossenschaften ist sie auch die wichtigste Geldgeberin.

Für die übrigen Zweige der Wirtschaft ist die Staatsbank wie andere Banken Geldgeberin, Anlagestelle und Vermittlungsstelle für die Besorgung aller bankmäßigen Geschäfte, in erster Linie aber Geldgeberin. Eine über das regelmäßige Kundengeschäft hinausgehende, auf Beteiligungen und Stimmrechtsausübung mit Kundenaktien gegründete und durch Aufsichtsratsposten bekräftigte Verbindung mit der Großindustrie, wie bei den erwerbswirtschaftlichen Großbanken, besteht nicht.

Als ein gutes Zeugnis für die Geschäftsführung der Staatsbank und ihren Dienst am Kunden darf es wohl angesehen werden, daß ihre Geschäftsverbindungen meist von langer Dauer sind. 239 Kunden der Bank — Gemeinden, Firmen und Familien — stehen fünfzig Jahre und länger in ununterbrochener Geschäftsverbindung mit ihr, zwei davon, die Brauerei Alexander Sammeth in Weidenbach[1])

[1]) Seit 1805; älteste ununterbrochene Geschäftsverbindung der Bayerischen Staatsbank Ansbach.

Außerdem konnten bei der Bayerischen Staatsbank Ansbach noch zwanzig, und die Likörfabrik E. Vollrath & Co. in Nürnberg[1]) mehr als hundert Jahre.

Die Geschäftsentwicklung der Bayerischen Staatsbank und ihre heutige Stellung im bayerischen Wirtschaftsleben sind zugleich die vollgültige und vollständige Rechtfertigung ihres Daseins überhaupt, die keiner Ergänzung bedarf. Bei den in der letzten Zeit stattgehabten öffentlichen Erörterungen der Frage der Betätigung der öffentlichen Hand im Wirtschaftsleben dürfte es jedoch von Wert sein zu untersuchen, welche Stellung die Staatsbank in dieser Streitfrage einnimmt.

Das Ziel der gegen die öffentliche Hand gerichteten Bestrebungen ist, die öffentliche Tätigkeit im Wirtschaftsleben, soweit sie eine bestimmte Grenze überschreitet, zu beseitigen oder ihr doch das Vorrecht der Steuerfreiheit zu entwehren.

Die Bayerische Staatsbank kann sich gegenüber diesen Bestrebungen auf zwei voneinander unabhängige Gründe berufen, von denen jeder allein ihr Dasein und ihre Tätigkeit rechtfertigt. Der eine ist ihr Aufgabenkreis, der andere ist ihre geschichtliche Entwicklung.

Die wohl auch heute noch selbst von den grundsätzlichen Gegnern der öffentlichen Hand allgemein anerkannte Grenze, innerhalb der die wirtschaftliche Tätigkeit der öffentlichen Hand gebilligt und sogar verlangt wird, ist die von Adolf Wagner gezogene: Die öffentliche Hand soll nur diejenigen wirtschaftlichen Tätigkeiten ausüben, die weder die Privatwirtschaft, noch freie Vereine, noch Zwangsgemeinschaften überhaupt oder doch nur weniger gut oder nur mit bedenklichen sozialen oder wirtschaftlichen Folgen oder nur kostspieliger ausüben können.

---

in der obigen Zahl von 239 nicht mit eingerechnete Kunden ermittelt werden, deren Familien oder Firmen schon 1795 und 1796 (vorher sind die Geschäftsbücher nicht vollständig erhalten) mit der Staatsbank Geschäfte getätigt und sie, wenn auch mit zeitweiligen Unterbrechungen, ziemlich regelmäßig bis heute fortgesetzt haben; die Familien von Crailsheim, von Seckendorff, Obernzenn und Schnitzlein (Schnizlein) erscheinen bereits im ersten Abschluß von 1780. (Urkunden und Geschichtstafeln 2.)

[1]) Seit 1825; früher Einzelfirma und offene Handelsgesellschaft, ursprünglich in Altdorf; älteste ununterbrochene Geschäftsverbindung der Bayerischen Staatsbank Nürnberg.

Bekämpft wird nur die über diese Grenzen hinausgehende Tätigkeit der öffentlichen Hand, insbesondere soweit sie infolge beamtlicher Betriebsamkeit in die Arbeitskreise der freien Wirtschaft eindringt und öffentliche Hoheitsrechte zum Schaden der freien Wirtschaft für den Wettbewerb nutzbar macht.

Dem gegenüber ist für die Bayerische Staatsbank festzustellen: Die Hauptaufgaben der Staatsbank, die Zusammenfassung und Weiterleitung der öffentlichen Gelder, die Vermittlung von Staatsdarlehen, die Besorgung des gerichtlichen Hinterlegungswesens, die Begebung von Staatsanleihen, die Pflege des Staatsanleihemarktes, die Beratung der Staatsregierung in wirtschaftlichen und Geldangelegenheiten kann eine öffentliche, staatseigene und der Staatsregierung unterstellte Bank besser erfüllen, als eine erwerbswirtschaftliche, nur im Vertragsverhältnis zur Regierung stehende Bank, unter anderm auch deshalb, weil die Erzielung von Gewinn hinter der Rücksicht auf den volkswirtschaftlichen Nutzen zurückstehen muß. Die Tatsache, daß solche Geschäfte nicht durchwegs Verlustgeschäfte sind, sondern zum größten Teil auch Gewinn abwerfen, beweist keineswegs, daß sie von einer erwerbswirtschaftlichen Bank ebenso gut ausgeführt werden könnten; es besteht kein Wirtschaftsgesetz, das dem Staat nur verlustbringende, der freien Wirtschaft nur gewinnbringende Geschäfte zuwiese und der Staat ist nicht verpflichtet, auf Gewinne, die ihm — das heißt durch Erleichterung des Haushaltsabschlusses allen Steuerzahlern — zugute kommen, zugunsten einzelner, durchaus nicht notleidender Wirtschaftskreise zu verzichten.

Die übrigen Aufgaben der Staatsbank, vor allem auch das unmittelbare Kundengeschäft stehen mit den vorhin genannten öffentlichen Aufgaben in engster Wechselwirkung. Außerdem sind sie geschichtlich gewachsen. Sie sind nicht das Ergebnis beamtlicher Betriebsamkeit; die ganze Ausdehnung der Staatsbank hat sich bei dem einmal eingeschlagenen Wege zwangsläufig aus der Entwicklung des Staatshaushaltes und der Wirtschaft in Bayern ergeben. Gerade bei der letzten Ausdehnung, im ersten Jahrzehnt des 20. Jahrhunderts, war es die Leitung der Bank, die Zurückhaltung übte, während der Landtag eine noch viel größere Ausdehnung wünschte.

Die Bank genießt keinerlei Vorrechte, die ihr gestatteten, die Staatshoheit für Wettbewerbszwecke zu mißbrauchen; sie ist auch nicht etwa in die Arbeitskreise der Erwerbswirtschaft eingedrungen; die geschichtliche Entwicklung war vielmehr gerade umgekehrt. Seit die erwerbswirtschaftlichen Banken mit der Staatsbank in Wettbewerb getreten sind, hat auch die Staatsbank den Wettbewerb aufgenommen, aber nur in dem Maße, das notwendig ist, um sie und ihre Einrichtungen der Öffentlichkeit bekannt zu machen, damit sie ihre öffentlichen und allgemein-volkswirtschaftlichen Aufgaben erfüllen kann.

Aber auch wenn die Staatsbank keine öffentlichen und allgemein-volkswirtschaftlichen Aufgaben zu erfüllen hätte, bestände kein Anlaß, sie als „Übergriff der öffentlichen Hand in die Erwerbswirtschaft" zu bekämpfen. Ein Wirtschaftsbetrieb, der hundertfünfzig Jahre besteht, seit hundertfünfzig Jahren mit der Wirtschaft verwachsen ist, darf sein Daseinsrecht schon allein aus dieser Überlieferung herleiten — solange er nicht etwa selbst eine volkswirtschaftlich notwendige Betätigung der freien Wirtschaft an die Wand drückt und solange er seine geschichtlich gewachsene Tätigkeit nicht schlechter, nicht unwirtschaftlicher, nicht unter größerem Kostenaufwand ausübt als es ein gleichartiger erwerbswirtschaftlicher Betrieb täte. Daß aber die Staatsbank nicht unwirtschaftlicher und nicht teurer arbeitet als andere Banken, dafür darf als Zeugen auf ihre Geschäftsergebnisse verwiesen werden.

Einen Staatsbetrieb trotz dem Vorhandensein dieser Voraussetzungen der freien Wirtschaft opfern, das hieße, um einer wirtschaftlichen Lehrmeinung willen die Gesetze des wirtschaftlichen Handelns verletzen, es wäre mit einem Worte ein Schildbürgerstreich.

Gegenüber der Frage der Daseinsberechtigung ist die Frage der teilweisen Steuerfreiheit von untergeordneter Bedeutung.

Zu dieser Frage ist zunächst festzustellen: die Staatsbank ist weder von allen Steuern befreit — sie bezahlt vor allem Gemeindeumlagen — noch ist ihre Steuerbefreiung, wie bei vielen andern wirtschaftlichen Betrieben der öffentlichen Hand, ein Ergebnis der Reichssteuergesetze von 1919/20. Man kann also nicht von ihr sagen, daß sie sich den öffentlichen Lasten ganz entziehe und daß sie erst und gerade in den Jahren verschärften Steuerdrucks auf die freie Wirtschaft das Vorrecht der Steuerfreiheit erhalten habe. Damit ist einem der wichtigsten Einwände gegen die Steuerfreiheit der Wind aus den Segeln genommen.

Die Geschäftsergebnisse der Staatsbank zeigen auch, daß ihre Gewinne nicht auf dem Steuervorrecht aufgebaute Scheingewinne sind; eine Verschleierung der wirklichen Lage des Unternehmens durch das Steuervorrecht ist bei ihr nicht zu befürchten[1]). Endlich mißbraucht sie den Vorsprung, den ihr die Steuererleichterung in ihrer Geschäftsgebarung läßt, nicht dazu, zu Wettbewerbszwecken ihre Leistungen unangemessen billig anzubieten oder unangemessen hohe Zinsen zu versprechen. Sie hält sich an die Mindestsätze der Bankenvereinigung und wenn diese Mindestsätze zugleich ihre Regel- und Höchstsätze darstellen und etwas niedriger sind als die Regelsätze der erwerbswirtschaftlichen Banken, so ist dies nur eine Auswirkung ihres allgemein-volkswirtschaftlichen Bemühens, an der Senkung des Zinsfußes mitzuwirken; sie vergütet folgerichtig auf der Habenseite keine höheren Zinssätze als die erwerbswirtschaftlichen Banken.

Die innere Rechtfertigung für die Steuerfreiheit der Staatsbank liegt in ihrer früher erwähnten Pflicht, die Erfüllung ihrer volkswirtschaftlichen Aufgaben dem Streben nach Gewinn voranzustellen, und darin, daß ihre Gewinne ohnehin im vollen Umfang der öffentlichen Hand zugute kommen, daß es also nicht veranlaßt ist, von ihnen etwas als Beitrag für die öffentliche Hand wegzusteuern. Von den Gründen, die nach Ansicht der Gegner des Steuervorrechts diese innere Berechtigung aufheben sollen,

[1]) In Schaubild 25 ist allerdings nicht dargestellt, wie hoch die Verzinsung der eigenen Mittel der Staatsbank noch wäre, wenn sie Steuer zahlte, sondern sie und die anderen Banken sind gleichmäßig so behandelt, als ob alle keine Steuern bezahlen müßten; es geschah, weil dieser Weg, das Steuervorrecht der Staatsbank auszuschalten, einfacher war, als auszurechnen, was sie ohne Steuervorrecht hätte an Steuern jährlich bezahlen müssen. Aber da die Staatsbank bei der gewählten Art der Ausschaltung des Steuervorrechts eine höhere Verzinsung ihrer eigenen Mittel aufzuweisen hat als die erwerbswirtschaftlichen Banken und da die erwerbswirtschaftlichen Banken trotz Steuerbelastung ihre eigenen Mittel angemessen verzinsen, so würde dies bei entsprechender Steuerbelastung auch die Staatsbank tun.

trifft, wie eben dargelegt wurde, für die Bayerische Staatsbank keiner zu.

Würde die Besteuerung durchgeführt, so würden die Gewinne der Staatsbank geschmälert. Von ihrem Erträgnis ginge ein Teil, nämlich der weggesteuerte Betrag, statt an das Land Bayern, an das Reich und der größere Teil dieses Teiles ginge im Wege des Finanzausgleichs wieder an Bayern zurück, wo er im innerbayerischen Finanzausgleich auf Länder und Gemeinden ausgeteilt würde. Und überall würde kostenverschlingende Mehrarbeit entstehen: bei der Staatsbank für die Steuererklärung, bei den Steuerbehörden durch die Veranlagung, bei den Reichs- und Landeskassen durch die Hin- und Herüberweisung. Solche Mehrarbeit kann um eines höhern Zweckes willen gerechtfertigt sein, nämlich da, wo die oben widerlegten Einwände gegen das Steuervorrecht zutreffen sollten; bei der Bayerischen Staatsbank wie sicherlich bei allen ähnlich aufgebauten und ähnliche Zwecke verfolgenden Unternehmungen der öffentlichen Hand fehlt es an jedem Grund dafür.

Der Wunsch der Bayerischen Staatsbank, ihre Tätigkeit im bisherigen Rahmen und mit den bisherigen steuerlichen Begünstigungen fortzusetzen, ist somit wirtschaftlich gerechtfertigt. Sie ist eine Einrichtung des Staates, die sich in hundertfünfzigjähriger Geschichte bewährt und für Staat und Wirtschaft wichtige Dienste geleistet hat und heute noch leistet; ihr Weiterarbeiten im bisherigen Sinne ist, das kann man wohl sagen, ein wertvoller Dienst und ein Gewinn für die ganze Wirtschaft.

Wie die Entwicklung der letzten Jahre gezeigt hat, kann die Staatsbank jedoch ihre Tätigkeit für die Wirtschaft im bisherigen Umfang nur aufrecht erhalten, wenn ihr die öffentlichen Geldquellen im bayerischen Staatsgebiet ungeschmälert zur Verfügung stehen und wenn sie außerdem die stark schwankenden öffentlichen Gelder in einem gewissen Umfang durch beständigere Einlagen aus der freien Wirtschaft ergänzen kann. Es ist daher notwendig, daß alle öffentlichen und halböffentlichen Geldverwaltungsstellen und ihre Aufsichtsbehörden in Bayern der Staatsbank bei der Erfüllung ihrer volkswirtschaftlichen Aufgaben behilflich sind. Es darf erwartet werden, daß sie auch für die Zinsgebarung der

Staatsbank Verständnis zeigen und nicht wegen eines etwas höheren Zinsangebotes von anderer Seite ihre Gelder der Staatsbank entziehen. Wenn auch jede öffentliche Stelle ihren Steuer- oder Zwangsbeitragszahlern gegenüber verpflichtet ist, für zinstragende Anlage verfügbarer Gelder zu sorgen, so darf über dem kleineren Ziel des Zinsgewinns von $^1/_8$ oder $^1/_4$ vH doch nicht das große volkswirtschaftliche Ziel vernachlässigt werden, zu dessen Durchführung die Staatsbank berufen ist und das bei einer Zersplitterung der öffentlichen Gelder Schaden leidet.

Der freien Wirtschaft, ihren Vertretungen und ihrer Presse gegenüber aber darf die Staatsbank auf Grund ihrer hundertfünfzigjährigen Dienste wohl der Hoffnung Ausdruck geben, daß sie die Staatsbank in ihrer geschichtlichen Gegebenheit verstehen, daß sie ihr Vertrauen schenken und sie in ihrem Streben nach der bankmäßigen Verwaltung der öffentlichen Gelder in Bayern ebenfalls unterstützen.

Es ist ein langer, weiter Weg von 1780 bis 1930, von der Hofbank eines kleinen Fürstentums zur Staatsbank des Freistaates Bayern, von 28600 Gulden zu 400 Millionen Reichsmark Abschlußsumme, vom schweinsledergebundenen Kassebuch des Hofbankiers Feuerlein zu den Buchhaltungsmaschinen der Staatsbank München. Er führte auf und ab, durch Dickicht und über freie Bahn — aber immer wieder in die Höhe.

Mit großer Befriedigung kann die Bank heute auf die stolzen Zahlen ihrer Entwicklung verweisen; mit größerer Befriedigung wird es sie erfüllen, wenn ihr auf Grund ihrer Geschichte, wie sie in diesem Buche wiederzugeben versucht wurde, das Zeugnis ausgestellt werden kann: sie hat sich immer bemüht, ihre Pflicht zu tun. Manche Namen wurden in diesem Buche genannt, Namen von Männern, die die Bank auf ihrem Wege zur Höhe geführt haben; viele blieben ungenannt und unbekannt, die an bescheidener Stelle, schlecht und recht, treu, pflichtbewußt und ehrlich mitgeholfen haben, daß die Bank das wurde, was sie heute ist. Ihnen, den unbekannten Pflichtgetreuen, soll das letzte Gedenken dieses Buches gewidmet sein.

BILDERTAFELN.

VERZEICHNIS DER BILDER.

TITELBILD UND EINSCHALTBILDER.

KOPFLEISTEN.

BILDERTAFELN.

pr: 28. Aug. 1780

An die löbl. Stadtvogtey in Anspach

Anspach, den 10. Julii 1780.

P. P.

Des regierenden Herrn Markgrafen zu Brandenburg-Anspach Bayreuth Unsers gnädigsten Herrns Hochfürstl. Durchlaucht, haben in Dero Residenz dahier auf höchsteigene Rechnnng, Risico, Obligo, und Garantie eine Hof-Banco errichten lassen, und dazu einen beträchtlichen baaren Fond ausgesezt, um durch selbige sowohl alle Herrschaftliche als andere im Land und auswärts vorkommende Geschäfte an Wechseln, Commissionen, Escontirung ꝛc. bestmöglichst besorgen zu lassen. Zur Ober-Aufsicht haben Höchst-Dieselbe Dero vordersten Ministre auch Geheimen-Hof- und Regierungs-Rath von Benckendorf und von Seckendorf bevollmächtigt, die Direction des Bureaux aber dem Hof-Banquier Johann Conrad Feuerlein übertragen.

Gegenwärtiges eigenhändig unterzeichnetes Oblatorium ist Bürge der Sicherheit für jedermann der mit besagter Banco Geschäfte macht. Alle auf sie trassirt- acceptirte auch fremde girirte oder endossirte Wechsel von einem der dirigirenden Räthe und dem Hof-Banquier signirt, so wie alle auf solche Art legitimirte Bestellungen Commissions- Escontirungs- Eincaßirungs- und Zahlungs-Geschäfte, werden in alle Wege von Sr. Hochfürstl. Durchlaucht

1. Gründungsrundschreiben. Stadtarchiv Ansbach.

vollkommen agnoscirt und vertretten werden. Euer

belieben von diesem neuen Etablissement und dessen Firma gefällige Nota zu nehmen, und ihr allein und keiner andern Glauben zu geben: dabey versichert zu seyn, daß alle Dero Aufträge in obgenannten Artickeln auch Ueberwechslungen auf hiesig- und entfernte Plätze zu Dero gänzlichen Zufriedenheit gegen billigste Provision besorgt werden sollen. Man kann dies um so sicherer sagen, als es weder an Merkantil-Erfahrung noch genugsamen Fond fehlet.

Hochfürstl. Brandenburg-Anspach-Bayreuthische Hof-Banco.

Bernhardt Schmidt Johann Conrad Fr...

Lit: A.

Cassa-Buch.

angefangen den 10ten Julius, 1780.
zur Hochfürstl: Hof-Banco in Ansbach.

2. Das erste Kassabuch. Bayerische Staatsbank.

1.		Debet. Cassa. p Monaths		
Julii 1	10	An das Hochfürstl. Lotto-Directorium alhier, für die dato von demselben gegen Schein empfangene fl	600	
Do	20	A. Friedrich Wilhelm Schütze in Berlin, zahlte Canzley-Rath [illegible] alhier f 494: 00x, um an Unter-Officier J. N. Deker in Cüstrin durch ihnen gegen Quittung zu übermachen	491	28
Do		A. Provisions Conto, für die vom besagten [illegible] hiervon erhaltene überschüssige Provision	1	42
Do		A. Banco-Unkosten, für die vom gedachten [illegible] von [illegible] empfangene u. bezahlte Briefporti		50
		Monath Augustus		
Do 6	4	A. Emanuel Isaac in Ansbach, zahlte dieser für die an Dr. Bayerlein in Wien gegen Quittung ausbezahlten f 41: 40x Courant nebst den Spesen	51	18
Do	10	A. Canton Steigerwald in Kitzingen, sandte Johann Andreas [illegible] daselbst gegen Quittung	44	53
Do	15	A. Johan Heinrich Unger alhier, zahlte dieser für die ihm auf Hope u. Comp. in Amsterdam à 4 jours de vue cedirten f 1000 holl. Court. à 137 3/4 und 120 p%	991	48
Do	20	A. Hochfürstl. Renthey in Bayreuth, sandte Hofkammerrath Boye, laut seines [illegible]zettels vom 17ten Aug. f 12052: 46½		
		[illegible] in Rtlr. à 25 [illegible] 12x		
		[illegible] Conv. [illegible] Wür-temberger 2/3 [illegible], welche Differenz 17x		
		[illegible] gehen also ab ... 29½		
			12052	17
		p Transport	14234	16

Julius, 1780. Cassa Credit.

			f	xr
HA / 1	10	P. Johan Georg von Scheidlin in Nürnberg, für die ihm Postwagen baar gesandten f 450:—		
	17.	sandten ihm wiederum . . . . f. 54:56	504	56 —
Do	21.	P. Friedrich Wilhelm Schütze in Berlin, remittirten wir ihm mit Brief vom 20ten dieses à 14 jours de vue auf Hope & Comp. in Amsterdam, in Lettera Hr. Seckendorff & Brandt f 492:17 f holl. Courant, wofür er hiesige Obereinnehmerey den Werth à 138½ & 120 p% bezahlt haben will	491	28 —
		Monath Augustus		
Do / 7		P. Hochfürstl. Obereinnehmerey in Ansbach, den 15ten dieses zahlten wir an sie für die an die Ordre der Hof-Banco ausgestellten f 1000— holl. Courant, auf Hope & Comp. in Amsterdam, à 4 jours de vue à 137½ & 120 % . . . . f 990:— den 21ten ejusdem zahlten wir an sie [illegible] [illegible] [illegible] f. 1. auf Abrechnung [illegible] . . . . 11500:—	12490	— —
		P Transport	13486	24 —

WILHELM FRIEDRICH VON BENKENDORFF.
Markgräflicher erster Minister.
Mitglied der Bankdirektion 1780 — 1792.

3. Ölgemälde. Historischer Verein für Mittelfranken, Ansbach.

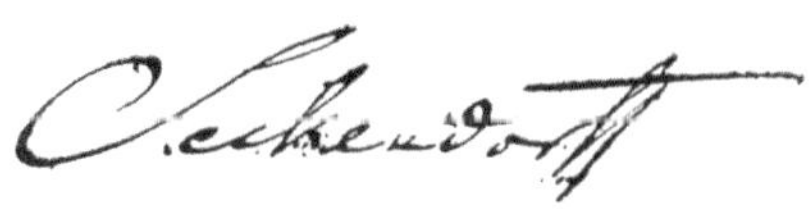

CHRISTOPH ALBRECHT VON SECKENDORFF.
Markgräflicher Minister.
Mitglied der Bankdirektion 1780 — 1786.

4. Ölgemälde von Ellenrieder (Altersbild). Familienbesitz.

4

5

2

6

7

1

3

ALTES FIRMENSCHILD UND ALTE SIEGEL.

1 Staatssiegel des Markgrafen Alexander. 2, 3 Siegel der markgräflichen Hofbank. 4 Firmenschild der K. Preußischen Banco in Franken. 5, 6 Siegel und Trockenstempel der K. Preußischen Banco in Franken. 7 Siegel der K. Baierischen Banco.

5. 1—3 Bayer. Hauptstaatsarchiv, 4—7 Bayer. Staatsbank.

CARL AUGUST VON HARDENBERG.
K. Preußischer Etats- und Kabinettsminister.
Chef der K. Preußischen Banco in Franken 1792 — 1806.

6. Pastellbild. W. A. von Seckendorff. Unternzenn.

7. Stich um 1800. Stadtarchiv Fürth.

8. 1 Stadtarchiv Fürth, 2 Bankhaus Eichborn & Co., Breslau

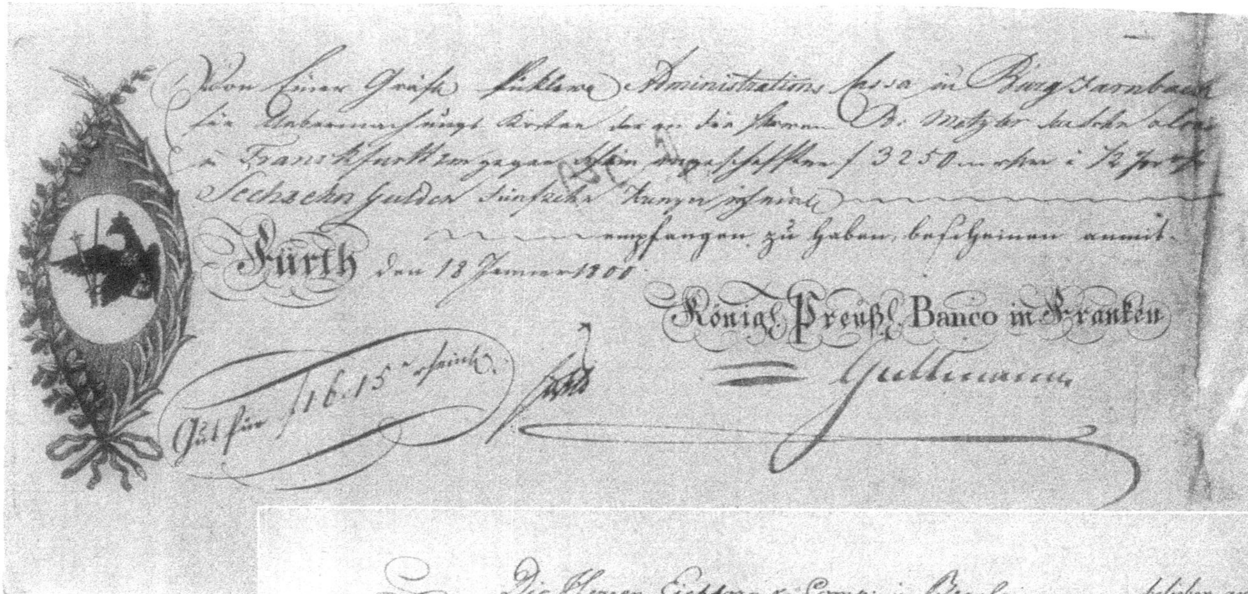

1

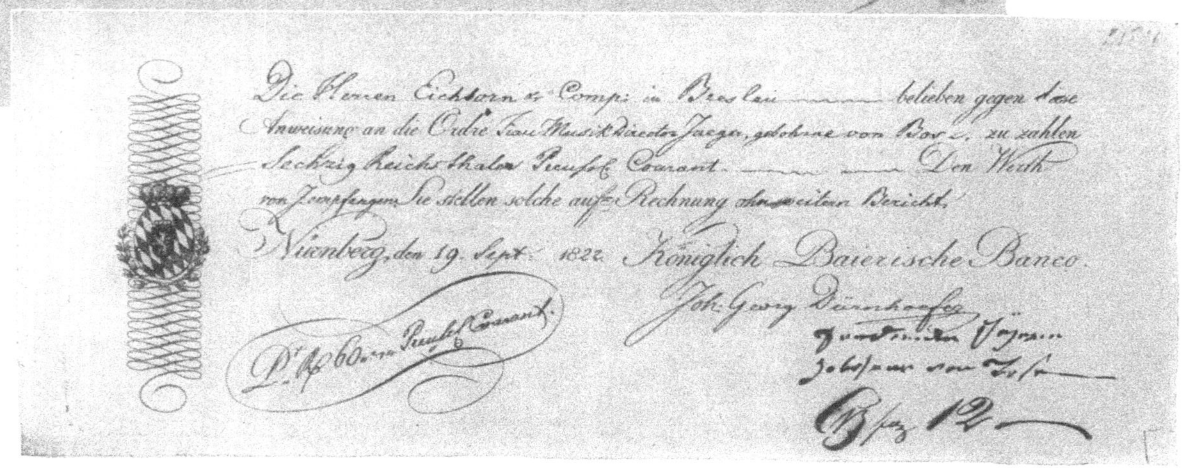

2

1. Quittung der K. Preußischen Banco in Franken.
2. Anweisung der K. Bayerischen Banco.

JOHANN GEORG VON KRACKER.
Mitglied der Bankdirektion, später Bankdirektor 1796 — 1819.

9. Ölgemälde. Familienbesitz.

JOHANN CHRISTOPH GULLMANN.
Bankier, später Bankdirektor 1787 — 1811.

10. Ölgemälde. Loge zur Wahrheit und Freundschaft, Fürth.

CARL FRIEDRICH VON BANDEL.
Bankkommissär 1806 — 1818.

11. Marmorbüste von Ernst v. Bandel. Friedhof Ansbach.

12. Stich von C. Wilder. Germanisches Nationalmuseum, Nürnberg.

BAMBERG UM 1850.

13. Stich von Lebsché. Staatsbibliothek Bamberg.

WÜRZBURG 1848.

14. Steindruck. Fränkisches Luitpoldmuseum, Würzburg.

DAS NEUE BANKGEBÄUDE IN NÜRNBERG 1849.

15. Steindruck von F. Rothbarth. Bayerische Staatsbank.

NÜRNBERG UM 1872.

In der Mitte des Bildes, vor der Lorenzerkirche, das Bankgebäude.

16. Stich von J. Loeser. Germanisches Nationalmuseum, Nürnberg.

1 BANKDIREKTOR LENTZ. 2 BANKKONSULENT DR. KREITMAIR.
3 BANKDIREKTOR BURKART. 4 OBERFINANZRAT VON MANZ.

17. 1, 3 Lichtbild, Familienbesitz, 2 Ölgemälde, Familienbesitz, 4 Lichtbild, Bayerische Staatsbank.

LUDWIGSHAFEN UM 1850.

18. Stich. Hafenamt Ludwigshafen.

HOF
in den sechziger Jahren des 19. Jahrhunderts.

19. Stich von R. Geißler. Bayerische Staatsbank.

AUGSBURG
in den sechziger Jahren des 19. Jahrhunderts.

20. Stich von R. Geißler. Bayerische Staatsbank.

URKUNDEN UND GESCHICHTSTAFELN.

INHALT:

Kopfleiste der Anweisung für die preußischen Justizämter in Franken über die Belegung der Depositalgelder bei der K. Bank. 1798.

1. Markgräfliche Verfügung über die Errichtung einer Hofbank.

Seine Hochfürstliche Durchlaucht unser gnädigster Fürst und Herr, laßen Ihro Hochfürstlich-Geheimen Ministerio, auf deßen von Höchst Ihro, vorläufig, seinem ganzen Inhalt nach, approbirtes Referat, vom 2. Hujus, die Errichtung eines Mercantilischen Instituts allhier, betr.: respective zur Resolution anfügen, und aufgeben,

a) dieserwegen in aller Stille, mit dem Handelsmann, Feuerlein zu tractiren,

b) sobald man mit demselben, Salva Ratificatione, über eingekommen, die erforderliche Instructiones zu entwerfen, bey welchen vornemlich dieses ein Haupt-Punkt seyn solle, daß Feuerlein für sich, nicht das allergeringste Geschäft unternehmen, sondern täglich und stündlich, bey seinen Vorgesetzten, durch Pro Memoria, anfrage.

c) Wären Serenissimo wichtige Fälle, in der Kürze zu referiren, und falls Sich Höchst-Dieselbe ausser Landes befänden, sich dieserwegen an das Hochfürstlich-Geheime Ministerium zu wenden, ingleichen

d) wann einmal das Institut festgesezt worden, die Cammern und Ober-Einnahmen beider Fürstenthümer, anzuweisen, auswärtige Bestellungen und Zahlungen, nirgend sonsten, als bey der Hof Banque, zu machen, und auf eben diese Art solle es auch bey der Hochfürstlichen Scatull gehalten werden.

e) Um gründlich einsehen und beurtheilen zu können, wie viel das zu errichtende Mercantil Institut, jährlich ertrage: hat die Hof Banco alle Speßen Agio und Provision, wie ein fremder Banquier zu berechnen, welche derselben auch jedes malen zu vergüten sind.

f) Hat die Hof Banque allen Fleis anzuwenden, bey angesehenen Häußern, in London, Paris, Wien, Rom, Franckfurth vor allen, sich Credit zu machen, welcher sich sodann auch auf die übrige Handels-Pläze, ausbreiten wird. Signatum unter Seiner Hochfürstlichen Durchlaucht höchsten Unterschrift.

Onolzbach, den 29. Martii 1780. Alexander M. z. B.

2. Erster Jahresabschluß der Ansbacher Hofbank.

C. D. Schluß-Billanz Ultimo December 1780.

Debitores folio		*f.*	*x.*	*dl.*	*Creditores* folio		*f.*	*x.*	*dl.*
2	A Kornmann x in Paris	2121.	8	—	5	P. Lotto Caßa Direction	10086.	39	—
4	A Caßa Conto	6502.	57	—	12	P. Anspach: Ober Einnahm	6403.	19	—
6	A F. Schütze in Berlin	15.	43	—	13	P. J. Goll u. Söhne in Ffurth	371.	10	—
10	A v. Scheidlin in Wienn	2.	12	—	21	P. J. G. Jördens in Hof	1.	15	—
14	A Serenis. Scatul Conto	1629.	26	—	23	P. S. J. Brüll in Schwobach	403.	33	—
16	A Anspachische Rentey	67.	45	—	28	P. Bayreutische Rentey Cto. ord.	990.	27	—
25	A W. F. Heylmann in Wienn	2438.	18	—	40	P. J. G. u. W. v. Halder in Augspurg	57.	22	—
26	A Hofrath Krauß in Ingelfingen	78.	39	—	41	P. Frieß u. Comp. in Wienn	12.	48	—
30	A Feuerlein allhier	34.	22	—	43	P. Brentano & Comp. in Amsterdam	651.	—	—
37	A Bayreuter Tentey Cto. di Tempo	7093.	20	—	49	P. R. J. Franck in Strasbourg	422.	55	—
42	A S. Neckarsulmer in Fürth	1223.	19	—	68	P. O. L. v. Oberländer in Moos	100.	22	—
51	A Wechsel Conto	5043.	1	—	77	P. J. M. Keerls Wtb. in Seegnitz	3000.	—	—
52	A F. U. Schielin in Königsberg	105.	20	—	81	P. Hlatische Erben in Herrieden	5850.	54	—
57	A Kornmann Gebrüder x. in Nbg.	149.	27	—	82	P. Gewinn — Verlust Conto	254.	38	—
59	A J. D. Pradatsch Sohn u. E. in Prag	60.	—	—					
62	A H. M. v. Seckendorff in Oberzenn	900.	—	—					
70	A Resident Grüner in Nürnberg	57.	4	—					
71	A Fabre el Notte in Turin	101.	18	—					
72	A Anspach: Haus Vogtey	56.	15	—					
73	A Truhen Mstr. v. Crailsheim	12.	40	—					
*78	A C. Voght x. in Hambourg	59.	19	—					
79	A Schenck v. Geyern in Mch. Nensling	91.	30	—					
80	A Hofkammer-Rath Hirsch allhier sur Hofrath Schnitzlein und Greiner	688.	16	—					
*74	A Mobilia Conto	74	53	—					
	Summa *f.*	28606	22	—		Summa *f.*	28606.	22	—

HOCHFÜRSTL. BRANDENBURG ANSBACH-BAYREUTISCHE HOF BANCO.

3. Markgräfliche Verordnung vom 26. März 1781 über die Ausgabe von Bank-Noten.

Von Gottes Gnaden Wir Christian Friederich Carl Alexander, Marggraf zu Brandenburg, in Preußen, zu Schlesien, Magdeburg, Cleve, Jülich, Berg, Stettin, Pommern, der Cassuben und Wenden, zu Mecklenburg und zu Crossen, Herzog; Burggraf zu Nürnberg, ober- und unterhalb Gebürgs; Fürst zu Halberstadt, Minden, Camin, Wenden, Schwerin, Ratzeburg und Mörs; Graf zu Glatz, Hohenzollern, der Marck, Ravensberg und Schwerin; Herr zu Ravenstein, der Lande Rostock und Stargardt; Graf zu Sayn und Wittgenstein; Herr zu Limpurg; x. x. Des Löblich-Fränkischen Craises Craiß-Obrister und General-Feld-Marschall; Ihro Röm. Kayserl. auch Königlich Preußischen Majestät Majestät respect.

General-Major und General-Lieutenant, auch
Obrister über drey Cavallerie-
Regimenter, x. x.

Nachdeme Wir von jeher Unser Haupt Augenmerk auf die Erweiterung der Handlung, und den Flor und Wachsthum derer Manufakturen haben gerichtet seyn lassen, auch in dieser Absicht und um dem kommerzierenden Publico nach Unsrer Landesväterlichen Sorgfalt, mehrere Erleichterung in seinen Handlungs-Geschäfften zu verschaffen, im vorigen Jahr eine Hof-Banc und Wechsel-Comptoir in unsrer Residenz-Stadt Anspach auf Unsre eigene Kosten und unter Unserer Garantie haben errichten lassen, deren sich denn auch zeithero männiglich zu Unsrer gnädigsten Zufriedenheit bedient hat; Als erachten Wir zu noch mehrerer Bequemlichkeit des Commercii, Beförderung des Umlaufs der Gelder, und um vorzüglich auch demjenigen Theil Unsrer nüzlichen Unterthanen und Einwohner, die sich öfters in der Verlegenheit befinden ihre eingegangene Kapitalien und baaren Gelder, nicht sogleich wiederum sicher und nützlich unterzubringen, so viel möglich unter die Arme zu greifen, für nöthig und diensam, in einer gewißen, Unsern Landen ganz ohnschädlichen Proportion, Banco-Noten zu kreiren.

Damit aber jedermann wissen möge, wessen man sich dieserwegen eigentlich zu versehen habe; Als sezen und verordnen Wir nachfolgendes:

1. Sollen besagte Bank-Noten vom 1. künftigen Monats May an, gerechnet, in Unsern beiden Fürstenthümern, unter- und oberhalb Gebürgs, mit denen Gold- und Silber-Münzen zugleich kursiren, jedoch keinem Creditori, der ex contractu oder sonsten baar Geld zu fordern berechtiget ist, wider Willen, an Zahlungsstatt, aufgedrungen werden.

2. Diese Bank-Noten sollen ihre einzige und ursprüngliche Entstehung, in der hiesigen Hof-Bank erhalten, um von da aus in dem

Bezirk und ganzen Umfang Unserer Lande zu rouliren, werden auch unter behöriger Vorsicht nach dem hier sub Nro. 1. beyliegenden Formular, auf besonders hiezu verfertigtes Papier in Kupfer gestochen, mit einem besondern Stempel, dann verschlungenen Zierathen unterscheidend versehen, und auf denen Büchern Unsrer Hof-Bank ordentlich eingetragen, numerirt, auch von denen beiden Banco-Directoren und dem Hof-Banquier unterschrieben und auf 5. 10. 20. 50. 75. 100. 125. 150. 175. und 200. fl. Rheinl. gerichtet seyn.

3. Soll jede Bank-Note auf demjenigen, der solche gleich von deren Entstehung an, aus dem Hof-Banco Comptoir erhält, namentlich verlauten, auch ferner das Datum deren Ausstellung enthalten, und anderst nicht von einem Innhaber auf den andern gebracht werden können, es seye denn, daß der Cedent besagte Bank-Note auf den Ceßionarium, mit deutlicher Bemerkung desselben Vor- und Zunamen und richtiger Beysezung des Monats-Tags und Jahrs, wenn die Überschreibung geschehen, ordentlich indossire, zu welchem Ende Wir alle Endossements oder Giri, so hiebey allenfalls in bianco geschehen wollten, ausdrücklich verbotten und untersagt haben wollen.

4. Sowohl bey Unserem Hof-Banco Comptoir als Unseren hiesigen und Obergebürgischen beyden Haupt-Kassen, können oftbemeldte Bank-Noten, entweder gegen baare Bezahlung, oder beym Diskontiren guter Wechsel-Briefe, oder an Zahlungsstatt auf Verlangen abgegeben werden; und damit bey deren Annahme die Empfänger neben der damit verknüpften ganz ausserordentlichen Bequemlichkeit auch noch mehrere wesentliche Vortheile geniesen mögen, so verordnen Wir

5. daß jede Bank-Note von welchem Betrag sie seyn möge, von dem Tage an, da sie ausgestellt worden, mit einem Zinnß à $2\frac{1}{2}$. p. Centum zu Gunsten deren Innhabers zu lauffen anfange, welcher Zinnß-Betrag bey deren künftigen Zuruckbringung zum Banco-Comptoir, es geschehe solches früh oder spat, jedesmalen auf die ganze Zeit, da jene Bank-Note von deren Entstehung bis zu deren endlichen Realisirung gelauffen, ohne Abzug vergütet — inzwischen aber von denen Cessionariis an deren Cedenten pro rata der Zeit, da diese Bank-Note schon in dem Publico herumgelauffen, um so billiger entrichtet werden muß, als die Rembursirung dieses blos ausgelegten Zinnses bey künftiger Ablösung dieser Bank-Note nebst dem weiters verfallenden Zinnß-Betrag zuverläßig zu erwarten stehet; Gleichwie Wir aber die Absicht nicht hegen, daß Unsere Kassen sich hierinnen zum Nachtheil des Publikums einigen Vortheil verschaffen sollen, als wollen Wir

6. daß von gedachter Zinnß-Vergütung sowohl alle Unsere Haupt- als Neben-Kassen, ingleichen Unsere sämtliche verrechnende Ämter gänzlich ausgeschlossen seyn sollen; dahero denn diesen, vor die Zeit da mehrerholte Bank-Noten in deren Verwahrung, oder statt baaren

Geldes eingesezt gewesen, einiger Zinnß von dem nachherigen Übernehmer der Bank-Note nicht — wohl aber nur auf solche Zeit zu vergüten ist, da die Bank-Note ehe sie an eine und die andere dieser Kassen oder Aemter gekommen, bey andern Privat-Personen umgelauffen war; Wohingegen

7. zu mehrerer Bequemlichkeit derer Bank-Noten-Innhaber, diesen frey stehen solle, deren in Handen habende Bank-Noten zu jeder Zeit bey Unserer Hof-Bank, um den hierauf fälligen Zinnß zu erheben, zu präsentiren, in welchem Fall jedoch, denenselben eine neugefertigte auf den nemlichen Geld-Betrag verlautende Bank-Note zugestellet — die ältere aber kassiret werden wird.

Und damit die bey dergleichen Operationen beschwerliche Zinnß-Berechnung jedem um so leichter falle, so fügen Wir

8. eine, diesen Endzweck erschöpfende Zinnß-Resolvirungs-Tabelle sub Nro. 2 hier an, woraus man sich bey denen vorkommenden Fällen mit Zuverläßigkeit zu ersehen im Stande ist.

9. Wollen und befehlen Wir, daß, wann es verlangt wird, Unsere Haupt- und Neben-Kassen sowohl als sämtliche auf Verrechnung sizende Aemter unter- und oberhalb Gebürgs, alle an solche zu leistende Gefälle und Zahlungen, solche mögen Namen haben, welche sie wollen, in Bank-Noten ohnweigerlich annehmen sollen; dergestalt, daß es jedermann frey stehen solle, ob er dergleichen Zahlungen an Unsere Kassen, in Bank-Noten oder in ausgeprägten Gold- und Silber-Sorten leisten wolle, wie denn so wenig Unsere General- als Special- und Aemter-Kassen, sich je, unter welchem Vorwand es auch immer seyn mögte, und bey Unserer Ungnade weigern sollen, in obbemerkten Fällen, Unsere Bank-Noten nach deren bestimmten Werth und mit jedesmalig richtiger Vergütung derer aufgelauffenen Zinnsen anzunehmen. Was aber

10. die von denen Bank-Noten-Innhabern allenfalls suchende Verwechßlung dererselben gegen baares Geld betrifft: so stehet es zwar jedermänniglich und also auch Unsern sämtlichen Kassen und Aemtern frey, dergleichen Realisirungen vorzunehmen, jedoch ist es Unsere Meinung nicht, daß Unsere Haupt-Kassen in Unserer Residenz allhier, wie zu der im vorigen Artikul (9.) anbefohlenen Annahme an Zahlungsstatt, hierzu angehalten seyn sollen, massen Wir zur absoluten und in keinem Fall zu verweigernden Realisirung oder Einwechßlung oftersagter Bank-Noten Unser Hof-Banco Comptoir in Unserer Residenz allhier, hierzu vorzüglich bestellen und verordnen; daneben aber und zu mehrerer Bequemlichkeit Unsrer obergebürgischen Lande, gestatten wir zugleich, daß bey denen dasigen beiden Haupt-Kassen zu Bayreuth, dergleichen Verwechßlungen ebenfalls gesucht werden dörfen, und leztere jede ihnen präsentirende Bank-Note einzulösen schuldig und gehalten seyn sollen.

Jede gegen baares Geld zu verwechseln gewillte Bank-Note, kan dahero bey ersagter Hof-Banco allhier, so wie bey Unserer Rentey und Ober-Einnehmerey zu Bayreuth präsentirt, und von dem Innhaber die Zahlung der Valuta und des hievon zu prätendiren habenden Zinnses ad $2\frac{1}{2}$. pro Cento zu jeder Zeit (die Sonn- und Feiertäge allein ausgenommen) und ohne Abzug von daher gewärtiget werden.

11. Wer demnach eine oder mehrere Bank-Noten zu deren Acceptation und Einlößung zum Hof-Banco-Comptoir zu präsentiren gewillet ist, der erhält wenn die Präsentation des Vormittags geschehen — des Nachmittags — wer solche aber Nachmittags zur Realisirung übergiebt, des darauf folgenden Vormittags, oder wenn dieses ein Sonn- oder Feiertag wäre, Tags darauf seine Bezahlung, indessen er das Original-Banco-Billet gegen Rekognition oder eine genau-collationirte Abschrifft desselben, bey dem Bureau der Hof-Bank, um die Richtigkeit der zu realisirenden Bank-Note, in denen Büchern einsehen zu können, zurückzulassen hat. An jedwedem derer oben nicht ausgenommenen Täge, ist das Hof-Banco-Comptoir des Vormittags von 9. bis 12. Uhr, Nachmittags aber von 2. bis 4. Uhr geöfnet, und stehet dahero jedermann frey, während diesen gemeldeten Stunden seinen Zutritt allda zu nehmen. Ob Wir übrigens schon

12. zu Vermeidung aller Verfälschungen derer Bank-Noten alle mögliche Vorsicht genommen haben, und Uns dahero überzeugt halten dörfen, daß ein allenfalßiger Verfälscher der Ausfindigmachung nicht entgehen, und der hiedurch entstehende Schade von keiner sonderlichen Beträchtlichkeit seyn könne; so wollen Wir dennoch, um das Publikum hierüber durchgängig sicher zu stellen, daß alle und jede — wider Vermuthen als verfälscht sich darstellende Bank-Noten, wenn solche nicht den im 2ten Artickel bemerkten Werth (massen bis auf weitere Verordnung keine höhere Bank-Noten in dem Publiko kursiren werden) übersteigen, dem ohnerachtet bey Unserm Hof-Banco-Comptoir ohnbedenklich angenommen, und nach ihrem vollen Werth bezahlt werden sollen, es wäre denn, daß solche an einem offenbaren, äuserlich — und vor jedermann sichtbaren Fehler laborirten, behalten Uns aber in solchem Fall die Untersuchung der Verfälschung und strengeste Bestraffung des Verfälschers bevor. Befände sich hingegen

13. daß eine oder mehrere Bank-Noten verlohren giengen, und dahero nicht mehr zur Präsentation gelangen könnten: So können Wir die Bezahlung deren Werths, an den angeblichen Vermißer derselben, um so weniger gestatten, als eines theils solches in der natürlichen Billigkeit gegründet ist, und andern theils dergleichen vermißte Bank-Noten über lang oder kurz wiederum zum Vorschein kommen können, und die Hof-Bank durch deren doppelte Einlösung einen empfindlichen Verlust er-

Nro. 1.

Anspach, den *1781* *p. fl.* *Rheinl.*

Auf diese Banco-Versicherung zahlt eine Hochfürstl. Brandenburg-Anspach-Bayreuthische Hof-Banco an

oder Ordre, so bald als solches verlangt wird, den Betrag von *Gulden Rheinl. bis dahin der Zinnß hievon alljährl. mit Zwey und ein halb Gulden dem Hundert nach, vergütet wird.*

Hochfürstl. Brandenburgl. Hof-Banco

Nro. *v. Benckendorff* *v. Seckendorff*

J. C. Feuerlein

Nro. 2.

Zinnß-Berechnungs-Tabelle

zu $2\frac{1}{2}$. pro Cento.

Ein Banco-Billet von	betragen											
Gulden Rheinisch.	In Einem Jahr.			In Einem Monat.			In Sieben Tagen.			In Einem Tag.		
	fl.	kr.	ϑ	fl.	kr.	ϑ	fl.	kr.	ϑ	fl.	kr.	ϑ
5	—	7	2	—	—	$2\frac{1}{2}$	—	—	$\frac{7}{24}$	—	—	$\frac{1}{24}$
10	—	15	—	—	1	1	—	—	$\frac{7}{12}$	—	—	$\frac{1}{12}$
20	—	30	—	—	2	2	—	—	$1\frac{1}{6}$	—	—	$\frac{1}{6}$
50	1	15	—	—	6	1	—	1	$1\frac{5}{6}$	—	—	$\frac{5}{6}$
75	1	52	2	—	9	$1\frac{1}{2}$	—	2	$\frac{3}{4}$	—	—	$1\frac{1}{4}$
100	2	30	—	—	12	2	—	2	$3\frac{2}{3}$	—	—	$1\frac{2}{3}$
125	3	7	2	—	15	$2\frac{1}{2}$	—	3	$2\frac{7}{12}$	—	—	$2\frac{1}{12}$
150	3	45	—	—	18	3	—	4	$1\frac{1}{2}$	—	—	$2\frac{1}{2}$
175	4	22	2	—	21	$3\frac{1}{2}$	—	5	$\frac{5}{12}$	—	—	$2\frac{11}{12}$
200	5	—	—	—	25	—	—	5	$3\frac{1}{3}$	—	—	$3\frac{1}{3}$

leiden würde. Dahero Wir jeden Eigenthümer derer Bank-Noten zu deren sorgfältigsten Aufbewahrung ermahnen;

Gegentheils wollen Wir, daß

14. lädirte oder zerrissene Bank-Noten, in so ferne jedoch deren Haupt-Kennzeichen, als die Valuta, Numer, Unterschrifft, sichtbarlich vorhanden sind, bey dem Haupt-Comptoir Unsrer Hof-Banco ohne Anstand entweder mit baarem Geld, oder durch Ausstellung anderer gleichlautenden Bank-Noten honorirt werden sollen.

15. Verbieten Wir denen Officianten Unserer Hof-Bank sowohl als Unseren sämtlichen Kassirern und Beamten hierdurch auf das geschärfteste und nachdrücklichste mit diesen Unsern neu kreirten Bank-Noten irgend einiges Commerce zu treiben, zu agiotiren, oder zu mäcklen, massen Wir im Übertrettungs-Fall gegen den Kontravenienten auf das ernstlichste verfahren lassen werden.

16. Endlich gebieten und befehlen Wir, so gnädig als ernstlichst, jedermänniglich, sich nach dieser Unserer Verordnung auf das genaueste zu richten.

Urkundlich Unserer eigenhändigen Unterschrifft und beygedruckt — Unserm Fürstlichen Geheimen-Insiegel. Gegeben

Onolzbach, den 26. Mart. 1781. Alexander, M. z. B.

L. S.

4. Auszug aus dem Generalbericht Hardenbergs über die Verwaltung der fränkischen Provinzen. 1797.

(Preuß. Geh. Staats-Arch. Rep. 44 C 2481, S. 164—169.)

§ 183.

Die K. Bank zu Fürth trägt unstreitig zur Lebhaftigkeit und Bequemlichkeit des Handels viel bei und ist in Sonderheit, seitdem sie von Ansbach nach Fürth verlegt worden, im Steigen. Dort hatte sie einen kleinen Anfang bei Gelegenheit der in englischen Sold gegebenen Truppen, weil man die Subsidien selbst zu beziehen wünschte. Der erste Fonds bestand aus 15000 fl. Vorschuß, welcher längst abbezahlt ist. Die Bank treibt einen einträglichen Wechselhandel und diskontiert auch in Zettel, welche als bares Geld roulieren, aber als Wechsel auf einen gewissen Namen ausgestellt und endossirt werden müssen mit Bargeld, wenn sie unter 1000 fl. sind auf Sicht, bei 1000 fl. und darüber eigentlich 4 Wochen nach Sicht, jedoch izt auch immer sogleich. Diese Bancozettel thun 2%, wogegen die Bank von Geldern, die sie bar ausleiht, 6% erhält. Sie gewährt mancherlei Nutzen, teils bei den auswärtigen Zahlungen, teils in Absicht auf die Zahlungen von und nach Berlin, zu welchem Behufe sie mit der Seehandlung in Verbindung steht, hauptsächlich bei den Versendungen der Fabrikwaren von Schwabach, Nürnberg und Fürth in Absicht auf Unterstützung und Forthelfung der Fabriken überhaupt. Für die Beibehaltung des Institutes spricht schon dieses, daß solches bei seiner kurzen Dauer und bei dem vormaligen fehlerhaften Betrieb dennoch 100000 fl. reinen, sicheren Gewinn erwerben und seine erhaltenen Vorschüsse längst abbezahlt hat. Die Direktion erhielt vorhin eine Tantieme vom Gewinn, den man daher so hoch zu berechnen suchte als möglich. Um diesem Mißbrauch abzuhelfen, ist die Errichtung gemacht worden, daß sowohl der itzige Direktor als der Banquier Aktienanteile haben, wodurch sie bei einer kaufmännischen und sonst ordentlichen Verwaltung selbst mehr interessiert sind.

Der Bank Roulement hat am 31. Dezember 1795 laut des für 1795 gefertigten Bilans bestanden in

1381058 fl. 56 kr. nämlich	199167 fl.	8 kr.	an Kapitalgewinnkonto
	672090 fl.		waren auf Banknoten zu 2% und
	129530 fl.		an Kuratel und Depositengelder auf 3 und 2½% angelegt
	11000 fl.		an schon erlegten Aktien
	126634 fl.	4 kr.	war das Credit der 4 Hauptkassen
	52055 fl.	46 kr.	war das Guthaben der markgräflichen Scatull
	190581 fl.	58 kr.	an Creditoren von Handlungsfreunden in Credit Saldo Current
	1381058 fl.	56 kr.	

Nach einer sorgfältigen Prüfung ergab sich aber, daß von dem ganzen Bank Roulement nur

1254905 fl. 7 kr. als sicher
90848 fl. 13¾ kr. als zweifelhaft
35305 fl. 35¼ kr. als caduc angenommen werden mußten und daß
1381058 fl. 56 kr.

also nach Abzug der beiden letzten Posten von dem angeblichen Bankgewinn nur 73013 fl. 19 kr. als ein sicherer herrschaftlicher Bankfonds vom 1. Juni 1796 an bestimmt werden konnte, um das Verhältnis mit den Aktionärs zu regeln.

Hiezu kamen von diesem Zeitpunkt an

10000 fl.	bar mit einer Aktie des 1. Direktors Schmid,
10000 fl.	mit einer Aktie des 2. Direktors Kracker,
16000 fl.	mit $1^3/_5$ Aktien des Bankiers Gullmann,
2000 fl.	mit $^1/_5$ Aktie des Geschäftsführers des Ansbacher Bankbüros Schamberger,
1000 fl.	bar mit $^1/_{10}$ Aktie des Bancobuchhalters Dürnhoefer und
1000 fl.	bar mit $^1/_{10}$ Aktie des Bancocommis Hänlein
40000 fl.	an 4 ganze Aktien à 10000 fl. und der kurrente Bancofonds hat daher für das Jahr 1796

113013 fl. 19 kr.

betragen, wovon — das Interesse mit den bei dem Institut gewöhnlichen 6% vergütet — der sich alsdann ergebende Gewinn aber dergestalt verteilt wird, daß mit Einreichung der von dem 3. Direktor von Denzel noch zu realisierenden Aktien von 10000 fl. der Dividend von 123 angenommen und hiernach das Verhältnis 73:50 zur Verteilung des Gewinns zwischen der Herrschaft und den Aktieninhabern stattfindet.

Über die für zweifelhaft und respektiv für caduc befundenen Posten werden bei dem Institut besondere Bücher geführt, auch die Schuldner gerichtlich verfolgt. Was hiervon im Laufe des Jahres eingebracht werden kann, wird bei Fertigung des Bilans dem herrschaftlichen Kapitalfonds zugeschlagen und es steht zu hoffen, daß hiedurch und durch die Dividende für 1796 der herrschaftliche Anteil pro 1797 sich schon auf 100000 fl. an völlig sicheren Fonds erhöhen, da man ihn mit Hinzurechnung der wahrscheinlich noch eingehenden, obgleich zweifelhaften Poste auf 140045 fl. kalkulieren kann. Bei der Zusammenhaltung des Bilans pro 1794 mit dem pro 1795 ergeben sich folgende für letzteren gültige Resultate:

a) Der Roulement hatte sich um 384417 fl. 45 kr., der sichere Handlungsfonds aber nur um 335691 fl. 18 kr. vermehrt, weil die caducen Posten abgeschrieben worden sind.

b) Auf Banconoten und Schuldscheine waren 145965 fl. mehr eingelegt.

c) Ohngeachtet die Bank am 31. Dezember 1795 erst 2 Monate lang in Fürth gewesen war, enthielt das Portefeuille schon 114749 fl. mehr an Wechseln als beim Schluß des Jahres 1794.

d) Der Handlungs profit berechnete sich

im Jahre 1794	im Jahre 1795	
10.596 fl. 14 kr.	12.630 fl. 56 kr.	am Interessekonto
5.078 fl. 25 kr.	7.275 fl. 53 kr.	am Provisionskonto
9.811 fl. 24 kr.	34.675 fl. 18 kr.	am Wechselkonto
25.486 fl. 3 kr.	54.582 fl. 7 kr.	
		Die abzuschließenden Unkosten betrugen
10.770 fl. 16 kr.	7.653 fl. 55 kr.;	verbleiben
14.715 fl. 47 kr.	46.928 fl. 12 kr.	

Der Gewinn pro 1795 wurde aber durch die oben bemerkten Posten, welche als caduc abgeschrieben waren, mit

1082 fl. 3¼ kr.	überstiegen und es zeigt sich also nach dem ratifizierten Bilan für 1795 als Erwerb des Institutes von seiner Entstehung an
163861 fl. 32¾ kr.	rheinisch; nämlich
73013 fl. 19 kr.	als sicherer und kurrenter Betrag des Kapitalgewinnkontos und
90848 fl. 13¾ kr.	als zweifelhafte Außenstände.

In Absicht auf die Beträchtlichkeit der caducen und zweifelhaften Posten ist anzuführen, daß schon bei der dem Berliner Bankbuchhalter Gerhardt zu Berlin im Jahre 1792 aufgetragenen Untersuchung 82000 fl. an unsicheren Kapitalien bestanden und unter diesen die Hälfte als ganz verloren angesehen wurden, seit der Entstehung des Instituts aber bloß 2517 fl. 3 kr. als verlorene Kapitalien im Jahre 1791 abgeschrieben worden. Bei der für den Wechselhandel ungünstigen Lage der Stadt Ansbach mußte das Institut seine Erhaltung fast einzig und allein in Ausleihen der Gelder zu 6% suchen, wodurch sich die unsicheren Kapitalien so sehr häuften, unter welchen sich allein an die Stadt Nürnberg eine Forderung von 33000 fl. befindet, welche bei der öffentlich bekannten mißlichen Lage dieser Stadt izt nicht kurrent zu machen ist.

5. Auszug aus der Dienstanweisung für die Königliche Bank zu Fürth vom 31. Dezember 1806.

. . . .

§ 1.
Staatshaftung.

. . . .

§ 2.
Zweck des Instituts.

Der Zweck des Instituts geht dahin:

a) Als Wechselbank durch die mit einer solchen verbundenen Geschäfte dem Kommerz im ganzen zu nützen.

b) Als Leihbank einzelnen Privatis Barschaften vorzuleihen und besonders in dieser Rücksicht die inländische Fabrikation bei Fabrikanten und einzelnen Professionisten zu befördern.

Das Institut hat also mit dem Staate und dessen Kassen keine Verbindung, und im Falle S. königl. Majestät oder die Oberbehörden auf die Bank anweisen oder durch die Bank Zahlungen leisten lassen sollten, werden sie wie jeder Privatus zugleich die nötigen Rimessen anweisen lassen.

§ 3.
Oberaufsicht.

Dem Generallandeskommissariat ist die oberste Leitung des ganzen Instituts anvertraut und der Regierungsdirektor Bandel ist zum beständigen Kommissar namens S. königl. Majestät und zwar ganz unabhängig von aller merkantilen Verbindung, ernannt worden.

Derselbe ist mit einer besonderen Instruktion versehen, also genüget hier die Anweisung: daß ihm alle Nachrichten, die er verlangen wird, jederzeit prompt und wahr erteilt werden müssen, daß ihm die Einsicht aller Bücher, der Korrespondenz, der Kasse zu jeder Zeit freisteht und daß seinen Anordnungen Folge geleistet werden muß. Da S. kgl. Majestät, wie unten vorkommen wird, bei dem Fond der Bank zu $2/3$ interessiert ist, so folgt daraus:

a) Daß Allerhöchstdero Kommissarius in zweifelhaften Fällen eine entscheidende Stimme hat, wogegen nur der Rekurs der übrigen Aktionärs oder der Direktion an das Generallandeskommissariat stattfindet, sowie er seinerzeit Bedacht nehmen wird, in wichtigen Fällen an das Generallandeskommissariat zu berichten.

b) Daß alle Disciplinarsachen durch das G.L.Kommissariat nach erstattetem Bericht finaliter abgemacht werden.

c) Daß S. kgl. Maj. über die Besetzung erledigter Stellen oder die Annahme neuer Aktionärs nach erstattetem Bericht des Kommissars und der Direktion entscheiden.

Der Kammerdirektor Kracker hat als Aktionär die oberste Direktion.

Er wird daher mit dem Regierungsdirektor Bandel in der Regel gemeinschaftlich wirken; wenn aber auch ausnahmsweise bei den monatlichen Revisionen nur einer derselben gegenwärtig sein sollte, kann und soll dies in dem Fortgange des Geschäfts keine Hinderung machen, und es wird in diesem Falle dem Abwesenden das aufgenommene Protokoll zur Unterschrift zugesandt.

§ 4.

Aufsicht.

Der Bankodirektor Gullmann und der Bankier Dürnhöfer haben dergestalt die Aufsicht über das ganze Institut, daß kein Geschäft von irgend einiger Wichtigkeit unternommen werden kann, ohne daß beide sich darüber vereinigt oder bei einer der oberaufsichtlichen Personen darüber angefragt haben. Das übrige Personal der Bank ist ihnen untergeordnet, und beide werden es sich zur Pflicht machen, für anhaltenden Fleiß und Ordnung bei allen Banko-Bedienten zu sorgen, keineswegs aber übermäßige Zerstreuungen, Reisen, Abwesenheiten in den Arbeitsstunden gestatten. Beides sind in jedem Geschäfte unerläßliche Bedingungen, noch mehr aber bei einem kaufmännischen Rechnungs- und Kassengeschäfte, wo die geringste Vernachlässigung sehr üble Folgen haben kann.

§ 5.

Personal und Gehalt.

. . . .

§ 6.

Konsulent und Prozeßführer.

S. kgl. Majestät haben endlich geruht, den Stadtgerichtsassessor und Syndikus Korte zum Konsulenten und Prozeßführer für die Bank unter der Leitung des Regierungsdirektors Bandel zu bestellen.

. . . .

§ 7.

Geschäftsverteilung.

Der Bankodirektor Gullmann ist mit dem Bankier Dürnhöfer gemeinschaftlich Disponent. Beide haben auch das Portofeuille und die Kasse unter gemeinschaftlichem Verschluß. Der Bankodirektor erbricht die eingehenden Depeschen, macht in der Regel die Vorschläge zum Ein- und Verkauf der Wechsel.

Er führt die Prima-Nota, das Wechselkonto, das Manual und das Saldokontobuch, welch letzteres mit jedem Tag, wenigstens mit jeder Woche nachgetragen werden muß. Unumgänglich muß es ganz vollständig zur Zeit der monatlichen Revision nachgetragen sein.

Der Bankier Dürnhöfer ist, wie schon bemerkt worden, Mitdisponent in allen Merkantil- und Wechseloperationen und zugleich Kassier, in welcher Eigenschaft er das Kassabuch selbst führt.

. . . .

§ 8.

Fonds der Bank.

S. kgl. Majestät haben zu bestimmen geruht, daß überhaupt ein Aktienfond von 180000 fl. konstituiert werden soll.

Daran wollen Allerhöchstdieselben nur zu ⅔ Anteil nehmen und über ⅓ sind die Anteile der Aktionäre teils durch Übereinkunft der Teile, teils durch S. Majestät Gnade bestimmt.

1.	S. Majestät der König	120000 fl.
2.	Kammerdirektor Kracker	20000 „
3.	Bankodirektor Gullmann	20000 „
4.	Bankier Dürnhöfer	12000 „
5.	Geschäftsführer in Ansbach	4000 „
6.	Der Buchhalter	1500 „
7.	Der Kontrolleur in Ansbach	1500 „
8.	Syndikus Korte	1000 „
		180000 fl.

Wer diesen Fond nicht ganz oder zum Teil nicht bar einzahlt, muß sich von seiner Dividende 6% für Zinsen kürzen lassen, wer aber dagegen diese Einzahlung leistet, kann im Laufe des Rechnungsjahres über 6% Zinsen von seinem Kapitale disponieren.

. . . .

§ 10.

Prozesse der Bank.

Das Publikum muß, mehr als bisher geschehen, daran gewöhnt werden, daß derjenige, der mit einem öffentlichen Institute Geschäfte machen will, prompt Wort halten müsse, und für das Institut selbst ist ein bald entschiedener Verlust erträglicher als das Durchführen zweifelhafter Posten durch die Bücher und die dadurch erregte Meinung eines übergroßen Gewinns, der nicht vorhanden ist.

Es müssen daher in Zukunft alle jene Forderungen, bei denen die Zahlung stockt, sofort zur gerichtlichen Strafe gebracht werden.

Es müssen ferner die Konti der zweifelhaften und kaduken Posten durchgegangen, und bei einer jeden solchen Post, welche nicht offenbar durch die Direktion als ganz verloren anerkannt wird, entweder die Prozesse eingeleitet oder betrieben werden.

. . . .

§ 11.

Prompte Rechnungslegung.

. . . .

6. Auszug aus der K. Verordnung vom 4. Oktober 1850 über die Formation und den Wirkungskreis der K. Bayerischen Bank zu Nürnberg.

I. Grundbestimmungen.

§ 1.

Die k. Bank zu Nürnberg ist eine unmittelbar unter Unserem Staatsministerium der Finanzen stehende Anstalt mit kaufmännischer Geschäftsführung, welche den Zweck hat:

1. als Wechselbank dem Verkehr und dem Handel im allgemeinen zu nützen;
2. als Leihbank durch Vorlehen an Kaufleute, Fabrikanten und Gewerbsleute den Handel, die Industrie und die Gewerbe zu unterstützen und zu befördern, und
3. auch an andere Private, Landwirte, Anstalten usw. gegen entsprechende Sicherheit Darlehen zu machen.

§ 2.

Der Wirkungskreis der k. Bank erstreckt sich über den Umfang des ganzen Königreiches.

. . . .

§ 3.

Die Fonds der k. Bank bestehen:

1. aus dem Stammkapitale des Staates und den Cautionskapitalien der Bankbeamten;
2. aus dem Reservefond;
3. aus den gerichtlichen und administrativen Depositen des ganzen Königreiches, welche nach dem Gesetze vom 25. Juli 1850 bei der k. Bank gegen Schuldscheine angelegt werden müssen;
4. aus den Einstandskapitalien, welche bei der Bank gleichfalls nach dem Gesetze vom 25. Juli 1850 gegen Schuldscheine angelegt werden.

§ 4.

Die k. Bank ist überdieß mit Rücksichtnahme auf den jeweiligen Geschäftsverkehr ermächtigt jedoch nicht verpflichtet, auch von Privaten, Gemeinden u. s. w. Gelder gegen verzinsliche Banknoten anzunehmen.

§ 5.

Der Staat übernimmt und beziehungsweise behält die vollkommene Garantie der k. Bank, wie dies bereits durch die allerhöchste Entschließung vom 21. November 1806 ausgesprochen worden ist (Regierungsblatt von 1807 S. 37).

. . . .

§ 6.

Die Cautionscapitale der Bankbeamten, welche baar einzuzahlen sind, werden durch die Anstellungs- und Beförderungsdekrete regulirt, und bis zum Tage der Heimzahlung verzinst.

Das Cautionscapital berechtigt überdieß zur Theilnahme am Nettogewinne eines jeden Jahres, gibt aber keinen Anspruch auf das Bankeigenthum.

. . . .

§ 7.

Die Berechnung der Gewinnantheile erfolgt auf den Grund des Jahresbilan und wird nach Abzug aller Verwaltungskosten und Ausgaben der reine Gewinn zur Hälfte an den Staat und die cautionspflichtigen Beamten nach Maßgabe ihrer Capitalsbeträge vertheilt.

Die andere Hälfte wird dem Bankreservefond zugewendet.

Capitalverluste sind aus dem Reservefond zu decken, wenn den Bankbeamten kein Verschulden beigemessen werden kann.

§ 8.

Für die Geschäftsführung der Bank werden Bankbeamte, welche von Uns ernannt werden, angestellt. Dieselben und ihre Relicten werden ganz wie die übrigen Staatsdiener und deren Relicten behandelt.

. . . .

II. Bankverwaltung.

. . . .

A. Bankdirektion.

§ 10.

Dieselbe wird gebildet, aus

1. dem Bankdirektor
2. dem Bankier und
3. dem Bankconsulenten.

Der Direktor ist Vorstand der Bankdirection und der ganzen Anstalt, und hat daher alle Rechte und Obliegenheiten eines solchen. Er hat insbesondere die Oberleitung des ganzen Instituts zu besorgen, und die Geschäftsführung der Bankbeamten zu überwachen und die Vertheilung der Geschäfte unter die Directionsmitglieder vorzunehmen.

Die k. Bankdirektion hat ihre Geschäfte in der für die k. Verwaltungsstellen vorgeschriebenen Weise zu besorgen, weßhalb auch die für diese geltenden Normativbestimmungen zur analogen Anwendung zu kommen haben.

Die Staatsregierung behält sich übrigens noch bevor, bei besonderer Veranlassung oder auch für ständig, königliche Commissäre zum Zwecke der Prüfung und Überwachung der Geschäftsführung zu der k. Bank abzuordnen oder bei derselben aufzustellen.

Denselben ist daher auf Verlangen jederzeit die Einsichtsnahme der Acten, Bücher und der gesammten Geschäftsführung zu gestatten. Dieselben können den Directionssitzungen beiwohnen, und erforderlichen Falles solche veranlassen.

In Verhinderung des Directors hat der Bankier, und in dessen Verhinderung der Consulent die Leitung der Direction und der Anstalt zu besorgen.

Bei besonders wichtigen Fragen können auch der Cassier der Hauptbank (Hauptcassier) und der Hauptbuchhalter den Berathungen beigezogen werden. Dieselben sind stellvertretende Directionsmitglieder und haben bei der Abwesenheit oder Verhinderung eines der ordentlichen Directionsmitglieder für dasselbe einzutreten.

Sie haben, wenn sie den Directorialsitzungen beiwohnen, wie die übrigen Mitglieder, entscheidende Stimme.

. . . .

Die Beschlüsse werden nach collegialer Berathung durch Stimmenmehrheit gefaßt. Bei Stimmengleichheit steht dem Vorsitzenden die entscheidende Stimme zu.

Der Bankdirector oder dessen Stellvertreter muß in den zur collegialen Berathung bezeichneten Gegenständen der Vollziehung der durch Einheit oder Mehrheit gefaßten Beschlüsse freien Lauf lassen, und kann solche auf seine Verantwortlichkeit nur dann sistiren, wenn er davon einen großen Nachtheil für die Bank und beziehungsweise den Staat befürchtet. Er ist zu dieser Sistierung verpflichtet, wenn er glaubt, der Beschluß sei gegen ausdrückliche Gesetze oder allerhöchste Anordnungen gefaßt.

In beiden Fällen hat er sogleich davon die Anzeige zu machen.

Auch kann er beschlossene Anträge, mit denen er nicht einverstanden ist, an die allerhöchste Stelle durch abgesondertes Gutachten einbegleiten.

. . . .

§ 11.

Der collegialen Berathung und Beschlußfassung der Bankdirection sind zu unterstellen:

1. die an Unser Staatsministerium der Finanzen zu erstattenden Anträge über Ernennung, Beförderung, Versetzung und Quiescirung der Bankbeamten, und die Aufnahme und die Entlassung der Bankcommis;
2. die Aufnahme und Entlassung der Schreiber und des übrigen Subalternpersonals der Bank;
3. die Feststellung der Qualifikationslisten der Bankbediensteten;
4. die Festsetzung der Honorare und Bezüge des nicht stabilen Bankpersonals und der Regie-Etats innerhalb der alljährlich durch Unser Staatsministerium der Finanzen zu bestimmenden Maximalbeträge;
5. die Prüfung und Feststellung der Creditlisten der Hauptbank und der Filialbanken;
6. Anträge auf Abänderung der Instructionen und Reglements;
7. die Anträge auf Festsetzung der Zinsen der Schuldscheine, der Banknoten, dann der Zinsen und Bedingungen, unter welchen Anlehen im Allgemeinen bewilligt werden dürfen;
8. die Bewilligung von Anlehen, zu deren Gewährung die k. Bank und die Filialbanken nicht schon durch ihre Dienstesinstructionen ermächtigt sind;
9. die Prüfung des Jahresbilan und die Berechnung und die Vertheilung des Nettogewinnes;
10. die Beschaffung der nöthigen Baarschaft;
11. Anträge über die Verwendung der nicht zum gewöhnlichen Geschäftsverkehre erforderlichen Fonds;
12. die Ermächtigung zur Führung von Processen, zum Vergleiche und zum Streitabstand; — die Genehmigung der Klag-, Exceptions-, Beweisantritts- und Appellationsschriften;
13. das Verfahren in dienstlichen Untersuchungen gegen Bankbeamte, und die Suspendirung derselben;
14. alle jene Fälle, für welche von der allerhöchsten Stelle eine Collegialberathung besonders vorgeschrieben wird.

§ 12.

Alle Ausfertigungen der Bankdirektion haben unter der Bezeichnung:

„Königliche Bankdirection“

zu geschehen, und sind von dem Director oder dessen Stellvertreter zu unterschreiben.

Die Bankdirektion führt ein eigenes Siegel mit der bezeichneten Umschrift in der für die Kreisstellen vorgeschriebenen Form.

. . . .

§ 13.

Der Bankconsulent hat die k. Bank in ihren Rechtsangelegenheiten zu vertreten, ihre Processe zu führen, oder hiefür in ihrem Namen mit Genehmigung der k. Bankdirection zu substituiren.

. . . .

B. Hauptbank.

§ 14.

Die Beamten der Hauptbank, welche die im § 1 aufgeführten Geschäfte unter der Firma:

„Königliche Bayerische Bank"

zu führen hat, sind:

1. der Bankier, zugleich Directorialmitglied und Vorstand der Hauptbank;
2. der Hauptcassier;
3. der Hauptbuchhalter;
4. ein zweiter Buchhalter.

Zur Geschäftsaushilfe die erforderliche Zahl von Commis, Schreibern, Boten und Geldzählern.

Die k. Bank führt ein eigenes Siegel mit der obigen Firma als Umschrift, in der für die k. Behörden vorgeschriebenen Form.

Die Bank-Valuta ist die bayerische Reichswährung.

. . . .

§ 15.

Die Unterschrift bei der Correspondenz der Bank mit Gerichts- und anderen Behörden, dann im kaufmännischen Verkehr, bei Ausstellung von Anweisungen, Wechseln und Wechselpapieren, überhaupt in allen nicht die Bankdirection, sondern die Bank als kaufmännisches Institut berührenden Gegenständen hat der Bankier, und in dessen Verhinderung der Hauptcassier und Hauptbuchhalter gemeinschaftlich zu besorgen.

§ 16.

Die Schuldscheine und Banknoten, welche für die bei der Hauptbank, den Filialbanken, Bankbureaus und Agenturen angelegten Gelder ausgestellt werden, sind unter der Firma der Hauptbank mit der Unterschrift des Direktors und des Bankier, oder deren Stellvertreter, dann mit der Nummer des Hauptkatasters versehen.

. . . .

§ 17.

Mit dem Jahresschlusse müssen die Bücher abgeschlossen, die Rechnung (der Bilan), welcher das Vermögen, die ausstehenden Forderungen, die Verwaltungskosten, Ausgaben und Passiven ausweist, hergestellt und bis 15. März der Direction vorgelegt werden. — Die Prüfung der Rechnungen hat durch den Direktor und Consulenten, dann durch den für die k. Bank als Abrechnungscommissär jeweilig bestimmten k. Oberrechnungsrath zu geschehen.

. . . .

C. Filialbanken, Bankbureaus und Agenturen.

§ 18.

Die Filialbanken haben denselben Wirkungskreis wie die Hauptbank; die Bankbureaus und Agenturen einen beschränkteren, dessen Umfang bei ihrer Errichtung jederzeit öffentlich bekannt gemacht werden wird.

Die Filialbanken, Bankbureaus und Agenturen, deren Anzahl sich nach dem Bedürfnisse richtet, und deren Errichtung von der Staatsregierung angeordnet wird, führen die Firma:

„Königl. Bayer. Filialbank"
„Königl. Bayer. Bankbureau"
„Agentur der königl. Bank"

mit entsprechendem Siegel.

Die Beamten der Filialbanken und Bankbureaus sind:

1. der Cassier, zugleich Vorstand;
2. der Buchhalter.

Zur Geschäftsaushilfe die nöthige Zahl von Commis, Schreibern, Boten und Geldzählern.

. . . .

Bezüglich der Geschäftsführung der Filialbanken und der Bankbureaus haben die in den §§ 14 bis 17 inclus. hinsichtlich der Hauptbank gegebenen Vorschriften zur analogen Anwendung mit der Abänderung zu kommen, daß die Prüfung ihrer Bücher und Rechnungen an Ort und Stelle durch ein Direktorialmitglied zu geschehen hat.

Die Filialbanken und Bankbureaus haben alle 8 Tage die Duplicate ihrer Cassabücher behufs der Controle an die Hauptbank einzusenden.

III. Schlußbestimmungen.

. . . .

7. Auszug aus der K. Verordnung vom 13. Dezember 1878 über die Formation und den Wirkungskreis der K. Bayerischen Bank.

. . . .

§ 1.

Die königliche Bank ist eine unmittelbar unter Unserem Staatsministerium der Finanzen stehende Staatsanstalt mit kaufmännischer Geschäftsführung, welche vorzugsweise den Zweck hat, als Depositen-, Wechsel- und Leihbank verfügbares Capital nutzbar zu machen und insbesondere durch Vorlehen den Handel, die Industrie, die Gewerbe und die Landwirthschaft zu unterstützen und zu fördern.

. . . .

§ 3.

Zum Geschäftskreis der k. Bank gehören:

1. die Behandlung der gerichtlichen und administrativen Depositen nach Maßgabe der jeweiligen gesetzlichen Bestimmungen;
2. die Annahme verzinslicher oder unverzinslicher Gelder vom Staat, von Stiftungen, Gemeinden und Privaten gegen Ausstellung von Schuldscheinen, ohne daß übrigens die k. Bank zur Annahme solcher Gelder von Privaten verpflichtet ist;
3. die Discontirung, der An- und Verkauf von Wechseln und wechselmäßigen Handelspapieren;
4. die Gewährung zinsbarer Darlehen auf Zeit gegen bewegliche Pfänder (Lombardverkehr);
5. die Gewährung von Crediten in laufender Rechnung (Conto-Corrent) oder in anderer Creditform gegen entsprechende Sicherheit;
6. die Besorgung des Commissionsgeschäftes;
7. der An- und Verkauf von Werthpapieren, jedoch nur innerhalb der von Unserem Staatsministerium der Finanzen besonders zu bestimmenden Grenzen;
8. die Verwaltung und Aufbewahrung von Werthgegenständen, soweit dies nach den örtlichen Verhältnissen thunlich ist;
9. die Besorgung der Cassageschäfte der Brandversicherungsanstalt für Gebäude in den Landestheilen rechts des Rheins gemäß des Gesetzes vom 3. April 1875.

Die näheren Bestimmungen über den Betrieb der vorstehend aufgeführten Geschäfte werden durch Reglements getroffen, welche, soweit es sich um die Grundsätze des Geschäftsbetriebes handelt, der Genehmigung Unseres Staatsministeriums der Finanzen unterliegen.

Außerdem bleibt Unserem Staatsministerium der Finanzen vorbehalten, der k. Bank die Durchführung besonderer Creditoperationen des

Staates oder inländischer Corporationen zu übertragen oder zu deren Durchführung die Genehmigung zu ertheilen, zur Vermittlung des Geldverkehrs zwischen den Staatskassen die Bankcassen in Anspruch zu nehmen, sowie denselben sonstige Cassageschäfte und damit zusammenhängende Aufgaben zu übertragen.

§ 4.

Die Betriebsfonds der k. Bank bestehen:

1. aus dem Stamm- und Dotationscapital des Staates,
2. aus dem Reservefond,
3. aus den gerichtlichen und administrativen Depositen des ganzen Königreich und den sonst bei der k. Bank zur Anlage gelangenden Capitalien.

. . . .

§ 7.

. . . .

Von dem nach Abzug der Verluste sowie aller Kosten und Verwaltungsausgaben sich ergebenden Reingewinn fällt die Hälfte dem Reservefond zu.

Aus der zweiten Hälfte können den Bankbeamten Nebenbezüge nach dem in ihren Anstellungs- oder Beförderungsdecreten festgesetzten Procentsatze gewährt werden.

Der nach Abzug der Nebenbezüge von der zweiten Gewinnhälfte verbleibende Rest bildet die zur Ablieferung an die Centralstaatscasse bestimmte Bankrente, welcher die Zinsen aus dem Stammcapital hinzutreten.

. . . .

§ 9.

Der Bankdirection obliegt die Verwaltung und Geschäftsleitung der k. Bank.

Sie wird aus dem Bankdirector, dem I. Banquier, dem Bankconsulenten und dem Hauptbuchhalter gebildet.

Der II. Banquier und der Hauptcassier sind stellvertretende Mitglieder der Direction. Unser Staatsministerium der Finanzen ist ermächtigt, im Bedürfnißfall hinsichtlich der Theilnahme an den Berathungen der Bankdirection weitere Bestimmungen zu treffen.

. . . .

§ 11.

Der Director ist Vorstand der Bankdirection und führt die Oberleitung der ganzen Anstalt in administrativer Hinsicht. Er vertheilt bei der Direction die Geschäfte und sorgt für deren Erledigung.

Der Director hat die Geschäftsführung der Hauptbank und der Filialbanken zu überwachen und die Abstellung wahrgenommener Mängel zu veranlassen. Es ist befugt, auch in den der collegialen Berathung der Bankdirection unterliegenden Gegenständen die erforderlichen vorsorglichen Anordnungen zu treffen.

In Verhinderungsfällen wird der Director, insoferne nicht von Unserem Staatsministerium der Finanzen anders bestimmt wird, vom I. Banquier vertreten.

Der I. Banquier hat die Leitung des Geschäftes in kaufmännischer Beziehung und die specielle Aufsicht über die Bewegung des Instituts bei der Hauptbank und den Filialbanken zu führen. Er muß mit dem Bankdirector in fortgesetzter Verbindung sich halten und demselben von allen wichtigeren Vorgängen und Operationen Kenntniß geben.

Der Bankconsulent hat außer der Erledigung der ihm vom Director zugewiesenen Geschäfte die Rechtsangelegenheiten der k. Bank zu besorgen und insbesondere zur ersprießlichen Durchführung der Prozesse der k. Bank thunlichst mitzuwirken.

Dem Hauptbuchhalter obliegt die Buchhaltung über den gesammten Geschäftsverkehr der k. Bank und die Aufstellung der Hauptbilanz.

. . . .

§ 14.

Die Ausfertigungen der Bankdirection haben unter der Bezeichnung: „Königliche Bankdirection“ zu erfolgen und sind von dem Director oder dessen Stellvertreter zu unterzeichnen.

Insoferne jedoch durch Urkunden oder schriftliche Erklärungen der Bankdirection die k. Bank verpflichtet werden soll, müssen diese Schriftstücke von dem Director und I. Bancier und in Verhinderungsfällen von deren Stellvertretern unterzeichnet werden. Vertritt der I. Bancier die Stelle des Directors, so ist das Schriftstück von dem Bankconsulenten mit zu unterzeichnen.

. . . .

§ 15.

Wir behalten Uns vor, zur Überwachung der Geschäftsführung einen ständigen Commissär bei der k. Bank zu ernennen und demselben für seine besondere Mühewaltung und als Entschädigung für Reisekosten einen Functionsbezug aus Bankfonds zu bewilligen.

Der königliche Commissär ist Unserem Staatsministerium der Finanzen untergeordnet.

Derselbe ist befugt:

1. jederzeit die Einsicht in alle Bücher und Acten, sowie in die gesammte Geschäftsführung zu verlangen;

2. die Bankanstalten einer Visitation zu unterziehen oder den Visitationen, welche von einem Mitglied der Bankdirection vorgenommen werden, anzuwohnen;
3. mit sämmtlichen Bankanstalten in Verkehr zu treten, um Aufschlüsse zu erhalten;
4. an den Directionssitzungen Theil zu nehmen oder solche behufs Stellung von Anträgen zu veranlassen.

Unser Staatsministerium der Finanzen ist ermächtigt, die Beziehungen zwischen dem k. Commissär und der k. Bank weiter zu regeln und bei besonderen Veranlassungen eigene Commissäre abzuordnen.

. . . .

§ 17.

Alle die königliche Bank verpflichtenden Urkunden und schriftlichen Erklärungen der Hauptbank müssen von dem I. oder II. Banquier und von dem Hauptcassier oder einem anderen Beamten unterzeichnet sein.

. . . .

Die übrigen Ausfertigungen und Correspondenzen der Hauptbank werden von dem I. Banquier oder dessen Stellvertreter allein unterzeichnet.

. . . .

§ 19.

Alle die k. Bank verpflichtenden Urkunden und schriftlichen Erklärungen der Filialbanken müssen von dem Oberbeamten und dem Cassier beziehungsweise dem Cassier und Buchhalter oder deren Stellvertreter unterzeichnet sein.

. . . .

Die übrigen Ausfertigungen und Correspondenzen der Filialbanken werden von dem k. Oberbeamten oder dessen Stellvertreter allein unterzeichnet.

. . . .

§ 25.

Die königliche Bank ist berechtigt, die ihr bestellten Faustpfänder, wenn der Schuldner im Verzuge ist oder in Concurs geräth, ohne gerichtliche Ermächtigung oder Mitwirkung durch einen ihrer Beamten oder durch einen zu Versteigerungen befugten Beamten öffentlich verkaufen, oder wenn die verpfändeten Gegenstände einen Börsen- oder Marktpreis haben, den Verkauf auch nicht öffentlich durch einen ihrer Beamten oder durch einen Handelsmakler oder durch einen andern zu Versteigerungen befugten Beamten zum laufenden Preise bewirken zu lassen und sich aus dem Erlöse für Capital, Zinsen und Kosten bezahlt zu machen.

Dieses Recht behält die königliche Bank auch gegenüber anderen Gläubigern und gegenüber der Concursmasse des Schuldners.

Im Falle eines etwaigen Überschusses des Erlöses hat sie überdies das Retentions- und Compensations-Recht an diesem Überschusse hinsichtlich aller ihrer übrigen Forderungen an den betreffenden Deponenten.

. . . .

§ 27.

In ihren streitigen und nicht streitigen Rechtsangelegenheiten genießt die königliche Bank als Staatsanstalt dieselbe Tax-, Stempel- und Portofreiheit, wie das königliche Ärar.

. . . .

8. Verordnung des Gesamtstaatsministeriums vom 24. März 1920 über die Bayerische Staatsbank.

§ 1.

Die Bayerische Staatsbank ist eine unter der Aufsicht und obersten Leitung des Staatsministeriums der Finanzen stehende Staatsanstalt mit kaufmännischer Geschäftsführung. Sie besitzt die Eigenschaft einer juristischen Person des öffentlichen Rechtes.

Der Staat leistet für die Bank volle Gewähr.

§ 2.

Die Bank hat ihren Hauptsitz in München. Außerdem bestehen Niederlassungen in Amberg, Ansbach, Aschaffenburg, Augsburg, Bamberg, Bayreuth, Erlangen, Fürth, Hof, Ingolstadt, Kaiserslautern, Kempten, Landshut, Ludwigshafen a. Rh., Nürnberg, Passau, Pirmasens, Regensburg, Rosenheim, Schweinfurt, Straubing, Würzburg.

Weitere Niederlassungen können durch das Staatsministerium der Finanzen im Einvernehmen mit dem Landtag errichtet werden.

§ 3.

Die Bayerische Staatsbank ist eine Depositen- und Kreditbank. Als Staatsanstalt hat sie die Aufgabe, innerhalb ihres Wirkungskreises Handel, Industrie, Gewerbe und Landwirtschaft zu unterstützen und zu fördern.

Zum ordentlichen geschäftlichen Wirkungskreise der Bank gehören insbesondere:

1. die Übernahme und Nutzbarmachung der von den Gerichten, Behörden und öffentlichen Kassen überlassenen Gelder;
2. die Besorgung des gerichtlichen Hinterlegungswesens;
3. die Vermittlung des Geldverkehrs für Staats-, Reichs- und andere öffentliche Kassen unter sich und mit Privaten;
4. die Besorgung der Kassengeschäfte der Versicherungskammer;
5. die Beteiligung an der Ausgabe von Anlehen des Staates, des Reichs und der bayerischen Gemeinden;
6. die Annahme verzinslicher und unverzinslicher Gelder gegen Ausstellung von Schuldscheinen und in laufender Rechnung;
7. der An- und Verkauf von Wechseln, wechselmäßigen Handelspapieren sowie von fremden Geldsorten;
8. die Gewährung zinsbarer Darlehen auf Zeit gegen bewegliche Pfänder (Lombardverkehr);
9. die Gewährung von Krediten in laufender Rechnung (Kontokorrent) oder in anderer Kreditform sowie die Übernahme von Bürgschaften und die Ausstellung von Kreditbriefen gegen bankmäßige Deckung;
10. der An- und Verkauf von Wertpapieren;
11. die Besorgung des Kommissionsgeschäftes, insbesondere die Einlösung von Zinsscheinen sowie von verlosten und gekündigten Wertpapieren; die Vermittlung der Einträge in das bayerische Staatsschuldbuch und in das Schuldbuch des Deutschen Reichs;
12. die Aufbewahrung und Verwaltung von Wertpapieren, Hypotheken- und sonstigen Urkunden in offenem Zustande (offene Depots);
    die Verwahrung von Wertpapieren und sonstigen Wertgegenständen in verschlossenem Zustand (geschlossene Depots); die Vermietung von Schrankfächern (safes) unter eigenem Verschluß des Mieters.

Das Staatsministerium der Finanzen kann der Bank außerhalb ihres ordentlichen Geschäftskreises (Abs. II) die Durchführung besonderer Finanzgeschäfte übertragen und ihr sonstige Aufgaben zuweisen.

§ 4.

Die eigenen Mittel der Bank bestehen:

1. aus dem Grundkapital,
2. aus dem Reservefonds.

Das Grundkapital beträgt achtzig Millionen Mark.

Das Grundkapital darf nicht vermindert werden.

Der Reservefonds dient zur Deckung von Verlusten, die nicht am Jahreserträgnis gekürzt werden. Er kann im Einvernehmen mit dem Landtag auch für sonstige außerordentliche Zwecke der Bayerischen Staatsbank herangezogen werden.

Über den Reservefonds darf nur mit Genehmigung des Staatsministeriums der Finanzen verfügt werden.

Von dem Grundkapital und dem Reservefonds sind Zinsen an die Staatskasse nicht zu entrichten.

Von dem Reingewinn wird ein Viertel zur Verstärkung des Grundkapitals und des Reservefonds verwendet. Davon werden neun Zehntel dem Grundkapital und ein Zehntel dem Reservefonds zugeführt.

§ 5.

Zur Verwaltung der Bank und Oberleitung ihres Geschäftsbetriebes, sowie zu der gerichtlichen und außergerichtlichen Vertretung der ganzen Anstalt nach außen ist das Staatsbank-Direktorium berufen. Es zeichnet

„Bayerische Staatsbank
Direktorium".

Das Direktorium ist eine dem Staatsministerium der Finanzen unmittelbar untergeordnete Verwaltungsstelle mit Kollegialverfassung. Es hat seinen Dienstsitz am Hauptsitze der Bank.

Das Direktorium wird mit einem Präsidenten und der erforderlichen Zahl von rechtskundigen und kaufmännischen Beamten besetzt. Außerdem wird ihm das benötigte Sekretariats-, Kanzlei- und Dienerpersonal zugeteilt. Dem Direktorium ist eine Hauptbuchhaltung für den gesamten Geschäftsverkehr der Bank beigegeben.

Zur Behandlung der streitigen und nichtstreitigen Rechtsangelegenheiten der Bank werden bei dem Direktorium Bankkonsulenten und stellvertretende Bankkonsulenten aufgestellt, denen die Befugnis zukommt, das Direktorium und die Niederlassungen in ihren Rechtsangelegenheiten vor den Gerichten und sonstigen Behörden zu vertreten und unter eigener Verantwortlichkeit selbständig Anträge zu stellen.

§ 6.

Der Präsident der Bank führt die Oberleitung der Verwaltung der ganzen Anstalt und die allgemeine Dienstaufsicht. Er hat die Geschäftsführung der Niederlassungen zu überwachen. Die Stellvertretung wird durch das Staatsministerium der Finanzen geregelt.

Zur kaufmännischen Oberleitung des Geschäftsbetriebes der Bank werden bei der an ihrem Hauptsitze befindlichen Niederlassung ein oder mehrere Direktoren bestellt; sie gehören dem Direktorium an und führen die Geschäfte nach den von diesem festgesetzten allgemeinen Anweisungen.

§ 7.

Die Bestimmung darüber, welchen Beamten des Direktoriums die Eigenschaft eines stimmberechtigten Mitglieds des Kollegiums in ständiger oder stellvertretender Weise zukommt, dann die Festsetzung der Gegenstände, die der kollegialen Beratung und Beschlußfassung zu unterstellen sind und die Regelung des dabei einzuhaltenden Geschäftsganges erfolgt durch das Staatsministerium der Finanzen.

§ 8.

Die Niederlassungen führen die Firma „Bayerische Staatsbank“ unter Beifügung des Ortes, an dem sie ihren Sitz haben.

Die Bank kann unter der Firma jeder Niederlassung in Ansehung der die Niederlassung betreffenden Geschäfte und Verhältnisse klagen und verklagt werden.

§ 9.

Die Niederlassungen besitzen die Eigenschaft von Behörden, die dem Direktorium untergeordnet sind.

Die Niederlassungen werden mit Vorständen und den erforderlichen weiteren Beamten besetzt.

Den Bankvorständen obliegt die Dienstaufsicht, die Verwaltung und die allgemeine Geschäftsleitung.

Das Staatsministerium der Finanzen kann bei den Niederlassungen besondere Geschäftsabteilungen mit selbständig verantwortlichen Abteilungsvorständen errichten.

§ 10.

Auf die Behandlung der Verwaltungsgeschäfte bei dem Direktorium und bei den Niederlassungen finden die in dieser Hinsicht für die staatlichen Verwaltungsstellen und Verwaltungsbehörden bestehenden Vorschriften entsprechende Anwendung.

Das Direktorium, die Bankkonsulenten und die Niederlassungen führen eigene Dienstsiegel mit entsprechender Umschrift in der jeweils vorgeschriebenen Form.

§ 11.

Urkunden und schriftliche Erklärungen des Direktoriums, aus denen die Bank verpflichtet wird, sind von dem Präsidenten und einem geschäftsleitenden Direktor der am Hauptsitze der Bank befindlichen Niederlassung oder ihren Stellvertretern zu unterzeichnen. Wird der Präsident von einem Direktor der am Hauptsitze der Bank befindlichen Niederlassung vertreten, so ist die zweite Unterschrift durch einen Bankkonsulenten zu vollziehen.

Alle die Bank verpflichtenden Urkunden und schriftlichen Erklärungen einer Niederlassung sind doppeltunterschriftlich durch hierzu bestimmte Beamte zu unterzeichnen.

Den Ausfertigungen der Schuldscheine wird außer den Unterschriften der vertretungsberechtigten Beamten noch der Handschriftsabdruck des Präsidenten der Bank und eines geschäftsleitenden Direktors der am Hauptsitze der Bank befindlichen Niederlassung beigesetzt.

§ 12.

Hinsichtlich der Dienst-, Gehalts- und Rangverhältnisse und der Nebenbezüge der Beamten der Bank sind die jeweils bestehenden Vorschriften maßgebend.

§ 13.

Den Beamten der Bank ist verboten, Handelsgeschäfte zu betreiben und auf Spekulationsgeschäfte sich einzulassen.

§ 14.

Jeweils nach Halbjahresabschluß ist der Aktiv- und Passivstand der Bayerischen Staatsbank zu veröffentlichen.

Für den 31. Dezember eines jeden Jahres müssen die Bücher der Niederlassungen abgeschlossen werden. Auf Grund dieser Abschlüsse ist die Jahresbilanz nebst Gewinn- und Verlustrechnung aufzustellen.

§ 15.

Der Reingewinn ist nach kaufmännischen Grundsätzen zu ermitteln. Die den Beamten der Bank bewilligten Nebenbezüge sind hierbei als Verwaltungskosten am Rohgewinne zu kürzen.

Der Reingewinn fließt nach Abzug der dem Grundkapital und dem Reservefonds zuzuführenden Beträge (§ 4) in die Staatskasse.

§ 16.

Über die Entwicklung des Bankbetriebs im abgelaufenen Geschäftsjahre hat das Direktorium dem Staatsministerium der Finanzen einen Geschäftsbericht zu erstatten, der den Mitgliedern des Landtags zugestellt wird.

§ 17.

Die Bilanzen der Niederlassungen unterliegen der örtlichen Prüfung durch hierzu vom Direktorium beauftragte Beamte.

Die Überprüfung der Jahresrechnungen (Bilanzen mit Verwaltungskostenrechnungen) wird durch einen Kommissär des Obersten Rechnungshofes vollzogen. Auf das Abrechnungsverfahren finden die Bestimmungen über das Finanzrechnungswesen entsprechende Anwendung, soweit nicht für die Bank besondere Vorschriften erlassen sind.

§ 18.

Zur Überwachung der Geschäftsführung der Bank bestellt das Staatsministerium der Finanzen einen ihm untergeordneten Kommissär. Die Beziehungen des Kommissärs zur Bank werden von diesem Staatsministerium geregelt.

Der Bankkommissär soll insbesondere befugt sein

a) jederzeit die Einsicht in alle Bücher und Akten sowie in die gesamte Geschäftsführung zu verlangen und Aufschlüsse zu fordern,
b) die Niederlassungen einer Visitation zu unterziehen oder Visitationen, die durch Beamte des Direktoriums vorgenommen werden, beizuwohnen,
c) an den Sitzungen des Direktoriums teilzunehmen oder die Abhaltung von Direktorialsitzungen behufs Stellung von Anträgen zu veranlassen.

§ 19.

Wenn die Aufhebung der Bank verfügt werden sollte, ist zur Abwicklung aller noch schwebenden Geschäfte das Liquidationsverfahren einzuleiten. Das nach der Abrechnung verbleibende Vermögen geht auf den Staat über. Der Staat tritt dagegen in etwa noch fortdauernde Verpflichtungen der Bank ein und übernimmt insbesondere die Befriedigung der Ansprüche der Beamten der Bank auf Wartegehalt und Ruhegehalt sowie die Fürsorge für die Hinterbliebenen der etatsmäßigen Beamten der Bank nach Maßgabe der Vorschriften des Beamtengesetzes.

§ 20.

Die Bank genießt in ihren streitigen und nichtstreitigen Rechtsangelegenheiten Gebührenfreiheit.

§ 21.

Die zum Vollzuge dieser Verordnung erforderlichen Vorschriften erläßt das Staatsministerium der Finanzen.

§ 22.

Gegenwärtige Verordnung tritt mit Wirksamkeit vom 1. September 1920 an die Stelle der Königlichen Verordnung vom 13. Dezember 1878, die Formation und den Wirkungskreis der Königlich Bayerischen Bank betreffend.

Alle unter der früheren Firma erworbenen Rechte und Forderungen sowie eingegangenen Verpflichtungen bleiben für die Niederlassungen unter ihrer neuen Firma bestehen.

9. Die Bankdirektoren und Bankpräsidenten 1780—1930.

1780—1792 WILHELM FRIEDRICH VON BENKENDORFF, rangältestes Mitglied der Bankdirektion, bis 1790 markgräflicher dirigierender Minister.

Weitere Mitglieder der Bankdirektion:

1780—1786 Christoph Albrecht Reichsfreiherr von Seckendorff, bis 1786 markgräflicher Kammerpräsident, 1786 Minister; 1788—1803 württembergischer, 1804—1806 badischer Reichstagsgesandter; 1806 und 1814 badischer Finanzminister.

1784—1790 Ludwig Friedrich Christoph Schmid, markgräflicher Kabinettssekretär.

1786—1796 Christian Wilhelm Kern, Kammer- und Landschaftsrat (1795: Kriegs- und Domänenrat).

1790—1796 Johann Michael Lehner, Kammer- und Landschaftsrat (1795: Kriegs- und Domänenrat).

1792—1806 CARL AUGUST FREIHERR VON HARDENBERG, Chef der Bank, preußischer dirigierender Minister, bis 1798 in Ansbach, ab 1798 in Berlin; später preußischer Staatskanzler.

Mitglieder der Bankdirektion:

1796—1798 Ludwig Friedrich Christoph Schmid, Geheimer Oberfinanzrat, preußischer Kreisgesandter.

1796—1806 Johann Georg Kracker, Geheimer Kriegs- und Domänenrat.

1796—1802 Albert Ludwig von Denzel, Geheimer Hofrat, Polizeidirektor in Fürth.

1806—1819 JOHANN GEORG VON KRACKER, K. Bankdirektor; 1806 bis 1808 Kammerdirektor in Ansbach; 1808 Finanzdirektor, 1808—1819 Lokalkommissär in Nürnberg.

1819—1839 JOHANN GEORG EBERHARD FABER, K. Bankdirektor; bis 1819 Stadtkommissär in Fürth, 1819—1839 Stadtkommissär in Nürnberg, 1839 Regierungs- und Konsistorialrat in Speyer.

1839—1845 JOHANN PHILIPP SIESS, K. Bankdirektor; vorher Regierungs- und Konsistorialrat in Speyer, 1839—1845 Stadtkommissär in Nürnberg.

1845—1851 CHRISTIAN FRIEDRICH HEINRICH LENTZ, K. Bankdirektor; vorher Landrichter in Ansbach, 1845—1848 Stadtkommissär in Nürnberg.

1851—1861 JOHANN GOTTFRIED CHRISTIAN VON MAYER, K. Bankdirektor; 1848—1858 Stadtkommissär in Nürnberg.

1861—1862 KARL FRIEDRICH BURKART, K. Bankdirektor; vorher Regierungs- und Fiskalrat, Bankkonsulent.

1862—1878 CHRISTIAN VON PFEUFER, K. Bankdirektor; vorher Regierungs- und Fiskalrat in München.

1878—1898 STAATSRAT FERDINAND VON LANDGRAF, K. Ministerialdirektor und Direktor der K. Bank; vorher Ministerialrat im Staatsministerium der Finanzen und stellv. Bevollmächtigter zum Bundesrat.

1898—1909 ANDREAS VON SEISSER, bis 1906 K. Ministerialdirektor und Direktor der K. Bank, 1906 Präsident der K. Bank; vorher Ministerialrat und Generalsekretär im Staatsministerium der Finanzen.

1909—1915 STAATSRAT WILHELM VON BURKHARD, Präsident der K. Bank; vorher Ministerialdirektor im Staatsministerium der Finanzen und stellv. Bevollmächtigter zum Bundesrat.

1915—1919 FRANZ VON COLUZZI, bis 1918 Präsident der K. Bank, 1918 Präsident der Bayer. Staatsbank; vorher Ministerialrat im Staatsministerium der Finanzen und Bankkommissär.

1919—1927 HUGO ARNOLD, Präsident der Bayer. Staatsbank; vorher Oberregierungsrat und Bankkonsulent.

Seit 1928 STAATSRAT DR. WILHELM VON WOLF, Präsident der Bayer. Staatsbank; vorher Ministerialdirektor im Staatsministerium der Finanzen und stellv. Bevollmächtigter zum Reichsrat.

10. Die Hauptbankvorstände und kaufmännischen Oberleiter 1780—1930.

1780—1787 JOHANN CONRAD FEUERLEIN, Markgräflicher Hofbankier.

1787—1811 JOHANN CHRISTOPH GULLMANN, bis 1792 Markgräflicher Hofbankier, 1792 K. Bancorat, 1800 K. Bancodirektor; 1798 gemeinschaftlich mit Johann Georg Dürnhoefer.

1798—1841 FINANZRAT JOHANN GEORG DÜRNHOEFER, K. Bankier; 1798—1811 gemeinsam mit Johann Christoph Gullmann.

1841—1854 FRIEDRICH DÜRNHOEFER, K. Bankier.

1855—1858 GEORG LAUBOECK, K. Bankier.

1858—1886 OBERFINANZRAT AUGUST VON MANZ, K. I. Bankier.

1886—1891 OBERFINANZRAT JAKOB BAUER, K. I. Bankier.

1891—1897 FINANZRAT FRIEDRICH HOENIG, K. I. Bankier.

1897—1904 OBERFINANZRAT BENEDIKT LOCHMÜLLER, K. I. Bankier.

1904—1919 OBERFINANZRAT ADAM KOHLMÜLLER, bis 1909 K. I. Bankier; 1909 Direktor der K. Hauptbank.

Seit 1919 GEHEIMER OBERFINANZRAT FRIEDRICH MOROFF, Oberfinanzdirektor; seit 1920 gemeinsam mit Kurt Flamme.

Seit 1920 GEHEIMER OBERFINANZRAT KURT FLAMME, Oberfinanzdirektor; gemeinsam mit Friedrich Moroff.

11. Die Bankkonsulenten 1806—1930.

1806—1820 FRIEDRICH FRANZ CHRISTIAN KORTE, K. Stadtgerichtsassessor und Syndikus.

1820—1850 DR. BENEDIKT KREITMAIR, bis 1829 K. Kreis- und Stadtgerichtsrat, 1829 Advokat.

1851—1861 FRIEDRICH KARL BURKART, K. Regierungs- und Fiskalrat; vorher Advokat in Bamberg; 1861—1862 K. Bankdirektor.

1861—1870 JOHANN BAPTIST GILLITZER, K. Regierungsrat.

1870—1878 KARL PRACHER, K. Regierungsrat.

1878—1887 JOSEPH REICHL, K. Oberregierungsrat.

1887—1907 GEORG KOLBMANN, K. Oberregierungsrat.

1907—1919 HUGO ARNOLD, Oberregierungsrat.

1919—1929 GEHEIMER RAT HERMANN BEISLER, Regierungsdirektor.

Seit 1929 CARL PFEUFER, Direktor im Staatsbankdirektorium.

12. Die Bankkommissäre 1806—1930.

1806—1818 CARL FRIEDRICH VON BANDEL, K. Appellationsgerichtsdirektor in Ansbach.

1818—1850 STAATSRAT CARL LUDWIG FREIHERR VON LEONROD, K. Appellationsgerichtspräsident, bis 1838 in Ansbach, 1838—1847 in Eichstätt.

1850—1869 FRANZ FREIHERR VON LOBKOWITZ, K. Ministerialrat im Staatsministerium der Finanzen; später Vorstand der Staatsschuldentilgungskommission und Staatsrat im ordentlichen Dienst.

1869—1876 LUDWIG VON PUMMERER, K. Ministerialrat und Generalsekretär im Staatsministerium der Finanzen; später Präsident des Obersten Rechnungshofes.

1876—1877 JOSEPH VON HOESS, K. Ministerialrat im Staatsministerium der Finanzen; später Präsident des Obersten Rechnungshofes und Staatsrat im ordentlichen Dienst.

1877—1894 DR. MORITZ VON JUNGERMANN, K. Ministerialrat im Staatsministerium der Finanzen.

1894—1898 ADALBERT VON BAUER, K. Ministerialrat und Generalsekretär im Staatsministerium der Finanzen.

1898—1904 HERMANN VON PFAFF, K. Ministerialrat im Staatsministerium der Finanzen; 1904—1907 Staatsminister der Finanzen.

1904—1913 STAATSRAT MAX VON PAUSCH, K. Ministerialdirektor im Staatsministerium der Finanzen.

1913—1915 FRANZ VON COLUZZI, K. Ministerialrat im Staatsministerium der Finanzen; 1915—1919 Präsident der Bayerischen Staatsbank

1915—1918 GEHEIMER RAT HERMANN VON SCHMIDT, K. Ministerialrat im Staatsministerium der Finanzen; 1918—1925 Reichsfinanzrat und Mitglied des Reichsfinanzhofes.

1918—1925 ALBERT STENGLEIN, Ministerialdirektor im Staatsministerium der Finanzen; seit 1925 Präsident des Obersten Rechnungshofes.

Seit 1925 AUGUST MADER, Ministerialrat im Staatsministerium der Finanzen.

SCHAUBILDER.

INHALT:

1. BETRIEBSMITTEL 1851—1875.

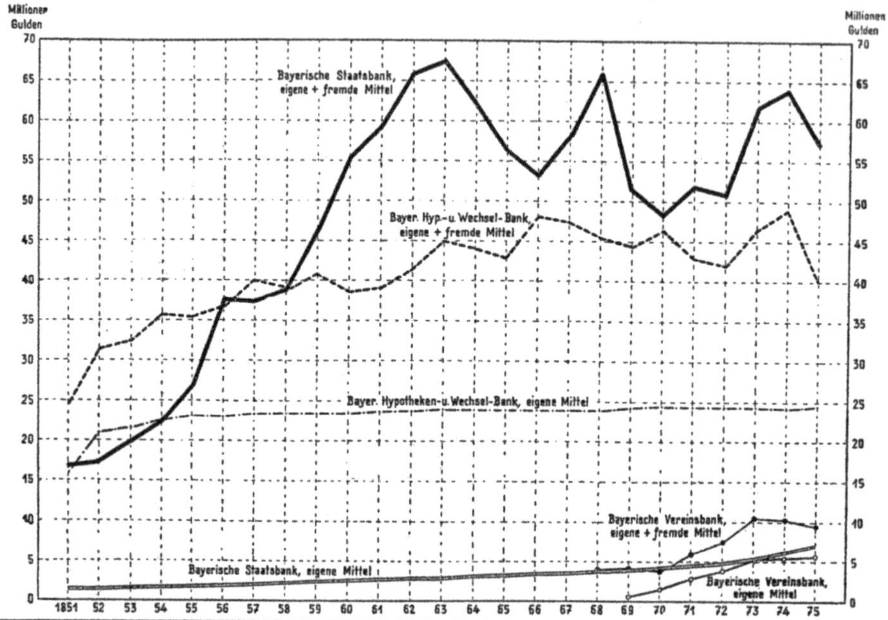

2. WECHSEL 1851—1875.

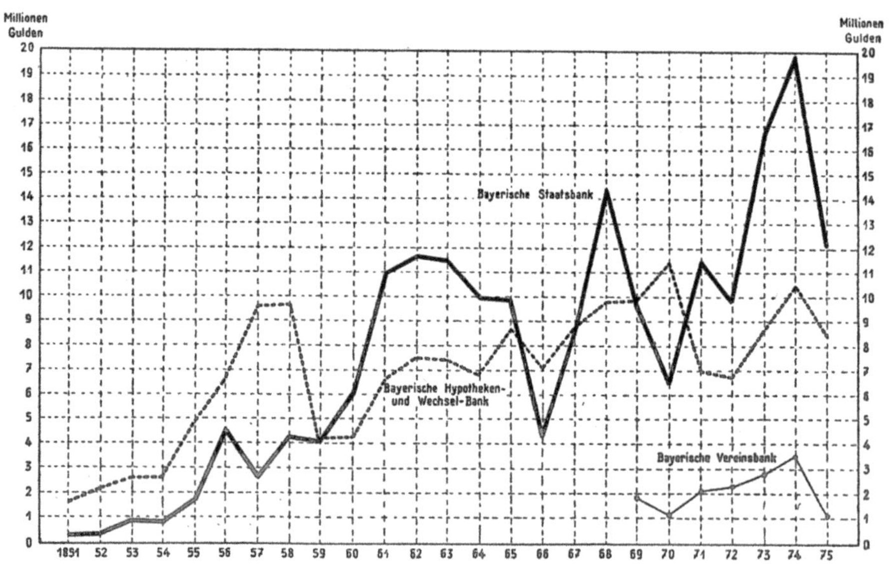

3. AUSLEIHUNGEN 1851—1875.

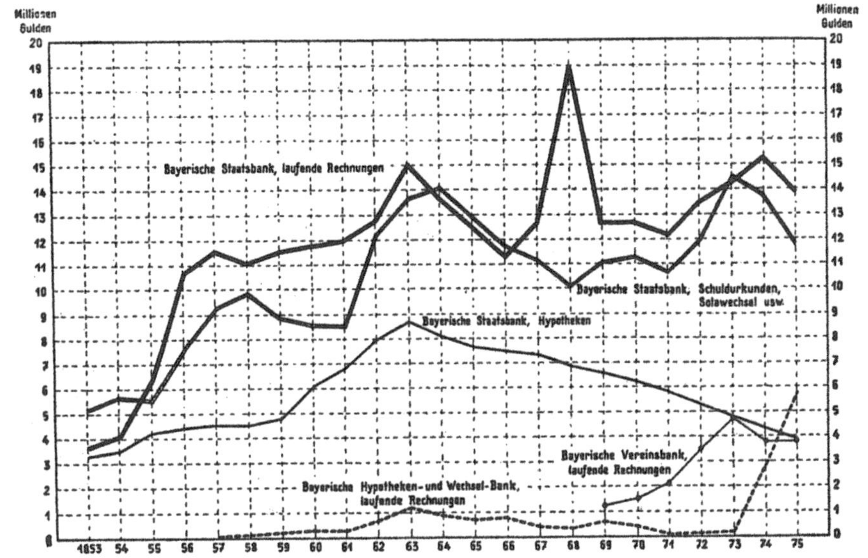

4. GEWINNE 1851—1875.

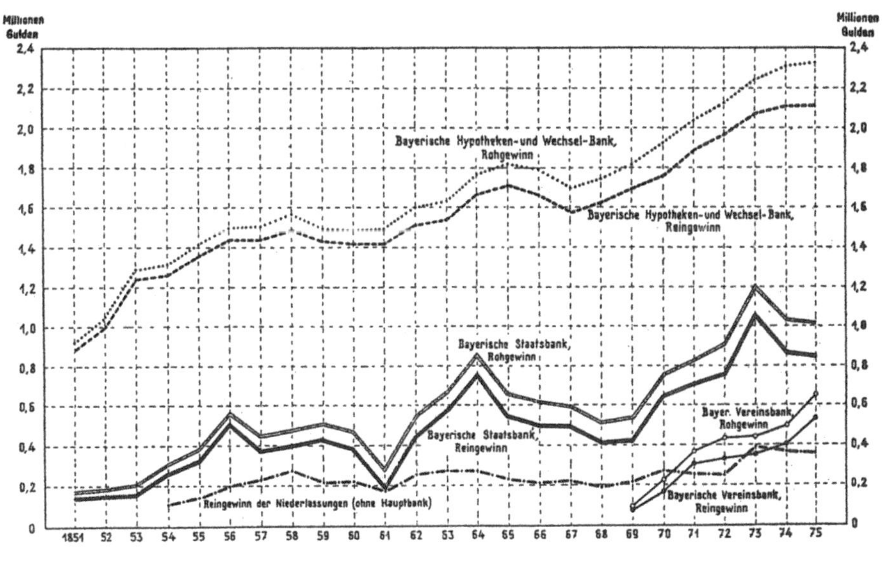

5. BETRIEBSMITTEL 1876—1900.

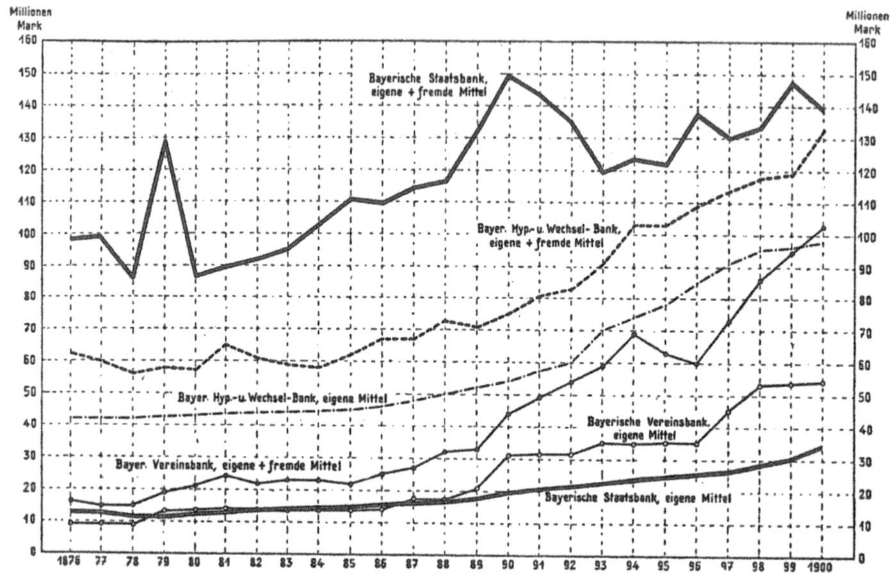

6. WECHSEL 1876—1900.

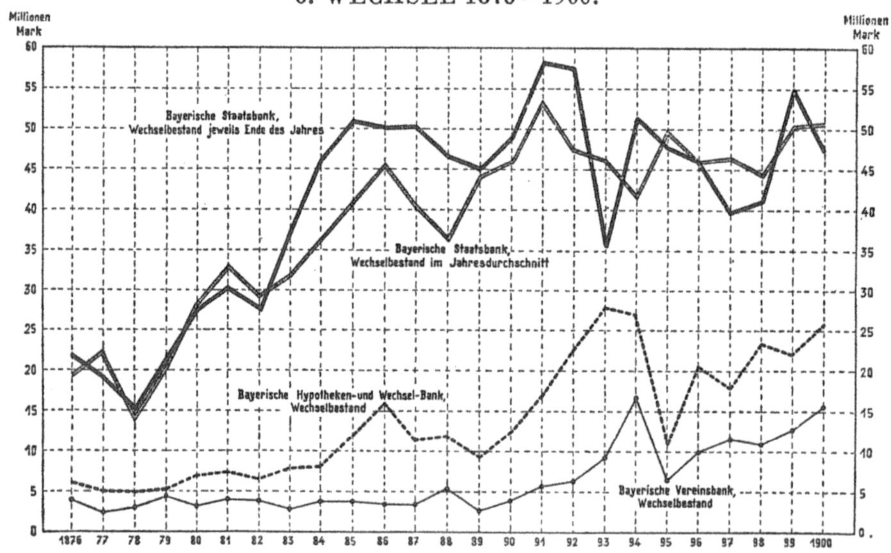

7. AUSLEIHUNGEN 1876—1900.

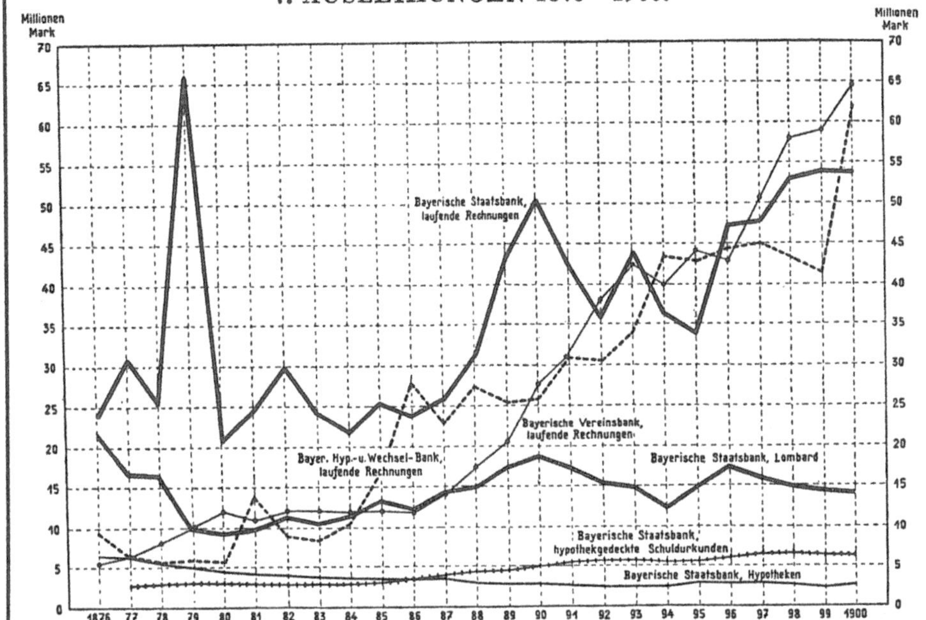

8. GEWINNE 1876—1900.

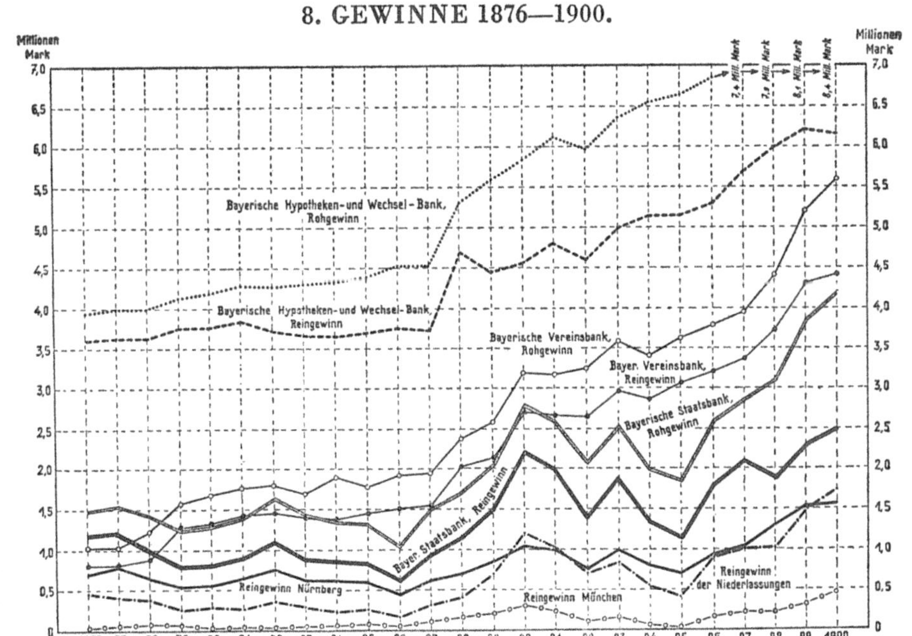

9. BETRIEBSMITTEL 1901—1929.

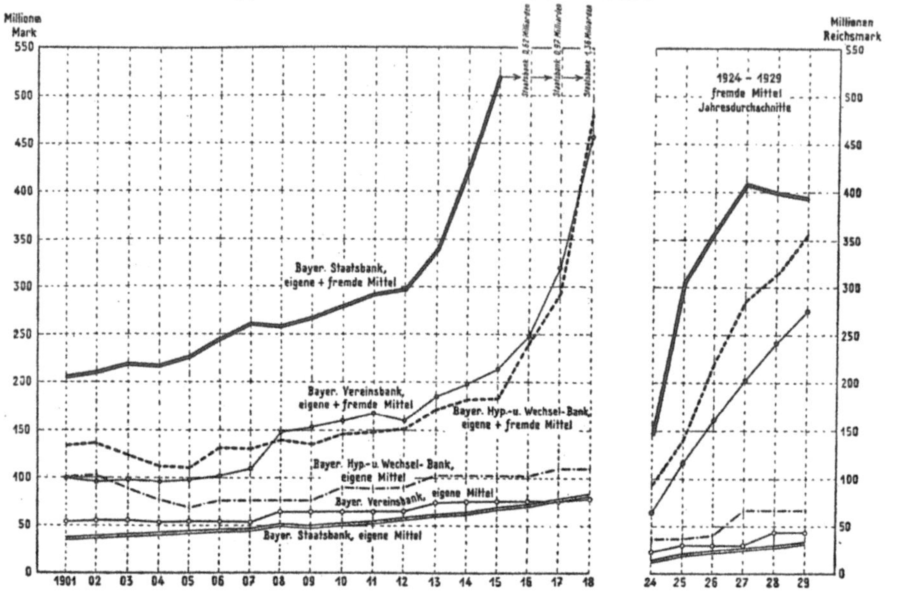

10. WECHSEL 1901—1929.

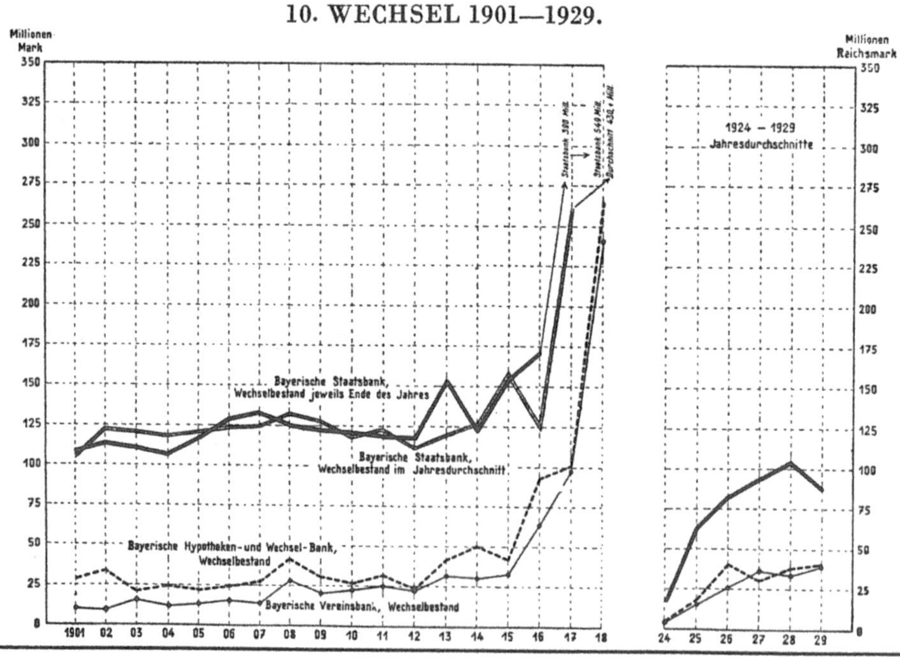

11. AUSLEIHUNGEN 1901—1929.

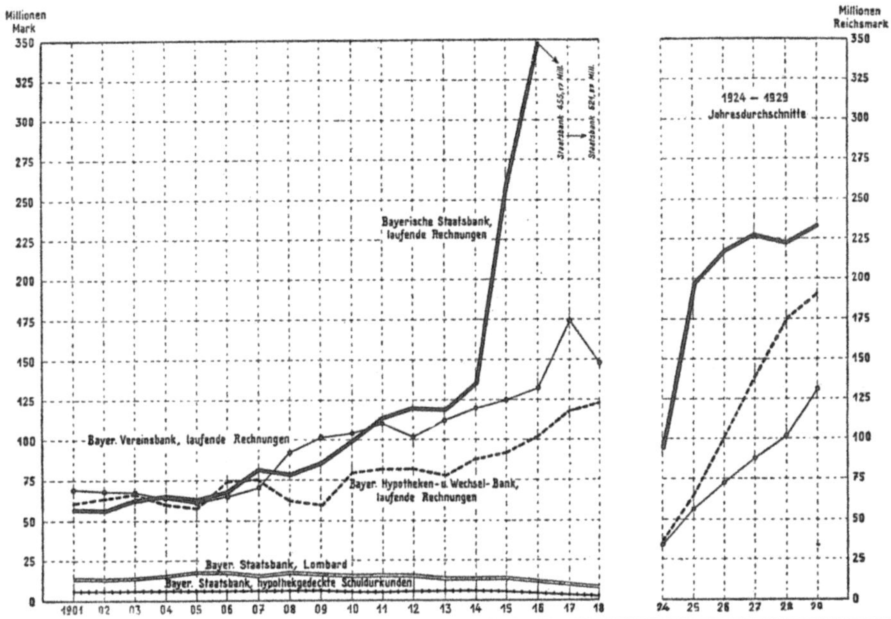

12. GEWINNE 1901—1929.

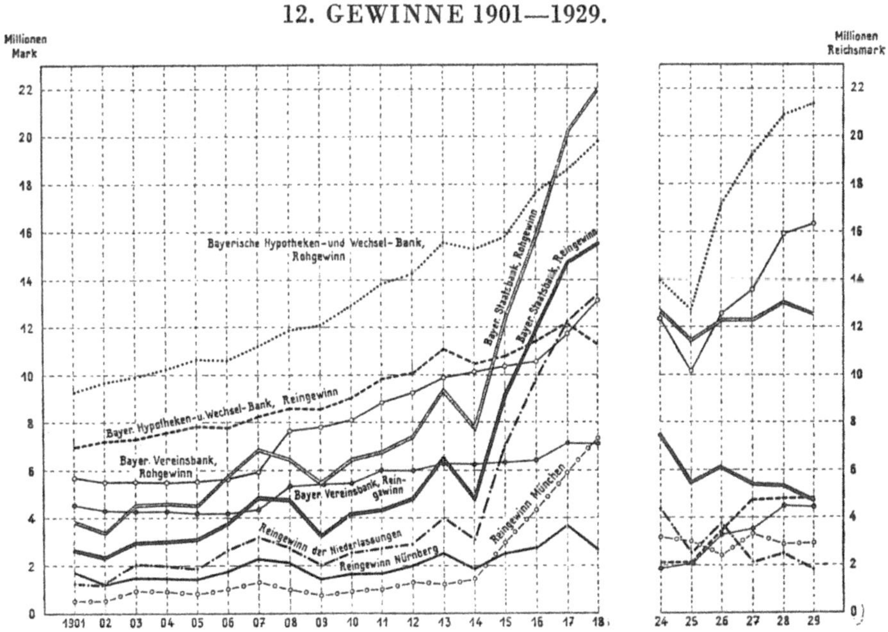

13. BETRIEBSMITTEL 1927—1929.

Nach den Monatsabschlüssen.

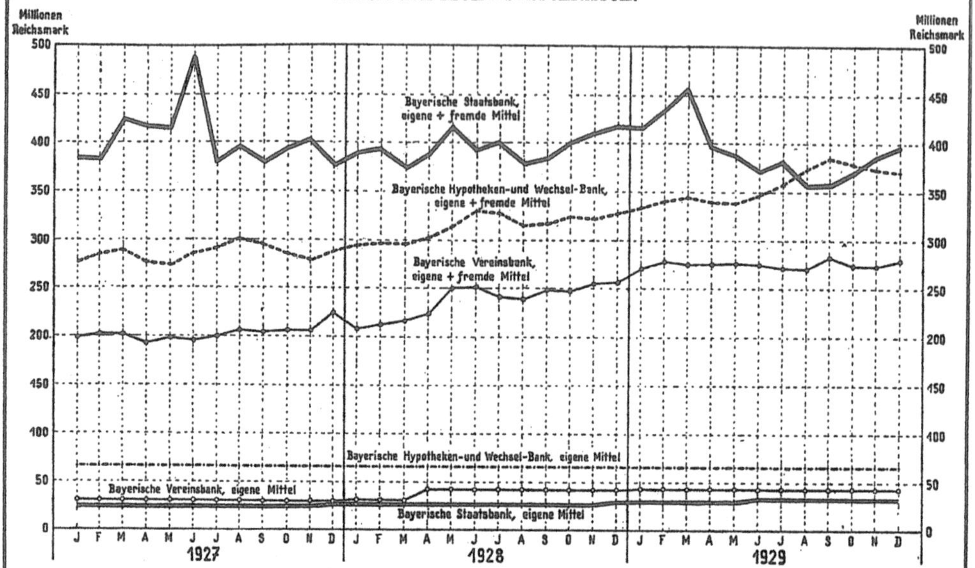

14. WECHSEL 1927—1929.

Nach den Monatsabschlüssen.

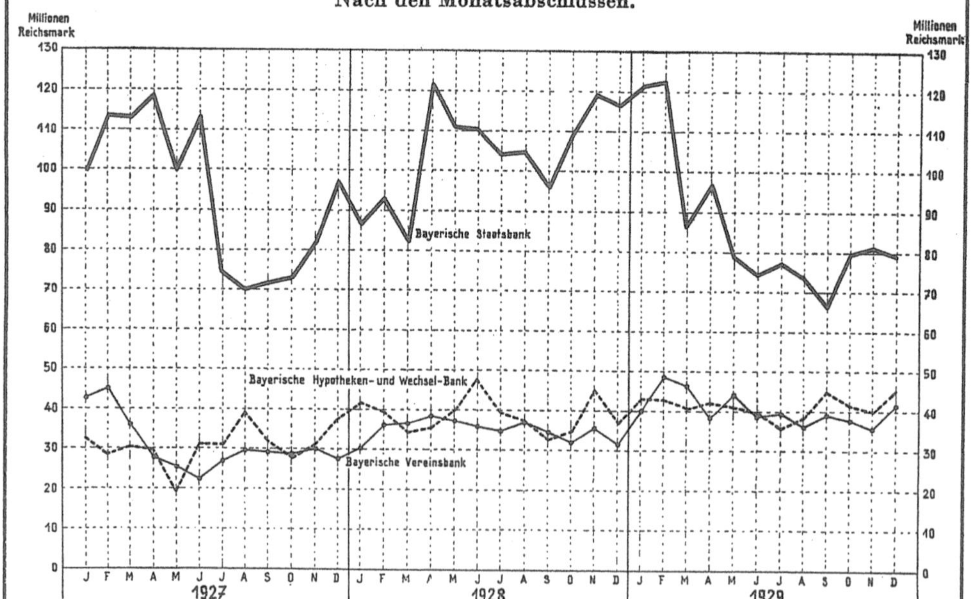

15. AUSLEIHUNGEN IN LAUFENDER RECHNUNG 1927—1929.

Nach den Monatsabschlüssen.

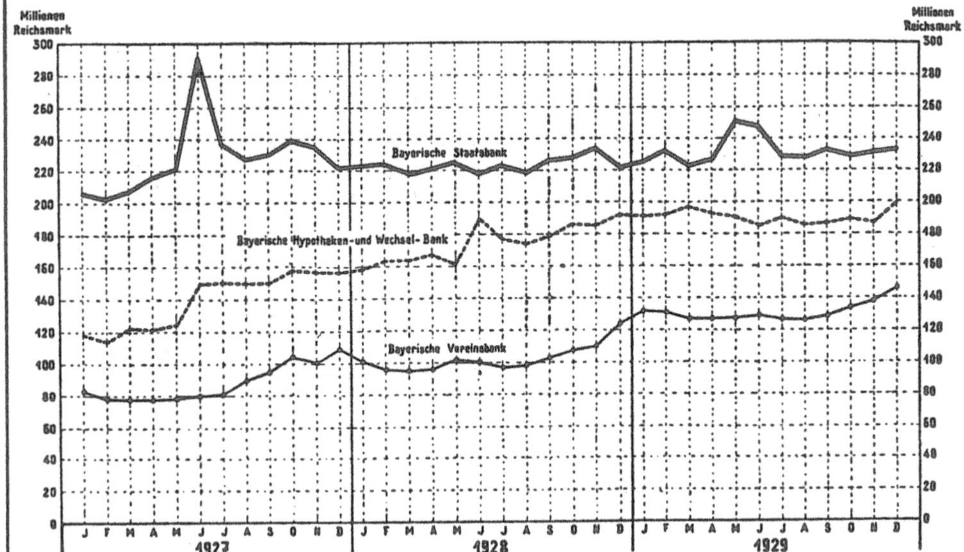

16. BEWEGUNG DER STAATLICHEN GIROGELDER 1913.

Nach den 10-Tages-Nachweisen.

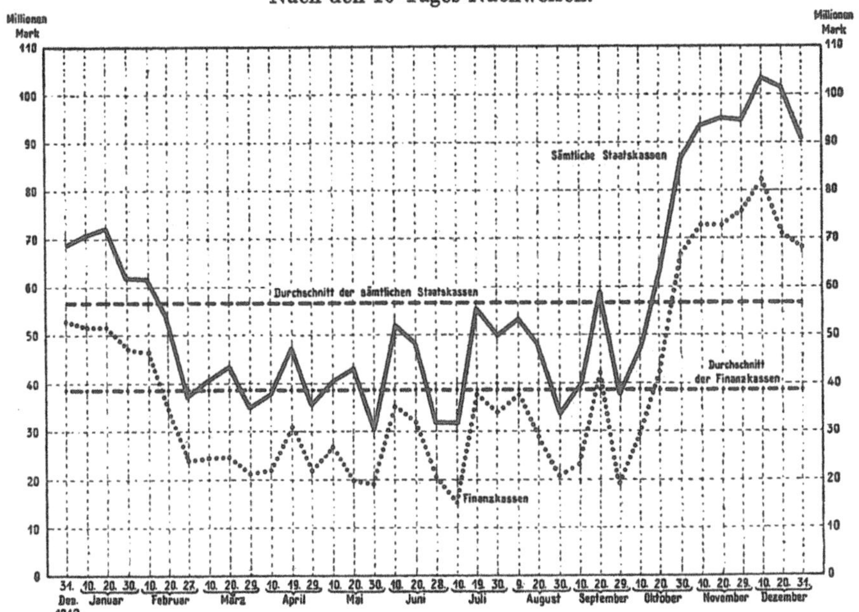

17. ZUSAMMENSETZUNG DER BETRIEBSMITTEL.

Die Einlagen in laufender Rechnung verdrängen die Schuldschein-Einlagen.

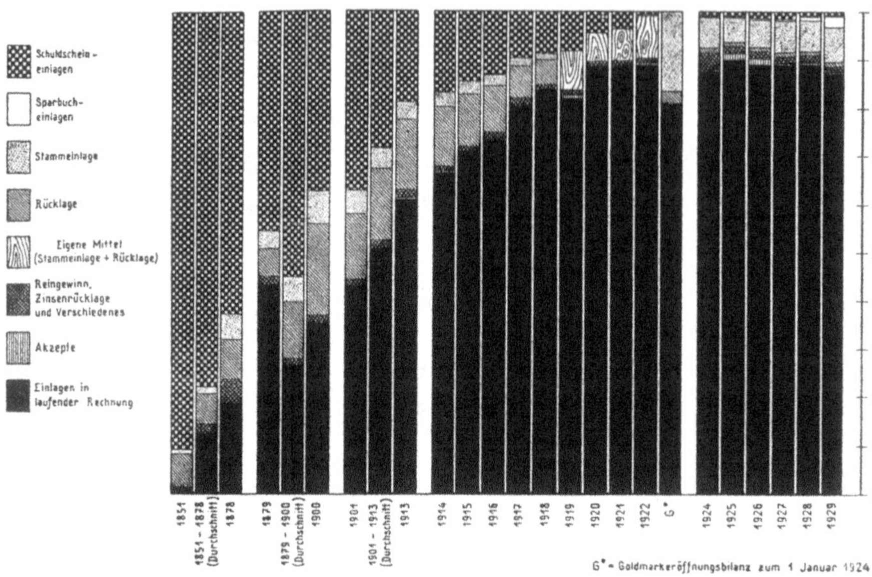

18. VERTEILUNG DER ANLAGEN.

Wechsel und laufende Rechnungen; die Ausleihungen in laufender Rechnung verdrängen die Ausleihungen gegen Schuldurkunden.

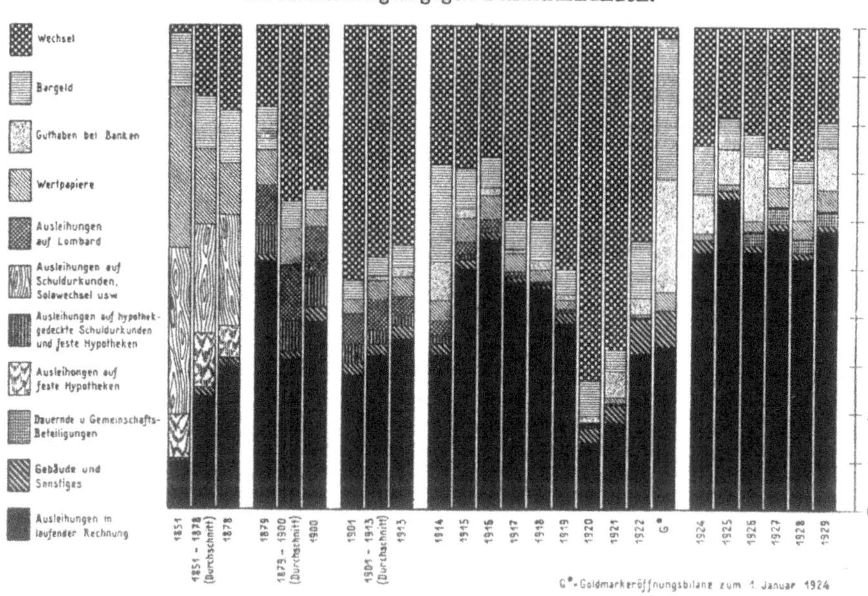

19. HERKUNFT DER BETRIEBSMITTEL.

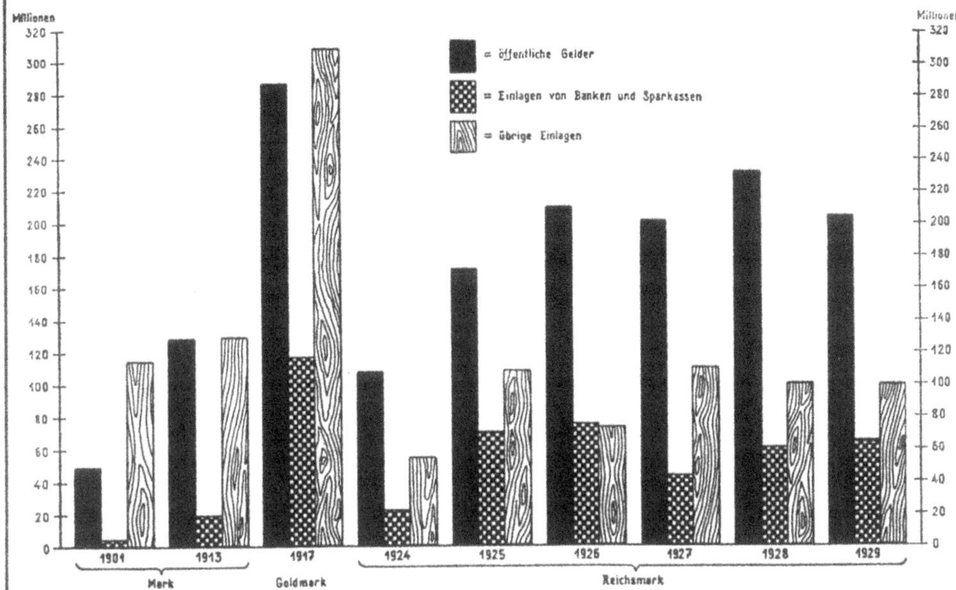

20. DIE ARBEITSLAST WÄHREND DES MARKVERFALLS.

Zahl der Buchungen bei den Staatsbanken München und Nürnberg 1913, 1923, 1929.

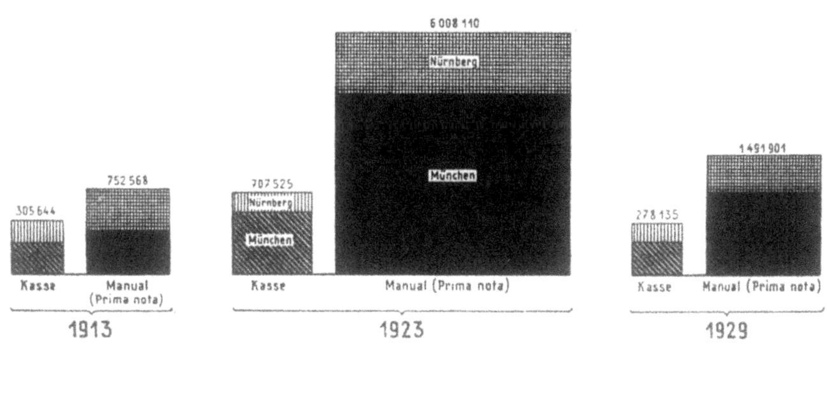

21. VERTEILUNG DES REINGEWINNS AUF DIE NIEDERLASSUNGEN.

Durchschnitt 1924—1929.

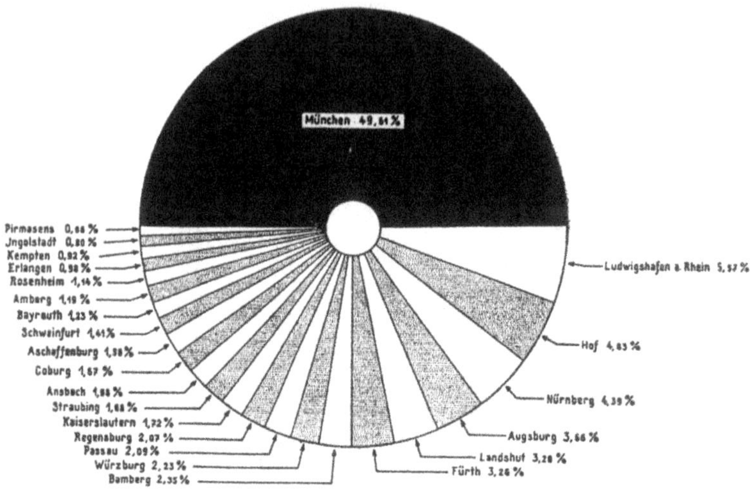

22. VERTEILUNG DER UNKOSTEN AUF DAS DIREKTORIUM UND DIE NIEDERLASSUNGEN.

Durchschnitt 1924—1929.

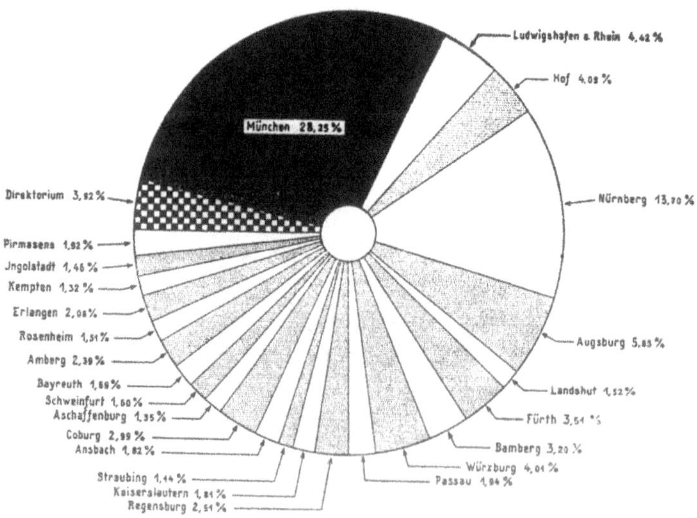

23. VERTEILUNG DES UMSATZES AUF DIE NIEDERLASSUNGEN.

Durchschnitt 1924—1929.

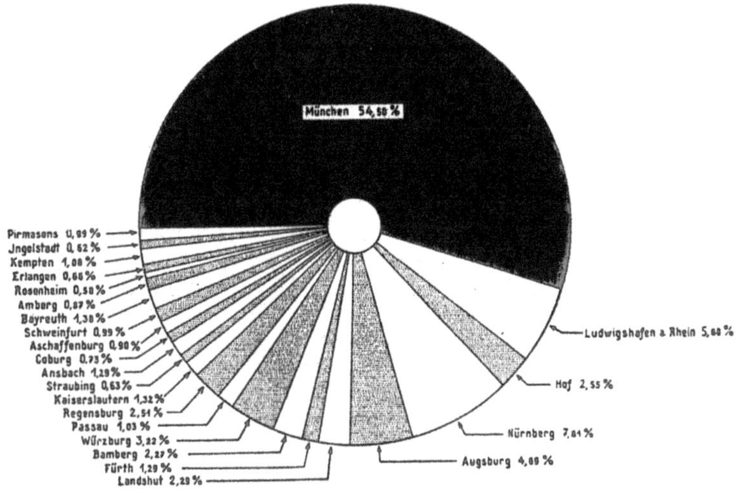

24. WAS LEISTET DIE MASCHINENBUCHHALTUNG?

Bewältigung vermehrter Arbeitslast ohne Vermehrung der Arbeitskräfte.

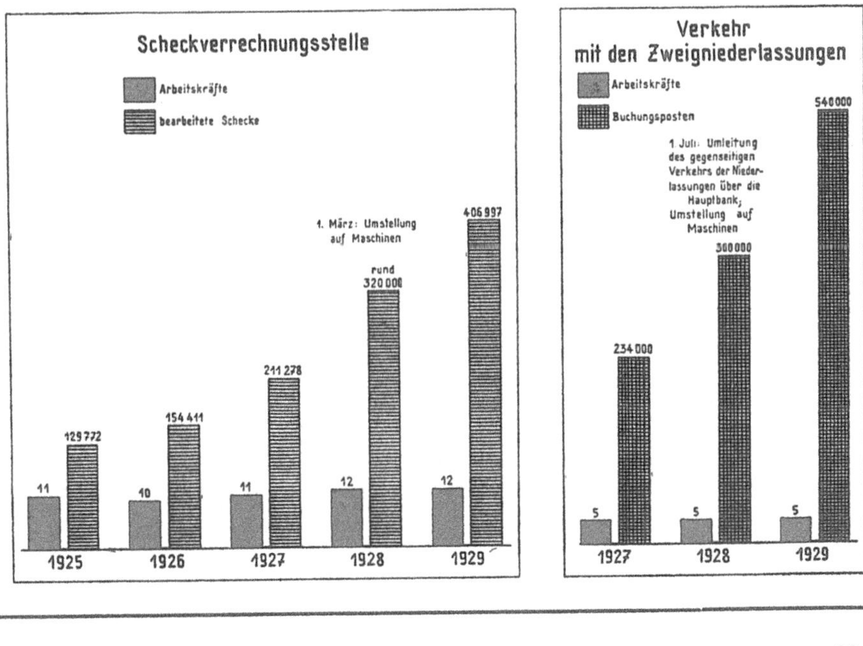

25. ARBEITET DIE STAATSBANK WIRTSCHAFTLICH?

I. Wie verzinst sie ihre eigenen Mittel gegenüber andern Banken?

Reingewinn in Hundertsätzen der eigenen Mittel nach Ausschaltung der teilweisen Steuerbefreiung der Staatsbank.

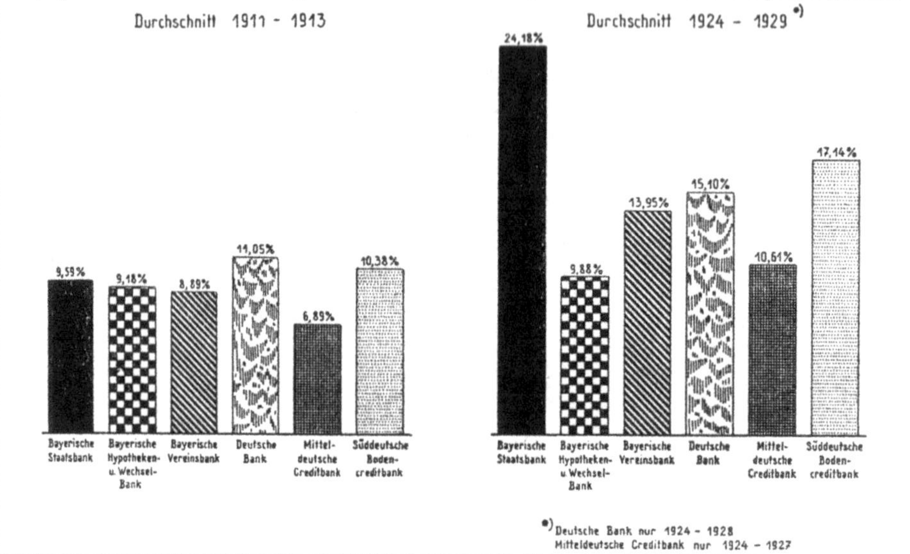

26. ARBEITET DIE STAATSBANK WIRTSCHAFTLICH?

II. Wieviel vom Rohgewinn wird für Verwaltungskosten benötigt?

Verwaltungskosten und Steuern in Hundertsätzen des Rohgewinns. Steuerlast der Staatsbank und anderer Banken.

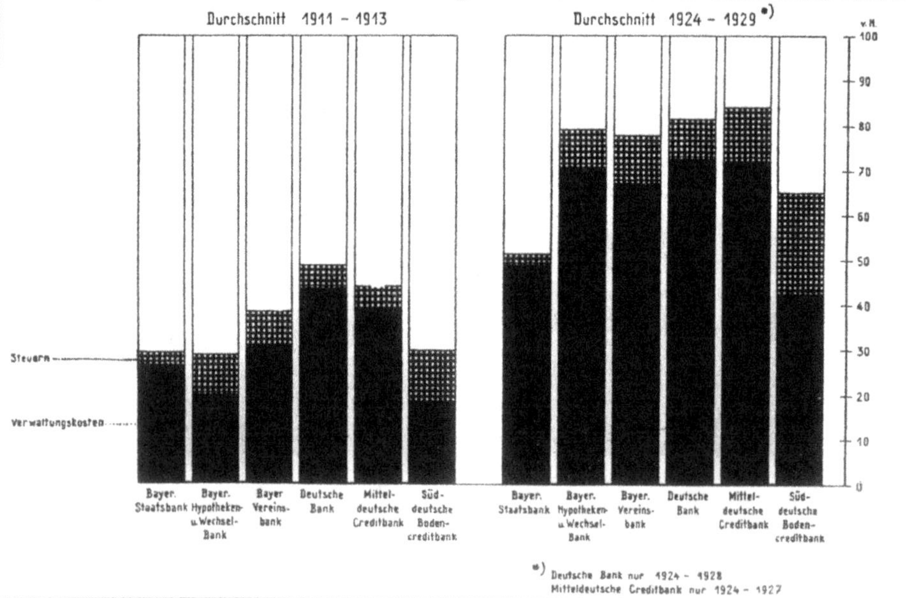

BEMERKUNGEN UND ERLÄUTERUNGEN
ZU DEN SCHAUBILDERN.

ZU 1, 5, 9, 13. BETRIEBSMITTEL.

Bayerische Staatsbank, fremde Mittel: Sämtliche Einlagen einschließlich Schuldschein-, Sparbuch-Einlagen und Akzepte. Im übrigen siehe Zahlentafeln.

Bayerische Hypotheken- und Wechsel-Bank, eigene Mittel: Einschließlich Konto für Personal-Exigenz, Guthaben und Reserve der Pensionsanstalt, ab 1854 einschließlich Guthaben und Reserve der Versicherungsanstalten, Bau- und Einrichtungs-Konto;

ohne Pfandbriefspezialreserven, Reserve für das Güterliquidationsgeschäft und Guthaben der Rentenanstalt.

Bayerische Hypotheken- und Wechselbank, fremde Mittel: Sämtliche Gläubiger einschließlich Depositen, Banknoten und Akzepte; ab 1854 einschließlich Guthaben der Rentenanstalt und unerhobene Dividenden;

ohne Bürgschaftsverpflichtungen.

Bayerische Vereinsbank, eigene Mittel: Einschließlich Konto für Personal-Exigenz und antizipierte Einzahlungen;

ohne Pfandbriefspezialreserven und Steuerreserven.

Bayerische Vereinsbank, fremde Mittel: Sämtliche Gläubiger einschließlich Depositen und Akzepte;

ohne Bürgschaftsverpflichtungen.

ZU 2, 6, 10, 14. WECHSEL.

Bayerische Hypotheken- und Wechsel-Bank: Bis 1854 das ganze Eskomptegeschäft; ab 1855 zum Teil Wertpapiere und Wechsel zusammen.

ZU 3, 7, 11, 15. AUSLEIHUNGEN.

Bayerische Staatsbank: Siehe Zahlentafeln.

Bayerische Hypotheken- und Wechsel-Bank: Ab 1913 ohne Nostroguthaben bei Banken und Bankiers, ohne Bürgschaftsschuldner.

Bayerische Vereinsbank: Ab 1912 ohne Nostroguthaben bei Banken und Bankiers, ohne Bürgschaftsschuldner.

ZU 4, 8, 12. GEWINNE.

Rohgewinne jeweils abzüglich verausgabte Zinsen und Geschäftsgebühren (Provisionen).

Bayerische Staatsbank, Reingewinne: Ab 1879 jeweils nach Abzug der Nebenbezüge der Bankbeamten.

Bayerische Hypotheken- und Wechsel-Bank und Bayerische Vereinsbank: Gewinne einschließlich der Erträgnisse aus dem in den übrigen Schaubildern nicht dargestellten Pfandbrief- und Hypothekengeschäft.

ZU 19. HERKUNFT DER BETRIEBSMITTEL.

Öffentliche Gelder im weitesten Sinne: Einlagen von Reichskassen, Staatskassen, Einlagen der Reichspost, der Reichsbahngesellschaft, der Deutschen Verkehrskreditbank, Einlagen von Gemeinden, Versicherungsträgern, öffentlichen Körperschaften, durchlaufende Gelder öffentlicher Herkunft für Notstandsdarlehen; ohne Einlagen von Sparkassen und gemischtwirtschaftlichen Betrieben.

ZU 25. ARBEITET DIE STAATSBANK WIRTSCHAFTLICH? I.

Die Reingewinne der Staatsbank und der erwerbswirtschaftlichen Banken wurden auf gleichen Nenner gebracht:

Die bezahlten Steuern wurden den Reingewinnen zugeschlagen; dadurch ist die teilweise Steuerbefreiung der Staatsbank ausgeschaltet.

Die aus den Reingewinnen der erwerbswirtschaftlichen Banken verteilten Vorstands- und Aufsichtsrats-Tantièmen, Gratifikationen, Zuweisungen an Pensionsfonds wurden von den Reingewinnen abgezogen; denn bei der Staatsbank sind alle diese Verwaltungskostenteile (Ruhegehälter, Nebenbezüge des Bankkommissärs und der Bankbeamten) vor Ermittlung des Reingewinns abgezogen.

ZU 26. ARBEITET DIE STAATSBANK WIRTSCHAFTLICH? II.

Verwaltungskosten einschließlich der erst bei der Gewinnverteilung bezahlten Verwaltungskosten; siehe zu 25, 3. Absatz.

ZAHLENTAFELN

INHALT:

1a. BETRIEBSMITTEL

Jahr	Stammeinlage		Rücklage		Markgräfl. Privatkonto		Banknoten (Kundschaftseinlagen)	
31. Dez.	fl.	%	fl.	%	fl.	%	fl.	%
1791	115.177	*14,09*	—	—	171.252	*20,95*	500.485	*61,23*
2	125.199	*15,29*	—	—	97.210	*11,87*	433.960	*53,—*
3	154.574	*18,79*	—	—	78.269	*9,51*	496.965	*60,42*
4	168.539	*16,91*	—	—	106.890	*10,72*	655.655	*65,79*
5	199.167	*14,42*	—	—	52.055	*3,77*	672.090	*48,67*
					K. preuß. Privat-Konto			
6	123.000	*4,85*	—	—			1.470.555	*58,04*
7	130.000	*4,83*	—	—			1.030.710	*38,32*
8	227.000	*7,98*	—	—			961.580	*33,83*
9	227.500	*7,88*	57.259	*1,98*	83.576	*2,89*	992.365	*34,42*
1800	227.500	*4,13*	156.806	*2,85*	51.068	*0,92*	1.340.420	*24,38*
1	227.500	*4,95*	100.000	*2,20*	137.756	*2,90*	1.670.425	*36,25*
2	231.000	*5,69*	100.000	*2,46*	56.538	*1,39*	1.507.785	*37,17*
3	227.500	*5,47*	100.000	*2,40*	62.377	*1,50*	1.546.700	*37,22*
4	227.500	*6,59*	131.390	*3,81*	56.538	*1,63*	1.137.030	*32,93*
5	229.250	*6,66*	131.431	*3,82*	42.564	*1,23*	1.211.375	*35,20*
1806*	229.250	*8,70*	131.056	*4,97*	42.564	*1,61*	715.575	*27,17*
Durchschnitt		*9,20*		*3,06*		*5,45*		*42,75*

1b. ANLAGEN

Jahr	Bargeld		Wechsel		Vorübergehende Ausleihungen und Verschiedenes	
31. Dez.	fl.	%	fl.	%	fl.	%
1791	112.793	*13,80*	88.750	*10,86*	42.444	*5,19*
2	107.721	*13,15*	103.103	*12,58*	46.723	*5,70*
3	124.399	*15,13*	110.335	*13,41*	62.773	*7,63*
4	55.053	*5,52*	190.463	*19,12*	60.620	*6,08*
5	43.657	*3,16*	305.212	*22,10*	41.366	*2,99*
6	200.526	*7,91*	—	—	—	—
7	53.373	*1,98*	344.296	*12,80*	99.022	*3,68*
8	42.577	*1,49*	330.628	*11,63*	188.729	*6,64*
9	49.582	*1,72*	326.973	*11,34*	106.762	*3,70*
1800	175.150	*3,19*	583.690	*10,61*	121.721	*2,21*
1	180.638	*3,92*	1.067.195	*23,14*	159.523	*3,46*
2	103.559	*2,55*	682.196	*16,82*	174.737	*4,31*
3	102.269	*2,45*	614.588	*14,79*	146.137	*3,52*
4	46.116	*1,34*	326.955	*9,46*	151.282	*4,38*
5	173.627	*5,04*	215.686	*6,28*	138.334	*4,02*
1806*	34.234	*1,30*	109.448	*4,15*	100.870	*3,83*
Durchschnitt		*5,23*		*13,27*		*4,49*

% = v. H. der gesamten Betriebsmittel bezw. Anlagen. — Die Kreuzerbeträge sind weggelassen; deshalb entsprechen die Quersummen nicht genau den Abschlußsummen.

1791—1806

Schuldscheine (Einlagen von Gerichten und Behörden, Mündelgelder)		Schuldscheine (Stiftungs- und Heiligengelder)		Guthaben auswärtiger Banken und sonstige Einlagen		Abschlußsumme	Jahr
fl.	%	fl.	%	fl.	%	fl.	31. Dez.
—	—	—	—	30.550	*3,73*	817.465	1791
—	—	—	—	162.384	*19,84*	818.753	2
—	—	—	—	92.796	*11,28*	822.605	3
—	—	—	—	65.556	*6,58*	996.641	4
129.530			*9,37*	328.216	*23,77*	1.381.058	5
196.890	*7,77*	340.385	*13,44*	402.770	*15,90*	2.533.600	6
295.825	*11,—*	580.355	*21,57*	653.263	*24,28*	2.690.153	7
350.225	*12,32*	833.400	*29,32*	470.505	*16,55*	2.842.710	8
216.810	*7,52*	761.865	*26,42*	544.689	*18,89*	2.884.066	9
32.270	*0,59*	495.520	*9,—*	3.196.692	*58,13*	5.500.277	1800
11.515	*0,26*	352.420	*7,65*	2.110.775	*45,79*	4.610.392	1
11.515	*0,28*	325.240	*8,02*	1.824.187	*44,99*	4.056.266	2
8.640	*0,21*	336.190	*8,09*	1.874.660	*45,11*	4.156.068	3
8.610	*0,25*	396.155	*11,47*	1.495.815	*43,32*	3.453.038	4
8.610	*0,25*	428.625	*12,46*	1.389.703	*40,38*	3.441.559	5
8.610	*0,33*	263.450	*10,—*	1.243.377	*47,22*	2.633.883	1806
	3,71		*13,90*		*29,11*		

1791—1806

Guthaben bei auswärtigen Banken, Ausleihungen und Wertpapiere		Schuld des Bankkontors Ansbach		Abschlußsumme	Von den Forderungen waren		Jahr
					zweifelhaft	verloren	
fl.	%	fl.	%	fl.	fl.	fl.	31. Dez.
573.476	*70,15*	—	—	817.465	—	—	1791
561.205	*68,57*	—	—	818.753	—	—	2
525.096	*63,83*	—	—	822.605	—	—	3
690.504	*69,28*	—	—	996.641	93.405	—	4
978.182	*70,84*	12.640	*0,91*	1.381.058	90.848	35.305	5
—	—	—	—	2.533.600	83.000	35.025	6
2.166.080	*80,52*	27.379	*1,02*	2.690.153	35.025	—	7
2.246.598	*79,04*	34.175	*1,20*	2.842.710	92.674	—	8
2.364.706	*81,99*	36.042	*1,25*	2.884.066	95.804	—	9
4.558.441	*82,88*	61.272	*1,11*	5.500.277	108.301	712	1800
3.137.283	*68,05*	65.753	*1,43*	4.610.392	100.891	6.439	1
3.040.131	*74,95*	55.641	*1,37*	4.056.266	92.668	12.215	2
3.266.493	*78,60*	26.581	*0,64*	4.156.068	75.555	26.807	3
2.923.809	*84,68*	4.875	*0,14*	3.453.038	74.111	2.900	4
2.896.212	*84,15*	17.698	*0,51*	3.441.559	160.266	93.019	5
2.362.466	*89,69*	26.863	*1,03*	2.633.883	—	—	1806
	76,48		*0,96*				

* 31. August.

2a. BETRIEBSMITTEL

Jahr	Stammeinlage		Rücklage		Nicht erhobene Gewinnanteile †	
31. Dez.	fl.	%	fl.	%	fl.	%
1808*	180.000	*8,75*	48.502	*2,36*	13.474	*0,65*
9	170.000	*15,96*	10.282	*0,97*	23.759	*2,23*
10	150.000	*15,68*	3.915	*0,41*	—	—
1	90.000	*10,13*	2.300	*0,26*	—	—
2	90.000	*10,27*	1.106	*0,13*	—	—
3	90.000	*10,04*	59	*0,01*	—	—
4*	90.000	—	—	—	—	—
5	90.000	*7,35*	2.234	*0,18*	—	—
6	90.000	*5,85*	8.140	*0,53*	—	—
7	95.000	*6,31*	15.230	*1,01*	—	—
8	93.500	*6,40*	14.480	*0,99*	—	—
9	93.500	*5,66*	20.931	*1,27*	—	—
20	93.500	*5,20*	30.174	*1,68*	—	—
1	93.500	*4,98*	36.438	*1,94*	—	—
2	93.500	*5,45*	43.414	*2,53*	4.060	*0,24*
3	93.500	*4,84*	56.039	*2,90*	14.768	*0,77*
4	93.500	*4,51*	62.245	*3,—*	29.363	*1,42*
5	125.500	*5,68*	62.185	*2,81*	23.761	*1,08*
6	125.500	*6,42*	60.975	*3,12*	36.148	*1,85*
7	125.500	*6,21*	96.150	*4,76*	—	—
8	125.500	*5,08*	117.916	*4,77*	22.581	*0,91*
9	125.500	*3,89*	146.672	*4,55*	27.307	*0,85*
30	125.500	*3,20*	169.379	*4,32*	23.524	*0,59*
1	125.500	*2,91*	186.662	*4,33*	20.219	*0,47*
2	125.500	*2,44*	227.378	*4,42*	31.087	*0,60*
3	125.500	*2,28*	267.784	*4,87*	39.823	*0,72*
4	125.500	*1,95*	311.513	*4,83*	49.519	*0,77*
5	125.500	*1,73*	366.685	*5,05*	—	—
6	125.500	*1,64*	414.524	*5,43*	—	—
7	125.500	*1,64*	467.755	*6,12*	—	—
8	125.500	*1,61*	521.840	*6,69*	—	—
9	125.500	*1,60*	566.745	*7,24*	—	—
40	125.500	*1,58*	612.845	*7,70*	—	—
1	125.500	*1,46*	666.294	*7,78*	—	—
2	125.500	*1,36*	714.751	*7,76*	—	—
3	125.500	*1,23*	786.296	*7,68*	—	—
4	125.500	*1,16*	864.540	*8,—*	—	—
5	125.500	*1,10*	911.879	*8,04*	—	—
6	125.500	*1,19*	955.590	*9,09*	—	—
7	125.500	*1,12*	1.010.838	*9,06*	—	—
8	125.500	*1,21*	1.058.332	*10,17*	—	—
9	125.500	*0,99*	1.078.833	*8,45*	—	—
1850	125.500	*0,76*	1.124.189	*6,74*	—	—
	Durchschnitt . .	*4,50*		*4,38*		*0,94*

% = v. H. der gesamten Betriebsmittel. — Die Kreuzerbeträge sind weggelassen; deshalb entsprechen die Quersummen nicht genau den Abschlußsummen.

1808—1850

Banknoten (Kundschafts-einlagen)		Schuldscheine (Einlagen von Gerichten und Behörden, Mündelgelder)		Guthaben auswärtiger Banken und sonstige Einlagen		Abschluß-summe
fl.	%	fl.	%	fl.	%	fl.
523.885	25,46	263.070	12,77	1.028.710	50,01	2.057.641
433.075	40,65	189.935	17,83	238.210	22,36	1.065.261
442.520	46,24	221.720	23,17	138.733	14,50	956.888
413.265	46,54	240.690	27,11	141.721	15,96	887.976
414.670	47,36	250.050	28,56	119.750	13,68	875.576
362.865	40,49	209.260	23,35	233.957	26,11	896.141
408.145	—	260.025	—	—	—	—
537.730	43,90	376.735	30,76	218.167	17,81	1.224.866
667.310	43,42	522.555	34,—	249.045	16,20	1.537.050
626.380	41,59	473.340	31,43	296.228	19,66	1.506.178
652.715	44,65	450.365	30,80	250.812	17,16	1.461.872
830.955	50,33	444.310	26,90	261.482	15,84	1.651.178
907.150	50,48	386.010	21,48	380.172	21,16	1.797.007
960.275	51,09	480.310	25,55	308.939	16,44	1.879.462
1.000.230	58,26	518.395	30,21	56.731	3,31	1.716.331
1.147.955	59,46	530.430	27,47	88.051	4,56	1.930.744
1.236.445	59,65	556.210	26,84	94.835	4,58	2.072.598
1.320.935	59,76	536.280	24,27	141.504	6,40	2.210.166
1.269.565	64,96	405.375	20,74	56.937	2,91	1.954.501
1.315.815	65,06	413.355	20,44	71.429	3,53	2.022.249
1.639.970	66,36	497.055	20,12	68.252	2,76	2.471.275
2.139.940	66,39	722.610	22,41	61.443	1,91	3.223.472
2.561.700	65,27	968.955	24,68	76.060	1,94	3.925.119
2.755.020	63,94	1.124.135	26,09	97.371	2,26	4.308.908
2.843.535	55,27	1.268.220	24,64	650.048	12,63	5.145.769
3.170.740	57,62	1.786.990	32,47	111.983	2,04	5.502.817
3.648.855	56,61	2.218.910	34,43	91.323	1,41	6.445.622
4.265.405	58,81	2.342.190	32,28	153.834	2,13	7.253.614
4.264.885	55,82	2.568.775	33,62	266.907	3,49	7.640.591
3.994.430	52,29	2.865.660	37,53	184.595	2,42	7.637.941
3.996.885	51,23	3.027.695	38,82	128.426	1,65	7.800.346
4.093.160	52,31	2.882.240	36,82	158.895	2,03	7.826.540
4.343.000	54,58	2.767.135	34,77	108.908	1,37	7.957.388
4.568.845	53,33	2.974.805	34,72	231.783	2,71	8.567.227
5.076.770	55,12	3.120.615	33,89	171.981	1,87	9.209.617
5.134.900	50,16	3.515.625	34,34	674.989	6,59	10.237.310
5.362.185	49,62	3.205.155	29,66	1.248.690	11,56	10.806.070
5.647.825	49,78	3.450.995	30,41	1.210.781	10,67	11.346.980
5.925.615	56,36	3.343.090	31,79	164.748	1,57	10.514.543
6.158.960	55,23	3.588.315	32,17	268.411	2,42	11.152.024
4.278.315	41,10	3.019.690	29,—	1.927.986	18,52	10.409.823
5.387.280	42,18	3.498.550	27,40	2.680.241	20,98	12.770.404
6.153.290	36,86	3.930.949	23,55	5.356.206	32,09	16.690.134
	52,04		28,32		10,46	

† 1808/09 K. preuß. Privatkonto. 1822/26 K. bayer. Privatkonto. 1828/31 Rechnung der Staatsschuldentilgungsanstalt. 1832/34 Rechnung der Staatshauptkasse. — * Die Abschlüsse für die Jahre 1806, 1807 und 1814 sind nicht auffindbar.

2b. ANLAGEN

Jahr	K. bayer. Privat-Konto (nicht einbezahlte Stammeinlage)		Bargeld		Wechsel	
31. Dez.	fl.	%	fl.	%	fl.	%
1808*	107.278	*5,21*	7.552	*0,36*	91.081	*4,42*
9	108.057	*10,14*	23.989	*2,25*	36.436	*3,42*
10	84.857	*8,87*	15.729	*1,65*	28.677	*2,99*
1	43.116	*4,86*	36.449	*4,10*	36.327	*4,09*
2	45.254	*5,16*	37.034	*4,23*	27.064	*3,09*
3	45.218	*5,05*	18.169	*2,03*	13.386	*1,49*
4*	—	—	—	—	43.692	—
5	44.623	*3,64*	54.264	*4,43*	108.729	*8,87*
6	41.220	*2,67*	78.408	*5,10*	153.713	*10,00*
7	36.442	*2,43*	25.871	*1,72*	61.058	*4,05*
8	33.349	*2,28*	60.173	*4,12*	41.734	*2,85*
9	28.735	*1,74*	65.228	*3,95*	52.831	*3,20*
20	21.977	*1,22*	102.987	*5,73*	77.491	*4,31*
1	14.130	*0,75*	145.771	*7,76*	105.627	*5,62*
2	—	—	81.324	*4,74*	108.076	*6,30*
3	—	—	72.480	*3,75*	116.710	*6,04*
4	—	—	78.831	*3,81*	67.650	*3,26*
5	—	—	144.956	*6,56*	164.399	*7,44*
6	—	—	75.724	*3,87*	90.163	*4,61*
7	—	—	132.840	*6,57*	130.667	*6,46*
8	—	—	197.684	*7,99*	189.690	*7,68*
9	—	—	225.392	*6,99*	106.863	*3,32*
30	—	—	372.067	*9,48*	123.715	*3,15*
1	—	—	207.486	*4,81*	146.354	*3,40*
2	—	—	216.375	*4,21*	185.791	*3,61*
3	—	—	347.486	*6,32*	416.604	*7,57*
4	—	—	668.876	*10,37*	255.658	*3,97*
5	—	—	238.514	*3,29*	194.146	*2,68*
6	—	—	563.369	*7,37*	168.224	*2,20*
7	—	—	464.140	*6,08*	235.085	*3,08*
8	—	—	399.365	*5,12*	229.671	*2,95*
9	—	—	641.241	*8,19*	251.265	*3,21*
40	—	—	545.010	*6,85*	295.949	*3,72*
1	—	—	500.512	*5,84*	283.622	*3,31*
2	—	—	779.597	*8,46*	164.781	*1,79*
3	—	—	1.088.084	*10,63*	126.444	*1,24*
4	—	—	1.281.737	*11,86*	140.548	*1,30*
5	—	—	1.038.448	*9,15*	267.179	*2,36*
6	—	—	736.737	*7,01*	79.995	*0,76*
7	—	—	796.895	*7,15*	71.057	*0,63*
8	—	—	786.993	*7,55*	49.753	*0,48*
9	—	—	863.668	*6,76*	83.240	*0,65*
1850	—	—	688.612	*4,13*	146.843	*0,88*
	Durchschnitt . .	*4,16*		*5,77*		*3,73*

% = v. H. der gesamten Anlagen. — Die Kreuzerbeträge sind weggelassen; deshalb entsprechen die Quersummen nicht genau den Abschlußsummen.

1808—1850

Wertpapiere †		Guthaben bei auswärtigen Banken, Ausleihungen und Verschiedenes		Schuld der Zweigniederlassungen		Abschluß-summe
fl.	%	fl.	%	fl.	%	fl.
—	—	1.834.901	*89,19*	16.827	*0,82*	2.057.641
—	—	876.037	*82,24*	20.741	*1,95*	1.065.261
—	—	808.370	*84,48*	19.253	*2,01*	956.888
—	—	760.478	*85,64*	11.604	*1,31*	887.976
110.476	*12,62*	642.195	*73,35*	13.549	*1,55*	875.576
114.969	*12,83*	692.221	*77,24*	12.175	*1,36*	896.141
—	—	—	—	—	—	—
118.468	*9,68*	871.803	*71,18*	26.977	*2,20*	1.224.866
171.089	*11,13*	1.071.721	*69,75*	20.896	*1,35*	1.537.050
181.903	*12,07*	1.175.131	*78,02*	25.771	*1,71*	1.506.178
155.495	*10,64*	1.146.992	*78,46*	24.127	*1,65*	1.461.872
148.509	*8,98*	1.332.564	*80,72*	23.309	*1,41*	1.651.178
451.629	*25,13*	1.126.785	*62,72*	16.136	*0,89*	1.797.007
334.769	*17,81*	1.243.320	*66,15*	35.843	*1,91*	1.879.462
460.820	*26,85*	1.025.839	*59,77*	40.270	*2,34*	1.716.331
519.102	*26,88*	1.184.651	*61,37*	37.799	*1,96*	1.930.744
331.519	*15,99*	1.540.624	*74,34*	53.972	*2,60*	2.072.598
327.063	*14,80*	1.525.143	*69,00*	48.604	*2,20*	2.210.166
557.904	*28,58*	1.184.267	*60,56*	46.442	*2,38*	1.954.501
659.955	*32,64*	1.074.997	*53,15*	23.788	*1,18*	2.022.249
822.274	*33,27*	1.174.792	*47,55*	86.833	*3,51*	2.471.275
1.503.234	*46,63*	1.300.383	*40,34*	87.597	*2,72*	3.223.472
1.564.268	*39,94*	1.738.412	*44,21*	126.655	*3,22*	3.925.119
1.944.539	*45,13*	1.938.848	*45,00*	71.679	*1,66*	4.308.908
2.063.059	*40,01*	2.579.323	*50,20*	101.219	*1,97*	5.145.769
2.419.750	*43,97*	2.229.420	*40,50*	89.555	*1,64*	5.502.817
3.315.766	*51,45*	2.095.798	*32,51*	109.521	*1,70*	6.445.622
4.388.010	*60,49*	2.310.726	*31,85*	122.216	*1,69*	7.253.614
4.567.087	*59,78*	2.259.982	*29,57*	81.927	*1,08*	7.640.591
4.597.413	*60,19*	2.250.344	*29,46*	90.957	*1,19*	7.637.941
4.546.930	*58,29*	2.516.217	*32,25*	108.161	*1,39*	7.800.346
4.028.181	*51,47*	2.797.931	*35,75*	107.921	*1,38*	7.826.540
4.067.719	*51,12*	2.950.498	*37,07*	98.210	*1,24*	7.957.388
4.142.649	*48,36*	3.509.649	*40,96*	130.793	*1,53*	8.567.227
4.623.078	*50,20*	3.552.842	*38,58*	89.317	*0,97*	9.209.617
5.241.190	*51,19*	3.701.797	*36,16*	79.794	*0,78*	10.237.310
5.170.584	*47,86*	3.957.450	*36,61*	255.750	*2,37*	10.806.070
5.129.865	*45,20*	4.680.305	*41,25*	231.181	*2,04*	11.346.980
5.217.869	*49,63*	4.299.425	*40,88*	180.513	*1,72*	10.514.543
5.179.296	*46,44*	4.868.290	*43,66*	236.484	*2,12*	11.152.024
5.058.513	*48,60*	4.148.450	*39,85*	366.114	*3,52*	10.409.823
5.037.058	*39,44*	6.304.109	*49,37*	482.329	*3,78*	12.770.404
5.736.395	*34,37*	9.453.857	*56,64*	664.427	*3,98*	16.690.134
	36,04		*54,73*		*1,90*	

† Für die Jahre 1808—1811 sind die Wertpapiere nicht ausscheidbar; sie sind in „Guthaben bei auswärtigen Banken, Ausleihungen und Verschiedenes" enthalten. — * Die Abschlüsse für 1806, 1807 und 1814 sind nicht auffindbar.

3a. BETRIEBSMITTEL

Jahr	Stammeinlage (Stammkapital. Dotationskapital, Pensionsfonds, Kautionskapital)		Rücklage		Banknoten (täglich fällige Kundschaftseinlagen)		Anlehensscheine (Einlagen auf Kündigung) *	
31. Dez.	fl.	%	fl.	%	fl.	%	fl.	%
1851	142.681	*0,83*	1.176.946	*6,87*	7.372.425	*43,03*	—	—
2	141.708	*0,82*	1.242.423	*7,14*	6.672.460	*38,32*	—	—
3	149.403	*0,75*	1.308.647	*6,58*	6.619.430	*33,29*	—	—
4	148.651	*0,67*	1.429.428	*6,41*	5.757.550	*25,96*	1.559.940	*7,03*
5	152.167	*0,56*	1.558.057	*5,76*	4.406.755	*16,30*	8.279.733	*30,62*
6	156.460	*0,42*	1.785.531	*4,73*	3.853.288	*10,20*	14.814.974	*39,18*
7	166.342	*0,45*	1.949.785	*5,21*	4.208.885	*11,27*	16.818.340	*45,00*
8	169.762	*0,43*	2.116.829	*5,38*	4.132.783	*10,52*	19.195.465	*48,80*
9	171.177	*0,40*	2.283.773	*5,23*	4.391.733	*10,05*	21.444.178	*49,08*
60	171.620	*0,31*	2.439.992	*4,40*	5.561.378	*10,02*	27.831.277	*50,15*
1	176.634	*0,30*	2.513.159	*4,24*	6.263.743	*10,57*	31.384.968	*52,96*
2	177.231	*0,27*	2.542.932	*3,87*	7.547.413	*11,49*	34.302.443	*52,20*
3	178.795	*0,26*	2.681.863	*3,96*	5.920.953	*8,75*	*14.166.978* 35.272.406	*52,09*
4	182.320	*0,29*	2.858.915	*4,58*	4.124.523	*6,61*	*14.071.370* 34.284.933	*54,92*
5	184.995	*0,33*	2.981.667	*5,28*	3.704.918	*6,56*	*12.799.827* 30.919.315	*54,73*
6	187.018	*0,35*	3.081.195	*5,79*	3.872.393	*7,28*	*9.301.589* 25.596.902	*48,09*
7	190.040	*0,32*	3.187.647	*5,45*	4.885.158	*8,34*	*7.908.793* 27.683.141	*47,29*
8	340.454	*0,51*	3.273.445	*4,95*	5.017.793	*7,59*	*6.753.383* 26.549.996	*40,13*
9	499.698	*0,97*	3.374.452	*6,58*	4.028.688	*7,85*	*4.684.880* 22.653.953	*44,15*
70	743.765	*1,54*	3.530.978	*7,30*	3.011.328	*6,23*	*3.865.519* 15.558.987	*32,17*
1	1.010.906	*1,95*	3.694.704	*7,14*	3.961.253	*7,66*	*4.994.505* 18.255.698	*35,30*
2	1.309.034	*2,57*	3.867.599	*7,60*	3.407.358	*6,69*	*5.700.295* 19.729.878	*38,76*
3	1.715.140	*2,77*	3.974.503	*6,41*	3.769.058	*6,08*	*6.470.550* 21.761.798	*35,11*
4	2.065.508	*3,22*	4.398.608	*6,86*	4.338.188	*6,76*	*5.594.110* 22.583.768	*35,23*
1875	2.427.031	*4,26*	4.821.402	*8,45*	3.862.128	*6,77*	*4.777.324* 22.937.820	*40,21*
	Mark	%	Mark	%	Mark	%	Mark	%
1875	4.160.124	*4,26*	8.265.260	*8,45*	6.620.791	*6,77*	*8.189.698* 39.321.977	*40,21*
6	4.277.479	*4,35*	8.793.771	*8,94*	6.599.246	*6,71*	*9.679.506* 41.139.912	*41,84*
7	4.395.479	*4,43*	8.604.664	*8,66*	5.543.477	*5,58*	*7.649.300* 38.831.892	*39,10*
1878	4.519.413	*5,24*	7.010.923	*8,13*	4.794.619	*5,56*	*7.910.685* 36.740.701	*42,63*
	Durchschnitt	*1,41*		*6,14*		*12,22*		*42,27*

% = v. H. der gesamten Betriebsmittel. — Die Kreuzer- und Pfennigbeträge sind weggelassen; deshalb entsprechen die Quersummen nicht genau den Abschlußsummen. — Ohne Verkehr der Hauptbank mit den Zweigniederlassungen.

1851—1878

Schuldscheine (Einlagen von Gerichten und Behörden, Mündelgelder)		Einlagen in laufender Rechnung		Verschiedenes		Abschluß-summe	Jahr
fl.	%	fl.	%	fl.	%	fl.	31. Dez.
8.219.543	*47,97*	123.099	*0,72*	99.384	*0,58*	17.134.078	1851
8.644.736	*49,67*	632.326	*3,63*	73.669	*0,42*	17.407.322	2
10.850.467	*54,58*	888.128	*4,46*	67.367	*0,34*	19.883.422	3
12.253.331	*55,24*	886.172	*4,00*	152.250	*0,69*	22.187.322	4
11.043.562	*40,82*	1.415.930	*5,23*	193.125	*0,71*	27.049.336	5
11.560.179	*30,59*	5.338.437	*14,12*	288.377	*0,76*	37.797.252	6
10.452.017	*27,96*	3.398.707	*9,09*	384.048	*1,02*	37.378.131	7
10.947.483	*27,84*	2.389.873	*6,08*	373.787	*0,95*	39.325.988	8
11.770.668	*26,95*	3.257.702	*7,45*	368.989	*0,84*	43.688.226	9
13.306.765	*23,99*	5.874.201	*10,58*	305.001	*0,55*	55.490.239	60
13.744.696	*23,19*	4.950.454	*8,36*	227.740	*0,38*	59.261.400	1
14.280.273	*21,73*	6.559.770	*9,98*	303.961	*0,46*	65.714.023	2
13.880.107	*20,50*	7.636.267	*11,28*	2.141.035	*3,16*	67.711.423	3
13.582.145	*21,75*	6.751.819	*10,82*	645.434	*1,03*	62.430.096	4
12.445.083	*22,04*	5.427.075	*9,61*	821.356	*1,45*	56.484.416	5
12.515.011	*23,53*	6.747.252	*12,68*	1.213.131	*2,28*	53.212.909	6
12.716.798	*21,73*	7.450.358	*12,73*	2.423.648	*4,14*	58.536.797	7
12.883.038	*19,47*	15.873.758	*23,99*	2.226.211	*3,36*	66.164.704	8
12.356.779	*24,09*	6.157.821	*12,01*	2.234.059	*4,35*	51.305.458	9
16.453.616	*34,02*	6.930.398	*14,33*	2.132.175	*4,41*	48.361.254	70
12.252.592	*23,68*	10.620.690	*20,52*	1.941.779	*3,75*	51.737.627	1
9.680.731	*19,02*	10.837.431	*21,29*	2.069.857	*4,07*	50.901.895	2
10.768.217	*17,38*	17.913.290	*28,00*	2.074.406	*3,35*	61.976.417	3
17.503.682	*27,30*	11.202.817	*17,52*	1.999.173	*3,11*	64.091.751	4
13.254.641	*23,23*	9.322.845	*16,34*	422.306	*0,74*	57.048.180	1875
Mark	%	Mark	%	Mark	%	Mark	
22.722.241	*23,23*	15.982.090	*16,34*	723.953	*0,74*	97.796.880	1875
22.884.964	*23,27*	13.116.359	*13,34*	1.521.768	*1,55*	98.333.510	6
19.317.059	*19,45*	20.383.467	*20,52*	2.248.846	*2,26*	99.324.897	7
12.678.695	*14,72*	15.994.876	*18,56*	4.444.983	*5,16*	86.184.223	1878
	28,06		*12,43*		*2,00*		

* Die Zahlen in Schrägschrift stellen die in den Steilschriftzahlen enthaltenen Anlehensscheine von öffentlichen Kassen und Behörden dar.

3b. ANLAGEN

Jahr	Bargeld		Wechsel		Wertpapiere		Aus- Laufende Rechnungen†	
31. Dez.	fl.	%	fl.	%	fl.	%	fl.	%
1851	1.861.860	*10,87*	314.389	*1,83*	5.728.465	*33,43*	1.687.223	*9,85*
2	1.232.035	*7,08*	397.319	*2,28*	4.906.641	*28,19*	2.027.370	*11,65*
3	1.141.878	*5,74*	899.037	*4,52*	5.514.448	*27,73*	3.631.521	*18,27*
4	1.036.714	*4,67*	764.402	*3,45*	5.266.696	*23,74*	4.080.130	*18,39*
5	1.953.023	*7,22*	1.772.731	*6,56*	5.413.075	*20,01*	6.354.010	*23,49*
6	2.765.158	*7,32*	4.621.876	*12,22*	6.013.018	*15,91*	10.640.035	*28,15*
7	2.719.517	*7,28*	2.664.145	*7,13*	6.049.100	*16,19*	11.573.350	*30,95*
8	2.951.966	*7,51*	4.334.529	*11,02*	5.986.891	*15,23*	11.094.359	*28,20*
9	6.123.915	*14,02*	4.027.080	*9,21*	7.736.224	*17,71*	11.670.066	*26,71*
60	12.288.528	*22,15*	6.201.662	*11,17*	10.035.135	*18,09*	11.835.606	*21,33*
1	10.444.519	*17,62*	10.965.338	*18,51*	10.092.053	*17,03*	11.964.648	*20,18*
2	7.495.228	*11,41*	11.652.629	*17,73*	12.912.391	*19,65*	12.758.961	*19,42*
3	5.802.324	*8,57*	11.505.130	*17,00*	12.333.533	*18,21*	15.077.356	*22,27*
4	5.684.206	*9,11*	10.034.179	*16,07*	10.113.222	*16,19*	13.705.636	*21,96*
5	4.529.912	*8,02*	9.886.126	*17,50*	8.305.805	*14,71*	12.564.319	*22,24*
6	10.848.529	*20,39*	4.363.109	*8,20*	6.983.016	*13,12*	11.256.372	*21,16*
7	11.617.589	*19,85*	8.723.667	*14,90*	6.548.382	*11,19*	12.701.716	*21,70*
8	9.225.890	*13,94*	14.390.889	*21,75*	6.124.636	*9,26*	18.933.372	*28,61*
9	4.775.249	*9,31*	9.705.987	*18,92*	5.907.218	*11,51*	12.705.132	*24,77*
70	5.018.128	*10,38*	6.509.932	*13,46*	6.105.029	*12,63*	12.712.804	*26,28*
1	5.712.645	*11,04*	11.495.999	*22,21*	5.391.870	*10,43*	12.178.904	*23,54*
2	4.305.386	*8,46*	9.911.362	*19,47*	5.337.023	*10,48*	13.588.619	*26,70*
3	5.724.326	*9,24*	16.844.401	*27,18*	5.210.451	*8,41*	14.332.691	*23,12*
4	5.153.326	*8,04*	19.873.831	*31,00*	5.109.918	*7,97*	15.325.456	*23,92*
1875	8.795.413	*15,42*	12.052.143	*21,12*	5.725.991	*10,04*	13.853.219	*24,28*
	Mark	%	Mark	%	Mark	%	Mark	%
1875	15.077.851	*15,42*	20.660.816	*21,12*	9.815.984	*10,04*	23.748.375	*24,28*
6	11.947.665	*12,15*	21.990.295	*22,36*	10.146.558	*10,32*	23.847.666	*24,26*
7	10.013.659	*10,08*	19.273.455	*19,40*	11.746.493	*11,83*	31.038.457	*31,25*
1878	9.365.140	*10,86*	15.326.320	*17,79*	9.316.256	*10,81*	25.302.527	*29,36*
	Durchschnitt	*10,99*		*14,78*		*15,72*		*23,28*

% = v. H. der gesamten Anlagen. — Die Kreuzer- und Pfennigbeträge sind weggelassen; deshalb entsprechen die Quersummen nicht genau den Abschlußsummen. — † Ohne Verkehr der Hauptbank mit den Zweigniederlassungen.

1851—1878

leihungen								
Schuldurkunden, Solawechsel usw.		Feste Hypotheken		Gebäude, Einrichtung und Verschiedenes		Abschlußsumme	Jahr
fl.	%	fl.	%	fl.	%	fl.	31. Dez.
5.931.536	*34,62*	1.534.574	*8,96*	76.020	*0,44*	17.134.078	1851
6.806.992	*39,10*	1.969.045	*11,31*	67.920	*0,39*	17.407.322	2
5.189.540	*26,10*	3.330.196	*16,75*	176.822	*0,89*	19.883.442	3
5.635.977	*25,40*	3.447.250	*15,53*	1.956.153	*8,82*	22.187.322	4
5.605.240	*20,72*	4.202.009	*15,53*	1.749.241	*6,47*	27.049.336	5
7.733.807	*20,46*	4.386.313	*11,61*	1.637.041	*4,33*	37.797.252	6
9.364.158	*25,05*	4.558.225	*12,20*	449.631	*1,20*	37.378.131	7
9.887.337	*25,14*	4.569.555	*11,62*	501.345	*1,28*	39.325.988	8
8.845.052	*20,25*	4.792.475	*10,97*	493.411	*1,13*	43.688.226	9
8.604.801	*15,50*	6.109.931	*11,01*	414.568	*0,75*	55.490.239	60
8.583.208	*14,49*	6.717.216	*11,34*	494.418	*0,83*	59.261.400	1
12.221.552	*18,60*	8.005.283	*12,18*	667.974	*1,01*	65.714.023	2
13.674.944	*20,19*	8.697.114	*12,84*	621.012	*0,92*	67.711.423	3
14.069.180	*22,54*	8.106.901	*12,98*	716.767	*1,15*	62.430.096	4
12.966.904	*22,96*	7.722.132	*13,67*	509.212	*0,90*	56.484.416	5
11.785.037	*22,15*	7.480.514	*14,05*	496.326	*0,93*	53.212.909	6
11.182.116	*19,10*	7.265.239	*12,41*	498.083	*0,85*	58.536.797	7
10.087.693	*15,25*	6.902.019	*10,43*	500.200	*0,76*	66.164.704	8
11.106.804	*21,65*	6.626.486	*12,91*	478.576	*0,93*	51.305.458	9
11.312.383	*23,39*	6.203.851	*12,83*	499.121	*1,03*	48.361.254	70
10.608.770	*20,51*	5.850.647	*11,31*	498.787	*0,96*	51.737.627	1
11.925.334	*23,44*	5.336.065	*10,48*	498.101	*0,97*	50.901.895	2
14.601.565	*23,55*	4.822.555	*7,78*	440.423	*0,72*	61.976.417	3
13.835.560	*21,59*	4.295.873	*6,70*	497.783	*0,78*	64.091.751	4
11.808.007	*20,70*	3.911.503	*6,86*	901.898	*1,58*	57.048.180	1875
Mark	%	Mark	%	Mark	%	Mark	
20.242.298	*20,70*	6.705.434	*6,86*	1.546.111	*1,58*	97.796.880	1875
22.209.224	*22,58*	6.634.924	*6,75*	1.557.174	*1,58*	98.333.510	6
19.372.461	*19,50*	6.313.220	*6,36*	1.567.148	*1,58*	99.324.897	7
19.693.488	*22,85*	5.614.360	*6,51*	1.566.127	*1,82*	86.184.223	1878
	22,41		*11,21*		*1,61*		

† Einschließlich Guthaben bei auswärtigen Banken.

4a. BETRIEBSMITTEL

Jahr	Stammeinlage (Stammkapital, Dotationskapital, Kautionskapital, Pensionsfonds)		Rücklage		Schuldscheine (Kundschaftseinlagen)	
31. Dez.	Mark	%	Mark	%	Mark	%
1879	4.549.942	*3,52*	7.469.652	*5,78*	36.510.391	*28,27*
80	4.660.667	*5,36*	7.909.498	*9,10*	37.040.181	*42,60*
1	4.791.487	*5,31*	8.409.968	*9,32*	39.410.705	*43,66*
2	4.926.232	*5,34*	8.827.692	*9,57*	38.251.968	*41,49*
3	5.065.018	*5,30*	9.389.653	*9,82*	37.061.390	*38,77*
4	5.207.969	*5,08*	9.806.213	*9,56*	38.151.986	*37,19*
5	5.355.208	*4,83*	10.288.360	*9,28*	39.806.770	*35,91*
6	5.456.312	*4,96*	10.636.631	*9,68*	34.144.621	*31,05*
7	5.559.439	*4,84*	11.195.921	*9,75*	29.153.314	*25,41*
8	5.664.627	*4,83*	11.837.515	*10,10*	26.302.474	*22,44*
9	5.771.920	*4,35*	12.668.150	*9,55*	24.859.319	*18,74*
90	5.881.358	*3,92*	13.874.709	*9,25*	21.905.509	*14,60*
1	5.992.985	*4,18*	14.942.695	*10,41*	23.820.404	*16,61*
2	6.106.845	*4,52*	15.746.403	*11,68*	24.113.235	*17,88*
3	6.222.982	*5,20*	16.794.032	*14,02*	23.891.155	*19,96*
4	6.341.442	*5,11*	17.556.307	*14,14*	29.250.935	*23,55*
5	6.462.271	*5,30*	18.230.958	*14,95*	27.229.545	*22,33*
6	6.585.516	*4,77*	19.258.359	*13,95*	26.042.567	*18,86*
7	6.711.226	*5,16*	20.407.123	*15,70*	26.451.825	*20,34*
8	6.839.451	*5,09*	21.909.109*	*16,30*	25.876.240	*19,26*
9	6.970.240	*4,72*	23.931.454*	*16,18*	27.175.930	*18,38*
1900	9.122.534	*6,58*	26.097.046*	*18,82*	29.832.088	*21,52*
	Durchschnitt .	*4,92*		*11,68*		*26,31*

% = v. H. der gesamten Betriebsmittel. — Die Pfennigbeträge sind weggelassen; deshalb entsprechen die Quersummen nicht genau den Abschlußsummen. — Ohne Verkehr der Hauptbank mit den Zweigniederlassungen.

1879—1900

Schuldscheine (Einlagen von Gerichten und Behörden, Mündelgelder)		Einlagen in laufender Rechnung		Zinsenrücklage und Verschiedenes		Abschlußsumme
Mark	%	Mark	%	Mark	%	Mark
22.518.016	*17,44*	55.765.851	*43,19*	2.334.305	*1,80*	129.148.170
20.061.118	*23,07*	14.841.948	*17,07*	2.438.474	*2,80*	86.951.897
19.149.226	*21,21*	15.995.600	*17,71*	2.522.543	*2,79*	90.279.535
18.770.507	*20,36*	19.351.214	*20,99*	2.077.620	*2,25*	92.205.236
22.275.374	*23,31*	19.791.720	*20,70*	2.009.501	*2,10*	95.592.663
28.226.363	*27,52*	19.202.728	*18,72*	1.981.529	*1,93*	102.576.792
33.352.792	*30,08*	19.994.968	*18,03*	2.068.881	*1,87*	110.866.986
33.126.045	*30,13*	24.709.124	*22,47*	1.879.393	*1,71*	109.952.131
40.728.780	*35,49*	26.275.575	*22,90*	1.849.444	*1,61*	114.762.479
45.236.161	*38,59*	26.276.391	*22,42*	1.894.565	*1,62*	117.211.740
59.155.026	*44,59*	28.089.858	*21,17*	2.122.000	*1,60*	132.666.281
78.244.927	*52,16*	27.479.018	*18,32*	2.626.288	*1,75*	150.011.822
64.390.221	*44,90*	31.724.947	*22,12*	2.551.130	*1,78*	143.422.395
50.918.872	*37,76*	35.754.906	*26,51*	2.241.385	*1,65*	134.881.657
38.230.786	*31,94*	32.146.661	*26,86*	2.420.541	*2,02*	119.706.166
31.108.585	*25,04*	37.698.434	*30,35*	2.249.815	*1,81*	124.205.529
31.984.506	*26,23*	35.832.642	*29,39*	2.192.595	*1,80*	121.932.529
48.011.950	*34,78*	35.657.202	*25,84*	2.485.622	*1,80*	138.041.220
31.869.303	*24,51*	42.094.623	*32,37*	2.506.965	*1,92*	130.041.078
25.072.002	*18,65*	52.258.456	*38,88*	2.446.264	*1,82*	134.401.531
26.334.360	*17,81*	60.717.228	*41,06*	2.738.698	*1,85*	147.867.912
22.065.659	*15,92*	48.783.077	*35,19*	2.729.736	*1,97*	138.630.143
	29,16		*26,01*		*1,92*	

* Einschließlich Baukonto.

4b. ANLAGEN

Jahr	Bargeld		Wechsel		Wertpapiere		Aus-	
							Laufende Rechnungen*	
31. Dez.	Mark	%	Mark	%	Mark	%	Mark	%
1879	11.369.120	*8,80*	22.029.978	*17,06*	9.367.449	*7,25*	66.267.057	*51,32*
80	10.402.973	*11,96*	27.832.618	*32,01*	9.435.139	*10,85*	20.602.755	*23,70*
1	7.121.363	*7,89*	30.504.469	*33,79*	9.216.325	*10,21*	24.524.583	*27,16*
2	5.235.013	*5,68*	27.837.692	*30,19*	9.192.949	*9,97*	30.070.915	*32,61*
3	5.922.122	*6,20*	37.697.161	*39,43*	8.897.008	*9,31*	24.461.272	*25,59*
4	5.593.561	*5,45*	46.622.756	*45,45*	8.806.383	*8,59*	21.750.397	*21,21*
5	4.449.156	*4,01*	51.026.363	*46,03*	8.491.958	*7,66*	25.564.606	*23,06*
6	5.743.985	*5,22*	50.163.257	*45,62*	9.481.452	*8,62*	23.693.888	*21,55*
7	6.111.881	*5,33*	50.305.353	*43,82*	8.752.721	*7,63*	26.051.450	*22,70*
8	5.388.844	*4,60*	46.793.276	*39,92*	9.199.275	*7,85*	31.732.790	*27,07*
9	6.541.161	*4,93*	44.966.345	*33,90*	10.369.092	*7,82*	43.283.449	*32,62*
90	11.116.739	*7,41*	49.129.471	*32,75*	10.432.845	*6,95*	50.550.226	*33,70*
1	5.321.895	*3,71*	58.435.128	*40,75*	9.400.845	*6,55*	43.077.608	*30,04*
2	6.735.775	*4,99*	58.132.960	*43,10*	9.115.479	*6,76*	35.699.361	*26,47*
3	6.390.422	*5,34*	35.670.319	*29,80*	8.809.790	*7,36*	44.305.376	*37,01*
4	5.318.318	*4,28*	51.485.062	*41,46*	9.315.963	*7,50*	36.462.707	*29,35*
5	5.340.921	*4,38*	47.974.174	*39,34*	9.413.846	*7,72*	33.262.598	*27,27*
6	5.540.810	*4,01*	46.072.296	*33,31*	10.353.819	*7,51*	47.222.725	*34,24*
7	5.200.554	*4,00*	39.770.838	*30,58*	9.435.600	*7,26*	48.066.747	*36,96*
8	5.886.221	*4,38*	41.205.637	*30,66*	7.504.724	*5,58*	53.044.219	*39,47*
9	6.710.694	*4,54*	55.075.708	*37,25*	6.033.299	*4,08*	53.936.053	*36,48*
1900	5.522.463	*3,98*	47.547.923	*34,30*	4.896.887	*3,53*	53.629.162	*38,69*
	Durchschnitt	*5,50*		*36,39*		*7,57*		*30,83*

% = v. H. der gesamten Anlagen. — Die Pfennigbeträge sind weggelassen; deshalb entsprechen die Quersummen nicht genau den Abschlußsummen. — Ohne Verkehr der Hauptbank mit den Zweigniederlassungen.

1879—1900

leihungen						Gebäude, Einrichtung und Verschiedenes		Abschluß-summe
Lombard		Hypothekgedeckte Schuldurkunden		Feste Hypotheken				
Mark	%	Mark	%	Mark	%	Mark	%	Mark
10.408.995	*8,06*	3.089.697	*2,39*	5.049.723	*3,91*	1.566.145	*1,21*	129.148.170
9.290.289	*10,68*	3.094.319	*3,56*	4.728.738	*5,44*	1.565.060	*1,80*	86.951.897
10.082.230	*11,16*	2.977.917	*3,30*	4.294.441	*4,76*	1.558.203	*1,73*	90.279.535
11.571.021	*12,55*	2.875.665	*3,12*	3.857.698	*4,18*	1.564.278	*1,70*	92.205.236
10.370.352	*10,84*	2.925.035	*3,06*	3.752.626	*3,93*	1.567.082	*1,64*	95.592.663
11.898.347	*11,59*	2.763.021	*2,69*	3.574.841	*3,49*	1.567.482	*1,53*	102.576.792
13.559.020	*12,23*	2.941.234	*2,65*	3.264.289	*2,94*	1.570.356	*1,42*	110.866.986
12.525.339	*11,40*	3.389.641	*3,08*	3.382.860	*3,08*	1.571.703	*1,43*	109.952.131
14.500.944	*12,64*	4.194.220	*3,66*	3.271.684	*2,85*	1.574.220	*1,37*	114.762.479
14.818.644	*12,64*	4.635.130	*3,96*	3.064.651	*2,61*	1.579.126	*1,35*	117.211.740
18.265.025	*13,77*	4.713.783	*3,55*	2.896.373	*2,18*	1.631.048	*1,23*	132.666.281
19.168.364	*12,78*	5.161.181	*3,44*	2.816.101	*1,88*	1.636.890	*1,09*	150.011.822
17.489.358	*12,19*	5.398.043	*3,76*	2.660.708	*1,86*	1.638.803	*1,14*	143.422.395
15.386.874	*11,41*	5.608.718	*4,16*	2.564.712	*1,90*	1.637.772	*1,21*	134.881.657
14.807.466	*12,37*	5.595.520	*4,68*	2.494.341	*2,08*	1.632.927	*1,36*	119.706.166
12.314.143	*9,91*	5.249.385	*4,23*	2.414.880	*1,95*	1.645.065	*1,32*	124.205.529
15.330.041	*12,58*	5.445.796	*4,47*	2.920.939	*2,40*	2.244.207	*1,84*	121.932.529
17.680.435	*12,83*	5.926.705	*4,30*	2.739.513	*1,98*	2.504.912	*1,82*	138.041.220
15.775.324	*12,14*	6.575.480	*5,05*	2.704.172	*2,08*	2.512.358	*1,93*	130.041.078
14.885.989	*11,08*	6.582.711	*4,90*	2.534.482	*1,88*	2.757.543	*2,05*	134.401.531
14.379.418	*9,72*	6.429.633	*4,35*	2.507.136	*1,69*	2.795.966	*1,89*	147.867.912
14.304.427	*10,32*	6.223.369	*4,49*	2.604.689	*1,88*	3.901.219	*2,81*	138.630.143
	11,59		*3,76*		*2,77*		*1,59*	

* Einschließlich Guthaben bei Banken.

5a. BETRIEBSMITTEL

Jahr	Stammeinlage		Rücklage		Schuldscheine (Kundschafts-einlagen)		Schuldscheine (Einlagen von gerichtlichen Hinterlegungsstellen und Behörden)	
31. Dez.	Mark	%	Mark	%	Mark	%	Mark	%
1901	9.737.727	*4,72*	*27.818.649	*13,48*	42.318.620	*20,50*	34.680.007	*16,80*
2	9.926.482	*4,68*	*29.114.654	*13,73*	37.319.046	*17,60*	40.174.189	*18,95*
3	10.119.011	*4,60*	*31.235.485	*14,18*	35.631.295	*16,17*	33.783.040	*15,35*
4	10.097.593	*4,65*	*32.777.676	*15,11*	36.095.399	*16,63*	34.118.353	*15,73*
5	10.075.747	*4,42*	*34.481.313	*15,15*	34.312.014	*15,08*	35.357.617	*15,54*
6	10.271.261	*4,16*	*36.555.346	*14,82*	33.003.834	*13,38*	32.601.981	*13,23*
7	10.470.687	*4,01*	*37.768.736	*14,45*	34.466.334	*13,19*	37.115.471	*14,20*
8	10.674.100	*4,12*	*39.803.785	*15,36*	40.672.434	*15,69*	41.268.759	*15,92*
9	10.881.582	*4,07*	39.293.368	*14,68*	35.592.966	*13,31*	38.677.807	*14,46*
10	11.093.214	*3,97*	40.903.386	*14,65*	35.403.987	*12,69*	35.898.570	*12,86*
1	11.309.078	*3,89*	42.783.386	*14,69*	36.266.243	*12,46*	32.002.059	*10,99*
2	11.529.260	*3,86*	45.387.254	*15,18*	37.015.648	*12,39*	27.634.788	*9,24*
1913	11.753.845	*3,47*	48.851.393	*14,42*	40.265.542	*11,89*	23.454.336	*6,92*
	Durchschnitt	*4,20*		*14,61*		*14,68*		*13,86*

5b. ANLAGEN

Jahr	Bargeld, Guthaben bei Noten- und Abrechnungsbanken		Wechsel und Schecke		Guthaben bei Banken		Wertpapiere		Aus- Laufende Rechnungen †	
31. Dez.	Mark	%	Mark	%	Mark	%	Mark	%	Mark	%
1901	7.716.215	*3,73*	109.357.142	*52,97*	—	—	6.269.585	*3,04*	56.932.893	*27,58*
2	7.005.994	*3,31*	114.522.490	*54,03*	—	—	7.860.172	*3,71*	56.811.959	*26,80*
3	8.126.666	*3,69*	111.144.849	*50,46*	—	—	11.912.755	*5,41*	63.270.784	*28,72*
4	8.812.135	*4,06*	106.662.476	*49,15*	—	—	8.254.792	*3,80*	64.490.190	*29,77*
5	9.098.392	*3,99*	116.411.035	*51,17*	—	—	9.485.498	*4,17*	62.797.743	*27,60*
6	8.910.672	*3,62*	129.973.889	*52,69*	—	—	9.475.538	*3,84*	68.887.607	*27,93*
7	8.368.541	*3,20*	133.102.151	*50,94*	—	—	10.873.094	*4,16*	81.589.175	*31,22*
8	9.952.722	*3,84*	125.418.016	*48,38*	4.243.389	*1,63*	11.709.022	*4,52*	78.417.405	*30,25*
9	12.701.258	*4,75*	122.458.596	*45,76*	3.909.886	*1,46*	11.010.082	*4,12*	86.421.045	*32,30*
10	11.689.624	*4,19*	120.668.131	*43,23*	4.071.423	*1,46*	12.271.219	*4,39*	100.724.093	*36,09*
1	13.009.436	*4,47*	118.487.852	*40,70*	4.295.802	*1,48*	11.594.348	*3,98*	113.694.506	*39,06*
2	14.053.750	*4,70*	117.372.444	*39,26*	5.484.404	*1,84*	11.188.897	*3,75*	119.838.575	*40,09*
1913	15.482.588	*4,57*	154.040.905	*45,48*	6.715.839	*1,98*	14.052.655	*4,15*	119.163.424	*35,19*
Durchschnitt		*4,01*		*48,02*		*1,64*		*4,08*		*31,74*

%= v. H. der gesamten Betriebsmittel bezw. Anlagen. — Die Pfennigbeträge sind weggelassen; deshalb entsprechen die Quersummen nicht genau den Abschlußsummen. — Ab 1908 ohne Bürgschaftsverpflichtungen bezw. Bürgschaftsschuldner. — Ohne Verkehr der Hauptbank mit den Zweigniederlassungen.

1901—1913

Einlagen in laufender Rechnung		Auf die Bank gezogene Wechsel (Akzepte)		Zinsenrücklage und Verschiedenes		Abschluß-summe	Jahr
Mark	%	Mark	%	Mark	%	Mark	31. Dez.
88.705.489	*42,96*	—	—	3.172.546	*1,54*	206.433.041	1901
92.590.909	*43,70*	—	—	2.837.506	*1,34*	211.962.789	2
106.542.023	*48,36*	—	—	2.960.398	*1,34*	220.271.255	3
100.354.842	*46,26*	—	—	3.512.623	*1,62*	216.956.489	4
109.676.637	*48,23*	—	—	3.601.687	*1,58*	227.505.018	5
129.945.635	*52,68*	—	—	4.279.905	*1,73*	246.657.966	6
136.438.246	*52,20*	—	—	5.102.307	*1,95*	261.361.785	7
119.833.489	*46,22*	1.388.080	*0,53*	5.592.731	*2,16*	259.233.382	8
137.029.729	*51,22*	1.319.768	*0,49*	4.747.977	*1,77*	267.543.202	9
149.222.642	*53,45*	1.551.486	*0,56*	5.070.813	*1,82*	279.144.104	10
162.536.135	*55,83*	1.117.066	*0,39*	5.095.071	*1,75*	291.109.043	1
171.432.516	*57,34*	1.177.874	*0,39*	4.750.227	*1,60*	298.927.572	2
206.865.824	*61,09*	1.721.100	*0,51*	5.781.126	*1,70*	338.693.170	1913
	50,73		*0,48*		*1,68*		

1901—1913

leihungen						Gebäude, Einrichtung und Verschiedenes		Abschluß-summe	Jahr
Lombard		Hypothek-gedeckte Schuldurkunden		Feste Hypotheken					
Mark	%	Mark	%	Mark	%	Mark	%	Mark	31. Dez.
13.011.290	*6,30*	6.062.961	*2,93*	2.432.552	*1,18*	4.650.397	*2,27*	206.433.041	1901
12.952.649	*6,11*	5.847.719	*2,76*	2.187.315	*1,03*	4.774.486	*2,25*	211.962.789	2
13.589.976	*6,17*	5.410.724	*2,45*	2.004.182	*0,92*	4.811.314	*2,18*	220.271.255	3
16.134.461	*7,43*	5.468.527	*2,52*	1.914.315	*0,88*	5.219.589	*2,39*	216.956.489	4
17.240.896	*7,58*	5.255.644	*2,31*	1.795.692	*0,79*	5.420.113	*2,39*	227.505.018	5
17.154.273	*6,95*	5.454.664	*2,21*	1.159.522	*0,47*	5.641.796	*2,29*	246.657.966	6
15.623.073	*5,98*	6.002.761	*2,30*	1.004.132	*0,38*	4.798.853	*1,82*	261.361.785	7
18.092.951	*6,99*	5.871.759	*2,26*	926.115	*0,36*	4.601.997	*1,77*	259.233.382	8
17.247.601	*6,45*	6.062.801	*2,26*	856.491	*0,33*	6.875.433	*2,57*	267.543.202	9
16.198.013	*5,80*	5.835.715	*2,09*	833.144	*0,30*	6.852.735	*2,45*	279.144.104	10
15.505.434	*5,33*	5.958.847	*2,05*	815.884	*0,28*	7.746.926	*2,65*	291.109.043	1
15.728.728	*5,26*	6.134.945	*2,05*	771.880	*0,26*	8.353.943	*2,79*	298.927.572	2
13.434.321	*3,96*	6.284.421	*1,85*	734.620	*0,22*	8.784.390	*2,60*	338.693.170	1913
	6,18		*2,31*		*0,57*		*2,34*		

* Einschl. Baukonto. — † Bis 1907 einschließl. Guthaben bei Banken.

6a. BETRIEBSMITTEL

Jahr	Stammeinlage		Rücklage		Schuldscheine (Kundschafts-einlagen)		Schuldscheine (Einlagen von gerichtlichen Hinterlegungsstellen)	
31. Dez.	Mark	%	Mark	%	Mark	%	Mark	%
1914	11.982.922	*2,80*	51.514.428	*12,04*	48.945.250	*11,44*	22.933.288	*5,36*
5	12.216.581	*2,35*	56.312.377	*10,84*	55.096.710	*10,60*	20.593.414	*3,96*
6	12.454.912	*2,00*	59.193.024	*9.51*	60.353.792	*9,68*	22.129.079	*3,55*
7	12.698.010	*1,31*	62.902.307	*6,51*	74.521.181	*7,72*	21.305.393	*2,21*
8	12.945.972	*0,95*	68.062.587	*5,00*	92.875.032	*6,82*	26.936.715	*1,98*
9	13.198.890	*0,95*	73.752.388	*5,32*	78.261.501	*5,66*	37.746.574	*2,73*
20	87.003.126	*2,80*	7.729.403	*0,25*	84.764.540	*2,73*	55.209.905	*1,78*
1	87.003.126	*2,10*	7.729.403	*0,19*	85.312.774	*2,06*	73.113.156	*1,76*
2	97.553	*0,16*	** 10.000 11.901	*0,04*	113.705	*0,19*	218.511	*0,37*
3	—	—	—	—	717	—	7.548	*0,01*
G.	12.270.493	*16,54*	2.000.000	*2,70*	715	—	7.547	—
4	12.270.493	*6,13*	2.000.000	*1,00*	573.729	*0,29*	1.102.212	*0,55*
5	18.631.412	*5,01*	2.706.768	*0,73*	1.536.999	*0,41*	2.342.149	*0,63*
6	21.821.866	*5,69*	3.061.263	*0,80*	2.039.500	*0,53*	3.090.349	*0,80*
7	24.649.987	*6,41*	3.375.499	*0,87*	1.738.356	*0,45*	3.875.255	*1,00*
8	26.829.957	*6,32*	3.617.718	*0,85*	1.172.830	*0,27*	3.189.360	*0,75*
1929	28.958.728	*7,19*	3.854.248	*0,96*	690.047	*0,17*	3.243.572	*0,81*
	Durchschnitt	*6,13*		*0.87*		*0,35*		*0,76*

6b. ANLAGEN

Jahr	Bargeld, Guthaben bei Noten- u. Abrechnungsbanken		Wechsel, Schecke und unverzinsliche Schatzanweisungen		Guthaben bei Banken		Wertpapiere		Aus- Laufende Rechnungen	
31. Dez.	Mark	%	Mark	%	Mark	%	Mark	%	Mark	%
1914	84.927.411	*19,85*	124.183.845	*29,02*	33.828.156	*7,90*	18.069.994	*4,22*	137.318.296	*32,09*
5	42.932.313	*8,26*	154.631.191	*29,77*	10.005.516	*1,92*	23.401.767	*4,51*	259.688.955	*49,99*
6	39.356.503	*6,31*	170.796.857	*27,41*	9.072.870	*1,46*	29.035.667	*4,66*	348.519.648	*55,93*
7	57.225.600	*5,93*	390.294.844	*40,42*	7.384.748	*0,77*	33.141.675	*3,43*	455.168.118	*47,14*
8	113.197.571	*8,32*	549.316.045	*40,34*	27.302.920	*2,00*	31.937.465	*2,35*	621.575.496	*45,64*
9	73.434.490	*5,29*	711.943.687	*51,33*	17.864.803	*1,29*	24.139.036	*1,74*	542.495.848	*39,11*
20	229.666.368	*7,40*	2.347.141.472	*75,67*	40.317.734	*1,29*	18.000.392	*0,57*	451.214.939	*14,57*
1	186.742.472	*4,51*	2.900.071.496	*69,96*	233.259.612	*5,63*	30.039.950	*0,72*	770.702.797	*18,60*
2	7.520.715	*12,67*	28.714.873	*48,37*	2.225.180	*3,75*	63.505	*0,11*	20.783.961	*35,01*
3	21.763.349	*32,55*	1.746.941	*2,61*	17.388.578	*26,01*	913.342	*1,36*	25.047.354	*37,47*
G.	21.763.349	*29,32*	1.746.941	*2,35*	17.388.578	*23,43*	2.768.907	*3,74*	25.047.354	*33,75*
4	19.975.805	*9,97*	49.506.535	*24,73*	15.939.032	*7,96*	2.692.752	*1,35*	106.770.808	*53,35*
5	24.023.514	*6,46*	70.168.200	*18,88*	26.880.748	*7,23*	4.949.624	*1,34*	239.778.774	*64,53*
6	17.143.834	*4,47*	85.673.399	*22,34*	51.875.471	*13,52*	8.460.702	*2,21*	204.724.115	*53,49*
7	15.719.172	*4,09*	97.469.431	*25,33*	15.442.342	*4,02*	15.076.752	*3,92*	223.399.671	*58,10*
8	19.783.996	*4,66*	116.931.761	*27,54*	32.857.976	*7,74*	15.694.045	*3,70*	221.804.240	*52,26*
1929	21.427.484	*5,32*	79.453.156	*19.73*	34.812.075	*8,65*	17.587.584	*4,37*	233.020.387	*57,87*
	Durchschn.	*5,83*		*23,09*		*8,19*		*2,82*		*56,60*

% = v. H. der gesamten Betriebsmittel bezw. Anlagen. — G. = Goldmarkeröffnungsbilanz zum 1. Januar 1924. — Die Pfennigbeträge sind weggelassen; deshalb entsprechen die Quersummen nicht genau den Abschlußsummen. — — Die Ziffern verstehen sich: 1914—1921 in Mark, 1922 in Tausend Mark, 1923 in Bill.-Mark, bei G. in Goldmark, 1924—1929 in Reichsmark. — Ohne Bürgschaftsverpflichtungen bezw. Bürgschaftsschuldner. — Ohne Verkehr der Hauptbank mit den Zweigniederlassungen.

1914—1929

Sparbucheinlagen		Einlagen in laufender Rechnung		Auf die Bank gezogene Wechsel (Akzepte)		Zinsenrücklage u. Verschiedenes		Abschlußsumme
Mark	%	Mark	%	Mark	%	Mark	%	Mark
—	—	285.356.685	*66,68*	2.144.024	*0,50*	5.071.535	*1,18*	427.948.136
—	—	367.212.829	*70,69*	969.077	*0,20*	7.061.177	*1,36*	519.462.168
—	—	456.952.082	*73,33*	301.077	*0,05*	11.767.344	*1,88*	623.151.313
—	—	777.658.632	*80,54*	293.077	*0,03*	16.209.733	*1,68*	965.588.338
—	—	1.144.304.668	*84,04*	635.887	*0,05*	15.769.989	*1,16*	1.361.530.852
—	—	1.158.390.965	*83,49*	9.844.696	*0,71*	15.928.796	*1,14*	1.387.123.815
—	—	2.829.979.076	*91,23*	9.303.443	*0,30*	28.191.233	*0,91*	3.102.180.731
—	—	3.815.514.399	*92,04*	16.070.996	*0,39*	429.947 59.887.425†	*1,46*	4.145.061.231
76.878*	*0,13*	57.758.160	*97,30*	326.232	*0,54*	29.453 723.353†	*1,27*	59.365.747
770*	—	59.875.603	*89,56*	60.000	*0,09*	6.914.927†	*10,34*	66.859.566
770*	—	59.875.603	*80,68*	60.000	*0,08*	—	—	74.215.129
20.607*	*0,01*	175.647.447	*87,75*	993.205	*0,49*	7.567.687†	*3,78*	200.175.382
482.765*	*0,13*	335.188.826	*90,21*	5.168.405	*1,39*	5.544.949†	*1,49*	371.602.276
884.837*	*0,23*	340.708.128	*88,81*	5.895.200	*1,54*	6.142.356†	*1,60*	383.643.503
1.280.408*	*0,33*	342.443.402	*89,08*	1.771.000	*0,46*	5.422.189†	*1,40*	384.556.*099*
3.407.070	*0,80*	379.200.429	*89,33*	1.773.780	*0,42*	5.365.300†	*1,26*	424.556.445
8.290.*391*	*2.06*	351.521.578	*87,30*	1.392.000	*0,35*	4.698.665†	*1,16*	402.649.231
	0,59		*88,74*		*0,78*		*1,78*	

1914—1929

leihungen						Gebäude, Einrichtung und Verschiedenes		Abschlußsumme
Lombard		Hypothekgedeckte Schuldurkunden		Feste Hypotheken				
Mark	%	Mark	%	Mark	%	Mark	%	Mark
13.738.692	*3,21*	6.186.038	*1,44*	667.745	*0,16*	9.027.952	*2,11*	427.948.136
13.706.506	*2,64*	5.300.810	*1,04*	640.512	*0,11*	9.154.592	*1,76*	519.462.168
12,006.443	*1,92*	4.673.990	*0,75*	611.773	*0,10*	9.077.556	*1,46*	623.151.313
10.493.455	*1,08*	3.826.060	*0,40*	578.670	*0,06*	7.475.162	*0,77*	965.588.338
7.477.501	*0,56*	3.156.760	*0,23*	608.384	*0,05*	6.958.704	*0,51*	1.361.530.852
7.450.391	*0,54*	2.525.380	*0,18*	603.784	*0,04*	6.666.393	*0,48*	1.387.123.815
6.807.201	*0,21*	2.094.260	*0,06*	564.280	*0,02*	6.374.081	*0,21*	3.102.180.731
15.198.627	*0,37*	2.167.750	*0,05*	501.255	*0,01*	6.377.270	*0,15*	4.145.061.231
17.350	*0,03*	4.541	*0,01*	29.541	*0,05*	6.080	—	59.365.747
—	—	—	—	—	—	—	—	66.859.566
—	—	—	—	—	—	5.500.000	*7,41*	74.215.129
4.448	—	5.500	—	—	—	5.280.500	*2,64*	200.175.382
6.024	—	639.140	*0,17*	45.000	*0,01*	5.111.250	*1,38*	371.602.276
		Hypothekgedeckte Schuldurkunden und feste Hypotheken		Dauernde und Gemeinschaftsbeteiligungen				
157.652	*0,04*	799.365	*0,20*	9.917.462	*2,46*	4.891.500	*1,27*	383.643.503
105.627	*0,03*	803.333	*0,22*	11.534.017	*2,99*	5.005.751	*1,30*	384.556.099
29.972	—	597.032	*0,15*	11.990.670	*2,83*	4.866.751	*1,12*	424.556.445
40.076	*0,01*	560.884	*0,14*	11.109.830	*2,76*	4.637.751	*1,15*	402.649.231
	0,03		*0,18*		*2,21*		*1,48*	

** Sonderrücklage. — * Sparbucheinlagen der Bayerischen Staatsbank Coburg. — † Ab 1921 Reingewinn.

7a. BETRIEBSMITTEL 1914—1923 IN GOLDMARK

Jahr	Eigene Mittel (Stammeinlage und Rücklage)		Schuldscheine (Kundschaftseinlagen)		Schuldscheine (Einlagen von gerichtlichen Hinterlegungsstellen)		Sparbucheinlagen	
31. Dez.	Goldmark	%	Goldmark	%	Goldmark	%	Goldmark	%
1914	59.891.020	*15,08*	45.319.676	*11,41*	21.234.526	*5,34*	—	—
5	55.768.264	*13,39*	44.077.368	*10,58*	16.474.731	*3,95*	—	—
6	56.367.940	*11,73*	46.425.993	*9,66*	17.022.368	*3,54*	—	—
7	62.393.574	*8,06*	59.616.945	*7,70*	17.044.314	*2,20*	—	—
8	44.819.079	*6,17*	49.401.613	*6,81*	14.328.039	*1,97*	—	—
9	9.841.766	*8,02*	6.805.348	*5,54*	3.282.311	*2,67*	—	—
20	11.061.674	*5,88*	4.986.149	*2,65*	3.247.641	*1,73*	—	—
1	6.150.572	*6,35*	1.917.141	*1,93*	1.642.992	*1,69*	—	—
2	2.975.891	*8,08*	64.974	*0,18*	124.863	*0,34*	43.930 †	*0,12*
G.	14.270.494	*19,24*	715	—	7.547	—	770 †	—
	Durchschnitt	*10,20*		*6,27*		*2,60*		*0,12*

7b. ANLAGEN 1914—1923 IN GOLDMARK

Jahr	Bargeld, Guthaben bei Noten- und Abrechnungsbanken		Wechsel, Schecke und unverzinsliche Schatzanweisungen		Guthaben bei Banken		Wertpapiere (Kurswerte am Abschluß-Stichtag)		Aus- Laufende Rechnungen	
31. Dez.	Goldmark	%	Goldmark	%	Goldmark	%	Goldmark	%	Goldmark	%
1914	78.636.491	*19,80*	114.985.042	*28,92*	31.322.367	*7,88*	17.828.657	*4,49*	127.146.570	*31,99*
5	34.345.850	*8,25*	123.704.953	*29,70*	8.004.413	*1,92*	19.666.515	*4,72*	207.751.164	*49,89*
6	30.274.233	*6,30*	131.382.197	*27,34*	6.979.131	*1,45*	23.589.255	*4,91*	268.092.037	*55,79*
7	45.780.480	*5,91*	312.235.875	*40,32*	5.907.798	*0,76*	28.426.663	*3,67*	364.134.494	*47,03*
8	60.211.474	*8,29*	292.189.386	*40,25*	14.522.829	*2,01*	17.918.873	*2,47*	330.625.263	*45,54*
9	6.385.607	*5,21*	61.908.146	*50,37*	1.553.461	*1,26*	2.259.521	*1,84*	47.173.552	*38,38*
20	13.509.786	*7,18*	138.067.145	*73,48*	2.371.631	*1,25*	1.522.965	*0,81*	26.542.055	*14,11*
1	4.196.460	*4,32*	65.170.146	*67,07*	5.241.789	*5,39*	1.240.118	*1,28*	17.319.161	*17,82*
2	4.297.551	*11,67*	16.408.498	*44,53*	1.271.531	*3,45*	247.395	*0,68*	11.876.549	*32,26*
G.	21.763.349	*29,32*	1.746.941	*2,35*	17.388.578	*23,43*	2.768.907	*3,74*	25.047.354	*33,75*
Durchschnitt		*10,63*		*40,43*		*4,88*		*2,86*		*36,66*

% = v. H. der gesamten Betriebsmittel bezw. Anlagen. — G. = Goldmarkeröffnungsbilanz zum 1. Januar 1924. — Ohne Bürgschaftsverpflichtungen bezw. Bürgschaftsschuldner. — Ohne Verkehr der Hauptbank mit den Zweigniederlassungen.

NACH DEM DOLLARSTAND VOM ABSCHLUSS-STICHTAG

Einlagen in laufender Rechnung		Auf die Bank gezogene Wechsel (Akzepte)		Zinsenrücklage und Verschiedenes		Abschluß-summe
Goldmark	%	Goldmark	%	Goldmark	%	Goldmark
264.219.153	*66,49*	1.985.207	*0,50*	4.695.866	*1,18*	397.345.448
293.770.263	*70,54*	775.261	*0,19*	5.648.941	*1,35*	416.514.828
351.501.602	*73,14*	231.598	*0,05*	9.051.803	*1,88*	480.601.304
622.126.906	*80,34*	234.462	*0,03*	12.967.786	*1,67*	774.383.987
608.672.695	*83,85*	338.237	*0,05*	8.388.292	*1,15*	725.947.955
100.729.649	*81,94*	856.061	*0,70*	1.385.113	*1,13*	122.900.248
166.469.357	*88,57*	547.261	*0,29*	1.658.307	*0,88*	187.970.389
				9.662	*0,01*	
85.741.896	*88,25*	361.146	*0,39*	1.345.784*	*1,38*	97.169.193
				17	—	
33.004.662	*89,60*	186.418	*0,51*	430.158*	*1,17*	36.830.913
59.875.603	*80,68*	60.000	*0,08*	—	—	74.215.129
	80,34		*0,28*		*1,31*	

NACH DEM DOLLARSTAND VOM ABSCHLUSS-STICHTAG

leihungen						Gebäude, Einrichtung und Verschiedenes (geschätzte Werte)		Abschluß-summe
Lombard		Hypothekgedeckte Schuldurkunden		Feste Hypotheken				
Goldmark	%	Goldmark	%	Goldmark	%	Goldmark	%	Goldmark
12.721.011	*3,20*	5.727.813	*1,44*	618.282	*0,17*	8.359.215	*2,11*	397.345.448
10.965.201	*2,63*	4.240.648	*1,02*	512.410	*0,12*	7.323.674	*1,75*	416.514.828
9.235.725	*1,92*	3.595.396	*0,75*	470.595	*0,09*	6.982.735	*1,45*	480.601.304
8.394.764	*1,08*	3.060.848	*0,40*	462.936	*0,06*	5.980.129	*0,77*	774.383.987
3.977.394	*0,55*	1.679.127	*0,23*	323.609	*0,04*	4.500.000	*0,62*	725.947.955
647.860	*0,52*	219.598	*0,18*	52.503	*0,04*	2.700.000	*2,20*	122.900.248
400.423	*0,21*	123.192	*0,07*	33.192	*0,02*	5.400.000	*2,87*	187.970.389
341.542	*0,35*	48.713	*0,05*	11.264	*0,01*	3.600.000	*3,71*	97.169.193
9.914	*0,03*	2.595	—	16.880	*0,05*	2.700.000	*7,33*	36.830.913
—	—	—	—	—	—	5.500.000	*7,41*	74.215.129
	1,17		*0,52*		*0,07*		*3,02*	

† Sparbucheinlagen der Bayerischen Staatsbank Coburg. — * Ab 1921 Reingewinn.

BEMERKUNGEN ZU DEN TAFELN 7a, 7b, 8—11.

Zu 7a und b:

Die Papiermark-Abschlüsse der Jahre 1919 bis 1923 geben ein vollständig falsches Bild der Bankentwicklung in diesen Jahren — und zwar wäre das Bild auch dann noch falsch, wenn man die einzelnen Abschlußposten über den jeweiligen Dollarstand in Goldmark umrechnen wollte; denn wichtige Posten wie Wertpapiere und Gebäude sind auch während des Markverfalls nach Friedensgrundsätzen — bei den Wertpapieren Nennwert oder Anschaffungswert, Kurswert nur, wenn er niedriger war als der Nennwert; bei den Gebäuden Anschaffungswert, vermindert um regelmäßige Abschreibungen — eingesetzt worden. Die Papiermarkposten für diese Gegenstände ergeben daher in Goldmark ausgedrückt erheblich niedrigere, in den Jahren des vorgerückten Markverfalls kaum mehr darstellbare Goldwerte, während sie doch in Wirklichkeit als „Sachwerte" einen nicht unerheblichen Goldwert vertraten.

Es wurden daher nach dem Vorbild von Goldschmidt für die Jahre des Markverfalls und außerdem für die Kriegsjahre, während der der Kurs der Mark ebenfalls unter den friedensmäßigen Stand gesunken war, nachträglich Goldmarkabschlüsse zurechtgezimmert. Der Goldmark-Eröffnungsabschluß zum 1. Januar 1924 bildet das letzte Glied in ihrer Kette. Sie zeigen, wie sich Betriebsmittel und Vermögen der Bank von 1917 an von Jahr zu Jahr mehr entwerteten.

Bei diesen Goldmark-Abschlüssen wurden die Wertpapiere zum Kurswert eingesetzt, die Gebäude zu einem Verkaufswert, der, vom Friedenswert ausgehend, die Preisverhältnisse am Grundstücksmarkt während der Jahre 1919 bis 1923 möglichst zu berücksichtigen sucht. Bei den übrigen Posten wurden die Papiermark-Abschlußwerte belassen. Zwar sind auch Devisen und Sorten nach ähnlichen Grundsätzen in die Abschlüsse eingesetzt worden, wie die Wertpapiere; die Bestände sind aber verhältnismäßig klein gewesen. Erst die in dieser Weise berichtigten Posten wurden in Goldmark umgerechnet. Die „eigenen Mittel" wurden dann durch Abziehen der Summe der fremden Betriebsmittel von der Summe der Vermögensanlagen gewonnen.

Das Bild, das die „Goldmarkabschlüsse" zeigen, ist sicherlich noch sehr mangelhaft, weil nicht alle Fehlerquellen ausgeschaltet werden konnten und weil auch die für die Gebäude eingesetzten Werte nur auf ganz überschläglicher Schätzung beruhen; aber es ist sicher richtiger als der Eindruck, den die Papiermark-Abschlüsse vermitteln.

Zu 8:

Die Zusammenstellung ist aus den Akten entnommen. Die Überschriften sind zum Teil anders, als hier wiedergegeben:

Die Spalte „Kasse" heißt in den Akten bis 1840 „Einnahme an Bargeld"; ab 1841 „Einnahmen und Ausgaben"; ähnlich verzeichnen die Akten unter der Wechselspalte bis 1844 nur die Einkäufe, ab 1845 Einkauf und Verkauf. Dementsprechend sind die im Akt für die Jahre 1841 und 1845 angegebenen Umsätze etwa doppelt so hoch, wie die der Vorjahre. Diese Erhöhungen gehen somit lediglich auf Buchungsänderungen zurück; die Verdoppelung der Umsätze von 1815 auf 16 ist dagegen eine echte Umsatzvermehrung. Die Spalte „Sonstige Umsätze" heißt im Akt bis 1844 „Umsatz an anderen Wechseln, eingegangenen und ausbezahlten Geldern auf Banknoten etc.", ab 1845 „Die übrigen Geschäfte mit dem Ausland". Die Ziffern insbesondere die „Gesamtsumme" (im Akt ebenso) sind daher mit großer Vorsicht zu nehmen. Um ein fortlaufendes Entwicklungsbild zu erhalten, wurden für Tafel 8 die im Akt angegebenen Ziffern der ersten Spalte bis 1840, die der zweiten Spalte bis 1844 verdoppelt.

Zu 8—11:

Umsätze von beiden Seiten des Hauptbuches.

8. UMSÄTZE 1810—1850

Jahr	Kasse	Wechsel auf auswärtige Handelsplätze	Sonstige Umsätze	Umsätze der Niederlassungen	Gesamtumsatz
	fl.	fl.	fl.	fl.	fl.
1810	1.601.604	1.969.326	831.739	—	4.402.669
1	2.054.228	1.864.982	1.902.298	—	5.821.508
2	1.770.956	1.484.880	1.500.086	—	4.755.922
3	1.862.316	797.608	1.517.983	—	4.177.907
4*	—	—	—	—	—
5	2.584.886	1.540.158	1.516.170	—	5.641.214
6	4.993.850	3.328.062	2.553.947	—	10.875.859
7	5.356.496	2.921.014	2.903.219	—	11.180.729
8	5.285.732	3.415.178	2.696.208	—	11.397.118
9	4.929.240	2.681.400	2.555.091	—	10.165.731
20	4.640.100	2.581.200	3.128.700	—	10.350.000
1	4.968.144	2.637.036	2.999.118	—	10.604.298
2	6.741.986	2.252.550	3.167.256	—	12.161.792
3	6.246.880	2.625.370	2.707.389	—	11.579.639
4	7.313.678	2.698.804	2.875.428	—	12.887.910
5	7.456.390	3.260.322	2.578.727	—	13.295.439
6	6.857.968	2.276.808	2.427.707	—	11.562.483
7	6.410.946	1.849.998	2.506.905	—	10.767.849
8	7.646.606	2.621.126	2.545.432	—	12.813.164
9	8.527.608	2.312.216	3.240.016	—	14.079.840
30	9.203.408	2.595.656	3.962.506	—	15.761.570
1	9.203.350	2.731.960	4.518.072	—	16.453.382
2	9.697.688	3.348.938	4.093.426	—	17.140.052
3	11.513.064	5.210.802	3.700.004	—	20.423.870
4	11.250.822	3.632.946	4.501.855	—	19.385.623
5	13.490.998	3.330.612	6.359.065	—	23.180.675
6	14.556.420	3.545.672	5.143.013	—	23.245.105
7	17.791.316	4.553.804	5.126.206	—	27.471.326
8	14.755.256	3.851.872	5.546.640	—	24.153.768
9	14.802.640	3.286.702	4.840.385	—	22.929.727
40	15.682.808	3.858.602	4.568.777	—	24.110.187
1	14.953.218	2.788.996	4.823.381	—	22.565.595
2	17.246.117	2.016.940	6.534.296	—	25.797.353
3	19.103.123	1.588.616	6.058.959	—	26.750.698
4	21.524.149	1.699.830	2.378.300	4.940.981	30.543.260
5	22.533.528	2.124.991	4.462.800	7.420.221	36.541.540
6	19.692.658	2.199.482	950.627	9.794.936	32.637.703
7	17.987.397	1.367.179	990.170	13.582.576	33.927.322
8	18.392.917	818.403	2.050.000	12.979.308	34.240.628
9	15.302.346	912.834	1.220.000	12.833.251	30.268.431
1850	18.332.732	1.688.812	5.920.458	17.682.351	43.624.353

* Der Abschluß für 1814 ist nicht auffindbar.

9. UMSÄTZE

Jahr	Kasse	Wechsel	Wertpapiere	Schuldurkunden, Solawechsel usw.	Feste Hypotheken	Verkehr in laufender Rechnung (Ausleihungen)
	fl.	fl.	fl.	fl.	fl.	fl.
1851	579.463	4.264.447	1.823.451	—	—	16.044.159*
2	1.104.037	5.155.462	1.892.200	—	—	23.350.940*
3	129.472	9.677.228	2.263.563	—	—	35.279.376*
4	220.154	11.678.011	4.465.659	7.198.247	255.285	43.035.248
5	916.309	20.412.419	4.346.153	7.888.814	1.194.936	39.285.193
6	1.261.549	44.675.591	5.533.881	16.147.275	817.248	96.784.477
7	1.014.915	51.400.844	1.903.016	14.406.449	991.602	106.820.807
8	501.482	42.341.218	3.937.698	21.742.469	470.332	99.310.274
9	3.208.558	57.282.137	10.787.958	21.613.462	832.577	136.365.114
60	6.549.790	51.873.834	6.772.776	17.382.919	2.216.964	145.585.015
1	3.270.784	74.362.302	8.278.934	14.083.733	1.202.865	167.432.846
2	4.447.476	104.581.906	8.196.760	21.015.466	2.171.600	227.986.707
3	2.032.560	128.110.045	11.817.532	26.065.732	1.873.393	254.659.376
4	1.235.443	110.156.192	10.891.479	28.323.697	1.167.942	249.333.500
5	1.430.293	102.731.863	3.204.448	30.378.136	604.557	229.747.711
6	6.496.078	84.449.707	16.916.732	35.708.721	303.490	237.636.102
7	1.315.734	61.207.451	1.328.087	28.950.167	434.993	206.150.943
8	2.727.313	124.293.933	1.197.185	27.403.009	539.875	313.349.380
9	4.641.118	145.102.209	1.789.509	28.831.211	422.071	344.697.178
70	1.132.852	98.711.113	1.340.288	32.034.521	1.125.679	238.149.058
1	1.164.077	102.951.707	2.019.064	31.887.699	453.204	300.694.584
2	1.588.592	143.949.142	1.718.332	25.665.128	688.217	371.207.451
3	1.687.903	150.880.470	1.929.756	33.113.105	885.034	355.349.746
4	924.769	215.453.809	1.049.881	28.504.254	535.022	348.968.076
1875	4.527.407	209.058.035	4.685.489	26.733.463	1.064.216	375.883.347
	Mark	Mark	Mark	Mark	Mark	Mark
1875	7.761.269	358.385.203	8.032.267	45.828.794	1.824.370	644.371.452
6	4.487.084	239.150.830	11.090.224	64.587.135	1.295.837	694.943.183
7	2.355.957	265.672.277	29.830.495	62.297.240	376.904	807.202.871
1878	2.245.958	193.451.899	12.985.070	61.743.045	791.367	733.904.372

Die Kreuzer- und Pfennigbeträge sind weggelassen; deshalb entsprechen die Quersummen nicht genau den Gesamtumsätzen.

1851—1878

Verkehr in laufender Rechnung (Einlagen)	Schuldscheine, Anlehensscheine und Banknoten	Sonstige	Gesamtumsatz	Hiervon	
				Hauptbank	Niederlassungen
fl.	fl.	fl.	fl.	fl.	fl.
1.405.274	30.434.879	8.093.985	62.645.664	36.101.611	26.544.053
1.299.127	32.087.589	12.556.032	77.445.394	42.961.907	34.483.487
3.380.601	35.138.120	14.598.766	100.467.136	56.539.884	43.927.252
4.583.283	40.492.909	19.016.515	130.945.363	77.156.797	53.788.566
7.970.453	45.047.745	21.181.571	148.243.605	71.886.115	76.357.490
15.062.595	56.956.911	32.708.000	269.947.541	130.469.102	139.478.439
19.476.392	52.037.855	35.170.562	283.222.458	118.133.687	165.088.771
17.393.332	59.748.530	39.956.951	285.402.299	124.743.850	160.658.449
13.957.295	65.374.020	56.193.829	365.614.962	210.116.938	155.498.024
13.599.516	83.292.905	53.943.383	381.217.116	229.399.979	151.817.137
16.945.354	91.429.103	60.075.935	437.081.869	257.554.087	179.527.782
19.883.908	100.952.366	77.817.591	567.053.794	347.404.894	219.648.900
18.026.173	101.400.018	83.763.952	627.748.795	388.230.863	239.517.932
18.572.515	87.169.758	90.185.177	597.035.718	355.974.497	241.061.221
20.290.044	77.961.832	82.450.572	548.799.470	332.987.693	215.811.777
18.672.557	78.378.574	73.072.474	551.634.449	364.563.626	187.070.823
21.794.243	75.609.926	78.593.930	475.385.462	278.547.420	196.838.042
29.343.080	76.529.775	74.439.348	649.822.909	450.310.320	199.512.589
34.451.871	70.100.974	87.811.589	717.847.742	496.198.324	221.649.418
24.167.265	73.127.881	88.320.953	558.109.625	334.260.370	223.849.255
32.131.966	61.017.473	94.646.059	626.965.847	393.809.418	233.156.429
28.024.134	65.522.492	105.106.063	743.469.565	484.470.511	258.999.054
35.477.978	74.016.326	106.035.652	759.375.983	479.460.615	279.915.368
31.899.754	91.261.864	91.438.291	810.035.732	524.452.119	285.583.613
33.466.067	86.937.240	141.732.972	884.088.253	563.631.906	320.456.347
Mark	Mark	Mark	Mark	Mark	Mark
57.370.401	149.035.269	242.970.809	1.515.579.862	966.226.124	549.353.738
64.817.863	162.025.453	316.595.299	1.558.992.927	908.425.533	650.567.394
64.175.227	165.881.186	359.245.807	1.757.037.980	1.079.451.573	677.586.407
56.369.753	130.442.572	333.087.237	1.525.021.290	950.526.988	574.494.302

* Für die Jahre 1851, 1852 und 1853 sind die Umsätze auf Schuldurkunden, Solawechsel und Hypotheken nicht ausscheidbar; sie sind in „Verkehr in laufender Rechnung (Ausleihungen)" enthalten.

10. UMSÄTZE

Jahr	Kasse	Wechsel	Wert-papiere	Lombard	Hypothek-gedeckte Schuld-urkunden und feste Hypotheken	Verkehr in laufender Rechnung (Aus-leihungen)	Verkehr in laufender Rechnung (Einlagen)
	Mark	Mark	Mark	Mark	Mark	Mark	Mark
1879	2.730.943	248.717.978	14.636.088	51.970.607	6.350.241	1.160.236.385	93.525.343
80	3.435.315	343.423.805	39.550.506	29.302.533	5.805.166	1.098.410.196	103.938.072
1	3.841.901	411.860.694	22.340.124	27.266.577	4.673.910	866.959.423	67.473.411
2	2.261.527	376.904.526	21.143.684	35.779.076	4.449.703	807.251.631	66.878.503
3	977.085	405.967.587	21.439.588	29.669.257	3.422.317	833.017.063	69.088.520
4	1.205.780	464.336.776	22.345.669	30.971.140	5.351.596	953.635.849	78.545.357
5	1.352.498	538.708.233	23.938.109	30.787.683	3.962.872	965.400.962	88.782.051
6	1.936.534	582.036.299	40.890.985	28.260.709	5.794.105	1.055.381.491	135.756.196
7	1.999.518	528.106.565	45.464.692	30.637.104	5.573.004	1.027.265.645	157.582.823
8	2.090.809	491.843.018	41.812.130	33.936.680	6.356.961	1.026.547.302	162.228.254
9	1.921.911	603.643.690	38.399.677	38.434.302	5.136.103	1.279.646.171	226.988.624
90	6.088.285	632.983.916	33.898.553	40.672.751	6.390.214	1.390.082.446	269.987.264
1	6.524.704	736.365.872	40.296.745	37.363.073	5.991.367	1.474.847.858	332.858.916
2	1.741.895	664.268.985	58.493.622	29.988.716	6.541.505	1.417.637.236	393.768.891
3	1.481.466	656.905.993	60.342.377	26.525.406	5.136.615	1.563.543.187	364.244.441
4	2.414.026	570.215.951	65.779.575	26.485.323	6.644.324	1.433.121.550	470.951.512
5	1.792.459	668.848.061	105.388.312	30.810.308	7.050.712	1.672.974.758	406.946.668
6	1.520.064	669.529.490	101.027.836	39.559.120	7.075.916	1.786.306.947	413.319.899
7	863.567	691.172.637	74.590.692	37.175.421	6.416.499	1.790.883.622	513.034.924
8	1.415.682	709.379.541	95.926.598	34.458.717	6.150.807	2.025.782.779	547.306.541
9	2.089.472	878.517.436	77.350.630	28.881.947	6.370.482	2.498.114.731	588.947.358
1900	2.404.093	1.021.234.081	86.040.979	27.542.861	5.598.920	3.085.236.900	1.047.625.463

Die Pfennigbeträge sind weggelassen; deshalb entsprechen die

1879—1900

Schuld-scheine	Sonstige	Gesamtumsatz	Hiervon		
			Hauptbank	Niederlassungen (einschl. München)	München
Mark	Mark	Mark	Mark	Mark	Mark
134.213.359	317.374.577	2.029.755.536	1.475.188.625	554.566.911	133.030.400
138.478.344	329.480.946	2.091.824.902	1.485.345.356	606.479.546	160.125.492
131.276.062	431.572.550	1.900.264.665	1.194.661.111	705.603.554	162.418.342
124.800.744	340.075.364	1.779.544.776	1.102.146.555	677.398.221	122.359.791
126.237.438	304.900.023	1.794.718.895	1.117.817.956	676.900.939	116.217.399
132.951.950	356.102.843	2.045.446.960	1.262.954.663	782.492.297	137.540.015
151.950.616	357.676.413	2.162.559.458	1.267.719.439	894.840.019	157.953.534
194.519.376	389.550.690	2.434.126.401	1.424.136.005	1.009.990.396	220.630.633
199.772.216	394.077.222	2.390.478.801	1.321.560.587	1.068.918.214	237.799.587
189.052.171	373.159.646	2.327.026.987	1.201.714.014	1.125.312.973	280.735.114
188.999.771	471.987.911	2.855.158.173	1.358.218.240	1.496.939.933	394.627.946
187.071.204	482.078.666	3.049.253.320	1.393.081.349	1.656.171.971	417.655.416
170.051.051	522.679.903	3.326.979.507	1.476.879.905	1.850.099.602	439.104.091
220.511.141	540.692.052	3.333.644.063	1.528.555.150	1.805.088.913	419.847.486
157.939.626	555.570.820	3.391.689.951	1.515.472.015	1.876.217.936	472.994.038
149.595.445	550.724.425	3.275.932.152	1.481.911.281	1.794.020.871	491.039.573
150.936.238	612.995.598	3.657.743.128	1.615.025.995	2.042.717.133	588.260.350
164.842.090	730.978.921	3.914.160.299	1.627.058.086	2.287.102.213	607.037.478
166.851.272	714.838.915	3.995.827.563	1.607.930.573	2.387.896.990	527.925.684
152.656.064	779.411.910	4.352.488.657	1.845.203.715	2.507.284.942	624.555.458
127.152.507	875.137.415	5.082.561.999	2.342.178.106	2.740.383.893	725.381.011
138.462.306	1.204.590.605	6.618.736.228	2.929.317.041	3.689.419.187	1.273.300.129

Quersummen nicht genau den Gesamtumsätzen.

11. UMSÄTZ

Jahr	Kasse	Wechsel	Wert-papiere	Lombard	Hypothek-gedeckte Schuld-urkunden und feste Hypotheken	Verkehr in laufender Rechnung (Aus-leihungen)	Verkehr in laufender Rechnung (Einlagen)
	Mark	Mark	Mark	Mark	Mark	Mark	Mark
1901	2.897.016	1.328.162.270	160.180.383	24.622.946	4.948.824	4.289.002.623	1.638.822.04
2	2.370.194	1.532.151.506	193.168.816	25.091.426	4.793.819	4.844.677.362	1.824.465.14
3	2.160.434	1.613.699.574	209.245.183	27.622.799	4.600.045	4.743.302.631	3.085.026.84
4	2.212.766	1.599.636.354	221.291.388	27.412.656	4.427.900	5.022.328.862	3.426.039.66
5	3.100.170	1.594.373.080	266.260.453	26.592.820	4.380.205	5.118.734.363	3.866.050.76
6	2.853.181	1.695.704.682	307.003.134	28.677.349	5.270.774	5.627.860.346	4.200.067.59
7	2.175.314	1.733.099.593	247.397.262	25.778.867	6.807.517	6.038.720.251	4.702.327.69
8	2.229.269	1.748.931.450	289.911.795	27.555.045	3.763.762	6.380.188.704	5.428.037.15
9	2.697.820	1.806.142.007	384.849.576	28.470.104	3.849.614	6.654.523.593	8.744.277.278
10	2.202.624	1.694.298.962	490.264.709	25.579.860	5.533.068	7.224.574.530	10.241.044.757
1	2.821.050	1.784.943.563	546.409.117	22.724.375	5.294.922	7.200.104.220	11.384.938.086
2	3.054.922	1.845.732.978	591.353.748	24.182.299	4.417.775	8.307.770.594	12.483.467.856
3	1.966.877	1.806.790.013	436.367.739	21.659.408	4.907.623	8.423.311.221	14.090.509.908
4	9.574.372	1.704.424.103	490.809.951	19.318.982	4.214.527	12.563.709.183	18.839.314.481
5	7.916.492	2.452.913.005	546.466.503	15.036.597	3.282.490	18.811.530.576	32.913.895.838
6	22.950.311	2.196.132.275	618.429.897	16.544.658	2.110.260	19.574.411.106	35.226.772.133
7	26.628.903	4.106.410.184	814.252.254	11.167.265	2.251.288	23.468.620.042	52.177.043.617
8	64.507.332	6.411.116.287	964.335.227	12.378.060	2.359.365	34.872.341.709	63.209.182.271
9	68.577.432	13.065.646.708	475.172.533	13.351.390	2.396.358	35.852.165.749	68.880.924.957
20	203.666.356	27.358.768.229	1.206.709.624	25.707.062	2.705.023	54.248.287.652	136.056.779.115
1	86.726.756	79.739.956.382	6.353.831.728	33.427.845	2.009.595	109.108.015.238	190.864.630.954
2	7.333.973	225.838.646	12.522.675	246.710	66.659	672.869.734	1.328.288.426
3	21.763.350	35.182.279	17.206.946	3	200	1.204.927.460	1.705.523.903
4	8.247.217	1.236.102.083	77.966.929	10.885	17.140	11.694.091.425	19.851.857.546
5	7.493.112	2.003.009.507	89.634.720	1.908.743	727.540	9.793.588.936	15.649.349.098
6	8.394.854	2.301.299.665	252.457.935	183.514	780 988	11.661.661.033	17.272.643.870
7	5.454.876	2.303.351.066	381.554.918	100.224	612.603	12.198.609.477	19.199.744.624
8	8.578.580	3.183.594.200	246.782.334	137.159	358.915	13.737.812.713	19.080.074.295
1929	8.535.859	3.014.467.328	210.883.872	67.795	179.608	13.824.983.994	21.861.136.253

Die Pfennigbeträge sind weggelassen; deshalb entsprechen die Quersummen nicht genau den Gesamtumsätzen. — Die Ziffern verstehen sich 1922 in Tausend Mark, 1923 in Billionen Mark, ab 1924 in Reichsmark.

1901—1929

Schuld-scheine*	Sonstige	Gesamtumsatz	Hiervon			Jahr
			Hauptbank	Nieder-lassungen †	München	
Mark	Mark	Mark	Mark	Mark	Mark	
287.127.066	1.442.409.097	9.178.172.286	4.231.288.576	4.946.883.710	1.963.443.351	1901
211.393.671	1.570.515.448	10.208.627.406	4.650.716.738	5.557.910.668	2.286.611.112	2
222.693.583	1.899.086.497	11.807.437.604	4.225.441.288	7.581.996.316	3.598.102.529	3
177.379.224	2.164.111.345	12.644.840.178	4.208.878.886	8.435.961.292	3.902.436.809	4
169.737.945	2.289.253.299	13.338.483.118	4.323.945.332	9.014.537.786	4.004.587.010	5
123.890.608	2.448.768.469	14.440.096.162	4.518.036.999	9.922.059.163	4.468.577.555	6
143.715.962	2.803.873.123	15.703.895.604	4.819.867.634	10.884.027.970	4.978.547.157	7
138.627.227	2.953.834.608	16.973.079.034	5.111.919.948	11.861.159.086	5.142.483.198	8
200.956.415	3.871.436.893	21.697.203.318	6.067.984.327	15.629.218.991	6.934.147.137	9
117.569.999	4.304.658.261	24.105.726.791	6.642.255.872	17.463.470.919	7.754.499.157	10
108.863.948	4.822.202.034	25.878.301.330	6.551.455.203	19.326.846.127	8.440.440.543	1
113.477.489	5.259.898.097	28.633.355.776	7.363.856.017	21.269.499.759	9.311.785.211	2
118.014.415	5.721.956.209	30.625.483.432	7.900.931.437	22.724.551.995	10.316.688.676	3
125.615.762	6.703.114.036	40.460.095.417	9.005.531.460	31.454.563.957	16.287.322.606	4
147.480.752	9.376.311.178	64.275.453.449	11.897.777.369	52.377.676.080	32.382.415.875	5
121.081.962	10.219.371.053	67.997.803.673	12.383.862.779	55.613.940.894	34.200.201.148	6
125.498.677	13.499.036.488	94.230.908.730	16.723.796.304	77.507.112.426	47.536.476.095	7
167.282.179	18.415.242.980	124.118.745.421	21.479.809.492	102.638.935.929	63.947.946.635	8
185.636.993	21.263.287.660	139.807.159.794	27.549.809.539	112.257.350.255	65.937.288.261	9
226.862.096	39.112.594.590	258.442.079.768	—	132.765.386.399	125.676.693.369	20
251.726.614	41.435.389.730	427.875.714.859	—	172.460.258.209	255.415.456.649	1
764.514	522.855.930	2.770.787.311	—	1.275.174.220	1.495.613.090	2
22.850	380.626.065	3.365.253.068	—	786.958.440	2.578.294.628	3
6.845.854	5.776.635.235	38.651.774.329	—	13.956.450.303	24.695.324.026	4
15.770.626	8.979.395.933	36.540.878.230	—	18.735.267.321	17.805.610.909	5
17.734.495	10.627.624.562	42.142.780.931	—	20.833.946.648	21.308.834.283	6
18.524.043	11.864.848.610	45.972.800.449	—	22.527.259.870	23.445.540.579	7
18.202.059	11.739.501.160	48.015.041.424	—	22.849.880.769	25.165.160.654	8
22.678.414	8.985.043.750	47.927.976.883	—	19.078.451.875	28.849.525.008	1929

* Ab 1922 einschließlich Sparbucheinlagen (Sparbucheinlagen waren bis 1927 nur bei der Bayerischen Staatsbank Coburg vorhanden). — † Bis 1919 einschließlich München.

12. REINGEWINNE 1780—1790

Jahr	fl.
1780	254.—
1781	1.456.—
1782	3.749.—
1783	6.278.—
1784	2.199.—
1785	10.071.—
1786	16.749.—
1787	16.668.—
1788	11.340.—
1789	11.700.—
1790	18.772.—

13. GEWINNE 1791—1850

Jahr	Rohgewinn	Verwaltungskosten	Abschreibungen, Rückstellungen und Verschiedenes	Reingewinn	Reingewinn in v. H. der eigenen Mittel
	fl.	fl.	fl.	fl.	
1791	26.638	7.078	3.626	15.934	*13,83*
2	16.681	6.438	222	10.021	*8,00*
3	42.385	12.753	132	29.500	*19,08*
4	25.727	10.381	631	14.715	*8,73*
5	54.823	7.604	48.301	Verlust *1.082*	—
6	97.788	14.725	10.870	72.193	*58,69*
7	98.868	19.184	9.215	70.469	*54,21*
8	68.967	17.203	1.116	50.648	*22,31*
9	133.744	18.938	3.376	111.430	*39,12*
1800	222.567	26.193	15.650	180.724	*47,02*
1	191.888	28.600	343	162.945	*49,74*
2	137.385	28.749	—	108.636	*32,81*
3	131.235	20.620	—	110.615	*33,77*
4	176.141	17.776	844	157.521	*43,88*
5	110.543	16.003	39.206	55.334	*15,33*
6	43.420	17.008	—	26.412	*7,33*
7	48.797	15.587	1.837	31.373	*10,07*
8	26.414	15.840	22.514	Verlust *11.940*	—
9	14.361	12.181	215	1.965	*1,09*
10	17.167	11.124	—	6.043	*3,93*
1	13.630	10.012	58	3.560	*3,86*
2	7.669	10.084	—	Verlust *2.415*	—
3	10.881	9.840	—	1.041	*1,16*
4	10.315	9.824	—	491	*0,55*
1815	15.719	9.896	—	5.823	*6,31*

(Forts.)

13. GEWINNE 1791—1850

Jahr	Rohgewinn	Verwaltungskosten	Abschreibungen, Rückstellungen und Verschiedenes	Reingewinn	Reingewinn in v.H. der eigenen Mittel
	fl.	fl.	fl.	fl.	
1816	23.289	11.225	—	12.064	*12,29*
7	28.677	12.606	—	16.071	*14,58*
8	21.322	11.792	—	9.530	*8,83*
9	26.068	11.944	—	14.124	*12,34*
20	32.531	13.077	—	19.454	*15,73*
1	34.906	12.837	—	22.069	*16,99*
2	27.144	13.192	—	13.952	*10,19*
3	39.208	12.809	—	26.399	*17,66*
4	53.008	13.928	—	39.080	*25,10*
5	48.259	13.642	—	34.617	*18,44*
6	39.167	10.846	—	28.321	*15,18*
7	43.486	11.083	—	32.403	*14,61*
8	62.334	12.035	499	49.800	*20,46*
9	73.067	12.021	1.122	59.924	*22,01*
30	56.969	11.099	456	45.414	*15,40*
1	53.373	13.322	1.380	38.671	*12,39*
2	88.831	13.268	411	75.152	*21,29*
3	110.381	13.895	3.568	92.918	*23,62*
4	135.643	14.704	2.213	118.726	*27,16*
5	139.414	16.508	3.496	119.410	*24,26*
6	116.277	14.764	598	100.915	*18,69*
7	123.058	15.395	—	107.663	*18,15*
8	123.846	15.311	366	108.169	*16,72*
9	110.722	15.463	—	95.259	*13,76*
40	109.827	15.255	2.373	92.199	*12,49*
1	123.705	15.190	1.617	106.898	*13,50*
2	125.164	17.585	2.228	105.351	*12,54*
3	162.867	17.340	1.905	143.622	*15,75*
4	183.499	22.399	4.614	156.486	*15,81*
5	139.502	21.305	1.838	116.359	*11,23*
6	146.395	23.716	1.646	121.033	*11,19*
7	152.535	27.446	—	125.089	*11,01*
8	141.514	28.501	2.643	110.370	*9,32*
9	110.683	25.604	—	85.079	*7,06*
1850	163.507	28.354	698	134.455	*10,76*

14. GEWINNE 1851—1929

Jahr	Rohgewinn	Verwaltungs-kosten	Abschreibungen, Rückstellungen und Verschiedenes	Reingewinn	Hiervon: Reingewinne der Hauptbank	Hiervon: Reingewinne der Niederlassungen	Hiervon: Reingewinn München	Reingewinn der Gesamtbank in v.H. der eigenen Mittel[1]
	fl.	fl.	fl.	fl.	fl.	fl.	fl.	
1851	177.700	30.586	—	147.114	—	—	—	*11,15*
2	194.519	41.958	—	152.561	—	—	—	*11,02*
3	211.041	47.554	1.669	161.818	—	—	—	*11,10*
4	312.755	52.289	1.798	258.668	146.935	111.733	—	*16,39*
5	384.642	54.585	2.105	327.952	175.090	152.862	—	*19,18*
6	572.219	60.478	603	511.138	305.657	205.481	—	*26,32*
7	447.997	70.720	577	376.700	143.744	232.956	—	*17,80*
8	482.717	77.722	1.135	403.860	126.563	277.297	—	*17,67*
9	509.305	78.455	1.251	429.599	219.562	210.037	—	*17,50*
60	469.924	80.014	1.111	388.799	169.713	219.086	—	*13,89*
1	288.396	86.371	1.121	200.904	9.383	191.521	—	*7,47*
2	550.323	93.347	1.499	455.477	200.051	255.426	—	*16,75*
3	671.773	99.392	1.701	570.680	301.825	268.855	—	*19,95*
4	859.598	101.820	1.717	756.061	488.456	267.605	—	*24,86*
5	656.990	102.769	1.815	552.406	321.653	230.753	—	*17,44*
6	614.116	111.604	2.006	500.506	293.190	207.316	—	*15,32*
7	602.517	104.843	1.955	495.719	272.972	222.747	—	*14,68*
8	516.476	107.256	2.055	407.165	214.856	192.309	—	*11,27*
9	535.323	112.485	2.063	420.775	206.680	214.095	—	*10,86*
70	762.254	111.900	1.954	648.400	382.396	266.004	—	*15,17*
1	826.023	113.155	1.939	710.929	462.120	248.809	—	*15,11*
2	910.811	146.013	1.923	762.875	518.123	244.752	—	*14,74*
3	1.206.818	144.055	1.855	1.060.908	673.589	387.319	—	*18,65*
4	1.037.591	165.829	1.906	869.857	499.620	370.237	—	*13,15*
1875	1.022.558	175.148	1.823	845.587	485.710	359.877	—	*11,67*
	Mark	Mark	Mark	Mark	Mark	Mark	Mark	
1875	1.752.956	300.254	3.125	1.449.577	832.645	616.932	—	*11,67*
6	1.509.647	329.132	3.928	1.176.587	717.078	459.509	36.384	*9,01*
7	1.551.183	334.579	3.779	1.212.825	798.148	414.677	56.429	*9,33*
8	1.366.185	345.442	3.735	1.017.008	647.149	369.859	77.448	*8,82*
9	1.269.359	486.094	4.049	779.216	535.295	243.921	22.688	*7,97*
80	1.304.269	494.005	3.648	806.616	535.510	271.106	23.935	*7,56*
1	1.385.474	503.802	3.682	877.990	622.704	255.286	26.848	*7,77*
2	1.665.064	548.550	3.406	1.113.108	778.590	334.518	27.353	*9,19*
3	1.460.242	524.212	3.630	932.400	638.374	294.026	45.626	*7,53*
4	1.362.402	512.412	3.611	846.379	636.379	210.000	45.000	*6,70*
5	1.340.574	514.145	3.603	822.826	580.587	242.239	57.305	*6,31*
6	1.067.554	466.162	3.677	597.715	431.213	166.502	48.504	*4,45*
7	1.485.797	536.396	3.799	945.602	630.928	314.674	91.406	*6,36*
8	1.696.224	561.080	3.753	1.131.391	706.157	425.234	120.817	*7,16*
1889	2.046.763	564.039	3.918	1.478.806	775.817	702.989	185.624	*8,69*

Verwaltungskosten einschließlich Nebenbezüge der Bankbeamten und des Bankkommissärs. — Reingewinne ohne Nebenbezüge der Bankbeamten und des Bankkommissärs. — 1923 Reingewinn in v. H. der eigenen Mittel laut Goldmarkeröffnungbilanz. — Die Ziffern verstehen sich 1923 in Billionen Mark, ab 1924 in Reichsmark. — [1] Reingewinn einschließlich Verzinsung der Stammeinlage. — [2] Einschließlich Zuweisung auf Baukonto. — [3] Reingewinn der Hauptbank + Reingewinn der Niederlassungen bzw. ab 1920

(Forts.)

14. GEWINNE 1851—1929

Jahr	Rohgewinn	Verwaltungskosten	Abschreibungen, Rückstellungen und Verschiedenes	Reingewinn	Hiervon: Reingewinne der Hauptbank[3]	Hiervon: Reingewinne der Niederlassungen[3]	Hiervon: Reingewinn München	Reingewinn der Gesamtbank in v.H. der eigenen Mittel[1]
	Mark	Mark	Mark	Mark	Mark	Mark	Mark	
1890	2.819.049	580.076	8.119	2.230.854	1.044.695	1.186.159	289.147	*11,93*
1	2.601.058	596.486	8.161	1.996.411	1.019.968	976.443	203.642	*10,15*
2	2.062.653	638.669	8.047	1.415.937	759.526	656.411	89.427	*7,07*
3	2.560.666	648.694	7.496	1.904.476	1.017.944	886.532	118.647	*8,85*
4	1.988.492	649.035	8.744	1.330.713	803.890	526.823	27.611	*6,13*
5	1.835.009	674.666	8.685	1.151.658	718.579	433.079	4.543	*5,22*
6	2.569.292	714.244	10.303	1.844.745	934.405	910.340	160.383	*7,68*
7	2.842.152	749.061	11.028	2.082.063	1.041.127	1.040.936	195.498	*8,20*
8	3.097.796	754.414	461.148[2]	1.882.234	1.309.680	1.022.554	184.871	*7,05*
9	3.862.035	785.261	763.949[2]	2.312.825	1.528.285	1.534.540	311.328	*7,96*
1900	4.195.990	888.588	822.825[2]	2.484.577	1.549.562	1.735.015	462.356	*7,53*
1	3.892.066	929.030	274.344[2]	2.688.692	1.718.233	1.220.459	498.659	*7,68*
2	3.366.054	1.007.029	25.296	2.333.729	1.176.326	1.157.403	507.074	*6,50*
3	4.575.864	1.065.779	527.524[2]	2.982.561	1.406.535	2.076.026	889.889	*7,72*
4	4.608.439	1.114.120	427.520[2]	3.066.799	1.428.403	2.038.396	865.877	*7,65*
5	4.568.720	1.197.028	243.795	3.127.897	1.439.967	1.900.208	805.233	*7,50*
6	5.742.966	1.284.024	596.172	3.862.770	1.759.958	2.665.876	999.715	*8,70*
7	6.924.209	1.357.992	633.669[2]	4.932.548	2.294.436	3.238.112	1.278.851	*10,67*
8	6.510.581	1.581.733	134.184	4.794.664	2.111.019	2.683.645	929.413	*9,93*
9	5.413.142	1.950.807	209.894	3.252.441	1.332.713	1.919.728	685.533	*6,93*
10	6.517.095	2.123.073	224.558	4.169.464	1.674.797	2.494.667	902.247	*8,46*
1	6.831.704	2.209.720	253.219	4.368.765	1.683.395	2.685.370	1.019.234	*8,51*
2	7.515.740	2.422.150	266.556	4.827.034	1.945.195	2.881.839	1.247.170	*8,90*
3	9.387.903	2.549.314	282.771	6.555.818	2.530.117	4.025.701	1.187.884	*11,23*
4	7.885.027	2.684.464	295.797	4.904.766	1.844.095	3.060.671	1.387.286	*8,11*
5	12.372.001	2.847.416	306.621	9.217.964	2.455.136	6.762.828	2.964.156	*13,82*
6	15.960.058	3.094.438	1.343.033	11.522.587	2.757.606	9.768.012	4.299.695	*16,44*
7	20.323.704	3.961.213	1.661.150	14.701.341	3.735.275	12.036.817	5.827.836	*19,79*
8	22.118.745	5.825.359	710.704	15.582.682	2.692.195	13.303.266	7.326.120	*19,56*
9	28.200.297	9.444.885	1.686.009	17.069.403	2.891.357	15.571.744	7.641.891	—
20	59.846.081	21.772.761	6.948.312	31.125.008	—	18.216.110	19.564.899	—
1	97.189.936	33.005.699	4.296.812	59.887.425[4]	—	24.234.746	39.652.679	—
2	1.100.035.517	376.385.371	296.812	723.353.334[5]	—	523.511.119	199.842.215	—
3	7.913.180	998.253	—	6.914.927	—	4.472.850	4.278.077	*48,47*
4	12.775.642	4.988.455	219.500	7.567.687	—	4.412.955	3.154.732	*53,03*
5	11.455.077	5.690.878	219.250	5.544.949	—	2.535.231	3.009.718	*25,98*
6	12.353.376	5.991.270	219.750	6.142.356	—	3.784.724	2.357.631	*24,69*
7	12.336.679	6.689.765	224.725	5.422.189	—	2.075.392	3.346.797	*19,48*
8	13.084.141	7.489.841	229.000	5.365.300	—	2.488.390	2.876.909	*17,62*
1929	12.580.275	7.652.610	229.000	4.698.665	—	1.775.441	2.923.224	*14,32*

Reingewinn von München + Reingewinn der Niederlassungen ergibt erst nach Abzug der die Gesamtbank betreffenden Abschreibungen, Rückstellungen usw. den Reingewinn der Gesamtbank. — [4] Vom Reingewinn der Bank wurden vorweg M 10.000.000,— einer Sonderrücklage und M 3.000.000,— dem Baukonto überwiesen. — [5] Vom Reingewinn der Bank wurden vorweg M 323.353.335,— zur Verstärkung der Sonderrücklage verwendet.

15. Einige für die Entwicklung der Bank kennzeichnende Gewinn- und Verlust-Rechnungen

EINNAHMEN														
Jahr	Zinsen						Geschäftsgebühren (Provisionen)		Wechsel		Wertpapiere		Beteiligungen	
			fl.	%			fl.	%	fl.	%	fl.	%	fl.	%
1800			93.381	*34,33*			125.305	*46,06*	48.231	*17,73*	4.594	*1,69*	—	—
1820			44.542	*77,02*[1]			9.687	*16,74*	3.606	*6,24*	—	—	—	—
1840			244.481	*94,70*[1]			—	—	13.713	*5,30*	—	—	—	—
1850			333.141	*97,67*[1]			—	—	7.959	*2,33*	—	—	—	—
	In laufender Rechnung				Schuldurkunden[2] und feste Hypotheken									
	fl.	%			fl.	%								
1860	443.096	*27,87*			586.518	*36,89*	—	—	272.734	*17,15*	286.814	*18,04*	—	—
			Lombard		Hypothekgedeckte Schuldurkunden und feste Hypotheken									
	Mark	%	Mark	%	Mark	%	Mark	%	Mark	%	Mark	%	Mark	%
1880	1.056.390	*31,27*	477.178	*14,13*	381.738	*11,30*	—	—	935.519	*27,72*	517.182	*15,33*	—	—
1900	2.257.823	*32,90*	744.707	*10,86*	416.291	*6,06*	423.323	*6,17*	2.619.722	*38,16*	383.931	*5,59*	—	—
1913	6.716.111[3]	*40,65*	888.071	*5,38*	340.990	*2,06*	936.742	*5,67*	6.788.554	*41,10*	807.938	*4,89*	—	—
1917	20.199.253	*54,27*	622.906	*1,67*	246.929	*0,66*	1.000.245	*2,69*	12.244.974	*32,89*	2.884.391	*7,75*	—	—
1922	853.948	*49,62*	1.845	*0,10*	2.133	*0,12*	177.575	*10,32*	549.494	*31,93*	136.138	*7,91*	—	—
1924	23.241.728	*76,95*	356	—	572	—	797.786	*2,64*	5.265.514	*17,44*	895.679	*2,97*	—	—
1929	22.326.998	*69,38*	4.432	—	49.115	*0,15*	1.038.038	*3,23*	5.967.299	*18,54*	1.644.239	*5,11*	1.129.000	*3,51*

	EINNAHMEN					AUSGABEN						
Jahr	Gebäude		Verschiedenes		Zusammen	Zinsen in laufender Rechnung	Schuldschein-Zinsen	Geschäftsgebühren (Provisionen)	Verwaltungskosten	Abschreibungen, Rückstellungen und Sonstiges	Zusammen	Reingewinn
	fl.	%	fl.	%	fl.	fl.	fl.	fl.	fl.	fl.	fl.	fl.
1800	—	—	533	*0,19*	272.044	—	49.476	—	26.194	15.650	91.320	180.724
1820	—	—	—	—	57.835	—	25.304	—	13.077	—	38.381	19.454
1840	—	—	—	—	258.194	—	148.366	2.373	15.256	—	165.995	92.199
1850	—	—	—	—	341.100	—	177.593	698	28.354	—	206.645	134.455
1860	940	*0,05*	—	—	1.590.102	75.731	1.032.958	—	80.014	12.600	1.201.303	388.799
	Mark	%	Mark	%	Mark	Mark	Mark	Mark	Mark	Mark	Mark	Mark
1880	8.528	*0,25*	—	—	3.376.535	281.255	1.624.415	—	494.005[6]	170.244	2.569.919	806.616
1900	241	—	17.533	*0,26*	6.863.571	987.925	1.477.773	21.571	888.587	1.003.130[7]	4.378.994	2.484.577
1913	41.954	*0,25*	—	—	16.520.360	4.797.915	1.980.769	44.992	2.549.314	591.552	9.964.542	6.555.818
1917	26.532	*0,07*	—	—	37.225.230	12.128.797	2.690.426	72.918	3.961.213	3.670.535	22.523.889	14.701.341
1922	—	—	—	—	1.721.133	605.998	8.632[4]	6.468	376.385	297	997.780	723.353
1924	2.248	—	—	—	30.203.883	16.726.963	62.924	638.355	4.988.454	219.500	22.636.196	7.567.687
1929	25.669	*0,08*	—	—	32.184.790	18.934.110	582.168[5]	88.238	7.652.609	229.000	27.486.125	4.698.665

% = v.H. der Gesamteinnahmen.
Die Ziffern verstehen sich 1922 in Tausend Mark, ab 1924 in Reichsmark.
Ohne Zinsen aus dem Verkehr der Niederlassungen unter sich.
[1] Einschließlich der Zinsen aus dem Wertpapierbestand; nach den Wertpapierbeständen am Ende des Jahres müßten 1840 etwa 69,43 v. H., 1850 etwa 53,25 v. H. der Gesamteinnahmen auf Wertpapierzinsen und nur 25.27 v. H. und 44,42 v. H. auf Ausleihezinsen entfallen.
[2] Schuldurkunden = Solawechsel, hypothekgedeckte Schuldurkunden, Lombard.
[3] Ab 1913 einschließlich der im Verkehr in laufender Rechnung vereinnahmten Geschäftsgebühren.
[4] Einschließlich vergütete Zinsen auf Schuldverschreibungen der Landrentenbank Coburg.
[5] Einschließlich Zinsen auf Spareinlagen.
[6] Ab 1880 Verwaltungskosten einschließlich Nebenbezüge.
[7] Einschließlich Zuweisung auf Baukonto.

16. GEWINNABLIEFERUNGEN AN DEN STAAT

Jahr	Voranschlag fl. kr.	Abgeliefert fl. kr.	Jahr	Voranschlag Mk. Pf.	Abgeliefert Mk. Pf.
1825—26	5.000,—	12.888,29	1881	360.000,—	376.902,70
26—27	5.000,—	13.383,51	2	360.000,—	481.594,22
27—28	5.000,—	17.793,24	3	360.000,—	395.967,37
28—29	5.000,—	21.677,46	4	400.000,—	361.773,59
29—30	5.000,—	19.050,55	5	400.000,—	351.306,48
1830—31	5.000,—	16.282,46	6	400.000,—	261.622,13
31—32	12.000,—	24.299,36	7	400.000,—	403.023,13
32—33	12.000,—	31.564,24	8	350.000,—	491.109,42
33—34	12.000,—	39.204,40	9	350.000,—	664.902,20
34—35	12.000,—	41.424,36	90	400.000,—	1.040.658,78
35—36	12.000,—	37.057,58	1	400.000,—	921.828,16
36—37	12.000,—	37.197,14	2	600.000,—	628.897,46
37—38	25.000,—	37.856, 6	3	600.000,—	873.459,03
38—39	25.000,—	26.043,54	4	650.000,—	585.049,44
39—40	25.000,—	36.711,16	5	650.000,—	493.618,85
1840—41	25.000,—	41.150,27	6	650.000.—	833.955,51
41—42	25.000,—	42.013,26	7	650.000,—	949.910,68
42—43	25.000,—	52.147,23	8	700.000,—	846.859,82
43—44	36.000,—	59.037,36	9	700.000,—	1.059.898,67
44—45	36.000,—	46.652,29	1900	700.000,—	700.000,—
45—46	36.000,—	49.103,48	1	700.000,—	1.217.090,13
46—47	36.000,—	50.786,26	2	800.000,—	1.037.764,92
47—48	36.000,—	47.032, 4	3	800.000,—	1.361.730,54
48—49	36.000,—	38.550,25	4	1.367.798,38	1.618.778,45
49—50	50.000,—	49.815,59	5	1.367.798,38	1.642.058,95
1850—51	50.000,—	50.353,49	6	1.400.000,—	1.788.737,58
51—52	50.000,—	58.799,41	7	1.400.000,—	2.324.611,24
52—53	50.000,—	54.099,46	8	2.500.000,—	2.759.615,92
53—54	50.000,—	85.309,11	9	2.500.000,—	2.412.441,81
54—55	50.000,—	129.027,46	10	2.500.000,—	2.569.464,86
55—56	85.000,—	189.647, 7	1	2.500.000,—	2.488.765,09
56—57	85.000,—	161.322,43	2	2.600.000,—	2.231.027,09
57—58	85.000,—	150.576,54	3	2.600.000,—	3.091.679,30
58—59	85.000,—	158.644,42	4	3.500.000,—	2.263.148,36
59—60	85.000,—	150.987,29	5	3.500.000,—	4.420.015,64
1860—61	85.000,—	96.233,33	6	6.150.000,—	8.641.940,99
61—62	150.000,—	146.081,34	7	6.150.000,—	11.026.005,97
62—63	150.000,—	197.673,38	8	9.500.000,—	10.388.454,76
63—64	150.000,—	256.045,44	9	9.500.000,—	11.379.601,94
64—65	150.000,—	218.581,26	20	10.000.000,—	23.343.756,28
65—66	150.000,—	186.955,11	1	35.000.000,—	35.165.569,29
1866—67*	150.000,—	226.770,28	2	35.000.000,—	300.000.000,—
			3	PM.35.000.000,—	—
	Mk. Pf.	Mk. Pf.	4	RM. 500.000,—	500.000,—
1876	350.000,—	405.613,61	5	2.000.000,—	2.000.000,—
7	350.000,—	419.196,52	6	3.000.000,—	3.000.000,—
8	350.000,—	355.320,70	7	3.000.000,—	3.000.000,—
9	350.000,—	334.431,13	8	3.000.000,—	3.000.000,—
1880	360.000,—	344.921,30	1929	3.000.000,—	3.000.000,—

* 1868—1875 wurde der staatliche Gewinnanteil der Stammeinlage zugeschlagen.

17. ENTWICKLUNG DES VERWAHRUNGS- UND VERWALTUNGSGESCHÄFTES

Jahr	Verschlossene Einlagen und Schrankfächer		Offene Wertpapier-Einlagen			Wertpapiereinlagen bei den gerichtlichen Hinterlegungsstellen	
	Stückzahl	erzielte Gebühren	Stückzahl	Wert	erzielte Gebühren	Stückzahl	Wert
		Mk. Pf.		Mk.	Mk. Pf.		Mk.
Ende 1900	2070	32.608,55	5631	330.513.000	157.686,31	9550	89.692.000
1	2390	37.210,65	7340	393.812.000	187.538,04	9668	89.969.020
2	2681	41.272,95	8824	465.283.893	219.079,50	10742	89.020.403
3	2890	44.298,60	10289	531.284.323	254.408,65	10886	92.451.046
4	3186	48.875,57	12031	604.700.417	293.201,35	11098	95.586.739
5	3427	50.523,15	13957	719.311.549	339.297,60	11390	101.373.825
6	3550	51.522,90	16361	850.763.997	392.612,97	11270	102.587.660
7	3768	51.657,95	18420	921.157.413	419.904,94	11265	99.191.970
8	4031	52.955,90	20878	1.004.696.931	457.767,49	11969	103.841.747
9	4341	60.282,65	23530	1.095.272.689	501.395,75	12132	100.895.366
10	4485	62.453,05	26361	1.174.503.865	541.209,71	12108	100.604.609
1	4762	65.162,10	29161	1.274.284.047	585.617,87	12424	101.654.460
2	4949	67.781,—	31585	1.359.976.049	621.599,53	12714	98.043.168
3	5196	70.108,15	33889	1.302.192.225	639.817,57	12721	92.544.064
4	6306	83.031,65	37748	1.410.206.004	672.191,14	12509	90.217.951
5	6103	83.042,35	40741	1.510.405.416	690.486,12	12988	92.308.323
6	6240	82.213,45	44083	1.619.656.311	739.092,92	13766	100.697.321
7	6553	87.318,70	46961	1.741.998.611	775.283,09	14636	108.221.227
8	7554	111.485,65	48492	1.840.020.328	845.777,65	15991	123.196.822
9	5241	119.741,20	53676	1.908.865.354	1.064.074,48	16368	118.928.027
20	3692	99.749,30	59277	1.872.441.888*	1.390.975,99	17675	114.192.515
1	3478	87.515,55	57557	1.828.027.653	1.926.389,15	17269	119.583.018
2	3710	219.268,70	46253	2.816.540.400	3.180.217,93	16928	350.436.326
3	3854	2.865,54	39988	—†	32.979,70	16028	—†
4	2898	62.450,35	33273	—	170.616,42	13153	—
5	2352	61.239,35	35224	—	211.464,79	12934	—
6	1997	47.068,08	35287	—	234.441,46	9041	—
7	1903	41.658,—	33689	—	342.675,88	7987	—
8	1904	34.006,88	32355	—	361.880,79	7912	—
1929	1776	32.981,40	31586	—	401.271,06	8185	6.144.753

* Bis einschließlich 1919 Kurswert, ab 1920 Nennwert. — † Ab 1923 ist der Wert der Einlagen wegen der Umstellung von Papiermark auf Goldmark und Reichsmark nicht feststellbar. — Die Ziffern verstehen sich 1923 in Bill. Mark, ab 1924 in Reichsmark.

18a. Verhältnis der eigenen und fremden Mittel bei der

In v.H. der Abschlußsummen	1912		1913		1914		1917	
	B.St.Bk.	Gr.Bk.	B.St.Bk.	Gr.Bk.	B.St.Bk.	Gr.Bk.	B.St.Bk.	Gr.Bk.
Eigene Mittel . .	19,04	*25,20*	17,89	*24,10*	15,08	*25,20*	8,06	*13,40*
Akzepte	0,39	*16,69*	0,51	*16,58*	0,50	*13,68*	0,03	*2,43*
Sonstige fremde Mittel	80,57	*58,11*	81,60	*59,32*	84,42	*61,12*	91,91	*84,17*
	100,00	*100,00*	100,00	*100,00*	100,00	*100,00*	100,00	*100,00*

18b. Verteilung der Anlagen bei der Bayerischen

	1912 B.St.Bk.	1912 Gr.Bk.	1913 B.St.Bk.	1913 Gr.Bk.	1914 B.St.Bk.	1914 Gr.Bk.	1917 B.St.Bk.	1917 Gr.Bk.
Bargeld, Guthaben bei Noten- und Abrechnungsbanken	4,70	*3,70*	4,57	*3,90*	19,80	*6,30*	5,91	*6,80*
Wechsel, Schecke u. unverzinsliche Schatzanweisungen	39,26	*18,00*	45,48	*20,90*	28,92	*20,30*	40,32	*39,70*
Guthaben bei Banken	1,84	*3,40*	1,98	*3,50*	7,88	*4,10*	0,76	*8,00*
Wertpapiere: Deutsche Staatsanleihen	2,84	*2,10*	3,31	*2,30*	3,54	*2,10*	3,67 }	*1,70*
Sonstige	0,91	*2,90*	0,84	*2,80*	0,95	*3,40*		*1,30*
Ausleihungen[1] . .	42,40	*41,60*	37,26	*40,10*	33,60	*40,70*	47,49	*25,50*
Report und Lombard[2]	5,26	*11,40*	3,96	*10,40*	3,20	*9,50*	1,08	*10,10*
Vorschüsse auf verfrachtete u. eingelagerte Waren .	—	*5,20*	—	*5,00*	—	*1,80*	—	*1,10*
Dauernde und Gemeinschaftsbeteiligungen	—	*7,20*	—	*6,50*	—	*7,80*	—	*3,30*
Gebäude, Einrichtung und Verschiedenes	2,79	*4,50*	2,60	*4,60*	2,11	*4,00*	0,77	*2,50*
	100,00	*100,00*	100,00	*100,00*	100,00	*100,00*	100,00	*100,00*

Zahlen der Großbanken bis 1924 nach Goldschmidt, 1929 nach den Geschäftsberichten.

Bayerischen Staatsbank und den deutschen Großbanken.

1920		1922		1923		1924		1929	
B.St.Bk.	Gr. Bk.	B.St.Bk.	Gr. Bk.	B.St.Bk.	Gr. Bk.	B.St.Bk.	Gr. Bk.	B.St.Bk.	Gr. Bk.
5,88	5,50	8,08	1,80	G. 19,24	37,30	7,13	18,20	8,15	6,90
0,29	1,46	0,51	0,37	0,08	0,22	0,49	0.74	0,35	3,91
93,83	93,04	91,41	97,83	80,68	62,48	92,38	81,06	91,50	89,19
100,00	100,00	100,00	100,00	100,00	100,00	100,00	100,00	100,00	100,00

Staatsbank und bei den deutschen Großbanken.

7,18	5,80	11,67	5,00	29,32	5,80	9,97	4,80	5,32	3,12
73,48	48,30	44.53	17,60	2,35	2,30	24,73	20,80	19,73	21,70
1,25	7,30	3,45	31,80	23,43	30,80	7,96	16,60	8,65	9,51
0,81 }	0,40	0,68 }	0,00	3,74 }	0,00	1,24	0,10	3,16	0,11
	2,00		5,10		3,90	0,11	1,80	1,21	1,46
14,20	23,10	32,31	20,50	33,75	26,50	53,35	36,60	58,01	41,25
0,21	2,40	0,03	0,70	0,00	0,90	0,00	1,00	0,01	3,90
—	2,30	—	3,40	—	3,50	—	5,60	—	14,40
—	3,00	—	6,40	—	9,90	—	4,90	2,76	2,10
2,87	5,40	7,33	9,50	7,41	16,40	2,64	7,80	1,15	2,45
100,00	100,00	100,00	100,00	100,00	100,00	100,00	100,00	100,00	100,00

[1] Bei den Großbanken Schuldner, bei der Bayerischen Staatsbank Ausleihungen in laufender Rechnung, hypothekgedeckte Schuldurkunden und feste Hypotheken. — [2] Bei der Bayerischen Staatsbank nur Lombard.

19. Geschäftsumfang und Geschäftsergebnisse der Bayerischen Staatsbank und anderer öffentlicher Banken 1928 und 1929.

		Eigene Mittel	Fremde Mittel	Umsatz	Unkosten	Reingewinn	Ablieferung an den Staat
		Tausend RM	Tausend RM.	Millionen RM.	Tausend RM.	Tausend RM.	Tausend RM.
Bayerische Staatsbank	1928	30.448	388.743	48.015	6.884	5.365	3.000
	1929	32.813	365.138	47.928	7.282	4.699	3.000
Preußische Staatsbank	1928	18.000	1.026.375	60.570	5.079	5.115	1.000
	1929	22.000	1.053.779	68.139	6.311	4.813	2.000
Sächsische Staatsbank	1928	16.258	222.448	24.280	2.644	1.479	1.109
	1929	17.628	228.422	25.187	2.860	1.555	1.166
Thüringische Staatsbank	1928	2.250	119.295	7.100	2.144	656	200
	1929	2.700	118.548	—*	2.629	553	250
Reichskreditgesellschaft	1928	59.000	602.627	133.000	8.324	6.518	—
	1929	60.000	647.504	147.400	8.585	6.002	—

* Umsatzziffer fehlt.

QUELLEN.

AKTEN.

Akten der Bayerischen Staatsbank, Direktorium in München 1780 bis 1930.

Akten der Bayerischen Staatsbank München 1919.

Akten der Bayerischen Staatsbank Nürnberg 1806 bis 1930.

Akten des Bayerischen Staatsministeriums der Finanzen 1806 bis 1930.

Akten des Fränkischen Landesministeriums in Ansbach und des Fränkischen Ministerialdepartements in Berlin 1792 bis 1806 (Preußisches Geheimes Staatsarchiv).

Akten der Kammer und Landschaft, später Kriegs- und Domänenkammer in Ansbach 1780 bis 1806 (Staatsarchiv Nürnberg).

Akten des Bayerischen Auswärtigen Ministerialdepartements über die Besetzung und Landesübergabe von Ansbach 1806 (Bayerisches Geheimes Staatsarchiv).

Verschiedene Akten der Bayerischen Staatsministerien der Finanzen, des Innern, des Äußern und der Staatsschuldenverwaltung 1806 bis etwa 1830 (Kreisarchiv München).

Schriftwechsel des Bankhauses Eichborn & Co. mit der K. Bayerischen Bank 1806 bis 1820 (Eichborn & Co., Breslau).

ARBEITEN ÜBER DIE BAYERISCHE STAATSBANK.

JACOB Dr. Fritz: Die Bayerische Staatsbank 1900 bis 1920. Würzburger rechts- und staatswissenschaftliche Dissertation 1923 (Maschinenschrift).

KOPP Richard: Die Stellung der Bayerischen Staatsbank unter den bayerischen Banken 1900 bis 1920. Würzburger rechts- und staatswissenschaftliche Dissertation 1922 (Maschinenschrift).

LIMBURG Hermann: Die königliche Bank zu Nürnberg in ihrer Entwicklung 1780 bis 1900. Leipzig (A. Deichert) 1903.

MILDNER Dr. Wilhelm: Die Tätigkeit der Bayerischen Staatsbank während des Krieges. Erlanger Dissertation 1922 (Maschinenschrift).

BAYERISCHE WIRTSCHAFTS- UND BANKGESCHICHTE.

BAYERLEIN Dr. Fritz: Die wirtschaftliche Lage des ehemaligen Fürstentums Bayreuth von 1806 bis 1810 unter besonderer Berücksichtigung seiner Textilindustrie. Innsbrucker rechts- und staatswissenschaftliche Dissertation. Innsbruck 1929 (Universitätsverlag Wagner).

BURKHARD Wilhelm: Das bayerische Staatsbudget in den ersten 70 Jahren seit Bestehen der Verfassung 1819—1889. Finanz-Archiv 6. Jahrgang.

DIRR Dr. Pius: Der Handelsvorstand Nürnberg 1560 bis 1910. Zur Erinnerung an sein 350jähriges Bestehen und zur Einweihung seines neuen Hauses herausgegeben vom Handelsvorstand Nürnberg. Nürnberg 1910.

EHEBERG Dr. Karl Theodor: Die industrielle Entwicklung Bayerns seit 1800. Antrittsrede. Erlangen 1897 (Friedrich Junge).

FISCHER Joh. Bernhard: Statistische und topographische Beschreibung des Burggrafentums Nürnberg unterhalb des Gebürgs. Ansbach 1787.

GÖSS Georg Friedrich Daniel: Statistik des Fürstentums Ansbach. Ansbach 1805.

HARTUNG Fritz: Hardenberg und die preußische Verwaltung in Ansbach-Bayreuth von 1792 bis 1806. Tübingen 1906 (J. C. B. Mohr).

HAUSMANN Dr. Sebastian: Die Grundentlastung in Bayern. Ein wirtschaftsgeschichtlicher Versuch (Abhandlung aus dem staatswissenschaftlichen Seminar zu Straßburg). Straßburg 1892 (Karl J. Trübner).

HELD-BRÜSCHWIEN: Rhein-Main-Donau. Die Geschichte einer Wasserstraße. Regensburg 1929 (Verlag Die Freie Donau).

HOHENEGG Dr. Ernst: Die Landesorganisation des landwirtschaftlichen Genossenschaftswesens in Bayern. München 1927 (Bayerische Zentraldarlehenskasse e. G. m. b. H.).

HÜMMERT Ludwig: Die finanziellen Beziehungen jüdischer Bankiers und Heereslieferanten zum bayerischen Staat in der ersten Hälfte des 19. Jahrhunderts. Münchner staatswirtschaftliche Dissertation. München 1927 (A. Fröhlich).

Geschäftsberichte der Bayerischen Hypotheken- und Wechselbank 1835 bis 1929.

Geschichte der bayerischen Industrie. Herausgegeben von Dr. Alfred Kuhlo. München 1926 (Bayerische Druckerei und Verlagsanstalt).

LUEBECK Dr. Julius: Die wirtschaftliche Entwicklung Bayerns und die Verwaltung von Handel, Industrie und Gewerbe. Denkschrift der Handelskammer München. München und Leipzig 1919 (Duncker & Humblot).

v. POSCHINGER Dr. Heinrich: Bankgeschichte des Königreichs Bayern. Erlangen 1874 bis 1876 (A. Deichert und E. Besold).

v. REDEN Friedrich: Allgemeine vergleichende Finanzstatistik 1. Band. Darmstadt 1851 (G. Jonghaus).

RUDHART Dr. Ignatz: Über den Zustand des Koenigreichs Baiern. Stuttgart und Tübingen 1825 (Cotta). Band 1—3.

v. SCHANZ Dr. Georg: Zur Geschichte der Colonisation und Industrie in Franken. Bayer. Wirtschafts- und Verwaltungsstudien 1. Heft. Erlangen 1884 (A. Deichert).

SEGNER Franz: Die bayerische Staatsschuld, insbesondere seit Errichtung der Staatsschuldentilgungsanstalt (1. Oktober 1811). Finanz-Archiv 20. Jahrgang.

Handbuch für die bayerischen Sparkassen. Sammlung der wichtigsten für die Geschäftsführung der Sparkassen maßgebenden Vorschriften nebst

Erläuterungen. Band I: Vorschriftensammlung. Herausgegeben vom Prüfungsverband öffentlicher Kassen — Prüfungsamt München. München 1927 (Carl Gerber).

STROELL J. B.: Die Bayerische Hypotheken- und Wechselbank, deren Reorganisation und Statutenabänderung. München 1863 (Dr. C. Wolf & Sohn).

SUNDHEIMER Dr. Paul: Die jüdische Hochfinanz und der bayerische Staat im 18. Jahrhundert. Finanz-Archiv 41. Jahrgang.

Geschäftsberichte der Bayerischen Vereinsbank 1869 bis 1929.

Wasserkraftausnützung in Bayern. Herausgegeben vom Staatsministerium des Innern, Oberste Baubehörde. München 1926.

WELLISCH Dr. Ernst: Das bayerische Bankwesen unter besonderer Berücksichtigung Münchens (noch ungedruckt).

DEUTSCHE WIRTSCHAFTS- UND BANKGESCHICHTE.

BICHMANN Dr. Heinrich: Der Zinsfuß seit 1895. Berlin 1912 (Puttkammer & Mühlbrecht).

CORTI Egon Caesar Conte: Der Aufstieg des Hauses Rothschild 1770 bis 1830. Leipzig 1927 (Inselverlag).

CORTI Egon Caesar Conte: Das Haus Rothschild in der Zeit seiner Blüte. 1830 bis 1871. Leipzig 1928 (Inselverlag).

Denkschrift aus Anlaß des 50jährigen Jubiläums der Herzoglich-Sächsischen Landrentenbank Coburg. Coburg 1916.

Denkschrift zur Feier des 50jährigen Bestehens der Creditkasse des Spar- und Hülfevereins zu Coburg. Coburg 1906.

v. EICHBORN Kurt: Das Soll und Haben von Eichborn & Co. in 200 Jahren. Schicksal und Gestaltung eines Bankhauses im Wandel der Zeiten. München und Leipzig 1928 (Verlag von Duncker & Humblot).

GERLOFF-MEISEL: Handbuch der Finanzwissenschaft II. Band. Tübingen 1927 (J. B. C. Mohr).

GOLDSCHMIDT Dr. Raimund W.: Das deutsche Großbankkapital in seiner neueren Entwicklung. Volkswirtschaftliche Studien. Heft 21. Berlin 1928 (Emil Ebering).

HECHT Dr. Felix: Bankwesen und Bankpolitik in den süddeutschen Staaten. 1819 bis 1875. Jena 1880 (Gustav Fischer).

HEINICKE Günther: Die Preußische Staatsbank (Seehandlung) seit der Währungsstabilisierung im Vergleich zur Vorkriegszeit. Berlin 1928 (Wilh. Christians).

KAHN Dr. Julius: Geschichte des Zinsfußes in Deutschland seit 1815 und die Ursachen seiner Veränderung. Stuttgart 1884 (J. C. Cotta).

NIEBUHR: Geschichte der Königlichen Bank. Berlin 1854.

PLENGE Dr. Johann: Von der Diskontpolitik zur Herrschaft über den Geldmarkt. Berlin 1913 (Jul. Springer).

RIESSER Dr. Jakob: Die deutschen Großbanken und ihre Konzentration im Zusammenhang mit der Entwicklung der Gesamtwirtschaft in Deutschland. 4. Auflage. Jena 1912 (Gustav Fischer).

Zehn Jahre Sächsische Staatsbank. Festschrift. Dresden 1929.

SARTORIUS von Waltershausen A.: Deutsche Wirtschaftsgeschichte 1815 bis 1914. 2. Auflage. Jena 1923 (G. Fischer).

Die Preußische Staatsbank (Seehandlung) 1772 bis 1922. Festschrift. Berlin 1922 (Druck und Verlag der Reichsdruckerei).

SOMBART Werner: Die deutsche Volkswirtschaft im 19. Jahrhundert und im Anfang des 20. Jahrhunderts. 7. Auflage. Berlin 1927 (Georg Bondi).

WALLICH: Die Konzentration im deutschen Bankwesen. Münchner volkswirtschaftliche Studien. Bd. 74. Stuttgart und Berlin 1925.

GESCHICHTE UND ORTSGESCHICHTE, VERSCHIEDENES.

BLUM Hans: Die deutsche Revolution 1848 bis 1849. Florenz und Leipzig 1897 (Eugen Diederichs).

BRUNNER Ludwig: Politische Bewegungen in Nürnberg 1848/49. Heidelberger Abhandlungen zur mittleren und neueren Geschichte. Heidelberg 1907 (Carl Winter).

DOEBERL M.: Entwicklungsgeschichte Bayerns. II. Band: Vom Westfälischen Frieden bis zum Tode König Maximilians I. 3. Auflage. München 1928 (R. Oldenbourg).

GRILLENBERGER: Geschichte der Loge zur Wahrheit und Freundschaft in Fürth. Fürth 1903.

Denkwürdigkeiten des Staatskanzlers Fürsten von Hardenberg bis zum Jahre 1806. Herausgegeben von Leopold von Ranke. Leipzig 1877 (Duncker & Humblot).

Jahresberichte des Historischen Vereins für Mittelfranken. Band 1 bis 62. Ansbach ab 1830.

v. KRESS Georg Freiherr: a) Wilhelm Friedrich von Benkendorff. Heimatblätter für Ansbach und Umgebung. 1928. Nr. 8/9. (Verlag der Fränkischen Zeitung — Ansbacher Morgenblatt — in Ansbach.) b) Feuchtwangen und die Benkendorffs. Sonderabdruck aus der Heimatkunde, monatliche Beilage des Bayerischen Grenzboten, Feuchtwangen.

v. LANG Karl Heinrich: Annalen des Fürstentums Ansbach unter der preußischen Regierung von 1792 bis 1806. Frankfurt und Leipzig 1806.

Memoiren des Karl Heinrich Ritters von Lang in zwei Bänden. München 1881 (Bibliogr. Art. Institut).

MEYER Dr. Julius: Annalen und Chronik von Ansbach seit der Gründung bis zur Gegenwart.

MEYER Dr. Julius: Chronik und Annalen der Kreishauptstadt Ansbach unter Bayerns Königen. Ansbach 1906 (Max Eichinger).

MEYER Dr. Julius: Erinnerungen an die Hohenzollernherrschaft in Franken. Ansbach 1890 (C. Brügel).

MEYER Dr. Julius: Onoldina. Band 1 bis 4. Ansbach 1908 bis 1911 (C. Brügel & Sohn).

MEYER Dr. Julius: Die Seckendorffer. Zur Erinnerung an den Familientag des Jahres 1907. Ansbach 1907 (C. Brügel & Sohn).

PRIEM J. und BRAUNSTEIN Chr.: Die Besetzung Nürnbergs durch die Preußen. Zur Erinnerung an die Tage vom 31. Juli bis 16. September 1866. Nürnberg 1866 (Rob. Koenecke).

SÜSSHEIM Dr. K.: Preußens Politik in Ansbach-Bayreuth 1791 bis 1806. Historische Studien. Heft XXXIII. Berlin 1902 (E. Ebering).

TARRASCH Fritz: Der Übergang des Fürstentums Ansbach an Bayern. München-Berlin 1912 (R. Oldenbourg).

VOGTHERR Dr. Friedrich: Geschichte der Stadt Ansbach. Ansbach 1927 (C. Brügel & Sohn).

STATISTIK, NACHSCHLAGEBÜCHER, VERSCHIEDENES.

Aufbau und Verflechtung der bayerischen Wirtschaft. Beiträge zur Statistik Bayerns. Herausgegeben vom Statistischen Landesamt Bd. 116.

Bayerns Entwicklung nach den Ergebnissen der amtlichen Statistik seit 1840. Herausgegeben vom Statistischen Landesamt. München 1915 (Lindauer).

Zeitschrift des Bayerischen Statistischen Landesamts, München.

Statistisches Jahrbuch für den Freistaat Bayern.

Allgemeine Deutsche Biographie. 54. Band. Nachträge bis 1899. Leipzig, (Duncker & Humblot).

Ansbacher Intelligenzzeitung. 1780—1806.

Hochfürstlich Brandenburg-Onolzbachischer und Kulmbachischer Kalender und Adressebuch 1782 bis 1791.

Hof- und Staatshandbuch des Königreichs Bayern.

Freiherrliches Taschenbuch. Gothaisches Genealogisches Taschenbuch der Freiherrlichen Häuser. 78. Jahrg. 1928. Gotha (Just. Perthes).

Die deutschen Banken 1924 bis 1926. Einzelschriften zur Statistik des Deutschen Reichs Nr. 3.

Die Steuerkraft der Finanzamtsbezirke. Einzelschriften zur Statistik des Deutschen Reichs Nr. 7.

Statistisches Jahrbuch für das Deutsche Reich.

Handwörterbuch der Staatswissenschaften. Herausgegeben von Elster, Weber und Wieser. 4. Auflage. Jena 1927 (Gustav Fischer).

Staatslexikon. Im Auftrage der Görresgesellschaft herausgegeben von Hermann Sacher. 5. Auflage. Freiburg i. Breisgau 1927 (Herder & Co.).

BERNHARD Georg: Besteuerung der öffentlichen Betriebe. Magazin der Wirtschaft. 1929, Nr. 8.

HERTZ Dr. Paul: Ist die Besteuerung der öffentlichen Betriebe wirtschaftsfördernd? Magazin der Wirtschaft. 1929, Nr. 13.

LOTZ Dr. Walter: Der Kampf wider die Steuerbevorzugung der öffentlichen Betriebe. Bankarchiv. XXVIII. Jahrgang, Nr. 13.

NIEBUHR, Dr. H.: Öffentliche Unternehmungen und Privatwirtschaft. Wirtschaftliche Zeitfragen. 5. Heft. Leipzig 1928 (G. A. Gloeckner).

SCHMITT Dr. Franz August: Verschiedene Aufsätze in: Der Deutsche Süden. Zeitschrift für alle Gebiete der Wirtschaft. München.

ZAHN Dr. Friedrich: Bayern und die Reichseinheit. München 1925 (Carl Gerber).

BESONDERE ZUSAMMENSTELLUNGEN FÜR DIE ZWECKE DES BUCHES.

FÖRSTEL Dr. Georg, Staatsbankkassier: Tätigkeit der Bayerischen Staatsbank für die Landwirtschaft. Einführung und Bedeutung der Maschinenbuchhaltung.

LEONHARD Paul, Staatsbankkassier: Anleihebegebungen der Bayerischen Staatsbank für die Großkraftwerke; staatliche und Reichsanleihen seit 1924.

NEUSCHAEFER Georg, Staatsbankkassier: Die wirtschaftliche Entwicklung Ludwigshafens und die Bayerische Staatsbank.

PICKEL Adam, Staatsbankkassier: Verkehr der Bayerischen Staatsbank mit Gemeinden und gemeindlichen Körperschaften.

REITH Franz, Oberbeamter: Wertpapiergeschäft, Verwahrungs- und Verwaltungsgeschäft 1914 bis 1929.

NAMENS- UND SACHVERZEICHNIS.

www.ingramcontent.com/pod-product-compliance
Lightning Source LLC
LaVergne TN
LVHW060618300926
849162LV00008B/1649
9783486759808